일상적 국민주의

BANAL NATIONALISM

English Language edition published by SAGE Publications of London, Thousand Oaks, Delhi and Singapore.

© Michael Billig, 1995.

Korean translation copyright © 2020 by Greenbee Publishing Co.

All rights reserved.

This edition published by arrangement with SAGE Publication through Shinwon Agency.

프리즘총서 035
일상적 국민주의

발행일 초판1쇄 2020년 2월 3일 | **지은이** 마이클 빌리그 | **옮긴이** 유충현 | **프리즘총서 기획위원** 진태원
펴낸곳 (주)그린비출판사 | **펴낸이** 유재건 | **주소** 서울시 마포구 와우산로 180, 4층
주간 임유진 | **편집·마케팅** 방원경, 신효섭, 이지훈, 홍민기 | **디자인** 전혜경
경영관리 유하나 | **물류유통** 유재영, 이다윗
전화 02-702-2717 | **팩스** 02-703-0272 | **이메일** editor@greenbee.co.kr | **신고번호** 제2017-000094호

ISBN 978-89-7682-142-3 93300

이 도서의 국립중앙도서관 출판예정도서목록(CIP)은 서지정보유통지원시스템(http://seoji.nl.go.kr)과 국가자료종합목록
구축시스템(http://kolis-net.nl.go.kr)에서 이용하실 수 있습니다.(CIP제어번호: CIP2020002141)

철학과 예술이 있는 삶 **그린비출판사**

일상적 국민주의

마이클 빌리그 지음 | 유충현 옮김

프리즘총서 035

그린비

감사의 말

나는 러프버러대학교 사회과학부를 나의 학문적 고향으로 둔 것이 대단한 행운이며 영광이라고 생각한다. 나는 지적으로 관대한, 다양한 동료들과 일하게 된 것에서 확실히 혜택을 받았다. 특히 '담론과 수사학 모임' 연구원들에게 감사의 말을 전하고 싶은데, 그들은 내 초고에 대해 친절한 비평을 해주었다. 특히 맬컴 애시모어, 데릭 에드워즈, 마이크 게인, 실리아 키칭거, 데이브 미들턴, 마이크 피커링, 조너선 포터에게 감사를 전한다. 피터 골딩에게도 감사의 말을 전하고 싶은데, 그가 지적인 고향으로서 그 학부를 발전시키는 데 공헌한 모든 것 때문이다.

나는 또한 수전 콘도르, 헬렌 헤이스트, 그레그 맥레넌, 존 쇼터, 허브 사이먼스에게도 감사한다. 마지막 두 사람과의 대서양을 넘나드는 대화는 너무도 고마운 것이었다.

7장의 몇몇 부분들은 원래 『뉴레프트리뷰』 1993년 11/12월호에 '국민주의와 리처드 로티: 팍스 아메리카나를 위한 깃발로서의 텍스트'라는 제목으로 실렸던 것이다. 이 책에 다시 게재하도록 허락해준

출판사에게 감사를 전하고 싶다.

마지막으로 가족에게 감사의 말을 전하고 싶다. 원고의 장들을 읽고 나의 문법적 실수들을 교정해준 것에 대해 베키 빌리그에게 감사 인사를 전할 수 있다는 것은 지나간 세월들의 즐거운 흔적이다. 그러나 언제나처럼 그 고마움은 문법보다 훨씬 더 깊이 간다. 샬라, 대니얼, 베키, 레이철과 벤에게도 감사와 사랑을 전한다.

차례

| 일러두기 |

1 이 책은 Michael Billig, *Banal Nationalism*, London: Sage Publications, 1995를 완역한 것이다.

2 본문의 각주는 모두 옮긴이가 추가한 것이다.

3 단행본·정기간행물에는 겹낫표(『 』)를, 논문·단편·기사·영화·그림 등에는 낫표(「 」)를 사용했다.

4 외국 인명이나 지명, 작품명은 2002년 국립국어원에서 펴낸 외래어표기법을 따르는 것을 원칙으로 하되, 관례가 굳어서 쓰이는 것들은 그것을 따랐다.

1장 _ 서론

군대를 유지하는 모든 사회들은 삶보다 더 소중한 어떤 것들이 있다는 믿음을 유지한다. 다만 그처럼 소중하다고 여겨지는 것들이 상황에 따라서 달라질 뿐이다. 이전 시대에 전쟁들은 지금은 이해할 수 없을 만큼 사소해 보이는 원인들 때문에 치러졌다. 예컨대 유럽에서 군대들은 종교적 예식이나 기사도의 명예를 수호하려는 명목으로 동원되었다. 노르망디의 윌리엄[1]은 헤이스팅스 전투를 치르기에 앞서 연설을 하면서, 자신의 군대에게 "고귀한 피"를 흘린 것에 원수를 갚으라고 권고했다(Anonymous, 1916). 그런 문제들 때문에 싸운다는 게 오늘날 우선사항 균형의 관점에서 보자면, '야만적'이거나 더 나쁘게는 '중세적인' 것처럼 보인다. 근대적인 피를 흘려야 할 대의들은 다르다. 살육의 규모도 다르다. 이사야 벌린이 썼던 것처럼, "어떠한 세기도 우리 세기만큼 인간들 상호 간의 가차 없고 지속적인 살육을 목격한 적이 없

---

1) 11세기 노르망디 공국의 군주로 잉글랜드를 정벌하여 잉글랜드의 노르만 왕조 시대를 열었던 윌리엄 1세(정복왕 윌리엄)를 가리킨다.

었다는 것은 이제 우울한 상투어다"(Berlin, 1991: 175). 이 같은 살육의 대부분은 국가nation[2]라는 이름으로 자행되어왔다. 독립을 성취하기 위해서든, 침입으로부터 자국의 영토를 수호하기 위해서든, 국민성nationhood[3]의 원칙을 보호하기 위해서든 말이다. 900년도 더 이전에 잉글랜드 남쪽 해안에 상륙한 윌리엄 공은 이러한 문제들 중 어떤 한 것도 결코 언급한 적이 없었다.

전쟁 전야의 수사학은 언제나 밖으로 드러나기 마련인데, 왜냐하면 지도자가 자신의 추종자들에게 모든 희생 중에서도 가장 지고한 희생이 요청되는 이유를 상기시켜줄 것이기 때문이다. 조지 부시 대통령이 백악관 집무실에서 연설을 하며 걸프전의 시작을 선언했을 때, 그는 희생에 대한 현대적 상식을 표현했다. "평화적 해결에 도달하기 위한 모든 합당한 조치들"이 취해졌다. 이 단계에서 평화의 수용은 전쟁의 추구보다 덜 합리적일 것이다. "세계가 기다리는 동안, 사담 후세인은 자국에 어떠한 위협도 되지 않는 작은 국가를 체계적으로 강간, 약탈, 불법점유 했습니다"라고 부시는 주장했다. 강간하고 약탈한 것은 개인들이 아니라 하나의 국가였다. 그게 훨씬 더 중요했다. 부시 대통령이 단지 자신의 국가 미국을 대변하고 있던 게 아니라 미국이 전 세계를 대변하고 있었다. "우리는 우리 앞에 우리 자신과 미래 세대를 위

---

2) 최근까지도 'nation'은 '민족'으로 번역되는 경우가 많았지만 최근 '국민'이라는 번역어가 보다 합당하다는 논리가 힘을 얻고 있다. 서구에서 도입된 'nation' 개념은 혈연집단이라기보다는 일종의 역사적 합의체에 가까운 반면, 한국어 단어 '민족'에는 혈통적 뉘앙스가 지나치게 강하기 때문이다. 이 책에서는 '국민'과 '국가' 중 해당 맥락에 더 어울리는 것을 골라 옮겼다.
3) '국민이라는 신분', '국가라는 지위' 등의 의미를 포함하는 개념으로, '해당 국가 국민이 집단적으로 가진 성향'보다는 '국민-됨', '국가-됨'에 가깝게 이해해야 한다.

한 새로운 세계질서를 세울 기회를 갖고 있습니다. 그 세계는 정글의 법칙이 아니라 법치가 국가들의 행위를 다스리는 곳입니다." 이 새로운 질서에서는 "어떠한 국가도 야만적으로 이웃 국가를 공격하는 것이 허용되지 않을 겁니다"(조지 부시, 1991년 1월 16일. Sifry and Cerf, 1991: 311~314에서 재인용).

부시가 환기한 도덕 질서는 국가들의 질서였다. 그 새로운 세계질서에서 "국가들은 분명히 자신들의 이웃들, 즉 이웃 국가들로부터 보호를 받을 것이었다". 언제나 그렇듯, 명시되지 않고 남은 게 드러난다. 부시는 국민성 개념이 왜 그렇게 중요한지를 정당화하지 않았을 뿐만 아니라, 국민성을 보호하는 것이 궁극의 희생을 요구하는 이유에 대해서도 설명하지 않았다. 한 국가를 파멸시키려고 했던 국가에 맞서는 국가들이 수행한 전쟁은 국민성이라는 신성한 원칙을 확인하기 위해 필수적인 것임을 청중들이 깨달았을 것이라고 부시는 생각했다. 연설의 말미에서 그는 '평범한' 군인들의 말을 인용했다. 어느 해병 중장은 다음과 같이 말했다. "이러한 것들은 싸울만한 가치가 있습니다. 견제를 받지 않는 야만과 무법이 날뛰는 세상은 우리가 살고자 하는 그런 세상이 아니기 때문입니다."

부시는 자신의 청중을 올바로 판단했다. 앞선 경우들에서처럼 외부의 적에 대한 대담한 군사적 행동은 미국 대통령에게 국민적 지지를 가져다주었다(Bowen, 1989; Brody, 1991; Sigelman and Conover, 1981). 군사행동 기간 행해진 여론조사는 그 대통령의 지지율이 그저 그런 수준인 50퍼센트에서 기록적 수준인 90퍼센트까지 치솟았음을 알려주었다(Krosnick and Brannon, 1993). 미국 내에서 전쟁에 반대하는 자들은 극소수였고, 그들은 보수언론으로부터 애국심 없는 자들이라고 비난받았다(Hackett and Zhao, 1994; Hallin, 1994). 국가國歌를 녹음한 음반이 대중음악 순위 정상에 올랐고, 애국심을 고취하는 문양을 새긴 티셔츠와 모자가 거리에서 팔려나갔다. 세계 도처의 여론조사들은 서구의 여론이 연합군을 지지하는 쪽으로 기울어지고 있음을 보여주었다(Taylor, P. M., 1992). 영국 내 최다 부수 발행 신문『더선』은 한가운데 병사의 얼굴이 그려진 유니온잭을 1면에 전면 화보로 게재했다. 독자들은 거실 유리창에 그 화보를 걸어두라는 권고를 받았다.

몇 주 지나지 않아 적군은 항복했다. 1991년 2월 27일, 부시는 자신의 대통령 집무실에서 다시 연설을 하면서 승전을 선언할 수 있었다. 그는 국기에 대해서 말했다. "오늘 밤 쿠웨이트 국기가 자유 독립 국가의 수도에서 다시 펄럭이고, 미국 국기가 대사관에서 휘날릴 겁니다." 민간인과 군인을 포함해서 아마도 대략 25만 명의 이라크인들이 사망했을 것이다. 정확한 수치는 공개되지 않을 것이다. 서구는 희생자 수를 집계하지 않았고, 자신들의 승리를 만끽하고 있었을 따름이다. 미국 국기가 자랑스럽게 휘날리고 있었다.

그 일화는 서구 대중이 국민성의 이름으로 애국심에 호소하는 전쟁에 동원될 수 있는 신속함을 입증했다. 9년 전에는 보다 작은 규모의 예행연습이 있었다. 1982년 아르헨티나 군사정부는 남부 대서양의 섬들을 빼앗기 위해 군대를 파견했는데, 그들은 그 섬을 '말비나스'라고 불렀지만, 섬의 주민들과 섬을 통치하는 영국은 그곳을 '포클랜드제도'라고 불렀다. 걸프전에서처럼 사람들은 국민성이라는 원칙이 위험에 처했다고 말했다. 양측 모두 그 섬들이 정당하게 자신들의 것이라고 주장했다. 두 경우 모두에서 그와 같은 주장들은 자국민의 지지로 이루어졌다. 그해 5월 3일, 그 위기를 두고 토론하던 영국 하원은 수상 마거릿 대처에게 단호한 행동을 취해줄 것을 만장일치로 촉구했다. 심지어 평생을 반전주의자로 살아온 야당의 당수 마이클 풋도 그 분위기에 감염되었다. 그는 그 제도에 거주하는 1000여 명의 소망보다 더 중요한 것이 위기에 처해있다고, "사악하고 야만적인 공격은 세상에서 성공을 거두지 못한다"라는 것을 확증하기 위한 폭넓은 고려가 있었다고 말했다. 만약 사악하고 야만적인 공격이 성공하면, 그때는 "포클랜드뿐만 아니라 이 위험한 세상 도처에서 살아가는 사람들에게도 위험이 닥칠 겁니다"(Barnett, 1982: 32에서 재인용). 대처 수상은 그녀 특유의 수사를 덧붙이면서 전쟁을 승인했다. 대처는 포클랜드제도 주민들이 "혈통적으로나 전통적으로 영국인이며, 그들은 영국에 충성하며 남을 것을 원하고 있습니다"라고 말했다(Ibid.: 28).

그러한 수사가 소귀에 경 읽기는 아니었다. 갤럽 조사에 따르면, 불과 한 달 전만 해도 영국민의 48퍼센트는 대처가 영국 역사상 최악의 수상이라고 생각했다. 사태 초기만 해도 영국민의 거의 50퍼센트는 포클랜드에서 영국의 주권 유지를 위해 목숨을 걸만한 가치가 없다고 생각했다. 일단 기동타격대가 파견되자 초기의 유보적 의견들은 폐기되었다. 정부의 인기, 특히 그 지도자의 인기가 치솟았다(Dillon, 1989). 5월 말이 되자, 국민의 84퍼센트가 신문 지면을 채우고 있던 그 문제를 정부가 처리하는 방식에 만족한다고 밝혔다(그러나 포클랜드 요인이 보수파의 인기에 장기간 영향을 미쳤다는 것을 부정하는 분석에 대해서는 Sanders et al., 1987 참조). 전쟁 동안 영국 언론은 대체로 그리고 무비판적으로 정부를 옹호하고 나섰다(Harris, 1985; Taylor, J., 1992).

포클랜드 전쟁과 걸프전 모두에서 국민성의 수사가 훨씬 두드러져 보였다. 지도자들은 신이나 정치 이데올로기를 위해 싸운 게 아니었다. 두 경우 모두에서 그들은 정당한 국민성을 위해 싸우고 있다고 주장했다. 포클랜드 전쟁에서 영국이 그랬던 것처럼, 걸프전에서 미국이 주도한 연합군은 국가적 침략의 범죄에 대해 말했다. 부시에 따르면, 새로운 세계질서는 호전적인 이웃 국가들로부터 국가들을 보호할 것이었다. 그는 자신의 정부가 저지르는 범죄들로부터 시민을 보호하는 것에 관해서는 아무런 말도 하지 않았다. 어느 누구도 영국이 아르헨티나 정부가 좌파 적대자들을 살해하는 것을 멈추도록 개입해야 한다고 제안한 적은 없었다. 걸프전은 이라크 국민을 독재자로부터 구출하기 위해 추진된 것도 아니었다. 쿠르드족 여자들과 아이들에 대한 독가스 공격은 전지구적 반응을 끌어내지 못했는데, 국제연합 회원국인 쿠웨이트의 국기와 우표가 폐지되고 난 후에야 비로소 그러한 반응이 따라 나왔다.

걸프전과 포클랜드 전쟁 동안, 제2차 세계대전과의 유사점들이 자유롭게 그어졌다. 우선 전쟁 발발 5개월 전, 미군이 사우디아라비아에 파병될 것이라고 부시가 선언했을 때, 그는 "전격전blitzkrieg[4] 방식으로" 쿠웨이트를 침공하는 이라크 탱크들에 대해 언급했다(1990년 8월 8일 연설, Sifry and Cerf, 1991: 197). 8년 전, 마거릿 대처는 스스로

---

4) 신속한 기동과 기습으로 적의 저항을 분쇄하며 전쟁을 초기에 끝내기 위한 전술. 제2차 세계대전 초기 독일군의 전술 작전에서 유래했다.

윈스턴 처칠의 망토 역할을 주장했다. 그 같은 유사점들은 교훈적이다. 제2차 세계대전은 독일 정부가 시민들을 학대한 것 때문에 촉발된게 아니었다. 어떠한 외국 정부도 독일의 유대인들을 구출하기 위해자신의 군대를 사용하겠다고 말하지 않았다. 그러나 일단 독일 정부가개별 시민들이 아닌 국가를 사라지게 만들자 전쟁은 불가피해졌다.

이 점에서 우리는 20세기 정치 사유 안에서 국민주의nationalism가갖는 위력을 볼 수 있다. 이 같은 국민주의의 가정들은 이웃 국가들의영토를 지배하려는 야심을 가진 지배적 도당의 행위들로 드러나는 게아니다. 결국 그러한 행위들은 국민국가nation-state가 생겨나기 이전시대들을 참고해야 한다. 그 가정들은 그러한 합병을 막거나 전도시키기 위해, 대중의 지지를 안고서 기꺼이 싸울 준비가 되어있는 확립된,강력한 국민국가들의 행위에서 입증된다. 이러한 가정들은 지도자들이 국가 통합이라는 세계 도덕을 인용할 수 있을 때 겉으로 드러난다.전에는 그렇지가 않았다. 윌리엄 공은 국가들 간의 세계질서라는 전망을 갖고 있지 않았다. 그의 적이 "정복당하는 것에 익숙한 인민"이기때문에(Anonymous, 1916: 3), 다시 한번 정복당해야 마땅하다고 생각할 때를 제외하고는 말이다.

우리 시대에는 마치 하나의 아우라가 국민성이라는 그 관념에 따라다니는 듯 보인다. 모국에 대한 강간이 실제 어머니에 대한 강간보다 훨씬 나쁜 것이라는 관념 말이다. 한 국가의 죽음은 육신의 죽음을넘어서는 궁극적인 비극이다. 그러나 주권국가에 달라붙은 그 아우라는 마치 모든 유사한 사건들이 유사한 반응들을 생산하는 것처럼 절대적인 것은 아니다. 미국은 동맹국인 인도네시아 정부가 1975년 동티

모르를 병합했을 때, 그 불법행위에 대해 어떠한 정치적 연합도 이끌지 않았다. 결과적으로 동티모르 인구의 3분의 1이 학살당했다. 쿠웨이트의 경우와 달리 유전들은 폐지된 국경선 반대편에 떨어졌다. 국민성이라는 아우라는 언제나 권력이라는 맥락 안에서 작동한다.

만약 국민성에 부착된 이데올로기적 아우라가 있다면, 이 현실적 down-to-earth(혹은 땅으로 내려온down-to-soil) 신비주의에서 신의 역할은 자못 흥미롭다. 국가들의 질서가 신에게 봉사하기 위해 고안된 게 아니라, 신이 국가들의 질서에 봉사하기 위해 고안되었다. 사담 후세인은 국민국가 시대 이전에 울려 퍼졌던 하나의 수사를 사용하면서 "무신론의 군대"와 맞서 싸우자고 주장했다. 그는 이라크 국민들이 진리와 정의의 깃발을 들어 올리고 투쟁하는, 성실하고 순종적인 신의 하인들이라고 주장했다. 새로운 질서의 수호자는 전쟁 전야 연설에서 전혀 다르게 말했다. 부시 대통령은 맺음말에서만 수사적 겉치레로 신을 들먹였다. 그는 신에게 우리 군대와 우리와 한편인 연합군에게 축복을 내려달라고 요청했다. 그는 다음과 같은 기원의 말로 마무리했다. "신께서 우리 국가, 미국을 계속 축복해주시기를!" 이 같은 방식으로 신은 국가질서를 위해 계속 복무하도록 요청받았다.

이 모든 점에서 우리는 국민성이라는 이데올로기적 의식이 작동 중이라고 볼 수 있다. 그것은 국민의 의무와 명예 같은 도덕뿐만 아니라 '우리', '우리 고국', (우리의 그리고 그들의) 국민국가 그리고 세계와 같은 일련의 복잡한 주제들을 감싸 안는다. 게다가 이러한 주제들이 하나의 상식으로서 폭넓게 확산되고 있다. 그것은 특정 국가에만 통용되는 상식이 아니며, 이러한 상식은 국제적이고, 소위 세계질서 내의 국가들에서는 어디서나 발견될 수 있다. 정기적으로 그렇지만 간헐적 기간을 두고서 위기가 발생하고, 국민주의라는 도덕적 아우라가 환기된다. 우리는 머리를 끄덕여 동의할 것이고, 깃발이 휘날리며, 탱크가 굴러갈 것이다.

국민주의와 확립된 국가들

국민주의에 관한 책을 걸프전으로 시작하는 게 이상하게 보일 수도 있다. 국민주의라는 용어는 우리에게 다른 장소에서 더 나은 모범적 사례들을 찾아보라고 권한다. 대중적인 글과 학술적인 글 모두에서 국민주의는 새로운 국가를 만들기 위해서 투쟁하는 사람들이나 극단적인 우익 정치가들과 관계가 있다. 관습적 용례에 따르면, 조지 부시는 국민주의자가 아니다. 퀘벡이나 브르타뉴의 분리주의자들이 국민주의자들이다. 프랑스의 국민전선 같은 극단적 우익 정당들의 지도자들도 국민주의자다. 자국의 영토를 확장하려는 명목으로 살육을 일삼는 세르비아 무장 게릴라들의 경우도 마찬가지다. 국민주의에 관한 책은 으레 그러한 모습들을 다루는 것이 예상된다. 그 책은 위험하고 강력한 열정들을 토의하고, 비정상적 정서들의 심리학을 윤곽을 잡아 보여주는 책이어야 한다.

　그러나 국민주의라는 단어의 사용을 이렇게 받아들이는 데에는 무언가 오해의 소지가 있다. 그것은 언제나 국민주의를 변방에 위치시키는 것처럼 보인다. 분리주의자들은 종종 국가의 외곽지역에서 발견되곤 한다. 극단주의자들은 확립된 민주주의의 정치적 삶의 가장자리에 숨어 살며, 중심부의 현명한 정치인들은 대개 그들을 꺼린다. 새로운 조국을 수립하기 위해 애쓰는 게릴라들은 기존의 정치구조가 붕괴된 곳, 즉 서구의 중심 국가들로부터 멀리 떨어진 지역에서 주로 활동한다. 파리·런던·워싱턴의 관점에서 보면, 몰도바·보스니아·우크라이나 같은 장소들은 유럽의 변방에 위치한다. 이 모든 요소들이 국민주의를 그저 이국적 힘만이 아니라 주변부적 힘으로 만들기 위해 결합한다. 결과적으로 사태의 중심에 있는 확립된 국가들의 사람들은 국민주의를 '우리'의 소유물이 아닌 타자들의 소유물로 보게끔 이끌린다.

바로 여기가 그 일반적으로 인정된 관점이 오해를 낳는 곳이다. 그것은 서구 국민국가들의 국민주의를 간과한다. 국민국가들의 세계에서 국민주의는 주변부에만 제한될 수 없다. 그러한 주장이 용인될 수는 있겠지만, 국민주의가 특별한 경우에만 확립된 국민국가들을 타격하리라는 주장은 여전히 반박될 수 있다. 포클랜드나 걸프전 같은 위기들은 육체적 열병을 동반하며 아픈 곳을 감염시킨다. 그 증상들은 불붙은 수사와 돌연한 국기의 증가다. 그러나 흥분된 격정은 곧 사그라진다. 고열이 가라앉고 국기가 둘둘 말리면, 전과 같은 일상이다.

만약 확립된 국가들에서의 국민주의가 그 정도라면, 국민주의는 주변부에서 중심으로 이동할 때, 단지 일시적 분위기로만 온다. 그러나 그 이상의 것이 존재한다. 간헐적 위기들은 기존의 이데올로기적 토대들에 의존한다. 전쟁 전야 연설에서 부시는 자신의 음울한 수사를 새로 만들어낸 것이 아니었다. 그는 친숙한 이미지들과 상투어들에 의존하고 있었다. 걸프전 동안 서구 대중이 내건 깃발들은 친숙한 것이었다. 미국인들은 별들과 줄무늬들의 배치가 무엇을 의미하는지 상기할 필요가 없었다. 미국의 음악 순위 정상에 오른 국가國歌는 미식축구 결승전에서 녹음된 것이었다. 국가는 매년 그 게임에 앞서 제창된다. 전시건 평시건 말이다.

간단히 말해, 위기들이 국민국가들로서 국민국가들을 만들어내지는 않는다. 틈틈이 위기들 사이에도 미국, 프랑스, 영연방 등은 계속 존재한다. 매일 국가들과 국민들로서 일반 시민들이 재생산된다. 그리고 이러한 국가들은 보다 폭넓은 국가들의 세계 안에서 재생산된다. 그러한 일상적 재생산이 일어나려면, 우리는 신념, 가정, 습관, 재현, 실천의 총체적 복합물 또한 재생산되어야 한다고 가정해볼 수 있다. 게다가 이러한 복합물은 진부할 만큼 일상적인 방식으로 재생산되어야 한다. 왜냐하면 국가들의 세계는 일상적인 세계이고, 동시대의 친숙한 영토이기 때문이다.

그러나 확립된 국가들을 국가들로서 재생산하는 이데올로기적 습관들의 모음(실천과 신념의 습관들을 포함해서)을 묘사하는 데 쉽게 이용할 수 있는 용어가 없다. 마치 국민주의라는 용어는 작은 규모와 화려한 색상들로만 오는 것 같다. 그 용어는 기존의 영토 경계들을 다시 긋고, 그렇게 함으로써 기존의 국가적 현 상황에 위협을 가하려는 사회운동들로 안락하게 둘러싸여있다. 성장을 위한 어느 정도의 여지를 가지고, 그 용어는 포클랜드 주민들이 "혈통적으로 영국인"이라는 대처의 발언 같은 기이한 순간들까지 확장될 수 있다. 그러나 만약 우리가 그 용어를 가지고 전체적으로 '평범한' 국가적 현 상황에 옷을 입히려고 시도한다면, 그 옷은 찢겨나가는 것처럼 보인다. 솔기가 벌어지고, 단추는 튕겨져나간다. 고객은 "이건 일반적인 방식처럼 보이지 않는데요"라고 불평한다.

정치적 언어에서 틈새들은 좀처럼 순수하지가 않다. 국민주의의 경우도 예외는 아니다. 의미론적으로 작은 규모들과 이국적 색상들에 제한되어있기 때문에, 국민주의는 하나의 문제처럼 보일 수 있다. 그것은 주변부인 '거기에서' 발생하는 것이지, 중심부인 '여기에서' 발생하는 것이 아니다. 분리주의자들, 파시스트들, 게릴라들이야말로 국민주의의 문제다. 우리의 국가들이 국가들로 재생산되는 이데올로기적 습관들을 지칭하는 이름이 없고, 따라서 그것은 눈에 잘 띄지도 않는다. 미국에서 공공건물 바깥에 걸려있는 국기는 사람들의 특별한 주의를 끌지 못한다. 그것은 특별한 사회학적 부류에 속하지 않는다. 이름을 갖고 있지 않기 때문에 하나의 문제처럼 보일 수도 없다. 암묵적으로 매일 일어나는 미국의 재생산도 문제가 아니다.

이 책은 국민주의라는 용어의 범위를 국민국가들이 재생산되는 이데올로기적 수단의 의미를 포괄하는 데까지 늘리자고 주장한다. 국민주의라는 용어의 의미를 무분별하게 확장하는 건 혼란을 유발할 것이다. 세르비아의 민족청소주의자들이 흔드는 깃발과 미국의 우체국 바깥에 눈에 띄지 않게 걸려있는 깃발 사이에는 확실한 차이가 있다. 혹은 프랑스 국민전선의 정책과 영국 정부의 포클랜드 정책에 야당 당수가 보낸 지지 사이에는 차이가 있다. 이러한 이유 때문에 서구의 확립된 국가들이 재생산되게 만드는 이데올로기적 습관들을 다루기 위해 **일상적 국민주의**banal nationalism라는 용어가 도입된다. 몇몇 관찰자들이 제안한 것처럼 이러한 습관들은 일상생활로부터 제거되지 않는다고 주장된다. 매일 국민국가가 시민들의 삶에 표시되거나 '깃발로 신호를 보낸다'. 국민주의는 확립된 국가들에서 결코 간헐적인 분위기가 아니라 고질적 조건이다.

하나의 요점이 강조될 필요가 있다. 흔해빠짐이 곧 온화함을 암시하는 것은 아니다. 많은 관찰자들이 현상으로서의 국민주의는 야누스처럼 두 얼굴을 가졌다거나, 지킬박사와 하이드의 양면성을 가진 것이라고 주장했다. 이러한 판단에 따르면, 국민주의의 어떤 형태들, 대개 식민주의로부터 해방을 이루려는 운동들은 긍정적인 것으로 분류되는 경향이 있고, 반면 파시스트 운동 같은 것들은 어두운 이면으로 간주된다. '일상적 국민주의'가 안심시키는 정상성을 소유한 것처럼 보이거나, 극단적 권리를 위한 폭력적 열정을 결여하고 있는 것처럼 보이기 때문에 온화한 것이라고 가정하는 것은 잘못일 것이다. 한나 아렌트가 강조했듯이, 일상성은 무해함과 동의어가 아니다(Arendt, 1963). 서구 국민국가들의 경우에 일상적 국민주의는 좀처럼 순진한 것일 수 없다. 그것은 엄청난 군사력을 소유한 제도들을 재생산하고 있다. 걸프전과 포클랜드 전쟁이 가리키듯, 무력은 정치적 준비라는 장황한 유세 없이도 동원될 수 있다. 군사력은 전투를 치를 준비가 되어있다. 그리고 주민들 또한 그러한 군사력 사용을 지지할 준비가 되어있는 것처럼 보인다.

정체성과 이데올로기

미국에서 걸프전을 지지하면서 보인 대중의 반응은 위기의 순간들 동안 발생했던 것으로 이해할 수 없다. 친숙하지만 결코 온화하지 않은 준비가 그러한 준비상태를 가능한 것으로 만들기 위해 일상적으로 이루어졌음에 틀림없다. 이러한 것들을 정체성의 관점에서 생각하기란 쉬운 일이다. 우리는 대중의 반응이 '국민정체성'national identity의 힘으로 인해 발생했다고 말할 수 있다. 휴대폰처럼 이러한 심리적 장치는 대부분의 시간 동안 조용한 채로 있다. 그러다 어느 순간 위기가 발생한다. 대통령이 전화를 하고, 벨이 울리고, 시민들이 응답한다. 애국적 정체성들이 서로 연결된다.

사실 정체성 개념은 그 논의를 저 멀리 밀고 가지 않는다. 정체성이 무엇인가는 좀처럼 명확하지가 않다. 사람들이 늘 가지고 다닌다고 가정되는 이것의 정체는 무엇인가? 그것이 휴대폰 같은 대상일 수는 없다. 어떤 분석가들은 국민정체성이 '원시적 유대' 위에 기초한다고 말했다. '원시적 유대' 개념은 정체성만큼이나 이해할 수 없는 것이다. 엘러와 코플런이 주장한 것처럼, 그 같은 원시적 유대를 언급하는 사회과학자들은 이러한 유대들이 어떻게 작동할 수 있으며 어떻게 재생산될 수 있는지를 명확히 설명하지 못했다(Eller and Coughlan, 1993). 국민주의를 단지 정체성이나 유대라고 부르는 것은 그 자체로는 설명할 수 있는 게 거의 없다.

문제는 우리가 개인의 신체나 정신 안에서 '정체성'을 발견하려고 기대할 때 시작된다. 이는 정체성의 작용에 대해 엉뚱한 장소를 조사하는 것이다. 국적에 관한 한, 우리는 현 세계의 사람들이 자신들의 국적을 잊지 않는 이유가 무엇인지를 찾아볼 필요가 있다. 조지 부시가 전쟁 전야 연설을 했을 때, 그는 자신의 청중들이 스스로 미국인인가의 여부를 알고 있다고 가정할 수 있었다. 그는 또한 청중들이 국민이 무엇인가를 인지하고 있다고 가정할 수 있었다. 그리고 물론 그들은 국가란 소중한 것이라고 믿고 있었을 것이다. 이러한 가정들은 위기의 순간에 생겨난 게 아니었다. 또한 그러한 가정들은 위기들의 막간에도 사라지지 않는다. 그러나 일상적 나날들에서 그것들은 정처 없이 쏘다니는 것처럼 보일 수도 있고, 일상적 국민주의의 친숙한 경향들 속에서 보다 명확히 이해될 수도 있다.

이 책의 중심 논제는 확립된 국가들에는 국민성의 지속적인 '게양'flagging[5]과 환기가 있다는 것이다. 확립된 국가들은 자신들의 연속성에 확신을 가지고 있는 국가들이며, 특히 '서구'라고 관습적으로 묘사되는 것에 속하는 국가들이다. 그러한 국가들, 즉 프랑스, 미국, 영국, 뉴질랜드의 정치 지도자들은 일반적으로 '국민주의자'로 불리지 않는다. 그러나 앞으로 제시될 것처럼, 국민성은 그들의 정치적 담론, 문화적 산물, 심지어 신문 구성을 위한 지속적 배경을 제공한다. 너무도 많은 사소한 방식들로 시민들은 매일 국가들의 세계에서 자신들의 국가적 장소를 상기한다. 그러나 이러한 상기는 너무도 낯익고 너무도 지속적이어서 의식적으로 상기라고 등록되지도 않는다. 일상적 국민주의에 대한 환유적 이미지는 격한 열정을 가지고 의식적으로 흔드는 깃발이 아니다. 그것은 공공건물 위에서 눈에 띄지 않게 걸려있는 깃발이다.

---

5) 이 책에서 '깃발'(국기)과 그것의 게양은 국민주의를 환기시키는 주요 모티프다. 관련하여 영어 단어 'flag-waving'이 '깃발 흔들기'의 뜻을 넘어 '애국선동'의 뜻을 가진다는 사실을 염두에 둘 필요가 있다. 또한 빌리그는 이를 변형한 '(un)waved flag'라는 표현도 자주 사용하는데, 이는 '흔들린(흔들리지 않은) 깃발'로 옮겼다.

국민정체성은 이 모든 잊힌 상기물들을 감싸 안는다. 결과적으로 하나의 정체성은 사회적 삶의 구체화된 습관들에서 발견될 수 있다. 그러한 습관들은 생각의 습관들과 언어를 사용하는 습관들을 포함한다. 국민정체성을 갖는 것은 국민성에 대해 말하는 방식들을 소유하는 것이다. 많은 비판적 사회심리학자들이 강조해온 것처럼, 정체성에 관한 사회심리학 연구는 담론에 관한 세부 연구를 포함해야 한다(Shotter, 1993a, 1993b; Shotter and Gergen, 1989; Wetherell and Potter, 1992). 국민정체성을 갖는다는 것은 또한 정서적·물리적·법적·사회적 위치에 놓이게 됨을 포함한다. 일반적으로 그것은 하나의 고국homeland 안에 위치함을 의미하는데, 고국 자체는 국가들의 세계 안에 위치한다. 그리고 사람들이 국민정체성을 가지고 있다고 믿는 경우에만 그러한 고국들과 국민적 고국들의 세계가 재생산될 것이다.

많은 점에서 이 책 자체는 하나의 상기물이 되는 것을 목표로 한다. 국민주의 개념이 이국적이고 열정적인 사례들에만 제한되어왔기 때문에, 국민주의의 일상적이고 친숙한 형태들은 간과되어왔다. 이 경우에 '우리'의 일상적 국민주의는 관심으로부터 빠져나간다. 국민국가들이 점차 쇠락하고 있다는 의견이 커지고 있다. 국민주의가 더 이상 주요한 힘이 아니라고들 말한다. 전지구화globalization가 당대의 질서라는 것이다. 그러나 하나의 상기물은 필수적이다. 국민성은 여전히 재생산되고 있다. 그것은 여전히 궁극의 희생들을 요구할 수 있으며, 매일 그것의 상징들과 가정들이 게양되고 있다.

일상적 국민주의에 대한 조사는 비판적 연구라야 한다. 일상적 국민주의를 망각하게 만드는 언어의 틈새들은 이론적 담론의 틈새들이

기도 하다. 사회과학들은 '우리'의 국민주의가 눈에 띄지 않은 채 지나가게 만드는 생각의 습관들을 이용해왔다. 따라서 세속적 사유의 방식들은 습관적으로 '우리'로 하여금 '우리 자신'이 아니라 '타자들'이 국민주의자들이라고 생각하도록 이끌었는데, 이는 지적인 사고습관들과 유사하다. 이런 이유로 해서 일상적 국민주의는 단순히 기존의 방법론들이나 이론들을 적용함으로써 연구될 수 있는 게 아니다. 정체성에 대한 정통 사회심리학 이론들이 '우리'의 국민주의를 정의한다거나, 국민정체성을 갖는 것을 자연스러운 것처럼 여긴다 해도, 그것들이 어떻게 일상적 국민주의가 그렇게 특별할 것이 없는가를 분석하는데에는 적합하지 않을 것이다. 그러한 이론들은 분석 도구를 제공하기보다는 국민주의의 특별함이 간과되어온 방식들의 심화된 예를 제공해줄 것이다.

뿐만 아니라 국민정체성은 심리학 도서관에서 시험용 저울을 가져와서 적당한 주민들에게 그것을 시행한다고 해서 탐구될 수 있는 것도 아니다. 대부분의 저울들은 개인적 차이들의 문제를 다루며, 따라서 세르주 모스코비치가 강조한 바 있듯이, 상식적 사고를 연구하는데 적합하지가 않다(Moscovici, 1983, 1987). 현재의 조사 배후에 있는 질문은 왜 어떤 이들이 다른 이들보다 '강한 국민정체성'을 가졌느냐가 아니다. 그 질문은 광범위하고 상식적인 사유의 습관들과 관계 있는데, 이는 개인적 차이들을 넘어선다.

이러한 사고습관은 국민적 차이들 또한 넘어선다. 이데올로기처럼 국민주의는 국경에 국한되지 않으며, 그 가정들은 국제적으로 확산되었다. 조지 부시가 걸프전 개전을 선언할 때, 그는 '세계'에게 연설하고 있었다. 그는 마치 모든 국가들이 국민성의 도덕을 인정하고 있는 것처럼(혹은 그래야 하는 것처럼), 이 도덕성이 보편적 도덕이라도 되는 것처럼 얘기하고 있었다. 현 세계에서 국민주의는 보편적 권리를 갖는다. 새로운 세계질서에 관한 담론은 국민적인 것과 국제적인 것이 얼마나 뒤얽혀있는가를 제시한다. 그러나 특히 한 국가가 이 질서를 대표하려고 추구하고 있다. 현 시점에서 미국과 미국의 국민주의에 특별한 주의를 기울여야 한다. 이 국민주의는 무엇보다도 너무도 쉽게 잊힐만한 것으로 보였고, 그래서 사회과학자들에게는 너무도 '자연스러운 것'으로 보였는데, 오늘날 이는 전지구적으로 무척 중요한 것이다.

책의 개요

이 책은 몇 가지 기본적 문제들을 다루고, 그 사례를 제공하면서, '일상적 국민주의'에 관한 조사를 제공하려고 한다. 마찬가지로 이 책은 현시대 '국민정체성'에 대한 조사를 제공하는데, 이는 대체로 사회심리학이 다루는 문제다. 그러나 앞서 말했다시피, 그 작업에 적절한 사회심리학 같은 것이 생겨나려면 아직은 더 기다려야만 한다. 따라서 앞서 개괄한 것처럼 맞물리는 주제들이 탐구될 것이기 때문에, 일상적 국민주의의 사례들은 이론적·비판적 분석들과 불가피하게 동반해야한다. 많은 면에서 이는 예비 연구임에 틀림없지만, 그 주제를 손으로 더듬으며 신중하게 나아간다. 일상적 국민주의가 작용하는 양태들을 상세히 보여주기 위해서는 보다 면밀한 경험적 조사가 여전히 요구될 것이다.

2장은 국민주의가 결코 오래전 '원시' 상태가 아니라, 근대 국민국가 시대에 탄생했다는 점을 논할 것이다. 국가state[6]의 부상은 상식의 이데올로기적 변형을 야기했다. 에른스트 겔너, 베네딕트 앤더슨, 앤서니 기든스의 생각들에 기초하자면, 국민국가들은 예컨대 별개의 언어의 소유 같은 '객관적' 기준에 토대하지 않는다는 점이 제시된다. 대신에 국민들은 공동체들로서 '상상'되어야 한다. 이 상상적 요소 때문에 국민주의는 강한 사회심리학적 차원을 포함한다. 이 장은 국민에 대한 상상이 보다 폭넓은 이데올로기적·담론적 의식의 일부임을 논의할 것이다. 예컨대 국어national language 또한 상상되어야 하는데, 이는 오늘날 별개의 언어들이 '자연적으로' 존재한다는 상식적 신념의 뿌리에 있다. 서로 다른 구어들이 존재한다는 것이 명백한 것처럼 보일 수도 있다. 그러나 이러한 가정 자체가 이데올로기적 관념인데, 이는 근대 국민국가에서 질서와 헤게모니 달성을 위해 중요한 것이었다. 상이한 언어들이 자연적으로 존재한다는 가정은 국민주의 개념들이 얼마나 깊숙이 일상적 상식 속으로 침투했는가를 잘 보여준다.

이어지는 3장은 일상적 국민주의에 대한 관념들과 국민성의 일상적 게양을 논한다. 흔들린 깃발과 흔들리지 않은 깃발waved and unwaved flags 간의 구별이 만들어진다. 국민국가의 재생산은 집단 기

---

6) 'state'는 널리 인용되는 막스 베버의 정의에 따르면 폭력에 대한 독점권을 유지하는 정치조직이고, 일반적으로는 중앙집권화된 정치기구를 의미한다. 'nation'을 '국가'로도 옮겼기에 혼동의 여지가 있을 수 있겠으나, 저자가 'state'와 'nation'을 엄격하게 구분해서 사용하는 것으로 보이지는 않고 차이를 드러내기 위해 'state'를 다른 단어로 옮기는 것도 도리어 어색하고 혼란을 줄 여지가 있으므로 부득이하게 '국가'로 옮겼다. 단, 필요한 경우 'state'를 병기했다.

억과 망각의 변증법 그리고 상상력과 상상력 없는 반복 간의 변증법에 의존한다. 흔들리지 않은 깃발은 너무도 쉽게 잊힐법하지만, 적어도 깃발을 흔드는 기억할만한 순간들만큼이나 중요하다. 이론적이고 세속적인 것을 조사하는 전략에 따라 이 장은 정통 사회과학, 특히 관습적 사회학에서 발견되는 국민주의에 대한 편협한 시각도 비판한다. 정통 이론들은 국민들보다는 '사회들'에 대해 말하기를 선호해왔다. 그리고 그것들은 국민주의를 국민국가들의 세계에서 토착적인 것이기보다 '잉여적인' 무엇으로 취급해왔다. 책 도처에서 그러하지만 여기서도 '사회'에 대한 사회학적 사유의 원천인 미국의 경우에 특별한 주의를 요한다. '사회'에 대한 미국의 이론들은 미국 국민성이 마치 학생들이 매일 국기에 대해 충성 맹약을 하듯 게양되는 방식을 빈번히 무시해왔다. 그러한 이론적 기억상실은 이데올로기적으로 중립적인 게 아니다.

4장은 국민주의 의식 안에 있는 몇 가지 주요 주제들을 조사한다. 이렇게 함으로써 그것은 국민주의를 단순히 수많은 다른 정체성들 중 정체성의 한 형식으로 간주하는 사회심리학 이론들을 비판하는 것이다. 국민주의는 이것 이상이다. 그것은 사고 혹은 이데올로기적 의식意識의 한 방식이다. 이러한 의식 속에서 국민들, 국민정체성들, 국민적 모국들이 '자연적인 것'처럼 나타난다. 가장 중요한 것은 '국가들의 세계'가 '자연스러운' 도덕 질서로 나타난다는 사실이다. 이 같은 '우리', '그들', 모국 등등에 대한 상상하기는 습관적이거나 상상력 없이 성취된 것임에 틀림없다. 그러나 그것은 또한 세계에 대해 말하는 복잡한 방식을 제공한다. 국민주의는 근대 이전의 자민족중심주의적 전망과 마찬가지로 반성적인 이데올로기가 아니다. 그것은 자신만의 헤게모니 담론들을 가진 국제적 이데올로기다. 따라서 미국 대통령들은 자신들의 국가적 이익을 보호하면서도, 보편적 이익 혹은 세계질서를 위해 말한다고 주장할 수 있다. 국민주의 목소리는 '정체성들의 정체성'을 요구하는 '헤게모니의 문법'을 사용할 수 있다.

만약 국민주의가 서구의 확립된 민주주의에서 일상적인 것이 되었다면, 국민성은 부단히 게양되어야 할 것이다. 5장은 그러한 게양이 발생하는 정도와 그것이 달성되는 담론적 수단들을 조사한다. 민주주의 정치는 국민성의 수립에 토대한다. 정치가들은 자신들의 공적 업무를 할 때 국민에게 연설하려고 한다. 현시대에서는 정치가들이 유명인사가 되었기 때문에, 그들의 언사는 일반적으로 국민성의 상투어를 재생산하며 부단히 대중매체에서 보도된다.

정치가들이 일상적으로 국민성이 게양되는 유일한 통로를 제공하는 건 아니다. 5장은 실례를 보여주는 사례연구로서, 무작위로 선별된 특정한 날에 초점을 맞추어 영국의 주요 일간지들도 조사한다. 모든 신문은 타블로이드지든 정론지든, 좌익이든 우익이든, 국가의 구성원들로서의 독자들에게 말을 한다. 그것들은 국가들의 세계라는 존재를 인정하는 방식으로 소식을 전한다. 그것들은 일상적 지시어를 사용하는데, 이는 부단히 독자들의 고향으로서 국민적 고국을 가리킨다. 대개는 간과되지만 사소한 단어들이 이러한 고국의 일상적 지시어에서 중요한 요소들이다. 5장은 또한 스포츠 지면에 특별한 주의를 기울이는데, 그것은 매일매일 우리 독자들이 국민적 대의를 지지하도록 권고한다. 사람들은 대개 스포츠면을 재미 삼아 읽는다. 그것들은 비범한 위기의 시대, 즉 국가가 자신의 시민들에게, 특히 남성 시민들에게 국민성이라는 대의를 위해 궁극의 희생을 해달라고 요청할 때를 위한 일상적 예행연습으로 간주될 수도 있다.

현재 연구에서 주요한 주제는 국민성에 대한 관념이 현대의 사고방식에 깊숙이 배여 있다는 것이다. 최근에 어떤 분석가들은 국민국가가 근대에 속하면서도, 탈근대적이고 전지구화된 세계에서 다른 것으로 대체되고 있다고 주장한다. 만약 이것이 사실이라면, 일상적 국민주의는 사라지고 있는 이데올로기이며, 낡은 국민성 정치는 정체성 정치로 대체된다. 이 주제는 6장에서 비판적으로 논의된다. 탈근대성에 관한 몇몇 이론들이 흔히 국민성의 존재를 당연한 것으로 간주할 뿐만 아니라, 국가들의 종언을 지시한다고 주장되는 몇몇 현상들도 국민주의적 가정들을 여전히 손에 쥐고 있는 것으로 드러난다. 하나의 중심적인 역설이 존재한다. 국민국가의 쇠락을 단언하는 국민정체성과 탈근대성에 관한 이론들이 미국이라는 하나의 강력한 국가가 전지구적 헤게모니를 얻고자 노력하는 시기에 표명되고 있다는 것이다. 미국의 상징들이 보편적 상징들로 나타나는 것처럼, 전지구적 문화 자체가 국가적 차원을 갖는다.

일상적 국민주의가 스포츠면이나 표를 구걸하는 정치가들의 일상적 상투어에 제한되는 건 아니다. 그것은 훨씬 더 넓게 확산된다. 그것은 심지어 철학적 형태마저 갖는다. 7장은 리처드 로티의 작업을 상세하게 음미해본다. 그의 철학은 매력적으로 보일 만큼 회의적인 어조를 갖는데, 국민주의의 확실성을 반박하고 탈근대적 시대정신을 반향하고 있는 것처럼 보인다. 그러나 그렇게 함으로써 그의 철학은 묘하게도 국민주의적 가정들을 손에 쥐고 있음을 드러낸다. 정확히 그러한 가정들이 거의 예상되지 않는 곳에서 말이다. 로티는 공동체 철학을 제시하는데, 이는 국가를 일반적으로 인정된 공동체의 한 형식으로 당연시한다. 게다가 그의 텍스트는 헤게모니의 문법을 구현하고 있는데, 이를테면 '우리', 즉 미국 국가American nation는 '우리' 모두를 대변한다고 말해진다. 이와 같이 로티의 철학은 자신의 장소와 시대를 위한 지적인 깃발로 간주될 수 있다. 그것은 새로운 세계질서의 국민주의 철학의 범례인데, 이는 걸프전의 연합군처럼 미국의 지도력을 중심으로 구축되고 있다.

일상적 국민주의를 연구하는 분석가는 타자들의 국민주의를 폭로하는 이론적 방종을 저지르지 않는다. 그 분석가는 억압된 성욕의 조직을 착색하기 위해 외국의 국민주의자들을 현미경 아래 표본처럼 둘 수 없고, 표본의 입에서 나오는 비합리적 정형화들에 돋보기를 들이댈 수도 없다. 르펜이나 지리놉스키[7]의 심리학을 제시할 때, '우리'는 '그들' 국민주의자들의 폭력적인 정서와 타자에 대한 조악한 정형화를 가지고 '그들'을 바라보면서 공포의 떨림을 경험할 수도 있다. 그리고 '우리'는 이 정형화의 대상들 속에서 '우리 자신'을 인지할 것이다. '외국인들'과 '열등 인종들' 곁에서 '우리'는 국제주의적 포용력을 가진 '타락한 자유주의자들'이 될 것이다. '우리'는 '우리 자신'을 '우리'의 타자의 타자로 확인했음에 안심할 것이다.

---

7) 장마리 르펜은 잘 알려진 대로 프랑스의 극우정당 국민전선(2018년에 '국민연합'으로 개칭)의 창립자이며, 국민연합의 현 대표 마린 르펜의 아버지이기도 하다. 블라디미르 지리놉스키 또한 러시아 자유민주당의 리더를 맡고 있는 극우 정치인으로, 악명 높은 극렬 국민주의자이다.

국민주의 개념을 확장함으로써 그 분석가가 조사의 영역에서 안전하게 제거된 것은 아니다. 우리는 코즈모폴리턴적인 포용 정신을 소유한다고 상상할 수도 있다. 그러나 만약 국민주의가 보다 폭넓은 이데올로기라면 그 낯익은 상투어들이 우리를 부지불식간에 포착할 터인데, 이는 너무도 위안을 주는 일이다. 우리는 영향받지 않은 채 남아 있지는 않을 것이다. 만약 그 논지가 옳다면 국민주의는 우리 의식의 귀퉁이들 속으로 스며들었다. 그것은 우리가 분석을 위해 사용하려는 바로 그 말들 속에 현전한다. 폭로의 텍스트가 자신을 공식화하는 시대와 장소를 피할 수 있으리라고 생각하는 것은 순진하다. 대신에 그것은 보다 점잖은 짓을 하려고 시도할 수 있다. 그것은 너무도 낯익어서 거의 눈치챌 수 없는 것으로 보이는 이데올로기의 힘들 쪽으로 관심을 돌릴 수 있다.

2장 _ 국민과 언어

그것은 영국 일간지 『가디언』의 안쪽 지면에 눈에 띄지 않도록 치워진 하찮은 기사였다. 심지어 그 면의 주요 이야기조차 아니었다. '플란데런[1] 지도자들, 분리를 요구!'가 헤드라인이었다. 브뤼셀에 있는 상주원이 쓴 그 기사는, 주요 플란데런 정당들의 지도자들이 하나의 성명을 제출했는데 그것이 "프랑스어를 사용하는 정당들을 놀라게 했다"라고 보도했다. 그들은 벨기에가 두 개의 독립국가들의 느슨한 연합, 즉 네덜란드어를 사용하는 플란데런과 프랑스어를 사용하는 왈롱으로 쪼개져야 한다고 선언했다. "벨기에 동부에서 독일어를 사용하는 소규모 공동체"를 위해서는 특별한 준비조치들이 취해져야 한다. 여기까지, 그 신문은 플란데런의 분리 요구가 "소수의 국민주의자들과 극우 단체들에 제한되었다"라고 보도했다. 벨기에 정부는 권력 이양을 위

---

1) 플란데런(프랑스어로는 플랑드르, 영어로는 플랜더스)은 벨기에 북부의 네덜란드어 사용 지역으로, 이 지역에서 쓰는 네덜란드어 방언을 플람스어라고 한다. 반면 벨기에 남부의 프랑스어 사용 지역은 왈롱이라 한다. 한편 벨기에 동부에는 독일어를 사용하는 소규모의 지역 또한 존재한다.

한 기존의 준비 조치들이 "벨기에가 다소간 손상되지 않고 살아남을 수 있게 해줄 것"이라고 희망했다(『가디언』, 1994년 7월 14일).

그 기사는 그것이 보도한 것과 그것이 말하지 않고 남겨둔 것 모두에 대해 흥미로운 사실을 드러내고 있었다. 하나의 국민국가로서 벨기에의 가능한 분열은 이 '진지한' 영국 신문의 1면을 차지할 만큼 충분히 중요한 일이 아니었다. 이는 그 자체로 당대의 분위기에 대한 무언가를 말해준다. 그 이야기가 갑작스럽고 놀랄만한 선언으로 제시되었지만, 플람스어 사용자들이 자신들만의 국가를 수립하려는 이유를 말해주는 어떠한 배경 설명도 제공되지 않았다. 그 같은 생략으로, 그 신문은 독자들이 그러한 국민적 열망들을 이해할 것으로 기대될 수 있음을 나타내고 있었다. 다른 날 그 신문이 캐나다의 프랑스어 사용 분리주의자들, 스페인의 바스크어 사용자들 혹은 심지어 영국의 웨일스어 사용자들에 대한 이야기를 실을 수도 있을 것이다. 자신만의 국가를 원하는 언어 집단들의 이야기가 오늘날 신문 독자들에게 그렇게까지 기이한 것은 아니다.

그러한 이야기는 두 가지 메시지를 담고 있다. 표면적 메시지는 영국 독자들에게 '그들', 어쩌면 곧 '벨기에인들'로 알려지지 않을 수도 있는 벨기에인들에 관한 무언가를 말해준다. 또한 '우리' 영국 독자들과 '우리'가 알 것이라고 기대되는 것에 관한 암묵적 메시지도 있다. 우리가 특정 언어를 사용하는 공동체들이 자신들만의 국민국가를 수립하려는 이유를 들어야 할 필요는 없다. 하나의 국가가 무엇인지뿐만 아니라 하나의 언어가 무엇인지 들어야 할 필요도 없다. 이 모든 것이 상식이며, 오히려 '우리'가 국민들에 대한 그러한 상식적 생각들을 소유하고 있다고 가정된다.

이러한 상식은 일간신문들만큼이나 학술적 글들에서도 발견될 수 있다. 사회과학자들은 종종 동일한 언어 사용자들이 자신만의 정치적 정체성을 추구하는 것은 자연스러운 일이라고 가정한다. 『국민주의의 다양성』이라는 제목의 책을 쓴 저자는 "안전을 찾아서, 같은 언어를 사용하는 사람들이 저항할 수 없이 한데 모였다"라고 썼다(Snyder, 1976: 21). '저항할 수 없이'irresistibly라는 단어는 이것이 인간 본성의 불가피한 부분임을 제시한다. 따라서 만약 플람스어 사용자들이 불안하다고 느낀다면, 그들이 함께 모여 모든 시민이 동일한 언어를 말하는 하나의 국가를 세우고자 한다는 사실은 그다지 놀랄만한 일이 아니다. 존 에드워즈는 "언어가 여전히 민족적ethnic 정체성의 그 중심적 기둥으로 흔히 간주되고 있음"을 관찰했다(Edwards, J., 1991: 269, 강조는 인용자. 또한 Edwards, 1985; Fishman, 1972, Gudykunst and Ting-Toomey, 1990 참조). 실로 상이한 언어 집단들로 구성되는 국가들은 깨지기 쉬운 타협물인데, 이는 차후 일련의 위기들과 불안들에 의해 따로 떨어질 수 있다고 가정된다(Connor, 1978, 1993). 이러한 사고방식은 새로운 게 아니다. 18세기에 헤르더와 피히테는 한 국민의 기초와 정신은 실로 그 언어에 놓여있다고 선언했다. 이러한 관점에 따르면, 독일어를 사용하는 소규모 공동체는 말할 것도 없고, 플람스어 사용자들과 프랑스어 사용자들로 대충 꿰맞추어진 하나의 벨기에가 '진정한' 국가일 수는 없다. 플란데런 분리주의자들은 따라서 자연적 인간 성향들과 보다 조응하는 방식으로 국민성의 지도를 다시 그리려고 한다. 그들의 요구가 너무도 납득할만한 것으로 보이는 건 놀라운 일이 아니다.

이를 언급하는 한 가지 이유가 있다. 국민주의는 명백한 동시에 모호한 것이다. 플란데런과 왈롱이 자신들만의 분리된 국민국가를 가지려 할 수 있다는 것은 명백해 보인다. 결국 그들이 서로 거의 소통할 수 없다면, 어떻게 그들이 공통의 정체성, 그러니까 물려받은 유산의 느낌이랄까 아니면 공동체의 감정 같은 것을 공유할 수 있겠는가? 플람스어 사용자들의 반응은 이해할만한 것이다. 프랑스어를 사용하는 벨기에 수상의 관심사도 마찬가지인데, 그는 갑자기 자신의 나라가 반쪽으로 나뉘는 것을 볼 수도 있다. 보다 심각한 질문이 있다. 이러한 명백함의 느낌은 어디서 오는가? 공동체, 국민성, 언어를 이런 식으로 생각하는 것이 '자연스러운' 것인가? 아니면 이러한 자연스러움의 느낌 자체가 문제인가?

에릭 홉스봄은 『1780년 이후의 국민과 국민주의』 서두에서 국민주의 역사가들이 국민주의 신화들로부터 스스로 거리를 두어야 하는데, 이는 "국민과 국민주의에 대한 어떠한 진지한 역사가도 헌신적인 정치적 국민주의자일 수는 없기 때문"이라고 적고 있다(Hobsbawm, 1992: 12). 홉스봄은 헤르더가 독일 국민과 언어에 대해 표명한 신화들을 언급하고 있었다. 유사한 신화가 오늘날 플란데런 국민주의자들에 의해 회자되고 있는데, 그들은 양도할 수 없고 역사적으로 중요한 플란데런 **민중**volk에 대해 말한다(Husbands, 1992). 홉스봄에 따르면 이러한 것들은 무시해야 하는 신화 같은 것들이다. 그러나 하나의 이데올로기로서 국민주의를 연구하려는 사회과학자들이 행해야 할 더 많은 거리두기가 있다. 분명히 사회과학자는 플람스어를 사용하는 정치가들처럼 새로운 국민 단위들이 자연스럽고 오래된 사실들과 호응한다고 주장하며, 그것을 창설하려고 하는 사람들의 요구를 괄호 속에 집어넣어야 한다. 게다가 국민들에 관한 '우리'의 상식들도 괄호 속에 넣어야 한다. 이는 우리가 '그들', 즉 플란데런인과 왈롱인, 그리고 그들의 특정한 갈등으로부터 거리를 두는 일보다 어렵다. 보다 보편적인 무언가가 은유적 괄호 안에 놓여야 한다.

이 괄호 치기를 달성하려면, 우리는 우리 자신으로부터 거리를 두어야 하고, 우리가 습관적으로 명백하다거나 '자연스럽다'라고 받아들이는 것으로부터 거리를 두어야 한다. 만약 국민주의가 현대인의 의식, 그러니까 '그들'의 의식만큼 '우리'의 의식에도 심각하게 영향을 미치는 하나의 이데올로기로 간주될 수 있다면, 그 명백함은 의심해보아야 한다. 이데올로기는 신념과 실천의 패턴인데, 이는 기존의 사회적 배치들을 '자연스러운 것' 혹은 불가피한 것으로 보이게 만든다(Eagleton, 1991). 따라서 가부장 이데올로기는 남성이 통치하고 여성은 봉사하는 것이 '자연스럽게'(즉 어떠한 사물이 아무런 의심 없이 받아들여지는 생물학적 방식에 부합되게) 보이도록 만든다. 인종차별주의racism 이데올로기는 18세기와 19세기 유럽인들에게 백인이 '순진한child-like 원주민'보다 통치 기술에서 우월하다는 것이 '자연스럽고' '상식'인 것처럼 보이게 만들었다. 우리 국가들의 군비를 후원하기 위해 세금을 내면서 국민국가들에서 사는 우리도 역시 이러한 국민국가들의 세계가 자연스럽게 보이도록 만드는 상식을 가진 것은 아닌가?

만약 우리가 우리 자신의 이러한 부분을 이해하려면, 우리는 우리의 상식적 가정들로부터 뒤로 물러서려고 시도해야 한다. 우리는 동일한 언어를 말하는 사람들이 국민적 무리 짓기를 형성하려는 것이 실제로 자연스러운 것이라고 만족할 수 없다. 그것은 그 유효성을 발견하려는 신념을 경험적으로 시험하는 문제가 아니다. 이데올로기 분석가는 이 신념, 곧 우리의 신념이 어디서 발원했고 그것이 무엇을 가정하는가를 물어야 한다. 우리는 우리에게 그토록 굳건히 실재적인 것처럼 보이며 우리가 일상적 소식들의 가정들을 이해하도록 돕는 바로 그 개념들을 묻거나 이데올로기적 괄호들 속에 넣어야 한다. 이는 '하나의 국민', 심지어 '하나의 언어' 같은 개념들을 포함한다. 국민주의를 분석하기 위해서 그러한 개념들이 무비판적으로 사용되어서는 안 되는데, 왜냐하면 그 개념들은 분석되어야 하는 주제 밖에 있지 않기 때문이다. 대신에 국민주의 역사는 그러한 개념이 습관적으로 실어 나르는 의미들을 경유해서 계속 흐른다.

하나의 이데올로기로서 국민주의 연구하기

자유주의적인 오늘날의 서구 학계는 일반적으로 자신들에게서보다 '타자들'에게서 국민주의를 인식하는 것이 보다 쉽다는 것을 깨닫는다. 국민주의자들은 격렬하게 감정적인 심리작용에 의해 추동된 비합리적 목적들을 추구하는 극단주의자들과 동일시될 수 있다. 그게 아니라면 그들은 특히 해외에서 볼 수 있는, 억압적 식민주의자들에 맞서 전투를 벌이는 영웅적 인물로 묘사될 수 있다. 국민주의는 거의 모든 곳에서 볼 수 있다. '여기'를 제외하면 말이다. 만약 국민주의가 널리 퍼진 이데올로기라면, 하나의 상이한 시각이 자리를 잡는다. 이는 국민주의를 국민국가들의 세계로서의 '우리'의 세계를 재생산하는 신념과 실천의 패턴들을 포함하는 것으로 간주하는 것인데, 그 안에서 '우리'는 국민국가들의 시민으로서 살고 있다. 결과적으로 국민주의는 단순히 플람스어 사용자들이 벨기에 국가에 저항하도록 강요하기만 하는 이데올로기가 아니다. 그것은 또한 벨기에 국가를 포함해서 국가들이 존재하도록 허용하는 이데올로기다. 플람스어 사용자들이 조직했던 것 같은 노골적인 정치적 도전이 부재하는 상황에서, 이 이데올로기는 일상적이고 습관적이고 거의 눈에 보이지 않는 것처럼 보일 수도 있다.

'국민주의'라는 용어가 '타자들'의 신념에만 제한되어야 한다고 주장하는 건 언제나 가능하다. '우리'의 신념들에 대해 말할 때, 우리는 '애국심', '충성심' 혹은 '사회적 동일시' 같은 다른 용어들을 선호하기도 한다. 그러한 용어들은 '국민'이라는 단어와 함께 국민주의의 유령도 추방한다. 적어도 '우리'의 믿음과 정체성에 관해서는 말이다. 문제는 그러한 용어들이 '충성심'이나 '동일시'가 나타나는 대상, 곧 국민국가를 간과한다는 것이다. 현재의 접근법은 '국민주의'라는 용어를 '타자들'의 이데올로기에 제한하지 않는데, 앞으로 제시되겠지만 그러한 제한이 이데올로기적 함축들을 실어 나르기 때문이다. 대신에 국민주의는 확립된 국민국가들이 습관적으로 재생산되는 방식을 포함하는 개념으로 확장된다. 이는 빈번히 '일상적' 국민주의를 포함하는데, 그것은 공공연하고, 명확하고, 흔히 새로운 국민을 형성하기 위해 싸우는 사람들의 강렬하게 표현된 국민주의와는 대조적이다.

국민주의라는 용어를 친숙한 것, '여기 편안히/고국에at home' 있는 것을 묘사하는 데 사용하는 또 다른 이유가 있다. 국민성에 관한 '우리'의 상식과 국민적 믿음에 대한 '우리'의 심리학은 국민주의 역사 안에 놓여야 한다. '우리'의 상식을 그 역사적 맥락 안에 놓음으로써, 국민성과 하나의 국민에 속하는 자연스러움에 관한 '우리'의 신념들이 특정한 역사적 시대의 산물임을 보게 될 것이다. 그렇게 함으로써 그러한 신념들의 자명함은 의문에 부쳐진다. 실제로 그것들은 다른 시대의 신념들만큼이나 기이한 것으로 보이게 될 수 있다.

많은 사회과학자들, 특히 사회학자들과 사회심리학자들은 국민주의 문제를 이런 식으로 다루지 않았다. 그들은 이 책에서 일상적 국민주의라고 불리는 것들을 무시하는 경향을 갖는다. 그러한 이론가들은 '국민주의'라는 용어를 제한된 방식으로 사용하면서, 그것을 흔히 타자들에게 투사해왔고 '우리'의 국민주의는 실존하지 않는 것으로 자연스럽게 받아들였다. 이는 두 가지 유형의 이론화로 나타나는데, 이것들은 이후의 장에서 볼 것처럼 대개는 서로를 동반한다.

① 국민주의 이론을 투사하기 : 이러한 접근법들은 국민주의를 극단적·잉여적 현상이라는 제한된 방식으로 정의하는 경향이 있다. 국민주의는 국민주의 운동의 전망과 동등하며, 그러한 운동들이 부재할 때, 국민주의는 하나의 쟁점으로 보이지 않는다. 대체로 그러한 이론들의 저자들 스스로는 국민주의 운동들의 신봉자들이 아니다. 물론 예외들이 있기는 하지만. 그러한 이론가들은 국민주의가 흔히 비합리적 정서들에 의해 추동된다고 주장한다. 그 이론가들은 자신들이 태생적으로 비합리적인 것이라고 간주하는 무언가에 대해 합리적 설명을 만들어낸다고 주장하고 있기 때문에, 그들 자신은 국민주의로부터 거리를 두고 있다. 그 이론가들 스스로는 국민들의 세계에 살고 있다. 그들

은 여권을 소지하고 국민국가에 세금을 낸다. 그들의 이론은 이러한 국가들의 세계를 '자연적' 환경으로 당연시하는 경향이 있는데, 그 안에서 국민주의 드라마들이 정기적으로 쏟아져 나온다. 국가들의 세계를 습관적으로 재생산하는 국민주의가 이론적으로 무시되고, 국민주의가 타자들의 상태로 간주되기 때문에, 그러한 이론들은 수사적 투사라고 간주될 수 있다. 하나의 상태로서의 국민주의가 타자들에게 투사된다. 우리의 국민주의는 간과되며, 잊히고, 심지어 이론적으로 부인되기도 한다.

② **국민주의 이론을 자연화하기**: 어떤 이론가들은 국민국가에 대한 현대의 충성심을 심리학적으로 일반적이거나 인간 조건에 고유한 무언가의 예들로 묘사하는 경향이 있다. 따라서 그러한 충성심은 이론적으로 '동일시에 대한 욕구', '사회에 대한 애착심' 혹은 '원시적 유대'로 바뀔 수 있는데, 이것들은 이론적으로 보편적 심리상태에 놓일 수 있으며, 국민국가 시대에 고유한 게 아니다. 그와 같이 일상적 국민주의는 국민주의이기를 그칠 뿐만 아니라 조사되어야 할 문제이기도 멈춘다. 실제로 그러한 정체성들의 결여(확립된 국가들에서 애국심의 결여)가 관심을 가질만한 문제로 간주될 수 있다. 이런 식으로 그러한 이론들은 국가들의 세계를 당연시하면서 기존 의식 상태들이 자연스럽게 보이도록 만든다.

이후의 장들은 사회과학자들이 국민주의를 투사해오고 자연스럽게 만들어왔던 방식들의 사례를 제공할 것이다. 어떤 이들은 동시에 두 가지를 한다. 우리의 '애국심'은 자연스럽게 보이도록 만들어진다. 그리고 그 때문에 눈에 띄지 않는다. 반면 국민주의는 '타자들'의 속성으로 간주된다. 그러한 이론들은 특정한 노골적 국민주의 운동들의 심리상태에 관심을 끄는 장점을 가질 수 있다. 그러나 그렇게 함으로써 그것들은 우리의 상식이 갖는 국민주의적 측면들을 간과하는 경향이 있다. 대조적으로 현재의 접근법은 심리적 초점을 우리에게 되돌려놓는다. 만약 국가들의 세계가 재생산될 수 있으려면, 국민성을 상상하고 소통하고 믿고 기억하고 등등을 해야 한다. 심리적 행위들의 무한한 다양성이 국민국가들의 재생산을 위해 요구된다. 이러한 심리적 행위들은 순수하게 개별 행위자들의 동기들의 관점에서만 분석되어서는 안 된다. 심리상태에 대한 이데올로기적 분석은 개인의 행위들과 동기들이 사회적·역사적 과정을 통해 구성되는 것이지, 그 역의 과정이 아님을 강조한다. 이는 심리적 변수들은 역사적으로 생겨난 것이라기보다 보편적인 것임을 전제하는 많은 사회심리학의 인습적 이론들의 이론적 틀을 거꾸로 뒤집는 것을 필요로 한다(사회심리학에 대한 대부분의 정통적 접근에서 개인주의에 대한 비판을 위해서는 예컨대 Gergen, 1982; Moscovici, 1983; Sampson, 1993; Shotter, 1993a, 1993b 참조).

언어는 이데올로기의 작동과 이데올로기적 의식의 틀을 짜는 데 있어 중요한 역할을 수행한다. 이는 60년도 더 이전에 미하일 바흐친이 볼로시노프라는 이름으로 냈던 책『마르크스주의와 언어철학』에서 강조되었다(Holquist, 1990).[2] 바흐친은 "객관적 심리학은 이데올로기

---

2) 이 문장은 바흐친이 볼로시노프라는 가명으로 책을 발표했다는 얘기가 아니다. 볼로시노프는 바흐친의 연구를 중심으로 사회적·문화적 문제들에 철학적으로 접근했던 소위 바흐친 학파의 일원이었다. 『마르크스주의와 언어철학』의 원저자가 누구인지에 대해선 지금도 의견이 분분하지만 바흐친 사유의 흔적들을 반영하고 있는 것만은 분명하다.

연구에 기초해야 하며", 의식 형태는 언어를 통해 구성된다고 주장했다(Voloshinov, 1973: 13). 따라서 이데올로기에 대한 사회심리학 연구는 언어의 구체적 작용들을 조사해야 한다. "사회심리학은 무엇보다도 모든 종류의 끈질긴 이데올로기적 창조성을 에워싸고 밀려드는 다채로운 **발화 수행**들로 구성된 하나의 분위기이다"(Ibid,: 19, 강조는 원문). 유사한 점들이 최근 담론심리학자들에 의해 지적되었는데, 그들은 사람 내부에 내적으로 존재한다고 가정해왔던 많은 심리적 현상들이 사회적으로, 담론적으로 생겨난다고 주장한다(Billig, 1987a, 1991; Edwards and Potter, 1992, 1993; Potter and Wetherell, 1987; Potter et al., 1993). 질레트와 하르는 정서들, 가령 분노·두려움·행복 같은 것들이 표면상 사회적 행위들뿐만 아니라 판단도 포함한다고 주장해왔다(Gillett and Harré, 1994). 이는 소위 국가적 충성심이나 외국인 혐오 xenophobia도 포함할 것이다(Scheff, 1995; Wetherell and Potter, 1992). 이러한 정서들은 국민성에 관한, 곧 '우리'와 '그들'에 관한 판단, 공유된 믿음 혹은 재현에 의존한다. 그러한 정서들은 복잡한 담론 패턴들에 의해서 그리고 그 안에서 표현되는데, 이것들은 보다 폭넓은 역사적 과정의 일부다.

보스웰은 『새뮤얼 존슨의 일생』에서 그 위대한 박사[3]가 부랑 시인이자 살인 혐의를 받던 리처드 새비지와 함께 어떻게 런던 밤거리를 배회하곤 했는지를 이야기한다. 그 두 동행인들은 대개 출입구에

___

3) 제임스 보스웰이 쓴 전기의 주인공 새뮤얼 존슨은 혼자 힘으로 7년에 걸쳐 영어사전을 편찬한 인물이다. 1755년에 발간된 그의 사전은 제대로 된 뜻풀이와 실생활에서 사용되는 적절한 예문을 제시한 최초의 체계적인 영어사전으로 평가받는다.

서 노숙하는 자들의 비참함 쪽으로 던져졌다. 그러나 어느 날 밤, 세인 트제임시즈 공원 주변을 걷던 그 기이한 커플은 "기분이 좋아져서는 애국심이 충만하게" 되었다. 그들은 수 시간 동안 그 공원을 가로질렀고, "장관을 비난하며, 자신들의 나라 편에 서겠다고 결심했다"(Boswell, 1906, vol. I: 95, 강조는 원문).

그날 저녁에 그들이 했던 말들을 이제는 알 수가 없다. 두 사람에게 분명했던 쾌활함은 그 대화 속에 분명히 표현되었다. 관계 부처 장관을 비난하면서 두 사람 모두 애국적 결심을 선언할 때까지, 각자가 서로를 북돋았다. 말, 몸짓, 어조를 통해 그들은 분위기를 조성했다. 유사하게도 그들에게 가득했던 애국정신은 선언, 결심, 판단에 있었다. 존슨이 보스웰에게 그 이야기를 다시 들려줄 때, 존슨은 그 대화를 '애국적인 것'으로 분류할 수 있었고, 존슨의 전기 작가는 그 범주를 적절한 것으로 인식할 수 있었다. 그 애국심은, 마치 공원 출입구에 서있는 어두운 형상들처럼 그 대화 뒤에 숨은 이상한 무언가가 아니었다. 그러나 두 대화자들 모두가 이 정신을 그들 자신과 타자들 속에서 인식할 수 있었다.

의심할 바 없이, 그 시인과 미래의 사전편찬자는 자신들이 애국적 결심을 드러냈을 때, 상식적 판단을 말했다. 눈에 띨만한 애국심으로 가득 차려면, 우리는 애국 담론을 가져야 한다. 그러니까 관습적으로 '애국적인 것'이라고 볼 수 있는 문구와 태도를 말이다. 존슨과 새비지는 정형화를 반복했을 수도 있고, 개인적 감정을 선언했을 수도 있다. 존슨은 많은 세월이 흐른 후, 딜리 씨의 집에서 나눈 대화 도중에 다음과 같이 선언했다. "저는 모든 인류를 기꺼이 사랑합니다, 미국인을 제외하고 말이지요." 다시 보스웰의 말을 인용하자면, 존슨의 한껏 긴장된 본성이 갑자기 "지독한 불길"을 쏟아내고 있었다(Ibid., vol.II: 209, 강조는 원문).

물론 존슨은 자신의 견해와 정서를 표현하고 있었다. 그러나 그는 그 이상의 것을 하고 있었다. 당대의 진부한 주제들을 반복하고 있었던 것이다. 모든 인류를 사랑하고 애국심으로 가득한 미덕, 그리고 미국인에 대한 폭발적 증오를 즐기는 무례함까지도 말이다. 이 모든 문제들이 존슨이라는 개인을 넘어서 전개된다. 그 문제들은 국가들과 국민주의에 대한 이데올로기적 역사에 이른다. 존슨은 정부가 부랑자들과 범죄자들을 포함하는 모든 '사람들'의 이름으로, 그 나라에 통치력을 행사하고 있던 영국 국민국가가 정치적으로 수립되고 있던 시대에, 애국적으로 말하고 있었던 것이다(Colley, 1992). 존슨이 인류에 대한 사랑에서 미국인들을 예외로 하고 있었을 때, 그 식민지는 영국의 주권으로부터 독립하여 스스로를 국민국가로 세우려는 폭력적 과정에 몰두하고 있었다. 다른 시대, 다른 곳에서라면 사람들은 충성심과 증오에 대해 다르게 말할 수도 있을 것이다. 그러나 존슨의 말하기 방식과 그의 정서들은 근대의 국민성 부상에 따라다니던 이데올로기적 의식의 일부였다. 이 이데올로기가 존슨의 늦은 밤 런던 배회에도 함께했다. 대화가 요리와 종교로부터 전환했을 때, 그것은 딜리 씨의 집으로 성큼 걸어 들어와서는 탁자에 앉았다. 국민주의가 18세기 영국인의 일상적 삶의 순간들을 채우고 있었다.

국민주의와 국민국가

만약 국민주의가 국민국가를 창출하고 유지하는 이데올로기와 동일시될 수 있다면, 그것은 특정한 사회사적 장소를 갖는다. 모든 집단 충성심이 국민주의의 예들은 아니지만, 에른스트 겔너가 주장했듯이, 국민주의는 국민국가들의 시대에 속한다. 국민국가 없이는 어떠한 국민주의도 존재할 수 없다. 따라서 공동체를 묘사하는 하나의 방식으로서 국민주의는 역사적으로 구체적인 의식의 형태다. 『국가와 국민주의』 첫 번째 쪽에서 겔너는 "국민주의는 주로 정치적 원칙인데, 이는 정치 단위와 국민 단위가 일치해야 한다는 주장"이라고 단언한다(Gellner, 1983: 1). 겔너에 따르면, 국민주의는 오직 국가의 존재가 이미 매우 당연시되었던 때에만 나타난다(Ibid.: 4). 국민주의의 핵심 교의는 "국민 문화와 동일시되고, 그 보호에 헌신한 국민주의 국가가 자연스러운 정치 단위"라는 믿음이다(Gellner, 1993: 409). 겔너의 정의가 국민주의와 국민국가를 연결할 뿐 아니라, 겔너가 제시하듯, 이 상황에서는 국민주의 정치 원칙들이 마치 '자연스러운 것'처럼 나타나기도 한다.

국민국가의 환경은 대체로 근대 세계다. 왜냐하면 홉스봄이 단언하듯 "근대국가와 그것과 연계된 모든 것의 기본 특징이 근대성이기 때문이다"(Hobsbawm, 1992: 14). 역사가들은 정확히 언제 국민국가가 유럽 역사에서 처음 모습을 드러냈는가에 대해 논쟁해왔다. 어떤 역사가들, 가령 휴 시턴왓슨과 더글러스 존슨 같은 역사가들은 일찍이 17세기부터 영국과 프랑스에서 애국적 충성심이나 감정들이 나타났다고 주장했다(Seton-Watson, 1977; Johnson, 1993). 다른 학자들, 가령 엘리 케두리 같은 사람은 국민국가들과 국민주의 애착심들이 18세기가 되어서야 발견될 수 있다면서 그 날짜를 뒤로 미루었다(Kedourie, 1966). 엘시테인은 심지어 '프랑스'La France라는 여성적 조국female fatherland 개념은 "오히려 이 세기, 곧 최근의 역사발전 개념 중 하나"라고 주장한다(Elshtain, 1987: 66). 그러나 중세 유럽이 그러한 국민국가들을 전혀 알지 못했다는 점에는 양 진영 모두 동의한다.

앤서니 기든스는 어떠한 새로운 통치 형태들이 국민국가 창출로 구체화되었는지를 상세히 설명하려고 시도해왔다. 그는 국민국가를 "구획된 경계를 갖는 영토에 대해 행정적 독점을 유지하는 일련의 제도적 통치 형태이며, 그 규칙은 법과 내·외부 폭력 수단들을 직접 통제하는 것으로 승인된다"라고 정의한다. 경계 지어짐과 폭력 수단의 소유가 중요한 요소인데, 왜냐하면 근대 국민국가란 "경계 지어진 폭력을 담는 용기容器"이기 때문이다(Giddens, 1985: 120). 가장 중요한 것은 국민국가들이 고립되어 존재하지 않고, "다른 국민국가들의 집합체"로 존재한다는 것이다(Giddens, 1987: 171). 국민주의는 이 경계 지어짐과 폭력의 독점을 '우리'에게 자연스럽게 보이도록 만드는 사고방식들, 곧 상식적 담론의 패턴들을 감싸 안는다. 이 세계, 곧 '우리'의 세계는 국민들이 자신들의 공식적인 군대, 경찰력, 사형집행인 들을 갖는 장소다. 거기서 경계들은 엄격히 그어져있고, 시민들, 특히 남성 시민들은 국경 경비를 위해 죽이거나 죽으라는 부름을 받을 수 있다고 기대된다.

중세와 근대의 지도들을 한번만 훑어보아도, 경계 지어진 국가가 갖는 새로움을 알 수 있다. 유럽의 중세 지도들은 덜 정확할 뿐만 아니라, 예루살렘을 세상의 중심으로 묘사하는 경향이 있다. 그 지도들은 저 멀리 점차 공허로 사라져버리는 땅들을 가진, 일반적으로 완전하지 않은 세계를 지시할 뿐만 아니라 보다 심한 차이도 있다. 중세 지도들은 경계에 집착하지 않는 세계를 나타낸다(Roberts, 1985). 일반적 지역들은 왕국들과 제국들을 위해 표시되는데, 하나의 왕국이 어디서 끝나고 다른 왕국은 어디서 시작하는지 정확한 장소를 나타내려는 충동은 없다. 근대국가들의 지도는 이런 면에서 꽤나 다르다. 그것은 정확히 그어진 경계들로 분할된 완전한 세계를 묘사한다. 이는 '우리'에게는 익숙한 종류의 지도다.

중세 유럽에는 명확한 영토적 경계가 거의 없었다. 마이클 만이 지적한 바와 같이, 중세 유럽은 가로지르는 작은 네트워크들로 구성되어 있었다(Mann, 1988). 어떠한 단일한 권력 대행자도 명확한 영토를, 혹은 그 안에 거주하는 사람들을 통제하지 않았다. 어쨌든 영토들은 세대에서 세대를 거칠 때마다 계속 그 모양이 변했다. 초기의 중세 군주들이 빈번히 자신들의 영지를 상속자들에게 나누어주었기 때문이다. 농노들은 멀리 떨어진 군주보다는 지역 영주에게 의무감을 가졌을 수 있다. 지역 영주가 실제로 그 지역에 거주했을지라도, 그가 농노의 언어로 말하지는 않았을 것임은 거의 확실하다. 만약 왕들이 군대를 일으킨다면, 그들은 주요 영주들을 통해서 그렇게 했을 것이고, 차례로 영주들은 자신보다 낮은 귀족에게 그 일을 주었을 것이다. 권리와 의무들의 총체적 피라미드 구조가 존재했다. 군대가 부단히 일어났는데, 왜냐하면 모든 층위에서 정치가 전쟁을 통해 시행되었기 때문이다. 이러한 전쟁들은 좀처럼 근대국가들 간의 적대의 발발 같은 공식적 선언들로 공표되지는 않았다. 뿐만 아니라 그 전쟁들은 공식적으로 종료되지도 않았다.

너무도 많은 점에서 유럽의 중세 세계는 근대인들의 눈에는 믿을 수 없을 정도로 혼란스럽고 조직화되지 않은 장소로 보인다. 중세 내내 거주자 집단은 지금의 프랑스나 영국으로 알려진 곳에 살았지만 스스로를 '프랑스인'이나 '영국인'으로 생각하지 않았다(Braudel, 1988; Seton-Watson, 1977). 그들에게는 삶 자체보다 더 강한 충성의 의무가 있는 영토적 국가(하나의 '나라'country)라는 개념이 거의 없었다. 공동체가 상상되었고, 지금과는 다른 방식으로 살았다. 그리고 이는 부분적으로 중세 세계를 오늘날 너무도 낯선 것으로 보이게 만든다.

'경계 의식'의 자연스러움을 인정하는 '우리'가 국민국가 체제가 무질서와 비효율적 혼돈의 세계 속에 질서와 조직화를 도입했다고 생각하기란 쉽다. 왕이나 대통령이 대표하는 국가가 이제 시민들의 직접적이고 총체적인 충성심을 요구한다. 전쟁으로 말할 것 같으면, 국가의 통치자들은 봉건영주들의 협동에 의존하지 않는다. 군대는 인민people으로부터 직접 편성되는데, 그들은 자신들의 '국가'를 위해 싸우라고 설득받는다. 물론 그렇게 신병 입소했던 많은 이들이 법의 힘으로 매수되거나 강제되거나 강요받았다. 그러나 근대 세계는 젊은이들이 자발적으로 입소해서, 기꺼이 심지어 열정적으로 국가라는 대의를 위해 전장으로 나아가는 것도 보았다(Reader, 1988).

국민국가가 자신의 경계 안에서 폭력 수단에 대한 독점적 권리를 확립했을 때, '비공식적 전쟁들'의 시대는 끝이 났다(Hinsley, 1986). 이후로 나폴레옹 전쟁에서 '영국'은 프랑스와 맞서 싸울 것이고, '러시아'

는 침공을 받게 되며, '미국'은 면밀하게 지켜볼 것이었다. 이러한 전쟁 중인 국가들의 새로운 세계에는 부르고뉴 공작이나 워릭 백작이 개인 수행원들을 진두지휘하며 싸움 속으로 뛰어들 여지란 거의 없었다. 오늘날 지역 군벌들은 국가의 권위가 붕괴된 장소, 이를테면 베이루트나 소말리아 같은 장소들에서 나타나는 경향이 있다. 세계의 다른 국가들은 '비공식적 군대'의 출현을 공포심에 질려 바라본다. 자신의 국경 안에서 그러한 힘들이 생겨날까 몹시 두려워하면서 말이다. 공식적 전쟁들이 생겨나면서 자연스럽게 공식적 평화도 생겨난다. 지난 200년간 전쟁의 목적은 정확히 국가의 경계들이 어디에 그어져야 하는가를 확인하는 회의들로 특징 지어졌다. 나폴레옹 전쟁 말미에 빈 회의가 하나의 본보기를 수립했는데, 이는 수없이 반복되었다. 부시 대통령이 요구했던 '새로운 세계질서'는 이라크의 군사적 패배와 함께 확립될 수 있었는데, 이는 전혀 새로운 게 아니다. 국민국가들이 탄생한 이래, 전쟁에서 자신들의 힘을 입증해왔던 힘센 국가들은 잘 그어진 국제적 경계들의 안정된 질서라는 전망을 부과하려고 해왔다. 이런 점에서 근대 국민국가는 국제 시대의 산물이다.

국가들의 국제적 세계

앤서니 기든스는 국민국가 체제를 "역사에 전례 없는 것"으로 묘사했다(Giddens, 1987: 166). 왜 그 체제는 유럽에서 발생해야 했고, 나머지 세계로 퍼져나가야 했는지가 근대사의 주요 수수께끼 중 하나다. 분석가들은 어떻게 그 새로운 국가 형태가 세계를 근대화하는 문제에 대한 일련의 해법들을 제공했는지를 제시해왔다. 겔너는 산업화가 표준화된 기술을 요구했는데, 이는 교육에 대한 중앙통제 체제로 가장 훌륭히 처리될 수 있었다고 주장했다(Gellner, 1983, 1987). 따라서 중앙집권국가에 경제적 이익이 주어졌는데, 이는 국민의 문해력 수준을 평준화했다. 케네디는 국민국가의 군사적 이익을 강조한다(Kennedy, 1988). 국민국가는 기꺼이 애국적 열정으로 싸웠고, 계절에 따라 자신들이 모시는 봉건영주의 작물을 수확하러 사라지지 않는 이들로부터 직업군인을 직접 채용할 수 있었다. 다른 필자들은 국민국가들의 부상을 자본주의의 부상과 직접 연결했다. 앤더슨은 국민국가의 부상을 인쇄가 갖는 중요성, 즉 라틴어의 토착어로의 대체와 산만하나마 확산된 문해력과 연결하는데(Anderson, 1983), 이 모든 것들이 자본주의 발전에 필수적이었다. 마이클 만은 이 의견에 동의하지만, 국가 형성에 있어 산업적 자본주의보다 상업적 자본주의 역할을 강조한다(Mann, 1992). 18세기에 제국주의적 정복이 서구 산업혁명에 자금을 지원했는데, 이는 지속적 성공을 위해 국가적 지원이 필요했기 때문이다. 네언은 국가가 주변부 지역들이 스스로 자본주의 근대성 안으로 움직일 수 있었던 수단이 되었다고 제시하면서, 자본주의의 불균등한 확산을 지적했다(Nairn, 1977). 흐로흐는 이 점을 개진하면서, 자본주의 경제에는 중심적 방향, 특히 교육과 상업 정책에 관련한 중심적 방향이 필요했는데, 이는 오직 근대 국민국가에 의해서만 제공될 수 있었다고 주장한다(Hroch, 1985).

국민국가가 출현한 이유가 무엇이었든 간에, 국민국가의 성공을 의심할 수는 없다. 유럽에서부터 아메리카와 그 밖의 지역으로 퍼져가는 국민성이 주권의 보편적 형식으로 확립되었다. 남극 대륙을 예외로 한다면, 전 세계의 대륙 표면이 "이제 국민nation들과 국가state들 사이에서 분할되었다"(Birch, 1989: 3). 만약 국민주의가 이러한 국민국가들을 국민국가들로 유지하는 이데올로기라면, 국민주의는 "인간 역사에서 가장 성공한 이데올로기다"(Ibid.: 3). 자유주의와 마르크스주의는 중세 시대 기독교나 이슬람처럼 영토적으로 제한되어있었지만, 국민주의는 국제적 이데올로기이다. 국민국가 체제는 영토적 진공상태를 몹시도 싫어한다. 모든 공간은 공식적 국경national boundaries으로 울타리 쳐져야 한다. 따라서 국민주의의 경계 의식 자체는 자신이 거둔 역사적 승리에서 어떠한 경계도 알지 못한다.

국민주의는 승리를 구가하는 행진에서 경쟁 이데올로기들을 완전히 무시했다. 20세기 초에 마르크스주의자들은 국민적 분할의 종말을 예언하고 있었다. 임박한 자본주의 붕괴가 다른 국가들 출신의 노동계급이 함께 뭉치는 보편적 계급의식의 세계를 알려주고 있었다. 그러나 정작 마르크스주의 혁명들 스스로가 국경의 존재를 받아들였다. 1917년 러시아혁명의 지도자들에게 던져진 최초의 임무들 중 하나는 사회주의 국가의 국경선들을 안전하게 하는 것이었다. 독일을 비롯한 연합국들과 맺은 브레스트-리토프스크 강화조약[4]에 서명하면서 러시아는 영토를 터키에게 넘겨주었다. 외부의 공격으로부터 혁명을 보호

---

4) 1918년 3월 3일, 소비에트 러시아의 볼셰비키 정권과 동맹국(독일, 오스트리아헝가리제국, 불가리아, 오스만제국) 사이에 맺어진 평화조약. 이 조약으로 인해 러시아는 독일에 발트 3국을, 오스만제국에 카르스주(州)를 양도하고 우크라이나의 독립을 인정하는 등 많은 영토를 상실해야 했다. 이 결과 러시아는 제1차 세계대전에서 이탈하고 동부전선이 마무리되었다.

하기 위한 이어지는 투쟁들에서 볼셰비키들은, 실제로 부하라와 히바를 합병하고 외몽골에 대한 러시아의 지배를 강화함으로써 옛 러시아 제국의 경계를 확장시켰다(Seton-Watson, 1977). 따라서 처음부터 볼셰비키 정권은 국민국가들 사이에서 국민국가를 표방했다. 먼저 레닌이, 다음으로 스탈린이 '일국 사회주의'를 계획하고, 외국 침략자들에 대항해 기꺼이 국가를 수호하며, 국민 지도자의 역할들을 수행했다. 그래서 그것이 계속되었다. 베네딕트 앤더슨이 지적하듯이, 1970년대 베트남, 캄보디아, 중국의 마르크스주의 정권들은 "제2차 세계대전 이래 모든 성공적 혁명은 스스로를 **국민적** 용어들로 정의해왔다"라는 사실을 강조하면서 상호 간 국민주의적 전쟁을 치렀다(Anderson, 1983: 12, 강조는 원문).

국민국가 체제에 결정적으로 이상한 것이 있다. 국민국가들은 모든 형태들과 규모들로 나타난다. 국민국가에는 10억 이상의 인구를 가진 중화인민공화국뿐만 아니라 1만 인구의 투발루 같은 실체들도 포함된다. 국민국가라는 생각은 르네상스기 도시국가 같은 이상적 규모의 모델과 함께 오지 않았다. 어떤 땅덩어리들, 가령 북미 같은 땅덩어리는 거의 국경선을 갖지 않고 대부분의 경계가 직선이거나 호수, 강을 따르는 경향이 있다. 대조적으로 유럽은 산, 평야, 강을 가로질러 굽이치는 경계들로 빽빽하다. 일본같이 몇몇 섬들의 집단이 하나의 국가를 구성하는 반면, 카리브해 지역에서는 각각의 섬이 자신만의 국가를 뽐내는 것처럼 보인다(아이티와 도미니카공화국은 같은 섬을 공유하고 있다). 리히텐슈타인은 왜? 나우루는 왜? 미합중국은 왜 그런가? 그러나 남미합중국은 안 되는가? 코르시카나 하와이 국민국가는 안 되는가? 간단히 말해 우리는 '객관적'인 지리적 원칙들의 집합을 발견할 수 없는데, 만약 컴퓨터 프로그램으로 표현된다면, 이는 빈틈없이 보호된 국경이라는 현재의 수확물을 생산할 것이다. 대신 국가들의 세계는 서로가 등을 맞대고 빡빡하게, 때로는 불편하게 들어차있는 별난 모양과 크기의 실체들로 뒤죽박죽 분할되어왔다.

뿐만 아니라 그 뒤죽박죽은 어떠한 언어 혹은 종교 논리도 그 아래 깔려있지 않음을 반영한다. 단일 언어를 사용하는 국가들이 있고, 다중 언어를 사용하는 국가들이 있다. 비교적 문화적·언어적 동질성이 높은 아이슬란드 같은 국가가 있고, 무수한 종교와 언어를 가진 인도 같은 국가도 있다. 때때로 상이한 종교 집단들이 국민주의 투쟁을 하는데, 가령 북아일랜드가 그렇다. 그리고 때로는 동일한 집단들이 그렇지 않은 경우도 있는데, 가령 스코틀랜드가 그렇다. 때때로 언어는 퀘백에서처럼 국민적 열망의 상징인데, 때때로 그것은 그렇지가 않다. 스칸디나비아반도에서 언어적 소수자들에 의한 국민적 다툼은 거의 없는 것처럼 보인다(Elklit and Tonsgaard, 1992). 종교와 언어 사이의 균형은 바뀔 수 있다. 벨기에 국가가 1830년 건국되었을 때, 종교적 유사성이 언어적 차이보다 더 강한 것으로 보였다. 그러나 그 입장은 지금 분명히 역전되고 있다(Vos, 1993). 스위스에서 스위스 국민성의 감정은 언어적 분할선을 따라 분할될 위협이 없는 하나의 나라로 똘똘 뭉친다. 소위 '쥐라 문제'[5] 또한 스위스 내에 새로운 하나의 주州

---

5) 쥐라주는 본래 베른주에 속해있었으나 독일어를 사용하는 베른주의 다른 지역과 달리 프랑스어를 사용하다가 1978년 주민투표를 통해 독립하여 별도의 주가 되었다.

를 형성하기 위해 베른주로부터 탈퇴하는 문제와 관계가 있을 뿐이다 (Voutat, 1992). 객관적 역사발전 이론은 말할 것도 없고, 어떤 컴퓨터 프로그램이 스페인어를 사용하는 저 방대한 중남미의 구교 지역들을 국경선들이 십자로 교차하리라고 예상했을까? 왜 베네수엘라, 코스타리카, 볼리비아는 자신들의 군대를 편성하고, 자신들의 국경을 순찰하면서, 자신들의 독립을 과시해야 하는가?

국민국가 체제는 전지구적 분할을 위한 말끔한 패턴을 따르지 않는 것처럼 보인다. 역사적으로 중요한 세력들이 통치에 관한 근대성의 논리적 형태인 국민국가를 생산하려고 합쳤을 수도 있다. 그러나 논리적 원칙이 실제로 수립되었던 방식과 함께 고의적인 무질서가 동반했던 것으로 보인다.

국가와 인민 만들기

가령 언어, 종교 혹은 지리와 같은 소위 '객관적' 변수들이 국가의 경계가 어디에 그어져야 하는가를 예측할 수 없다면, 우리는 '주관적' 혹은 심리적 변수들이 결정적 변수라고 가정해볼 수 있다. 국민들은 모든 국민 구성원이 소유했거나 소유했다고 간주되는 명료하고 '객관적인' 기준을 중심으로 구성된다는 의미에서 '객관적 공동체'들은 아니다. 대신에 국민들은 베네딕트 앤더슨의 용어를 사용하면 '상상된 공동체들'이다. 공동체를 상상하는 수많은 방식들이 있기 때문에, 우리는 국가들의 세계지도가 다소간 뒤죽박죽 엉망인 것으로 생각해야 한다. 마치 국가state들 사이 경계들이 주관적 정체성의 경계들을 따르는 것처럼 말이다. 앞으로 제시될 것처럼, 국민성을 생각하는 이러한 '주관적' 방식에는 한 줌의 진리가 있다. 그럼에도 그것은 과잉 단순화다. 심리적 정체성만이 국민국가들을 현재의 형태로 밀어 넣는 역사의 추동력은 아니다. 국민정체성은 내부적 심리상태라기보다 사회적 삶의 형식이다. 그처럼 그것들은 국민성의 역사적 과정에 포획된 이데올로기적 생산물이다.

'nation'이라는 용어는 서로 연관된 두 가지 의미를 갖는다. 국민국가로서의 '국가'가 있고, 국가 내에서 살아가는 인민으로서의 '국민'이 있다. 두 의미의 연결은 국민주의의 일반적 이데올로기를 반영한다. 겔너가 암시하듯, 국민주의는 "매우 광범위하게 인정받고 심지어 훨씬 공통적으로 근대 세계에서 당연시되는" 원칙 위에 기초한다 (Gellner, 1993: 409). 이는 어떠한 인민으로서의 'nation'도 자신들의 국가로서의 'nation'을 가져야 한다는 원칙이다. 명백히 그 원칙은 국민적 인민들 같은 실체들이 존재한다고 가정한다. 이 점에서 국민주의는 자신들만의 국민국가에 거주하거나 그럴만하다고 말해지는 사람들을 위한 국민정체성이라는 느낌을 구성하는 것을 포함한다. 그러나 국민주의는 특정한 정체성(특별한 국민적 '우리')의 구성 이상을 포함한다. 왜냐하면 그것은 일반적 원칙을 포함하기 때문이다. '우리'가 '우리만의' 국가를 소유하는 것은 권리인데, 왜냐하면 인민('nation')은 자신들만의 국가('nation')를 가져야 하기 때문이다.

이 점에서 국민주의는 특수한 특징들과 보편적 특징들을 결합한다. 이러한 합체는 프랑스혁명의 승리자들이 자신들의 승리를 선언했던 방식에서 볼 수 있을 것이다. 그들은 자신들의 승리를 보편적 원칙의 승리로 선언했다. 가령 '인권, 자유, 평등' 같은 원칙들은 이론상 모든 인간에게 적용되는 것이다(Capitan, 1988). 물론 모든 여성에게는 아니지만 말이다. 그들은 또한 이것이 편견에 대한 이성의, 암흑에 대한 계몽의, 독재에 대한 인민의 일반적 승리라고 주장했다. 그러나 승리의 순간에 '인민'은 추상적 개념으로 매달린 것이 아니고, 보편적 가능성으로 매달린 것도 아니었다. 그 위대하고 보편적인 원칙들은 특정 장소에 위치한 특정 사람들에게만 제한되고 있었다(Dumont, 1992; Freeman, 1992). 「인권선언」은 "주권의 원칙은 본질적으로 국민에 있다. 어떠한 인간 단체나 개인도 그로부터 나오지 않는 권리를 표현할 수 없다"라고 주장했다(Kedourie, 1966: 12에서 재인용). 그 국민은 물론 프랑스 국민이었다. 제거할 수 없고 말로 표현할 수도 없는 어떠한 결속이 국가state, 인민, 영토 사이에서 확실히 나타나고 있었다.

주권이 국민과 함께 있다고 주장하면서, 혁명가들은 '국민'이라는 생각이 마치 전혀 문제가 없는 것인 양 말하고 있었다. 오늘날 그들의 말을 읽을 때, '국민'이라는 용어가 분명하고 구체적인 의미를 갖는다고 가정하는 것은 쉽다. 국민성에 대한 인습적 상징들은 오늘날에는 너무도 당연시되는 것인데, 혁명기에는 아직 자리 잡고 있지 않았다. 구체제하에서는 어떠한 국기도 없었다. 단지 지역 깃발들만이 존재했다(Johnson, 1993). 「인권선언」이 작성된 언어는 소수의 인구만이 모국어로 사용하는 언어였다. 브르타뉴와 플란데런을 제외한 루아르강 북쪽 대다수의 사람들은 그 언어를 이해할 수 있었지만, 그것은 남쪽에서는 일반적으로 이해할 수 없는 언어였다(Braudel, 1988). 선언문이 발표되었을 때, 지금은 프랑스라고 인식되는 그 지역에 살고 있던 사람들 중 스스로를 '프랑스인'이라고 생각했던 이들은 소수에 불과했다. 그와 같이 '국민적인 것'은 모든 시민이 그 존재를 당연시할 수 있었던 구체적인 실체가 아니었다. 그 기획은 자신만의 이름으로 추구되었기 때문에(정책들은 '국민'이라는 이름으로 정당화될 수 있었다), 실제로 시행되기에 앞서 그 자신만의 현실을 가정해야만 했다.

이러한 생각들은 '무엇이 먼저 오는가? 인민으로서의 국민nation-as-people인가 아니면 국가로서의 국가nation-as-state인가?'라는 질문을 낳는다. 국민국가가 국민정체성을 창안했다고 주장하는 사람들과 국민정체성의 계보를 국민국가 발생 이전 시대로 거슬러 추적하는 사람들 사이에 많은 논쟁이 있어왔다. 전자의 견해를 취하는 사람들은 국민국가들이 형성되었던 것처럼, 국민정체성들도 종종 그렇게 생겨났다고 주장한다. 때때로 국가의 창립자들은 자신들이 무엇을 하고 있는지를 알고 있었다. 19세기 이탈리아 국민주의자 마시모 다첼리오는 이탈리아 통일운동Risorgimento 후 다음과 같이 선언했다. "우리가 이탈리아를 만들었다. 이제 우리는 이탈리아인을 만들어야 한다" (Hobsbawm, 1992: 44에서 재인용). '이탈리아인'을 만들기 위해서는 그 창안을 하나의 부활로서, 마치 고대의 무언가가 계속되는 것처럼 제시하는 것이 필수적이다. 국민 만들기의 전성기인 18세기와 19세기 동안 외관상 고대의 전통들이 많이 발명되었다. 새로운 인공물, 가령 스코틀랜드 킬트 의상이나 대관식 같은 것들이 만들어졌는데, 그것들은 마치 오랜 역사를 가진 전통인 것처럼 제시되었다. '고대' 서사시들이 국민을 찬양하며 가끔 날조되기도 했다(Cannadine, 1983; Trevor-Roper, 1983).

전통의 발명을 통해 국민정체성은 마치 그것이 인간 실존의 '자연스럽고' 심지어 영원한 특징인 것처럼 만들어졌다. 겔너가 주장하듯이 국민주의는 "스스로를 각각의 그리고 모든 '국민성'의 단언으로 제시하며, 이러한 추정된 실체들은 단지 거기에 존재하기로 되어있다. 에베레스트산처럼 아주 오래전부터, 국민주의 시기보다 앞선 시기부터 말이다"(Gellner, 1983: 49). 빅토리아 시대 언론가 월터 배젓은 『물리학과 정치학』에서 국민은 "역사만큼 오래된 자들"이라고 단언했다. 그는 그 특별한 국민들이 "우리에게는 너무도 친숙한 것인데", 역사 내내 쭉 존재해왔다고 제시했다(Bagehot, 1873: 83). 배젓의 동포들은 잉글랜드 사람들이 언제나 존재해왔다고 믿고 싶었을 수도 있다. 수염 난 앨프레드들과 아서들이 칼을 쥐고, 그레이스 박사와 그의 크리켓 방망이 같은 잉글랜드적 놀이감각을 가지고, 시대의 뿌연 여명 속으로 길게 줄 지어 쿵쿵대며 뛰어들듯이 말이다.[6] 이러한 앨프레드들과 아서들이 실제로 배젓이 자신 안에서 인지했을 방식으로 배젓의 잉글랜드성으로서의 '잉글랜드성'('영국성'은 말할 것도 없고) 감각을 키웠는지는 논쟁의 여지가 있다. 그리고 프랑스의 영웅들과 여걸들도 마찬가지인데, 이들은 동시에 영국해협 건너에서 재발견되고 있었다.

훨씬 더 문제가 되는 것은 이전의 몇몇 식민지들의 경우다. 이전의 어떠한 인민성peoplehood도 왜 미국이 멕시코 남부가 아니라 북부로 뻗어갔는지의 이유를 설명할 수가 없다. 조지 워싱턴의 지도 아래 있

---

6) 앨프레드는 9세기 잉글랜드 통일의 주역으로 꼽히는 앨프레드 대왕을, 아서는 전설 속의 군주 아서왕을 가리킨다. 윌리엄 길버트 그레이스 박사는 영연방에서 확고한 인기를 누리고 있는 스포츠인 크리켓의 전설적인 선수다.

던 13개 식민지들이 식민통치를 전복하고 하나의 국민으로 발전해간 반면, 시몬 볼리바르에 의해 스페인의 지배에서 해방되었던 5개 식민 지들은 자신들만의 국민적 길로 갔다. 양쪽 경우에서 국민성이라는 느낌은 다양한 독립선언들 이후에 창안되었다. 그것이 '미국성'("신의 가호 아래 하나의 국가")이든, 볼리비아성, 페루성, 베네수엘라성, 에콰도르성, 콜롬비아성이든 간에 말이다.

반면 앤서니 스미스가 반복적으로 주장했듯이(Smith, 1981, 1986, 1994), 모든 인민으로서의 국민들이 전적으로 새롭게 생겨난 것은 아니었다. 어떠한 정체성들은 이전에 존재했었음에 틀림없고, 공동체에 대한 일반적 느낌이 전적으로 18세기에 발명된 것도 아니었다. 자신들만의 독특한 역사, 문화, 충성심이라는 느낌을 주장했던 민족ethnie[7] 혹은 인민은 대부분의 시대에서 발견될 수 있다. 가끔 국민국가들은 보다 오래된 충성심으로부터 생겨났다. 하일랜드 지역의 '고대' 킬트는 대관식 기념 머그잔만큼이나 근대적 발명품일 수도 있다. 그러나 머그잔과 킬트 모두 하일랜드 씨족 체제와 영국 대관식 맹세에서 각기 훨씬 오래된 전통들로 기념되고 있다. 이것들 중 어느 것도 적어도 국가 만들기 시대에 전적으로 발명된 것은 아니었다. 국민국가들이 대표한다고 주장하는 인민들은 종종 국민성의 시대에 앞서 인민성이라

---

7) 앤서니 스미스는 'nation' 이전부터 존재해온 공동체, 즉 공통의 집단 이름, 공통의 선조와 공유된 신화, 공유된 역사적 기억들, 공통의 문화, 특정한 영토, 유대감을 특징으로 하는 공동체를 나타내기 위해 프랑스어를 차용한 '에스니'(ethnie) 개념을 주창했다. 이는 곧 한국인들이 '민족'에 대해 가지고 있는 이미지와 상당히 유사하다. 이 책에서는 스미스의 'ethnie'와 영어 단어 'ethnic'을 모두 ('종족'이 아닌) '민족'으로 옮겼다.

는 느낌을 키웠다. 비록 이 느낌이 국가가 주장하는 인민성과 외연이 같지는 않을지라도 말이다. 「인권선언」 자체가 '프랑스'라는 정체성을 발명한 것도 아니고, 프랑크성 혹은 갈리아성이라는 정체성을 발명한 것도 확실히 아니었다. 새로운 프랑스 국민이 프랑스라는 느낌을 발전시키면서 훨씬 오래된 전통, 정형화, 신화 들을 발명했을 뿐만 아니라 각색했다. 마찬가지로 마시모 다첼리오가 '이탈리아'라는 용어를 발명한 것이 아니었다. 만약 국민성이 국가를 위한 외부적 정치 형태를 제공했다면, 이 형태는 종종 내부에 뿌리를 박고 보다 오래된 국민성이라는 느낌을 각색한 것일 터이다. 그리고 논의가 흘러가는 대로, 그 결과들이 단일하고 동시에 다양한 종류로 이루어졌다는 것은 놀라운 일은 아니다.

인민으로서의 국민의 창조가 미리 존재하는 정체성들에 무언가를 덧붙였다. 국민국가의 창조가 마치 '자연적' 성숙의 과정을 따르는 것처럼 전통적 '민족'ethnie이 조그만 싹에서 자라 완전한 꽃이 되듯 조화로운 과정이었던 적은 좀처럼 없었다. 그 과정은 전형적으로 갈등과 폭력을 동반한다. 특정한 형태의 정체성이 부과되어야 한다. 자기에 대한, 공동체에 대한 그리고 참으로 세계에 대한 하나의 사고방식이 다른 개념들, 다른 삶의 형태들을 대체해야 한다. 이탈리아인은 만들어져야 한다. 개인은 스스로를 단순히 롬바르디아인이나 시칠리아인 아니면 이런저런 마을의 구성원들이라고 생각하는 습관을 멈춰야 한다. 만약 혁명기에 프랑스에 살고 있던 소수의 사람만이 스스로를 프랑스인으로 생각했다면, 그것은 이러한 소수의 전망일 터인데, 이러한 전망은 널리 퍼져야 했다. 파리는 환유적으로 그리고 글자 그대로 프

랑스 전체를 위해 말할 수 있어야 했고, 파리 시민의 말투가 법적으로,
문화적으로 '프랑스적인 것'으로 부과되어야 했다.

　국민성을 위한 전투는 헤게모니를 위한 전투인데, 이는 일부가 전
체 국민을 대변하고 국민적 본질을 대표한다고 주장하는 것이다. 때로
는 환유적으로 그 일부의 이름이 국민 전체를 대표하기도 한다. 예컨
대 태국과 버마에서 국민정체성은 각국의 지배집단의 가치들 및 문화
와 연합되어야 했다(Brown, 1989). 극소수의 국민들은 너무도 동질적
이어서 하위구역을 갖지 않는데, 이 하위구역이란 곧 민족ethnie에 대
한 스미스의 정의 아래 들어온다. 즉 그 자신만의 역사적 독특함과 기
원이라는 느낌을 유지하는 하나의 집단이라는 정의 말이다. 코너는 현
재 180개국 중 오직 15개국만이 이런 의미에서 **다민족**multinational이
아니라고 판단한다(Connor, 1993). 이러한 평가는 역사의 묘지들을 어
수선하게 채우며 오랫동안 묻혀있던 인민성의 느낌을 무시한다.

　국민 헤게모니의 성취는 공식 국어의 승리와 경쟁 언어들의 억압
으로 잘 예증된다. 이 승리는 국가성statehood의 구축과 너무도 자주
동반했다. 「인권선언」은 프랑스의 교실에서 자신들만의 언어를 사용
하는 브르타뉴어와 오크어의 권리들에까지 뻗지는 못했다. 북부 오일
어가 법적 지위라는 후원을 업고 오크어를 누르고 시행되었다. 19세기
에 웨일스어와 스코트어는 영국 학교들에서 공식적으로 금지되었다
(Kiernan, 1993). 아르헨티나 정부는 별난 국가 역사를 경유해서 파타
고니아에서 웨일스어의 사용을 막았다(Williams, 1991). 때때로 헤게
모니가 보장받거나 혹은 나중에 위협받을 때, 이러한 법적인 언어 억
압은 완화되기도 했다. 무해한 유산을 되찾기 위해 혹은 분리주의자나

영토 회복주의자 집단의 요구를 막기 위해 말이다. 소수 언어에 대한 억압은 국민주의 초기 역사에 국한되지 않는다. 심지어 20세기 후반에도 그러한 정책들은 국가권력을 공고히 유지하려는 지배집단에 의해 추구되고 있다. 터키의 1982년 헌법은 어떠한 정당도 "비非터키 언어나 문화의 확산이나 발전, 수호"와 관계하는 것을 명확히 금지하고 있다(Entessar, 1989에서 재인용). 인도네시아 정부는 동티모르를 점령한 후 공식적으로 학교에서 티모르어 교육을 금지했다. 그것이 그 섬에 '인도네시아 문명'을 가져온다고 선언하면서 말이다(Pilger, 1994).

역사적으로 뒤늦은 깨달음이 있다면, 국민국가 체제가 부상하는 것이 불가피한 것처럼 보일 수도 있겠지만 특정한 국민들 스스로에 대해 불가피성을 보기란 쉽지가 않다는 것이다. 주요한 유럽 전쟁이 있을 때마다 정치적 지도는 변한다. 베를린 조약으로 그어진 지도는 베르사유 조약으로 그어진 지도와 다르고, 확실히 오늘날의 지도와도 다르다. 어떤 국민국가, 가령 폴란드는 그 모양, 규모, 위치가 바뀌었다. 발칸반도의 다른 국민국가들은 종종 자유롭게 나타났다가 사라지는 것처럼 보인다. 월러스틴은 오늘날 매우 극소수의 국가들만이 1450년부터 이어지는 연속적인 행정적 실체와 지리적 위치를 뽐낼 수 있다고 지적한다(Wallerstein, 1991). 가설상의 가능성들은 풍부하다. 특정 전쟁터에 군대가 배치되지 않았더라면, 오늘날 과연 다른 국민들과 국민 정체성들이 존재할까? 남부동맹 군대가 미국 내전에서 패하지 않았더라면, 현재 미합중국으로 채워진 그 영토가, 지금 각기 자신만의 분리된 문화와 역사적 신화를 가르치는 두 개의 독립국을 위한 장소를 제공할까? 보다 장기적인 역사적 시각을 취할 수도 있겠다. 시턴왓슨은

1213년 알비파[8]의 패배가 결정적으로 중요했다고 제시한다(Seton-Watson, 1977). 만약 행운이 다른 방향으로 갔더라면, 수 세기 후 국가 만들기에 관해서, 카탈루냐에서 로마에 이르는 강력하고 통합된 지중해 해상 세력이 부상했을 수도 있다. 우리는 어쩌면 메디터레이니아Mediterranea라고 알려질 수도 있는 이 국가에 대한 충성이 여느 부상하는 유럽 국가에서 볼 수 있는 것만큼 강렬하고 '자연스럽게 오래된' 것일 수 있다고 예측해볼 수 있다. 그리고 오크어가 시들며 부패하는 현 상태 대신에 세계의 가장 위대한 언어들 중 하나로 확립될 수도 있었을 것이다(Touraine, 1985).

만약 너무도 많은 것이 전투의 결과물에 달려있는 것으로 보인다면, 폭력이 국가 역사의 표면에서 결코 멀리 떨어진 적이 없다는 것을 기억해야 한다. 국민국가를 만들기 위한 투쟁은 폭력 수단의 독점을 위한 투쟁이다. 현재 만들어지고 있는 것, 곧 국민국가는 그 자체로 폭력 수단이다. 특정 국민주의의 승리는 대안적 국민주의와 인민성을 상상하는 다른 방식들을 제압하지 않고는 좀처럼 달성되기 어렵다. 프랑스는 수 세기 동안 키워진 프랑스 정체성의 느낌을 가지고 자신의 역사적 장소에서 떠올랐던 것처럼 보일 수 있다(Smith, 1994). 프랑스「인권선언」은 이와 동일한 것을 암시한다. 그러나 이 국민성의 성취는 가설상의 국민주의, 곧 잠재적 메디터레이니아의 역사적 패배뿐 아니라, 경쟁하는 인민성이라는 느낌들의 실제적 패배도 동반했다. 브르타뉴

---

8) 중세 기독교 이단의 한 분파로 발칸반도, 북부 이탈리아, 남부 프랑스 등지를 거쳐 12세기 중엽 프랑스 툴루즈 지방의 알비에 전파되면서 세력을 크게 떨쳤다. 카타리파라고도 한다.

어와 오크어는 프랑스어가 되기로 강제로 억압될 필요가 있었다. 그것들이 품을 수 있었던 어떠한 국민적 열망도 강제로 제거되어야 했다.

이 모든 것이 인민(모든 인민), 국민(전체 국민) 혹은 조국/모국 father/motherland(온 나라)의 이름으로 행해졌다. 이는 당대의 상투적 특징이 되었다. 오늘날 통치자들은 자신들의 통치가 아무리 전제적일지라도, 자신들의 통치권을 국민 의지의 표현으로 정당화한다. 심지어 소수파 쿠데타를 통해 권력을 잡은 사람들조차 세계에 대고 자신들의 권력이 국민적 정당성을 갖는다고 선언할 필요를 느낀다. 낯익은 상투어들이 사용될 것이다. 예컨대 정적들이 선거에서 승리했음에도 불구하고, 어니스트 쇼네칸이 군대의 도움으로 나이지리아에서 권력을 탈취했을 때, 그는 "조국의 보다 큰 이익을 위해" 행동하고 있다고 선언했다(『가디언』, 1993년 9월 1일). 쇼네칸은 지속적인 역사적 중요성을 거의 갖고 있지 못한 2인자이지만,[9] 근대적 의례를 따른다. 정치 지도자들은 인민, 모국 혹은 조국 등으로 다양하게 묘사되었던 국민/국가 nation를 위해 행동할 권리를 갖는다고 주장해야 한다. 중세 군주들이라면 모국이나 조국처럼 부모를 지칭하는 단어를 딴 환기들을 이상하게 불가사의한 것으로 생각했을 것이다. 그들의 통치권은 신에게서 나온 것이라고 주장되었다. 군주가 마력, 즉 치유하는 손을 소유했음은 신의 소명의 증거로 간주되었다(Bloch, 1973). 대조적으로 근대 통치

---

9) 1985년 8월, 이브라힘 바방기다는 쿠데타로 권력을 장악하고 1990년대 초까지 권력을 민간에 이양하겠다고 약속한다. 그러나 1993년 6월에 실시된 대통령 선거에서 야당 후보 아비올라가 당선되자 선거는 무효화되었고, 정국이 혼란에 빠진 와중에 쇼네칸이 과도정부의 대통령이 되었다. 쇼네칸은 몇 달 후 일어난 쿠데타로 사니 아바차에게 권력을 넘기고 사임한다.

자들은 소명의 증거로서 대중에 대한 감화력을 주장해야 한다. 근대국가에서 통치권에 대한 요구는 하늘에서 땅으로 내려왔다. 구름에서 모국의 땅으로, 집단적으로 환기된 그 거주민들의 신체들로 말이다.

국민성, 그리고 언어의 발전

국민주의 이데올로기가 전지구를 가로질러 퍼져 나갔기 때문에, 그것이 현대적 상식을 만들었다. 우리에게 너무도 굳건히 일상적인 것으로 보이는 관념notion들은 국민주의 이데올로기의 구성물임이 드러난다. 그것들은 '발명된 영속성'인데, 근대성의 시대에 역사적으로 만들어졌지만, 우리는 마치 그것들이 언제나 존재했던 것처럼 느낀다. 국민주의에 대한 설명을 제공하는 것이 무척 어려운 이유 중 하나가 바로 이 때문이다. 개념concept들은 분석가가 인과적 요인들을 묘사하는 데 사용할 수 있는 것인데, 국민주의의 역사적 구성물일 수도 있다. 가장 좋은 예는 언어라는 관념이다. 앞서 언급했듯이 많은 분석가들은 언어가 국민정체성의 주된 결정 요인이라고 주장해왔다. 동일한 언어를 말하는 사람들은 국민적 유대감을 주장하기가 쉽다. 또한 이전 장에서 언급되었던 것처럼, 국민 헤게모니의 창출은 종종 언어 헤게모니를 포함한다. 동일하거나 상이한 언어들을 사용하는 것의 중요성 주변에 국민주의 모델을 구축하는 것은 어렵지 않다.

그렇게 하는 것은 언어 자체를 문제가 없는 개념으로 취급하는 것일 터이다. 상이한 언어들이 존재하고, 말하는 사람은 누구나 알아들을 수 있는 언어로 말해야 하는 것은 너무도 명백해 보인다. 그 문제가 어떻게 의문에 붙여질 수 있을까? 배젓은 언제나 국민들이 존재해왔다고 생각했을 수도 있다. 어쩌면 그가 과장했거나, 어쩌면 발명된 국민 영속성의 외견상 확실함 때문에 오해했을 수도 있다. 그러나 확실히 언어는 서로 다르며, 그것들은 언제나 존재해왔다. 그러나 한 가지 주의할 점이 제기되어야 한다. 인간은 역사의 여명기부터 말을 해왔을 수 있다. 상이한 장소들에서 발전되었기 때문에 서로 알아들을 수 없는 말하기 방식들을 가지고서 말이다. 그러나 이는 사람들이 스스로를 '하나의 언어'로 말한다고 간주했음을 의미하지는 않는다. '하나의 언어'라는 개념 자체는, 적어도 우리에게는 너무도 진부할 만큼 명백한 것으로 보인다는 의미에서, 국민국가 시대 동안 발전되어온 발명된 영속성일 수 있다. 이것이 사실이라면, 언어가 국민주의를 창출하기보다는 국민주의가 언어를 창출한다. 혹은 오히려 국민주의는 '우리'의 상식, 곧 의문의 여지가 없는 견해를 창출하는데, 거기에서는 상이한 '언어들'이라고 불리는 것들이 자연스럽고 문제 없는 방식으로 존재한다.

오늘날의 세계와는 대조적으로 중세 유럽은 공식적인 토착어들의 장소가 아니었다. 글로 하는 소통은 대체로 라틴어로 이루어졌다. 중세 교과과정의 삼학[10]에 속해 기본 과목으로 가르쳐졌던 문법은 곧 라틴어 문법을 의미했다(Murphy, 1974). 토착어들은 심지어 글로 쓰인 형태로 사용되었을 때조차 문법적인 것으로 간주되지 않았고, 그것들의 표준화된 어휘들의 철자도 마찬가지였다. 이 맥락에서 보자면 토착어를 글로 적을 때 옳거나 그른 방식들은 존재하지 않았다. 그리고 대

---

10) 문법, 논리학, 수사학의 세 과목을 가리킨다.

부분 토착어는 글로 쓰이지 않았다. 철자 쓰기를 표준화하려는 압력, 올바른 문법을 확립하려는 압력, 모국어의 승인된 형태를 가르치려는 압력은 훨씬 나중에서야 왔다. 푸코는 18세기 학술분과로서 문법의 출현과 의학과 경제학의 발전을 비교했다(Foucault, 1972). 각 경우에 학술연구는 새롭게 떠오르는 근대국가라는 맥락에서 발전하고 있었는데, 푸코에 따르면 이는 획일성과 질서를 시민성과 '규율 사회'에 부과하고 있었다(Foucault, 1986: 206).

더글러스 존슨에 따르면, 중세에 "프랑스의 한 지역에 사는 평범한 사람이 프랑스 다른 지역의 사람을 이해하기란 확실히 어려운 것이었다"(Johnson, 1993: 41). 프랑스에서 그 상황은 실로 19세기까지도 지속되었다(Braudel, 1988). 우리는 중세의 농부들과 그들의 말하기 패턴의 관계를 상상해볼 수 있다. 그들은 마을의 동료들과 말하기 방식들을 공유했을 것이다. 그들은 이러한 패턴들, 어쩌면 변별적 단어들을 인지했을 것이다. 특히 고향에서 멀리 떨어진 곳에서 마을 사람들을 만나게 될 때 말이다. 『몽타유』[11]는 어느 마을 사람, 생마테오의 제화공 아르노 시크르가 한 여성이 작업장에 들어와 "몽타유 말"로 말하는 것을 우연히 엿듣는 것을 상술한다(Ladurie, 1978: 286). 아르노는 그녀가 정말로 몽타유에서 왔는가를 묻기 위해 연장들을 내려놓았다. 그 '말'은 변별적일 수 있다. 그러나 그것은 또한 이웃 지역에 사

---

11) 에마뉘엘 르루아 라뒤리의 『몽타유: 중세 말 남프랑스 어느 마을 사람들의 삶』은 피레네산맥 고지대에 위치한 몽타유 마을에 이단인 카타리파가 전파되자 1317년 자크 투르니에 주교가 마을 사람들을 상대로 이를 직접 조사하면서 쌓은 자료를 바탕으로 이 마을의 생활양식을 총체적으로 재구성한 책이다.

는 사람들도 이해할 수 있는 것일 수도 있는데, 이 지역들은 자신들만 인지할 수 있는 말하기 방식들을 가졌을 수도 있다. 어떤 단어는 외부인에게 낯선 것일 수 있는 반면 다른 단어는 그렇지 않을 수 있다. 우리가 고향 마을로부터 멀리 여행을 할 때, 낯익은 문구들과 낯선 문구들의 비율은 소통의 문제들이 증가하는 만큼 올라갈 것이다. 만약 우리가 특히 접근하기 어려운 마을로 여행을 하면, 우리는 공통의 문구들을 거의 발견하지 못할 것이다. 14세기 몽타유의 경우, 라뒤리는 옥시타니아와 카탈루냐 사이에 소통의 연속성이 존재했다고 적는다.[12]

소통의 연속성을 따라 마을 사이를 여행할 때, 농부들이 한 언어와 다른 언어를 분리하는 언어적 경계를 지났다고 상상할 지점은 없었을 것이다. 이해 가능성의 순간들이 저 멀리 지평선에서 완전히 야금야금 힘을 빼가면서 줄었을 수도 있다. 그러나 여행하는 농부가 '이 사람들이 자신과 동일한 언어로 말하는가'를 묻기 위해 가던 길을 멈추지는 않았을 것이다. 마치 낯익은 것과 낯선 것 사이에 비율이 대단히 중요한 것이 되고, 말하기 패턴이 하나의 문법적 본질에서 다른 것으로 변화했던 실제적 지점이 있기라도 한 듯이. 대조적으로 이 본질주의가 언어에 관한 근대 상식의 핵심 속으로 밀어 넣어졌다. 우리는 몽타유의 구어가 오크어의 한 방언으로 범주화되어야 하는지 아니면 생마테오의 거주민들이 **실제로** 카탈루냐어의 변종을 말했는지 알고 싶어 할 수도 있다. 우리는 근본적인 상이한 심층 문법들의 현실을 가정한다.

---

12) 루아르강 남쪽의 프랑스로 정의되는 옥시타니아와 스페인 북동쪽 지역인 카탈루냐는 피레네산맥을 기준으로 서로 접하고 있다.

만약 근대 정치 지도가 중세의 그것과는 달리 정확한 경계를 담고 있다면, 근대적으로 상상된 구어 지도 역시 그랬을 것이다. 이러한 상상된 지도 그리기의 가정들은 다른 문화와 다른 시대로 쉽게 투사된다. 클리퍼드는 인류학자들이 어떻게 일반적으로 자신들이 연구하는 각 마을 혹은 각 부족이 그들만의 독특한 언어를 가지고 있다고 가정하는지를 상세히 설명한다(Clifford, 1992).

상이한 언어들에 대한 근대적 상상하기는 환상이 아니며, 그것은 국민들의 세계가 형식적으로 구성된 언어들의 세계라는 것을 반영한다. 국민국가의 규율 사회는 공통의 문법에 대한 훈련을 필요로 한다. 중세의 농부는 스페인어로 말하는지 영어로 말하는지를 묻는 어떠한 공식적인 질문도 받을 일이 없었다. 의무적인 공교육이나 공중파 방송에서 어떠한 언어가 사용되어야 하는지 의회가 결정한 법률이 전혀 없었고, 뿐만 아니라 중세의 신민은 그러한 문제들 때문에 전쟁에 나가리라고는 꿈에도 생각하지 못했을 것이다. 오늘날에는 너무도 자연스럽고 중요한 것으로 보이는 언어에 관한 문제들이 중세에는 발생하지 않았다. 그 문제를 거칠게 말하자면, 중세의 농부는 말했지만, 근대인은 그냥 말할 수는 없다. 우리는 **무언가를** 말해야 한다. 하나의 언어를 말이다.

언어와 경계

서로 다른 언어들의 세계는 범주적 구별의 구성을 요구한다. 하나의 언어와 다른 언어를 구별하려고 시도하는 어느 누구라도 직면하는 문제가 하나 있다. 한 언어의 모든 화자가 동일한 방식으로 말하지는 않는다는 것이다. 따라서 말하기의 어떠한 차이들은 상이한 언어들의 보기들로 분류되어야 하고, 다른 것들은 동일한 언어 내의 차이들로 분류될 것이다. '방언'이라는 관념이 분리된 언어들이라는 생각을 주장하는 데 있어 중요해진다. 그것은 한 언어의 모든 화자가 동일한 방식으로 말하지 않는다는 사실을 설명하는 것처럼 보인다. '방언'이라는 단어는 근대 초기가 되어서야 언어적 의미를 얻었다(Haugen, 1966a). 전에는 그 단어가 고심해서 해결하는 것처럼 보이는 언어적 문제들은 발생하지 않았다. 14세기 몽타유 거주민들은 그들의 말이 보다 넓은 언어의 방언인가 아니면 따로 분리된 언어인가에 대해 걱정하지 않았다. 그 제화공은 자신이 그 여성과 '동일한 언어'를 사용하는지가 아니라 태어난 곳이 같은지를 알고 싶었을 따름이다.

방언이라는 관념은 국민국가들이 말하고 쓰는 공식적 방식을 확립하려고 시작하기 전에는 거의 쓸모가 없었다. 그 이후 언어들과 방언 간 차이들이 언어 훈육을 위한 관심뿐만 아니라 뜨겁게 불붙은 정치적 쟁점이 되었다. 비록 우리에게 상이한 언어들이 존재한다는 것이 분명해 보일지라도, 언어들 간의 구별이 어떻게 만들어지는가는 결코 분명해 보이지 않는다. 우리가 동일한 언어 사용자들은 서로를 이해하고, 상이한 언어 사용자들은 그렇지 않다고 규정했다고 가정해보라. 이는 단일한 언어의 모든 변종들(혹은 방언들)은 서로 이해할 수 있고, 상이한 언어들은 서로 이해할 수 없음을 암시할 터이다. 언어학자들은 상호 이해 가능성을 결정하는 단순한 기준은 없다고 강조해왔다. 얼마나 많은 이해가 이해 가능성으로 셈해져야 하는가? 이해 가능성의 연속체 어느 곳에 이해와 비非이해의 구분선이 그어져야 하는가?

그러한 기준이 적용될 수 있다고 해도, 그것은 관습적으로 수용된 것들 그리고 사용자와 비사용자에게 똑같이 너무도 확실한 것처럼 보이는 것들과 매우 다른 구별로 이끌게 될 터이다(Comrie, 1990; Ruhlen, 1987). '상이한' 언어들의 예로 덴마크어, 노르웨이어, 스웨덴어의 예가 있는데, 이것들은 서로 이해 가능하다. 에릭센이 지적하는 바와 같이, 베르겐과 오슬로 같은 노르웨이 도시들의 구어는 노르웨이의 몇몇 지방 방언들보다는 덴마크 표준어에 더 가깝다(Eriksen, 1993). 서로 이해할 수 있는 상이한 언어들의 문제뿐만 아니라 서로 이해할 수 없는 방언들을 둘러싼 언어 문제도 있다. 따라서 게그 방언을 사용하는 사람들과 토스크 방언을 사용하는 화자들 모두가 자신들은 공통의 알바니아어를 사용한다고 상상한다. 비록 그 방언들이 서로 이해할 수 없을지라도 말이다(Ruhlen, 1987).

언어학보다 언어의 경계를 그리는 것이 더 중요하다. 국가 창출에 동반하는 헤게모니를 위한 전투는 언어를 결정하는 권력 혹은 톰슨이 "의미를 유효하게 만드는 권력"이라고 불렀던 것에 반영된다(Thompson, 1984: 132). 이 권력은 특정한 말이나 어구들의 부과뿐만 아니라 언어들이 되려는 언어들의 요구에도 존재한다. 대도시 지역에 사는 중산층은 일반적으로 공식 언어로 자신들의 의미를 유효하게 만든다. 국경 내의 다른 패턴들을 거의 틀림없이 경멸의 의미를 담는 용어인 '방언들'로 격하시키면서 말이다. 하우겐이 제시했듯이 하나의 방언은 빈번히 정치적으로 성공하지 못했던 언어다(Haugen, 1966a). 예컨대 토스카나어가 이탈리아어가 되는 데 성공한 후, 피에몬테어는 방언의 지위로 격하되었다.

국민주의자들은 분리된 국민을 창출하려고 시도할 때, 종종 별개의 언어로서 하나의 언어를 창출하려고 할 것이다. 비록 그들은 마치 언어가 고대적이고 자연스러운 사실인 것처럼, 언어에 기초한 국민을 창조한다고 주장하겠지만 말이다. 헤르더가 독일 국민의 영혼으로서 게르만어를 찬양할 때, 그는 언어와 국민이 함께 생겨난다고 주장하고 있었다. 마치 두 가지 모두 아주 오래된 것인 양 다루면서 말이다. 독일이 될 운명이었던 영토의 말은 서로 이해할 수 없는 몇 가지 말하기 방식들로 구성되었는데, 그것들 중 어느 것도 아직은 전국적 독일어의 올바른 형식으로서의 지위를 확립하는 데 성공하지 못했다. 그 당시 프러시아는 저지대 게르만어를 말했고, "세련된 고지대 게르만어"를 제2언어로 사용했다(Hawkins, 1990: 105). 다음 세기에 프러시아의 부상과 함께 남부 고지대 게르만어를 북부 게르만어식으로 발음한 '표준' 독일어가 생겨날 예정이었다.

언어들 간의 경계 그리고 방언의 분류는 국가 만들기 정치를 몇 번이고 따랐다. 국경이 확립된 곳에서 경계 양편의 발화 패턴의 차이는 화자들 자신, 그들의 국가적 중심들 그리고 전반적 세계가 사용하는 분명히 상이한 언어들에 속하는 것으로 간주되기 십상이다. 네덜란드가 정치적으로 독자적인 길을 갔을 때, 저지대 프랑코니아어는 독일어의 방언들로 알려졌던 다른 형태들과는 대조적으로 분리된 언어가 될 운명이었다(Schmidt, 1993). 스페인과 포르투갈에서 국경을 가로질러 사용된 갈리시아어는 이제 뚜렷이 구분되는 언어가 되었다. 언어학 용어로 프랑스어와 이탈리아어는 서로 어우러지지만, 국경의 프랑스 측에서 발화 패턴은 프랑스 방언으로 간주되기 쉽고, 이탈리아 측에서는 이탈리아 방언으로 간주되기 쉽다(Ruhlen, 1987). 유사하게도 북부 이탈리아의 프리울리어는 스위스의 로만슈어와 닮았다. 그렇지만 또다시 국경은 언어적 분리라는 느낌을 강화한다(White, 1991). 노르웨이어의 창출은 교훈적이다. 덴마크 식민지로부터의 독립은 언어 투쟁으로 특징지어졌다. 우선 노르웨이 국가는 덴마크적 말하기 방식보다 소위 노르웨이적 말하기 방식에 적합한 철자를 창안함으로써 자신들만의 언어를 선언할 수 있었다. 그런 다음 릭스몰Riksmål과 란스몰Landsmål 모두 고유한 노르웨이어로서 간주될 권리가 있다고 주장을 폈는데, 경쟁 관계에 있는 두 말하기 패턴들 간의 내부 전투가 있었다(Haugen, 1966b). 이 모든 경우들에서 언어학 전문가들은 노르웨이어와 덴마크어를 상이한 언어들로, 고지대 게르만어와 저지대 게르만어를 동일한 언어의 변종들로 받아들이면서 일반적으로 인정된 관행들에 동의하는 경향이 있었다(Comrie, 1990). 루렌이 인정하듯 언어들을 분류하는 순수하게 언어적인 기준이 없기 때문에(Ruhlen, 1987), 언어학자들은 유사한 언어와 상이한 언어를 식별하는 통념을 따른다.

언어를 명명하는 일상적 관행은 헤게모니 투쟁을 통해 떠오르는 경향이 있다. 일상적 관행으로 만들어지는 것은 특정한 상황에서는 투쟁의 장소가 되거나 파괴될 수 있다. 예컨대 이탈리아 법은 이탈리아의 코이네 방언과 만개한 소수 언어들을 구별한다. 프리울리와 사르데냐의 행동가들은 자신들의 언어를 법적으로 인정받는 공식 언어로 만들기 위한 조직적 운동을 수년 동안 벌였다. 분리주의와 소수 언어들의 용인의 대가를 두려워하는 연이은 중앙 정부들은 그들의 요구에 저항했다. 프리울리어와 사르데냐어가 방언인가 언어인가 하는 논쟁에서 양측은 자신들만의 언어학 전문가들로 하여금 무엇이 하나의 언어를 구성하며, 무엇이 하나의 방언일 뿐인가에 대한 상대 측의 묘사에 이의를 제기하도록 했다(Petrosino, 1992). 보다 극적으로 터키 정부는 쿠르드 시민들이 쿠르드족이며, 쿠르드어가 있다는 것을 공식적으로 부인한다. 쿠르드족은 실제로는 '마운틴투르크족'으로 모국어인 터키어를 잊었다고 말이다(Entessar, 1989).

우리는 독립된 국가를 만들려고 시도하는 국민주의 운동이 방언을 언어로 변환시키려고 한다고 가정해볼 수 있다. 말하기 방식을 글로 적는 힘이 과소평가되어서는 안 된다. 그것은 분리된 언어가 존재한다는 주장을 위한 물적 증거를 제공한다. 공식적인 통치 언어와의 차이들을 강조하기 위해 독자적인 철자들이 채택될 수도 있고, 이것들이 그 지역의 특징적인 말하기 방식들을 강조할 수도 있다. 공지사항이나 신화적 시에 적힌 이러한 철자법들은 그 언어의 독특함과 언어로서의 지위를 선언할 것이다. 때때로 상이한 맞춤법이 서로 이해할 수 있는 말하기 방식들을 나눌 수도 있다. 세르비아어와 크로아티아어, 우르두어와 힌두어의 경우처럼 말이다. 그러나 글쓰기의 지위가 이의 제기를 받거나 공식적으로 방언으로 낙인찍힐 수 있다. 1872년 스코틀랜드 교육법이 학교에서 스코트어(즉 라란드어)의 사용을 금지한 이래 처음으로, 1994년에 글래스고대학이 라란드어로 쓴 학위논문을 인정했다. 논문의 주제는 스코틀랜드 철자였다. 의미심장하게도 그 대학 평의회는 그 논문이 작성된 글자가 독자적 언어가 아니라 영어의 방언으로 분류되어야 한다는 이해를 조건으로 그 논문을 받아들이는 데 동의했다(『가디언』, 1994년 7월 8일).

'방언'을 글로 적는다는 것은 단순한 문제가 아니다. 왜냐하면 특정한 말하기 방식이 선택되어야 하기 때문이다. 브로델은 혁명 후 프랑스 국가의 공식 문서들을 지방 '방언'으로 번역하고자 하는 사람들이 직면했던 문제들에 대해 썼다(Braudel, 1988). 각 마을은 고유한 말하기 방식과 억양을 갖고 있는 것처럼 보였다. 코레즈주州 감독관은 수용할만한 번역물을 찾기가 어렵다고 말했다. "번역자가 우연히도 쥐약구區에서 왔다. 그는 다른 구 사람들과 같은 억양으로 말하지 않았는데, 그 지역 사람들은 모두 억양에서 살짝 차이가 났다. 그 차이는 7~8리그[13]마다 나타났다"(Ibid.: 92에서 재인용). 브로델에 따르면, 또다른 관리는 「인권선언」을 창안된 방언으로 옮기자는 제안을 했는데, 이는 보르도 지역 인민들의 "모든 상이한 사투리들 간의 중간쯤"이 될 것이었다. 현존하는 어떠한 사람의 말하기 패턴도 대표하지는 못했겠지만, 만약 당국이 그러한 타협 언어라는 생각을 수용했었더라면, 과연 무슨 일이 발생했을지 우리는 추측해볼 수 있다. 이 언어가 학교에서 가르쳐지고 이후 시인들이 그 지역의 역사적 로망스를 찬양하기 위해 그 언어를 사용했다면, 오늘날 분리주의 집단들이 그것의 공식적 인정을 요구할 수도 있을 것이다. 보르도대학은 이처럼 명백히 오래된 언어로 쓴 박사 '학위논문'에 직면할 수도 있을 것이다.

구분되는 언어의 확립은 그것만의 내부적 헤게모니 투쟁을 포함한다. 하나의 말하기 방식이 전체 언어를 위한 모델로서 나서는 것이

---

13) 프랑스의 옛 거리 단위로 1리그는 대략 4킬로미터에 해당한다.

기 때문이다. 터키에서 쿠르드족 운동이 공식적 쿠르드어를 위해 싸우는 것이라면, 그것을 지지하는 사람들의 다양한 말하기 방식들 중에서 선택을 해야 한다. 1930년대와 1940년대에 사르데냐 국민주의 운동은 언어 문제를 회피했다. 사르데냐어를 독자적인 언어로 홍보하고 그것을 사르데냐 독립의 상징으로 유지했다면, 이는 갈등을 유발할 수도 있었을 것이다. 사르데냐어는 다양한 상이한 형태들을 포함했다. 심지어 '사르데냐어'라고 언급하는 것 자체가 논쟁거리가 되는 획일성을 암시한다. 다른 변종들이 단순한 방언으로 변형되었거나 '중심부 사르데냐어'와 빈약한 관계였다면, 사르데냐어 말하기의 한 형태가 공식적 형태로 선택되었어야 할 것이다. 다양한 사르데냐 구어의 화자들을 소외시키지 않기 위해서, 전쟁 이전의 사르데냐 국민주의 운동 지도자들은 언어의 중요성을 경시했다(White, 1991).

분리주의적인 롬바르다동맹Lega Lombarda의 경우는 흥미롭다. 1980년대 초, 이 정당은 롬바르디아어가 이탈리아어와 분리된 독자적 언어라고 선포했다(Ruzza, 1993). 행동가들은 롬바르디아 거리의 간판들에서 끝 모음들을 문질러 없앴다. 이에 대응하여 적들은 롬바르디아어가 고유한 언어라는 생각을 조롱했다. 그 논쟁을 해결하기 위해 언어학 교재로 방향을 전환하는 것은 무의미하다. 어떤 이들은 롬바르디아어를 독자적 언어로 분류하는 반면(Grimes, 1988), 다른 이들은 그렇지 않다(Vincent, 1987). 만약 그 정당의 프로그램이 1980년대 초기 동안 성공적이었고, 롬바르디아가 자신만의 국경을 확립해서 이탈리아로부터 분리 독립했었다면, 하나의 예측이 가능했을지도 모른다. 롬바르디아어는 점차 이탈리아어와 다른 것으로 인정받게 되었을 것이다. 노르웨이어가 덴마크어와 스웨덴어와 다른 것처럼 말이다. 얼마 후 언어학 교재들은 그 문제에 대해 합의할 것이다. 그러나 1980년대 후반 이 당은 언어 문제를 누락시켰고, 북부동맹Lega Nord으로 이름을 바꿨다(Ruzza, 1993). 언어 문제가 잠재적 지지자들을 소외시키고 있었는데, 이들은 스스로를 롬바르디아인이라고 생각했지만 그 언어를 사용하지는 않았다. 틀림없이 롬바르디아어의 '올바른' 형태가 창출되었을 테지만, 자신들의 롬바르디아 지역을 옳지 않게 말해진 롬바르디아어의 고향으로 제안하려고 준비한 지지자들은 거의 없었다.

언어에 대한 갈등은 현재 세계에서 흔해빠진 것이다. 그것들은 '우리'의 상식으로 이해할만하다. 벨기에에서 프랑스어와 플람스어 사용자들에 관한 기사나 인도에서 우르두어와 힌두어 사용자들에 관한 기사는 어리둥절한 일을 야기하지 않는다. 그러한 갈등은 언어에 관한 투쟁일 뿐 아니라 중요하게도 언어를 통해서(뿐만 아니라 폭력을 통해서도) 수행된다. 이 점에서 국민주의의 보편적인 혹은 국제적인 측면들은 중요하다. 특정한 언어들과 방언들을 가로질러 번역될 수 있는 공통의 관념들이 없다면, 그 갈등들은 자신들의 국민주의적 형태들로 추구될 수 없을 것이다. 그러한 관념들 중 최우선은 '언어'와 '방언'에 대한 생각들이다. 이 용어들은 화자들이 독자적 언어를 소유하고 있으며, 그 결과 그들은 분리된 국민이고, 그 언어의 내부적 차이들은 단지 방언의 차이들이라고 주장하는 모든 언어에서 재생산되어야 한다.

언어와 방언에 대한 관념들은 편협한 국가적 꿈들을 추구하는 '극단주의자들'의 배타적 소유물이 아니다. 그것들은 '우리' 상식의 일부다. 이것은 방법론적이고 정치적인 함축들을 갖는다. 국민들은 '상상된 공동체'들일 수 있다. 그렇지만 그 상상하기의 패턴은 언어의 차이들이라는 관점에서 설명될 수 없다. 왜냐하면 언어 자체는 별개의 실체들로 상상되어야 하기 때문이다. 만약 국민주의가 광범위한 이데올로기로 연구될 수 있다면, 그리고 만약 국민주의적 가정들이 언어가 무엇인가에 관한 상식적 관념들에서 발견될 수 있다면, 국민주의는 마치 '우리'는 그 모든 결과들에서 자유로운 것인 양 타자들에게 투사되어서는 안 될 것이다. 게다가 그 가정들, 신념들 그리고 공유된 재현들은 국가들의 세계를 우리의 자연스러운 세계로 묘사하는 역사적 구성물이다. 그것들은 모든 인간의 자연스러운 상식이 아니다.

다른 시기에 사람들은 언어와 방언이라는 관념을 갖고 있지 않았다. 영토와 통치권은 말할 것도 없었다. 그런데 이는 오늘날 너무도 진부하고, 우리에게 너무도 물질적으로 실재하는 것처럼 보인다. 그러한 관념들이 현재의 상식에 너무도 깊이 박혀있어서, 그것들이 발명된 영속성이라는 것을 잊기란 쉽다. 몽타유 혹은 생마테오의 작업장들에서 중세의 제화공들은, 700년이라는 거리를 두고서, 이제 우리에게는 편협하고, 미신에 빠진 인물들로 보인다. 그러나 그들은 언어와 국민에 대한 우리의 생각들이 이상할 정도로 신화 속의 이야기 같다는 것을 알았을 것이다. 그들은 이 신비주의가 삶과 죽음에 대한 문제일 수도 있는 이유에 당황해할 것이다.

3장 _ 일상적 국민주의 기억하기

국민주의가 현재의 사고방식들에 깊이 영향을 주었기 때문에 그것은 쉽게 연구되지 않는다. 우리는 국민들의 세계 밖으로 발을 내딛을 수 없고, 그 세계 내에서 살아가는 것에서 기인하는 그것의 가정들과 상식적 습관들로부터 우리를 빼낼 수도 없다. 분석가들은 자신들의 연구 대상이어야 하는 것에 의해서 영향받는 것을 예상해야 한다. 앞서의 장에서 본 것처럼, 사람들이 '자연스럽게' 상이한 언어들을 말한다고 생각하는 것은 쉽다. 그 가정이 흔들리기란 어렵다. 그 문제를 훨씬더 복잡하게 만드는 것은 국민주의 자체의 본성에 대한 상식적 가정들이 있다는 것이다. 확립된 국가들에서, 국민주의가 과열된 반응이라고 생각하는 것은 자연스러워 보이는데, 이는 일반적으로 타자들의 소관이다. 그 가정은 '우리'로 하여금 '우리'의 국민주의를 망각하도록 해준다. 우리의 국민주의가 기억될 수 있으려면, 우리는 상식적인 것으로 보이는 것 너머로 나아가야 한다.

롤랑 바르트는 이데올로기가 "자연의 목소리"로 말한다고 주장했다(Barthes, 1977: 47). 다른 이들이 지적했듯이, 이데올로기는 행동과 신념의 습관들로 구성되는데, 이는 어떠한 사회적 세계도 그것에 거주하는 사람들에게는 자연적 세계처럼 보이도록 만들기 위해 결합한다(Billig, 1991; Eagleton, 1991; Fairclough, 1992; McLellan, 1986; Ricoeur, 1986). 이러한 평가로 볼 때, 이데올로기는 사람들이 그들의 세계가 역사적으로 구성되어왔음을 망각하도록 만들기 위해 작동한다. 따라서 국민주의는 국민들의 세계가 자연적 세계처럼 보이게 만드는 이데올로기이다. 마치 국민들이 없다면 세계가 가능하지 않을 것처럼 말이다. 에른스트 겔너는 오늘날 세계에서 "한 사람은 하나의 국적을 가져야 하는데, 이는 한 사람이 하나의 코와 두 개의 귀를 가져야 하는 것과 마찬가지다"라고 적었다(Gellner, 1983: 6). 그러한 정체성을 갖는 것은 '자연스럽게' 보인다. 확립된 국가들에서 사람들은 일반적으로 자신들의 국민정체성을 잊지 않는다. "당신은 누구입니까?"라는 질문을 받았을 때 사람들이 맨 처음에 자신들의 국민정체성으로 대답하지 않을 수 있다(Zavalloni, 1993a, 1993b). 그러나 국적이 무엇이냐고 질문을 받았을 때 "잊어버렸습니다"라고 대답하는 건 드물다. 비록 그들의 답변이 꽤나 솔직한 것이 아닐 수는 있지만 말이다(Condor, 1996). 국민정체성은 소유하는 것이 자연스럽다고 생각되는 무엇일 뿐만 아니라, 기억하는 것이 자연스러운 무엇이기도 하다.

이러한 기억하기는 그럼에도 하나의 망각을 포함한다. 아니라면 차라리 기억하기와 망각하기의 복잡한 변증법이 있는지도 모른다. 앞으로 보게 될 것처럼, 이 변증법은 확립된 국가들에서 국민주의를 일상적으로 재생산하는 데 중요하다. 100년도 더 전에 에르네스트 르낭은 망각이 "국민의 창출에서 중요한 요소"라고 주장했다(Renan, 1990:

11). 모든 국민은 자신의 역사와 자신만의 집단 기억을 가져야 한다. 이 기억하기는 동시에 집단적 망각이다. 국민, 이들은 자신의 고대성을 기념하고, 자신의 역사적 최근성을 망각한다. 게다가 자신들을 존재하게 했던 폭력을 망각한다. 르낭이 지적했던 바와 같이, 국가적 통일은 "언제나 야만성을 수단으로 결과한 것"이기 때문이다(Ibid.: 11).

르낭의 통찰은 중요하다. 일단 하나의 국가가 확립되면, 그것은 자신의 연속된 실존을 위해 집단적 기억상실에 의존한다. 그러나 그 변증법은 르낭이 암시한 것보다 더 복잡하다. 과거는 잊힐 뿐만 아니라 표면적으로는 상기되는 것이기 때문에, 현재의 병행하는 망각도 있다. 앞으로 제시될 것처럼, 확립된 국가들에서 국민정체성은 상기된다. 왜냐하면 그것은 삶의 일상에 각인되기 때문인데, 이는 부단히 국민성을 상기시키거나 '게양한다'. 그러나 이러한 상기물들 혹은 게양은 너무나 많고, 사회 환경의 너무도 친숙한 부분들이어서, 그것들은 염두에 두어지기보다는 아무런 생각 없이 작동한다(Langer, 1989). 기억하기는 기억하기로 경험되지 않기에 결과적으로 망각된다. 공공건물 밖에 걸려있거나, 주유소 앞마당을 장식하는 국기는 이 망각된 상기를 예증한다. 매일 무수히 많은 깃발들이 공공장소에 흐느적거리며 걸려있다. 이러한 국민성의 상기물들은 일상적 주의의 흐름 속으로 좀처럼 등록되지 않는다. 마치 시민들이 일상의 업무 중 스쳐 지나가듯 말이다.

이중의 무시가 있다. 르낭은 지식인들이 기억상실 창출에 연루되어있다고 암시했다. 역사가들은 불편해 보이는 것은 간과하면서, 과거에 대해 이데올로기적으로 편리한 사실들만을 독창적으로 기억한다. 오늘날 사회과학자들은 빈번히 국민적 현재를 잊는다. 국민성이 아무런 생각 없이, 셀 수 없을 만큼 게양되는 일상적 일화들은 사회학자들에 의해 무시되는 경향이 있다. 그들은 또한 앞마당에 올린 깃발을 눈치채는 데 실패해왔다. 따라서 르낭의 통찰은 확장될 수 있다. 역사가들은 자국민의 과거를 잊을 수 있는 반면, 사회과학자들은 그것의 현재적 재생산을 잊을 수 있다.

지금 우리가 읽는 장은 사회학적 망각이 우연한 것이 아님을 주장한다. 그것은 특정한 학자들의 건망증을 문제 삼는 것도 아니다. 대신에 그것은 우리의 국민주의(미국을 포함하여 확립된 국민국가들의 국민주의)가 망각되는 이데올로기적 패턴에 딱 들어맞는다. 사회학적 망각은 국민주의로 나타나는 것을 멈추고, '사회들'의 '자연스러운' 환경 속으로 사라진다. 동시에 국민주의는 위험할 정도로 정서적이고 비합리적인 것으로 규정된다. 그것은 하나의 문제 혹은 하나의 상태로 간주되는데, 이는 국가들의 세계에는 불필요한 것이다. 국민주의의 비합리성은 '타자들'에게 투사된다.

복잡한 사고습관들이 하나의 비합리적 전체로서의 타자들에게 국민주의를 투사함으로써 우리의 국민주의를 자연화하고, 그럼으로써 우리의 국민주의를 간과한다. 이러한 지적인 기억상실의 핵심에 제한된 '국민주의' 개념이 놓여있는데, 이는 국민주의를 국민국가들이라기보다 특정한 사회운동들에 제한한다. 오직 열정적으로 흔들린 깃발들만이 관습적으로 국민주의의 범례들로 간주된다. 일상적 깃발들, 그러니까 우리 도처에 널린 깃발들은 국민주의 범주로부터 슬그머니 빠져나간다. 그리고 범주적 망을 통과해 빠져나간 후에 그것들은 상실된다. 그것들을 망각으로부터 구해줄 다른 이론적 용어가 없다.

이중의 무시는 이 장에서 비판적으로 검토된다. 이는 일상적으로 국민주의를 잉여적 현상으로 환원하고, 확립된 국민국가들이 어떻게 국가들로서 일상적으로 재생산되는가를 분석하는 것을 망각하게 만드는 사회학적 상식의 수사법에 대한 검토를 포함한다. 만약 '국민주의' 개념의 폭 좁힘이 일상적 국민주의를 망각하게 이끌었다면, 그 개념의 폭 넓힘은 기억하도록 이끌 것이라는 기대를 갖는다. 이중의 무시는 이중의 기억으로 역전될 수 있다. 국민국가들을 재생산하는 일상적 국민주의는 기억되어야 한다. 이러한 재생산의 무시를 고무해왔던 사고습관들도 마찬가지다.

흔들린 깃발과 흔들리지 않은 깃발

현재의 삶에서 국기들의 장소란 아주 잠깐의 고려 대상이다. 미국의 경우에는 특별한 주의를 기울여야 하는데, 미국의 주유소 앞마당들은 무수한 성조기들로 꾸며져있다. 미국 입법부는 국기가 어떻게 전시되어야 하고, 소중한 별들과 줄무늬들 패턴에 행해져서는 안 되는 것을 위반하면 처벌한다는 조항을 담은 엄격한 법률들을 선포했다. 국기에 대한 모독은 격앙된 반응에 맞닥뜨린다(Marvin, 1991). 모든 나라들 중에서 미국은 오늘날 거의 틀림없이 르낭이 "깃발의 숭배"라고 불렀던 것의 고향이다(Renan, 1990: 17).

인류학자 레이먼드 퍼스는 현시대의 일상 속 깃발의 역할에 대한 극히 드문 연구들 중 하나에서 깃발의 상징적 기능과 신호 기능을 구별했다(Firth, 1973). 근대 국기들의 선구들은 종종 불확실성의 상황에서 엔트로피를 감소시키는 신호로서 사용되었다. 중세의 기드림 gonfanon[1]은 전장이라는 혼란 상황에서 병사들에게 명확한 집결지를 제공했다. 고대 그리스에서 세메이온semeion은 선단의 다른 배들에게 사령관의 존재를 알려주었다(Perrin, 1922). 18세기 이후 깃발들로 하는 복잡한 신호체계가 해상의 선박들을 위해 발전되었다. 이 모든 경우들에서 깃발은 메시지를 소통하는 수단으로 실제로 쓸모가 있다. 대조적으로 퍼스는 오늘날의 국기가 '압축 상징' 그리고 '사회에 관한 감정의 초점'이 됨으로써 상징적 기능을 수행한다고 주장한다(Firth, 1973: 356). 퍼스에 따르면, 국기는 국가의 신성한 특성을 상징화한다. 그것은 충성스러운 시민들에 의해 존경을 받고, 항의하고자 하는 사람들에 의해 의례적으로 훼손된다. 그것은 어떠한 정보성 있는 메시지도 실어 나르지 않는다. 퍼스가 지적하는 것처럼, 특별한 경우에 깃발을 전시하는 방식이 하나의 신호를 제공할 수도 있겠지만 말이다. 깃대 절반쯤에 걸린 국기는 중요 인물의 사망을 알릴 수 있다. 그럼에도 근대 시민이 일상생활 중에 보게 되는 대부분의 국기는 특정한 메시지를 알리지는 않을 것이다.

상징과 신호 간의 구별 외에도 다른 구별들이 만들어질 수 있다. 신호는 만약 그것이 효과적이려면, 그 수신자들의 의식적 자각 속으로 지나가야 한다. 그러나 퍼스가 가정했던 것으로 보이는 바와 같이, 상징은 직접적인 정서적 영향을 가질 필요가 없다. 그렇기 때문에 우리

---

1) 가로로 된 깃대에서 여러 개의 뾰족한 끝부분이 아래로 늘어뜨려진 깃발을 가리킨다. 중세에는 영주의 봉신을 나타내는 군기로 쓰였다.

는 국기들이 취급되는 방식들을 구별할 수 있다. 어떤 깃발들은 의식적으로 흔들리고 예우받은 상징이었으며, 종종 정서들의 외적인 표출을 동반했다. 다른 깃발들은, 아마도 현대의 환경에서 가장 많은 것일 텐데, 예우받지 못하고 흔들리지도 않은 채 남아있다. 그것들은 단지 상징들로서 거기 있다. 앞마당에서건 텔레비전 화면에서 반짝이건 간에. 그 깃발들이 일상생활에서 두 번의 시선을 받는 경우는 거의 없다.

흔들린 깃발과 흔들리지 않은(즉 예우받거나 그렇지 않은) 깃발 간의 구별은 롤랑 바르트의 훌륭한 논문「오늘날의 신화」를 참조함으로써 예증될 수 있다. 바르트는 이발소에서 자신이 읽던 『파리매치』라는 잡지 문제를 논하였다. 표지에는 "눈을 부릅뜨고, 아마도 삼색기에 눈을 고정한 채 프랑스 군복을 입은 젊은 흑인이 경례를 하고 있다" (Barthes, 1983b: 101f.) 바르트는 그 병사가 예우를 표하는 삼색기가 사진에 보였는가를 분명히 하지는 않았다. 예증을 위해서 국기가 보였다고 가정해보자. 그 병사가 실제로 대면했던 삼색의 깃발은 분명히 적절한 방식으로 예우받은 깃발이었다. 그러나 『파리매치』 표지 사진에 찍힌 깃발은 경례를 받기 위해 걸린 게 아니었다. 그것은 이발소 한 구석에 그냥 놓인 것이었다. 시선들이 그것을 휙 지나갔을 수도 있고, 무의식적으로 제국 권력의 신화를 상기할 수도 있었지만, 바르트가 그 사진 이미지를 너무도 멋지게 분석했다. 그러나 어느 누구도 이 상징의 이미지에 기를 흔들거나 예우를 갖추려고 가던 길을 멈추지는 않는다. 이발사가 이발 도중에 사진 속의 젊은 흑인을 모방해서 오른손을 펴지는 않는다. 이발 의자에 앉은 손님이 거울에 비친 표지를 보자마자, 국가를 위해 가위와 칼날의 위험을 감수해가며, 애국적 관심을 위해 일어서지는 않는다. 그 잡지는 격식 없이 손에 쥐어지고 내려놓아진다. 결국 『파리매치』 깃발은 처벌받을 위험 없이 쓰레기통 속으로 던져진다.

그 어린 병사는 특별한 순간 하나의 깃발에 경례를 하고 있었는데, 이를 사진작가가 포착했던 것이다. 수십만 부의 『파리매치』 깃발이 출판되었고, 응시되었고, 버려졌다. 그것들은 다른 깃발들에 합류하는데, 그중 몇몇은 인식할만한 신호 기능을 갖는다. 프랑스 삼색기는 빵 덩어리에 장식될 때, 빵 굽기의 승인된 표준을 따랐음을 혹은 프랑스의 전통 빵임을 가리킬 수 있다. 1993년 9월에 발라뒤르 씨가 그랬던 것처럼, 정부가 그러한 깃발들에 고급 인증서를 부여할 때, 삼색기는 빵 굽기의 우수함을 나타낼 뿐 아니라 국민 전통의 우수함과 국민국가의 우수함을 표시한다. 그 시민들이 일용할 빵을 자애롭게 감독하면서 말이다.[2]

미국이라는 고국을 표시하는 셀 수 없이 많은 깃발들이 즉각적이고 공손한 관심을 요구하지는 않는다. 거리의 깃대에 매달려서, 공무원의 제복에 박음질된 채, 그것들은 흔들리지도, 예우받지도, 알아차려지지도 못한다. 이러한 것들은 관심 밖의 깃발들이다. 어쩌면 낯익

---

2) 에두아르 발라뒤르는 프랑스의 우익 정치인으로 1993~1995년 미테랑 대통령 아래서 총리를 지냈다. 과거에 빵은 신분의 표상이기도 해서 희고 부드러운 빵은 귀족의 몫, 검고 딱딱한 빵은 농민의 몫이었다. 프랑스혁명 시기 '빵을 달라'라는 구호는 '먹을만한' 빵을 달라는 의미이기도 했던 것이다. 그리하여 혁명 직후 모든 사람이 같은 품질의 빵을 먹게 하는 '빵 평등권'이 선포되었는데, 이에 따르면 바게트는 정해진 길이와 무게를 지켜야 했고 가격도 정부가 정했다. 1993년, 발라뒤르 정부는 고급 빵을 원하는 시민들의 욕구를 반영하여 장인들에게 제빵의 자유와 가격결정권을 허용하는 법안을 발효했다.

은 우리의 환경을 채우는 예우받지 못한 모든 깃발들이 제거된다면, 그것들이 갑자기 주목받게 될지도 모른다. 마치 째깍댐을 멈춘 시계처럼 말이다. 만약 성조기의 빨강과 파랑이 녹색과 오렌지색으로 바뀌어 걸려있다면, 분노에 찬 면밀한 조사가 있을 것이다. 형사고발이 뒤따르는 것은 물론이다.

우리는 이 예우받지 못한 모든 깃발들이 미국에서만이 아니라 세계 도처에서 무슨 일을 하고 있는지 물을 수도 있다. 명백한 의미에서 그것들은 국민성에 대한 일상적 상기물을 제공한다. 그것들은 펄럭이지 않으면서 '펄럭인다'. 게양이라는 일상적 업무에 포함된 그러한 상기는 의식적 행동은 아니다. 그것은 기념행사의 집단 기억과는 다르다. 다른 행동들은 의식적으로 발생하지만, 그 기억은 관심 밖이다.

이러한 일상적 깃발들은 자신들과 자신들의 상징적 메시지에 관한 관심을 환기시키는 깃발들과는 다르다. 북아일랜드의 벨파스트는 서로를 믿지 못하는 구교도와 신교도 구역으로 나뉘어있다. 구교도 지역에서 아일랜드 삼색기는 영국 통치에 반대하는 저항의 태도로 광범위하게 전시되어있다. 신교도 거주지들의 뒷골목에서 도로 연석들은 종종 유니온잭 문양으로 칠해져있다(Beattie, 1993). 이러한 것들은 이유 없는 상징들이 아니다. 양측이 자신들의 입장과 이웃과의 거리를 의식적으로 표시하고 있기 때문이다. 이 점에서 이 삼색기들은 경계 남쪽의 공공건물들에 걸린 깃발들과는 다르다. 우리는 국민국가가 자신의 통치권으로 확립될 때, 그리고 만약 그것이 사소한 내부적 도전에 직면할 때, 한때는 의식적으로 전시되었을 국민성의 상징들은 시야에서 사라지지 않고, 대신에 확립된 조국의 환경 속으로 흡수된다고 예상해볼 수 있다. 그때 상징적 유념에서 무념으로의 움직임이 있다.

팔레스타인해방기구의 지도자 야세르 아라파트는 이스라엘과의 평화 거래에 실제적인 가능성이 보일 때 다음과 같이 선언했다.

팔레스타인 국가가 손에 잡힐듯합니다. 곧 팔레스타인 국기가 예루살렘의 첨탑들과 대성당들 벽면에 휘날릴 것입니다. (『가디언』, 1993년 9월 3일)

아라파트는 깃발의 관념을 하나의 환유로 사용하고 있었다. 깃발을 인용하면서 그는 팔레스타인 국민성을 내걸고 있었다. 만약 그가 담론적으로 팔레스타인 깃발을 게양하고 있었다면, 그는 그 깃발들이 실제로 회복된 조국 안에서 게양되기를 희망하고 있던 것이다. 그렇지만 좀 더 멀찍이서 보자면, 아라파트의 희망은 그 펄럭임이 멈추는 것이었다. 팔레스타인 국가의 담벼락들과 지붕들에서 일상적으로 전시된 팔레스타인 국기들은 자유롭게 일하러 가는 시민들이 좀처럼 주목하지 않을 것이다. 거리는 때때로 있는 특별한 날들, 가령 독립기념일이나 연례 아라파트 추수감사절에나 예우받는, 기념하는 깃발들로 채워질 것이었다.

깃발이 근대적 국가성의 유일한 상징은 아니다. 주화와 지폐는 일반적으로 국가의 상징적 표지들을 지니는데, 이것들은 일상적 금융 거래에서는 눈에 잘 띄지 않는다. 화폐 단위에 이름을 붙이는 것은 고도로 상징적이고 논쟁적인 업무일 수 있는데, 국가의 초창기에는 특히 그렇다. 1994년 크로아티아의 대통령 프라뇨 투지만은 디나르dinar

가 '쿠나'kuna로 대체되어야 한다고 결정했는데, 쿠나는 1941년에서 1945년 사이 크로아티아 나치 괴뢰국의 화폐 단위이기도 했다. '쿠나'는 크로아티아 삼림에 거주하는 털담비의 이름이다. 투지만 대통령은 "쿠나가 우리의 국민 전통을 수호하고, 우리의 주권을 확인해준다"라고 주장하며 결정을 굽히지 않았다(『인디펜던트』, 1994년 5월 15일). 이 전통과 주권은 그 시민들이 그 털 많은 생물이나 투지만 대통령 혹은 나치 희생자들에 대한 별다른 생각 없이 쿠나를 교환할 때 상징적으로 일상화될 것이다. 이런 식으로 나치 유산을 포함하는 그 전통은 의식적으로 기억되지도 않을뿐더러 잊히지도 않을 것이다. 그것은 일상생활 속에 보존될 것이다.

심리학적으로 의식적 기억과 망각은 모든 중간 입장을 배제하는 극단적 대립물이 아니다. 유사하게 전통들은 기를 흔드는 집단적 행동에서 의식적으로 기억되는(혹은 함께-기념되는co-memorated) 것이 아니며, 집단적 기억상실에 처하게 하는 것도 아니다. 그것들은 개인의 기억이라는 의식적 행동 없이 집단 기억을 보존하는 행위들에서 현전하고 동시에 부재할 수 있다. 세르주 모스코비치는 어떻게 대부분의 사회적 행동 자체가 기억하기인가를 논했다. 비록 그것이 그와 같이 경험되지는 않을지라도 말이다. "사회적이고 지적인 행동은 결국 예행연습이거나 낭송이다. 그러나 대부분의 사회심리학자들은 그것을 마치 건망증인 것처럼 다룬다"(Moscovici, 1983: 10). 행동과 사유는 결코 총체적으로 완전히 새롭게 창조되지는 않으며, 그것들은 친숙한 패턴들을 따르고 따라서 반복한다. 심지어 그것들이 그러한 패턴을 바꿀 때조차도 말이다. 행동하고 말하기 위해서 우리는 기억해야 한다. 말하는 사람들은 대개 자신들의 말이 과거의 문법과 의미를 반복하고 그렇게 함으로써 과거의 문법과 의미를 전달하는 정도에 대해 의식하지 않는다.

만약 일상적 삶이 언제나 습관적으로 실천될 수 있으려면, 이러한 기억 형태는 의식적 자각 없이 발생해야 한다. 그것은 우리가 망각하기를 포함하는 다른 일들을 할 때 발생한다. 피에르 부르디외의 '아비투스'habitus 관념이 이러한 기억하기와 망각하기의 변증법을 잘 표현한다. 아비투스는 기질, 실천, 낯익은 사회적 세계의 일과를 지칭한다. 그것은 사람들이 일상적 삶의 일상적 일과들을 별생각 없이(그리고 또한 유념하면서) 지나치기 위해 습득해야 하는 '제2의 본성'을 묘사한다. 부르디외는 기억과 망각의 요소들을 강조한다. "역사만큼이나 잊혀져 제2의 본성으로 내재화된 구체적 역사인 아비투스는 전체 과거의 능동적 현전이다"(Bourdieu, 1990: 56).

사회적 삶의 패턴은 습관적이거나 일상적이 된다. 그리고 그렇게 하면서 과거를 구체화한다. 우리는 이러한 일과 형성 과정을 **습관화하기**라고 묘사할 수 있다. 생각, 반응, 상징은 일상적 습관으로 변할 수 있고, 따라서 그것들은 **습관화될** 수 있다. 그 결과는 잊힌 기억의 변증법에서 과거가 현재에 습관화되는 것이다. 투지만 대통령은 쿠나(그리고 이전 크로아티아공화국의 역사)가 살아있는, 잊힌 집단 기억으로 습관화되기를 바라고 있었다. 일단 습관화되면 그것은 그 대통령이 염두에 두고 논쟁적으로만 언급할 수 있는 것들을 표시할 것이다.

르낭이 썼던 국민적 과거에 대한 망각은 국민국가에서 부단히 재생산된다. 예우받지 못한 국기는, 글자 그대로 깃발 자체의 형태로든 아니면 6장에서 제시될 것처럼 대중매체의 일상적 문구들로든, 현재의 일상적 삶에서 습관화된다. 이러한 국민성의 상기물들은 배경 공간을 조국 공간으로 변형시키는 데 복무한다. 깃발은 퍼스가 제시한 것처럼 감정을 위한 초점이 될 수도 있다. 그러나 이는 각 깃발이 감정을 위한 심리적 자석으로 기능함을 의미하지는 않는다. 그러기는커녕 대부분의 깃발은 무시된다. 그것들의 게양과 상기는 우리가 살아가는 습관화된 조국의 일상에서 습관적으로 간과된다.

열렬한 국민주의와 일상적 국민주의

계속 언급해온 것처럼, 국민주의에 대한 사회과학적 연구에는 이중의 무시가 존재한다. 일상 업무를 시작하는 시민들이 예우받지 못한 깃발을 무시하는 것이 이론적 무시와 병행한다. 확립된 국가들 내에 국민주의의 습관화는 대체로 인습적인 사회학적 상식에 의해 무시된다. 흔들리고 예우받은 깃발들만이 주목받는 경향이 있다. 만약 사회학 범주들이 사회적 삶의 조각들을 포획하는 그물망이라면, 사회학자들이 '국민주의'라고 표기했던 그 그물망은 놀라울 만큼 작은 것이다. 그리고 그것은 주로 이국적이고 드물고 종종 폭력적인 종들만을 포획하는 데 사용되는 것처럼 보인다. 이러한 종들을 수집하는 사람이 미국의 시내 중심가에서 새로운 종을 잡기 위해 포획망을 들지는 않는다.

국민주의에 대한 표준적 정의들은 국민주의를 확립된 국민국가들 바깥 혹은 이전의 무언가로 위치시키는 경향이 있다. 이 점에서 사회과학적 정의들은 보다 폭넓은 생각의 패턴들을 따른다. 예컨대 로널드 로고스키는 국민주의를 "영토적 자치, 통일, 독립"을 위해 국가 구성원들이 나서는 "분투"라고 정의한다(Rogowski, 1985). 그는 이 정의가 '일상 담화'에 부합한다고 주장한다. "우리는 일상적으로 그리고 당연하게 웨일스, 퀘백, 아랍의 국민주의에 대해 말한다"라고 덧붙이면서(Ibid.: 88~89. 국민주의에 대한 유사한 취급에 관해서는 특히 Coakley, 1992; Schlesinger, 1991 참조). 앞으로 볼 것처럼, 이것이 국민주의가 일상적으로 사용되는 방식이라고 주장했을 때 로고스키는 옳았다. 그러나 '당연하게'는 좀 다른 문제다. 자치, 통일, 독립을 위한 분투에 집중할 때, 그 정의는 일단 그것들이 달성되면 그것들이 어떻게 유지되는가를 무시한다. 자치적 국민국가를 유지하는 그 이데올로기적 복합물을 위해 제공된 대안적 용어는 없다.

따라서 국민주의는 일반적으로 국민국가를 만드는 힘으로 간주되거나 기존 국가들의 안정성을 위협하는 힘으로 간주된다. 후자의 경우에 국민주의는 분리주의 운동이나 극단적 파시스트 운동들을 가장할 수 있다. 국민주의는 성숙한 사회들(혹은 국가들)이 일단 완전히 확립되면, 몸집이 너무 커져 맞지 않게 되는 하나의 발전 단계처럼 보일 수 있다. 이러한 가정은 칼 도이치의 훌륭한 연구 『국민주의와 사회적 소통』에서 발견할 수 있다(Deutsch, 1966). 보다 최근에 그것은 흐로흐의 소중한 연구 『유럽에서 국민 부활의 사회적 선결조건들』의 기저를 이룬다(Hroch, 1985). 흐로흐는 국민주의의 3단계를 상정한다. 처음 두 단계는 국민 관념에 대한 관심이 어떻게 지식인들에 의해 일깨워지는가, 그다음 어떻게 그것이 산포되는가를 묘사한다. 그리고 마지막 단계는 대중운동이 국민 관념을 국민국가로 번역하는 것을 추구할 때 발생한다. 일단 국민국가가 확립되면, 국민주의에 무슨 일이 발생하는가를 묘사하는 더 이상의 단계는 없다. 그것은 마치 국민주의가 갑자기 사라지는 것과도 같다.

그러나 이 관점에 따르면 국민주의는 완전히 사라지지 않는다. 그것은 일상생활에 잉여적인 것이 된다. 그것은 확립된 국가와 확립된 일상을 위협하거나, 아니면 그렇게 질서정연한 일상들이 붕괴되었을 때 다시 돌아온다. 정상적 국가에서 평범한 삶(분석가들이 살아가는 경향이 있는 그러한 상태)은 일상적이고 정치적으로 따분한, 비국민주의적인 것으로 추정된다. 대조적으로 국민주의는 정치적 무게가 실린, 정서적으로 강제된 비범한 것이다.

앤서니 기든스는 국민주의를 "주로 심리적인 현상"이라고 묘사한다(Giddens, 1985: 116. 또한 Giddens, 1987: 178 참조). 국민주의적 감정들은 "존재론적으로 안전하다는 느낌이 일상의 붕괴로 인해 위험에 처했을 때" 일어난다(Giddens, 1985: 218). 이러한 상황에서는 대상 동일시의 퇴행적 형태들이 발생하는 경향이 있다. 그 결과 개인들은 엄청난 정서적 에너지를 국민성의 상징들과 강한 지도력의 약속에 투여한다(Ibid.: 218). 기든스에 따르면 국민주의는 보통의 삶이 붕괴될 때 발생한다. 그것은 규칙이라기보다 예외다. 국민주의적 감정들은 규칙적 일상의 사회적 삶의 일부라기보다 일상의 사회적 삶의 대부분의 행동들과는 꽤나 거리가 있는 경향이 있다(Ibid.: 215). 보통의 삶은 무척 기이하고, 종종 상대적으로 일시적인 상황들에서만 국민주의적 감정들에 의해 영향을 받는다(Ibid.: 218). 따라서 국민주의 심리학은 비범한 시대를 뒤흔드는 비범한, 정서적 분위기의 심리학이다. 일상적 일과들은 결코 국민주의의 담지자들이 아니라 국민주의에 반하는 장애물들이다.

　기든스 같은 분석가들은 '국민주의'라는 용어를 '열렬한' 국민주의적 정념의 발생을 묘사하기 위해 남겨두는데, 이는 사회적 붕괴의 시기에 일어나고, 극단적 사회운동들에 반영된다. 그렇게 함으로써 그들은 쉽게 알아볼 수 있는 현상, 실로 현 세계에서는 너무도 낯익은 현상을 지적하고 있다. 문제는 그러한 이론들이 국민주의적이라고 묘사하는 것이 아니라 그것들이 누락시키는 것이다. 만약 국민주의라는 용어가 단지 강력한 사회운동들에만 적용된다면, 무언가가 이론적 자각에서 슬그머니 빠져나간다. 마치 주유소 앞마당에 걸린 깃발들이 존재하지 않는 것처럼.

　그 논점은 깃발들의 논점보다 폭넓다. 그것은 국민정체성과 확립된 국가들에서 그것의 가정된 자연성에 관한 것이다. 그러한 정체성들이 일상적 일과들에 의해 유지되는 게 아니라, 사실은 국민주의 운동들이 일어날 때와 같은 예외적인 순간들에 필적하는 심리적으로 예외적인 순간에 의해 유지된다는 주장이 있을 수 있다. 일과들의 일상적 심리학보다 정서들의 극적인 심리학이 국민국가의 정체성을 설명하기 위해 환기될 수 있다. 모든 국민국가들은 국가가 자신을 찬양하는 것처럼 평범한 일과들이 유예되는 경우들을 갖는다. 그해의 나머지 기간, 일상적 삶의 업무에서 멀리 떨어져야만 했던 애국적 정서의 감정들이 그때 갑자기 솟구칠 수 있다. 근대국가의 달력은 그보다 긴 정치적 역사를 축약해서 되풀이할 것이다. 국민주의적 정서의 짧막한 순간들이 국민주의가 시야로부터 사라지는 것처럼 보이는 보다 긴 안정된 평온의 시기들을 중단시킨다.

확실히 각 국가는 자신의 국경일을 갖는데, 이는 평범한 일과를 중단시킨다. 독립기념일 행렬, 추수감사절, 대관식처럼 국가의 시민들이 국가 자체 혹은 그 역사를 함께 기념하거나 합쳐서 기억하는 때가 있다(Bocock, 1974; Chaney, 1993; Eriksen, 1993). 이러한 경우들이 국민성을 게양하기에 충분하고, 따라서 개인적 삶의 일상적 일과가 압도하는 그해의 나머지 기간 동안에 국민성이 기억된다고 주장할 수 있을 것이다. 확실히 위대한 국경일들은 종종 기억할만한 것으로 경험된다. 참여자들은 그 국가가 집단적으로 기억되는 기념일 자체가 기억될 수 있는 하나의 순간임을 알고 있다(Billig, 1990a; Billig and Edwards, 1994). 그다음에 개인들과 가족들은 왕자와 공주가 결혼했거나 여왕이 왕관을 썼던 날, 그들이 했던 것에 관해 자신들만의 이야깃거리를 갖게 될 것이다(Billig, 1992; Ziegler, 1977).

이것들은 과잉 정서의 인습적 카니발들인데, 왜냐하면 참여자들이 특별한 감정을 갖기를 기대하기 때문이다. 그것이 기쁨이든 슬픔이든 취함의 감정이든 간에 말이다. 그날은 정상적인 일과들이 유예되고, 특별한 정서들이 상연되어야 하는 순간이라는 특징을 가졌다. 참여자들은 그 위대한 국민적 행사를 가정의 일상적 배경에서 어떻게 표기해야 하는지 잘 모를 수도 있지만, 그 불확실성 자체는 그 행사의 특별함과 인습적 본성 모두를 드러낸다. 대중 관찰 연구는 영국인들에게 1937년 조지 6세가 왕관을 썼던 날, 자신들의 시간을 어떻게 보냈는지 기록할 것을 요구했다. 한 좌파 여성이 자신의 일기장에 회고하기를,

성실한 남성 요리사가 머리 위 주방에서 이리저리 뛰며 쿵쿵대는 바람에 잠에서 깼다. 적당한 인사말로 남편을 깨워야 한다는 막연한 필요성에 골머리가 아파져왔다. 잠결에 "국왕 폐하 만세!"가 과연 적절한 인사말인지 궁금했다(남편은 새해 인사와 생일 축하 인사를 좋아한다). 마침내 악수면 충분하리라고 깨닫고는 잠에서 깨어났다. (Jennings and Madge, 1987: 106)

또 다른 일과 혹은 인습적 패턴이 공식적으로 매일의 일과를 깨는 그 특별한 날을 위해 발견되어야 한다. 이 특별한 일과는 행위자가 그 예상된 정서를 수행하도록 만들어야 한다. 따라서 그 여성은 적절하게 애국적 인사를 달성하는 방법에 대해 궁금해한다. 이 점에서 그 적절한 정서는 그 사회적 행위자를 예측할 수 없는 방향으로 모는 형언할 수 없는 자극이 아니다. 그것은 사회적 형태들에 의존하고 지탱되는데, 이것들은 가령 생일이나 신년하례식처럼 매일의 일과에 대한 친숙하게 인습적인 중단들을 기초로 모델이 될 수 있다.

국가를 기념하는 그 위대한 날들은 양식화되어있어서 우리는 은유적이면서도 글자 그대로 의식적으로 국기를 흔들 수 있다. 그러나 이것들이 느슨하게 국민정체성이라고 불리는 것을 유지하는 유일한 사회적 형태들은 결코 아니다. 틈틈이 국가의 시민들은 여전히 시민들로 남고, 국가는 시들어 사라지지 않는다. 남몰래 흔들린 깃발은 내년 독립기념일을 위해 준비된 상태로 곱게 접어 다락방에 다시 놓일 수 있다. 그러나 그것이 게양의 끝은 아니다. 세계 도처에서 국민들은 자신들의 깃발을 전시한다. 위대한 날에 걸린 깃발과 달리 이 깃발들은 예우도 받지 못하고 눈에 띄지도 않는다. 평범한 삶에서 떼어져 나온 가끔 있는 이벤트들이 지속적으로 기억된 국민정체성을 유지하기에 충분하다고 가정하는 것은 실로 이상해 보인다. 그 정체성은 국민국가에서 보다 일상적인 삶의 방식의 일부라고 하는 것이 보다 그럴듯하게 보일 것이다.

억압된 것의 귀환

"억압된 것이 돌아왔다. 그것의 이름은 국민주의다." 마이클 이그나티에프는 널리 알려진 『혈통과 소속』의 서두에 이렇게 적었다(Ignatieff, 1993: 2). 동시에 국민주의는 잠깐 있다가 사라지는 무언가로 표시된다. 이그나티에프의 책은 오늘날 국민주의에 대한 그러한 묘사가 얼마나 쉽게, 사실은 얼마나 확실하게 나타날 수 있는가를 보여준다. 이 묘사에서 국민주의는 위험하고 정서적이며 타자들의 소관인 것으로 나타난다. 이그나티에프의 주장은 꼼꼼히 살펴볼 가치가 있는데, 그것이 놓치고 있는 것 때문이다. 앞으로 보게 될 것처럼, 국민주의에 대한 그의 묘사는 그것이 놓치고 있는 것과 함께 사회학적 상식의 중심에 있는 주제들과 부합한다.

이그나티에프의 책은 국민주의에 대한 상식적 견해를 표현하는데, 학술적 사고와 보다 일반적 사고 사이의 경계에 걸터앉는다. 『혈통과 소속』은 전세계적 판권을 가지고 영국 국영방송국 BBC가 만든 텔레비전 시리즈를 동반했다. 그것은 또한 『브리티시선데이』에도 연재되었다. 첫 번째 인용구를 공표하면서 『인디펜던트온선데이』는 "근대 국민주의는 고향으로 오라는 요구와 무장하라는 요구처럼 변함없이 열정적이고 폭력적이다"라고 선언했다(1993년 10월 24일).

이그나티에프의 메시지는 경고의 메시지다. 크로아티아/세르비아, 독일, 우크라이나, 퀘벡, 쿠르디스탄, 북아일랜드 6개 지역에 집중하면서 그는 민족적 국민주의ethnic nationalism의 비합리적 힘들이 현 세계를 괴롭히기 위해 어떻게 분출하는지를 묘사한다. 공산주의의 붕괴와 전지구적 소통의 증가는 협동하는 합리성의 새로운 시대를 알리기는커녕, 원초적 반응을 풀어놓는 것처럼 보인다. "새로운 세계질서의 중요한 서사는 국민국가들의 해체가 민족 간 내전으로 바뀐다는 것이다(Ignatieff, 1993: 2).

억압된 것의 귀환이라는 주제는 현재 유럽 전역에서 쉽게 주장되고 있다. 국민 재건의 정치를 선언하는 정당들의 형태로 파시즘의 자극들이 다시 꿈틀대고 있다. 루마니아와 헝가리의 정당들은 반反집시 및 반反외국인 성명을 내고 수많은 유권자를 끌어모으고 있다. 러시아에서는 자유민주당이라는 어울리지 않는 이름의 정당이 인종적으로 순수한 보다 위대한 국민을 동원하며, 현 의회에서 다수당을 차지하고 있다. 1990년대 동안 국민전선은 프랑스 보통선거에서 꼬박꼬박 12~15퍼센트의 지지율을 보이고 있는데, 반면 이전 10년 동안은 1퍼센트를 모으기도 쉽지 않았다(Hainsworth, 1992). 블람스블록은 벨기에 안트베르펜의 가장 인기 있는 정당이 되었다(Husbands, 1992). 파시즘 귀환의 가장 훌륭한 예는 이탈리아인데, 1994년 이탈리아사회운동은 이름을 국민동맹으로 바꾸고 베를루스코니 정부와 연합에 들어갔다. 이 일이 발생할 때, 파시즘은 정치의 외곽이 아니라 유럽의 역사적 심장부로 돌아온 것이다. 그렇다면 마치 억압된 것(그리고 억압적인 것)이 돌아오고 있는 것처럼 보이는 것도 놀라운 일이 아니다.

비합리적이고 위험한 국민주의의 귀환이라는 주제는 학계의 사회과학자들이 쓴 글들에서 진부한 이야기가 되고 있다. 이그나티에프처럼 마지드 테라니안도 억압과 귀환의 이야기를 한다. 그는 냉전 동안, "민족성과 민족 담론이 […] 억압된 채 있었는데, 왜냐하면 그 당시 공산주의와 자유주의의 보편주의 이데올로기적 허세가 민족적·국민적 충성의 요구를 위한 여지를 거의 남겨두지 않았기 때문이다"라고 주장한다(Tehranian, 1993: 193). 테라니안에 따르면, "냉전 종식이 […] 국민국가들 내에 지방분권적·민족적·부족적 힘들을 촉발시켰다"(Ibid.: 193). 이제 국민주의는 새로운 세계 질서를 무질서(테라니안의 표기법을 따르면 'dysorder')로 바꾸겠다고 위협하고 있다.

억압과 귀환에 대한 이러한 이야기들의 한 가지 특징이 언급될 수 있겠다. 국민주의가 돌아온다는 주장은 그것이 바깥에 나가있었다는 것을 암시한다. 그러한 주장들에서 확립된 국가들의 세계는 국민주의의 영점인 것처럼 보인다. 반군들이 치른 전쟁들과는 대조적으로 민주 국가들이 치른 전쟁을 국민주의라고 이름 붙이지는 않는다. 이그나티에프는 좀처럼 베트남전이나 포클랜드 전쟁을 언급하지 않는다. 미국이 출격한 다양한 전쟁들, 가령 한국전쟁, 파나마전쟁, 그레나다 침공 같은 것은 말할 것도 없다. 그는 적어도 미국의 군사작전들이 성공적으로 추구되는 동안 보내어진 국민들의 지지에 대해서도 말하지 않는다. 그는 국민주의의 소위 잠잠한 시기 동안 발생하는 전쟁들을 국민주의라고 부르지 않는다. 그것들이 동반하는 애국적 수사에도 불구하고 말이다. 게다가 냉전 자체가 국민주의적 용어들로 표현되었다. 야타니와 브라멜은 여론조사 증거들을 조사하면서, 미국 대중들이 두 개의 거대하고 보편적인 이데올로기들 사이의 대치를 두 국가들 간의 갈등으로 간주했다고 결론 내렸다. 공산주의가 러시아였고, 자본주의가 미국이었다(Yatani and Bramel, 1989).

이그나티에프는 공정을 기하기 위해 확립된 국민국가들의 국민주의를 완전히 망각하지 않는다. 그는 그것을 기억하지만 결과적으로는 잊어버린다. 그는 민족적 국민주의와 시민적 국민주의civic nationalism를 구별한다. "피의 충성"의 감정들에 기초해서 볼 때, 민족적 국민주의는 열렬하고 과잉된 다양성이다(Ignatieff, 1993: 6). 그것은 인내심이 부족한 고집불통들의 국민주의다. 이그나티에프는 "나는 시민적 국민주의자"라고 선언하면서 민족적 국민주의와 거리를 둔다(Ibid.: 9). 이그나티에프에 따르면 시민적 국민주의는 정치적 신조인데, 그 신조는 공통의 시민권을 규정하는 것이자 보편적 계몽철학에서 나온 것이다. 그는 확립된 유럽 민주정치들이 취할 수 있는 최선이 바로 국민주의라고 적는다. 시민적 국민주의자가 되라는 그 자신의 주장에도 불구하고, 이그나티에프 자신은 단일한 국민국가에 대한 충성을 부인한다. 그는 시민적 국민주의자들이 어떻게 자신들만의 신화를 가지고 국민국가를 창출하는지, 시민적 국가들이 어떻게 전시에 자신들의 시민을 징집하는지, 그들이 어떻게 자신들만의 경계를 그리는지, 그들이 어떻게 줄을 그어 타자들을 경계 밖으로 내쫓는지, 그들이 어떻게 필요하다면 경계를 다시 정하자는 운동들에 맞서 폭력적으로 저항하는지 등을 묘사하지 않는다. 사실 '시민적 국민주의'의 국민주의는 슬며시 사라지는 것처럼 보인다.

실제로 시민적 국민주의는 대체로 글자 그대로 슬며시 떠나간다. 이그나티에프가 단서 없이 '국민주의'를 언급할 때, 그는 민족적 다양성을 의미한다. "국민주의는 피의 충성에 대한 호소를 합법화한다" (Ibid.: 6). 따라서 민족적 국민주의는 마치 그것이 모든 국민주의의 요약본이라도 되는 것처럼 보인다. 국민주의는 과거에 억압되었고 이제 다시 돌아왔지만, 물론 위험한 다양성이다. 이그나티에프의 책을 출간한 출판사들은 책표지에 그 분위기를 포착한다. "근대 국민주의는 피의 언어이다. 민족청소에 대한 공포로 귀결될 수 있는 군대에 대한 요청이다." 과잉 국민주의가 유개념이 되었다. 그것의 온순한 형태는 범주로부터 축출된다.

'국민주의의 문제들'이 이런 식으로 정의되는 한, 확립된 서구 국가들을 국가들로 재생산하는 그 이데올로기는 당연한 것으로 간주될 수 있다. 확립된 민주국가들의 국민주의처럼 걸프전은 이론적 관심사에서 사라진다. 국민주의를 이런 식으로 제시하는 것이 폭넓게 퍼져있다. 북아일랜드에서의 정치적 사건들을 묘사할 때, 영국 매체는 일반적으로 대영제국과 에이레[3] 사이의 국경을 폐지하려는 사람들을 묘사하기 위해 국민주의라는 용어를 사용한다. 그들이 자신들의 목적을 위해 폭력을 옹호할 때는 특히 그렇다. 대조적으로 영국 국민국가의 정부는 국민주의적이라고 불리지 않는다. 비록 그 정부 또한 현재의 국경을 유지하기 위해 무력을 사용할 수 있을지라도 말이다. '국민주의

---

3) 아일랜드 전설에 나오는 빛의 여신의 이름이자 아일랜드의 아일랜드어 명칭.

적'이라는 용어는 종종 진부한 의미론의 장에서 '극단적'이라는 비난조의 형용사와 서로를 당기는 듯 보인다. 그 연결은 국가들의 정치 지도를 바꾸기를 욕망하는 사람들이 국민주의자와 동일시될 수 있는 부당한 과잉 열정을 소유하고 있음을 암시한다.

영국의 신문들로부터 사례가 주어질 수 있다. 다른 곳도 마찬가지겠지만 여기서는 대중지에서 나온 예들을 선택하지 않는 것이 중요한데, 대중지의 과도한 국수주의는 너무도 잘 기록되어있다(Taylor, 1991). 국민주의는 너무도 일반적인 현상이어서 대중지를 구독하는 노동계급 독자들에게 투사될 수 없다. 마치 '우리', 그러니까 자유주의적이고 교육받은 계급들은 그러한 것에서 열외인 것처럼 말이다. 매일 '우리'의 아침 식탁 위에 놓인 '우리'의 신문들은 '우리'를 위한 일상적 깃발을 제공한다. '우리'의 사회학·심리학 이론들이 제공하는 것처럼 말이다.

영국에서 가장 자유주의적인 중도 좌파 정론지 『가디언』은 이 점에서 중요하다. 국민주의라는 용어에 대한 일반적 요점을 뒷받침하려면 상세한 분석이 필요하겠지만, 두 가지 사례가 짤막하게 주어질 수 있다. 세르비아에 관한 기사 한 토막이 "국민주의자들, 밀로셰비치에 도전"이라는 헤드라인을 실었다. 서두 문장은 단호했다. "극단적 국민주의자들이 세르비아 사회주의당 정부에 대항해서 불신임 운동을 상정할 때, 세르비아 문제들에 관해 슬로보단 밀로셰비치 대통령이 오늘 연단에 오를 것이다"(1993년 10월 7일). 그 기사에서 필자는 세르비아 정부나 그 대통령을 묘사하는 데 '국민주의자'라는 단어를 단 한 차례도 사용하지 않는다. 대세르비아를, 그리고 그로써 더 작은 보스니아와 크로아티아를 건설한 밀로셰비치[4] 자신은 "본질적으로 크로아티아와 보스니아 전쟁에서 승리했기 때문에" 자신의 권력을 공고히 한 것으로 묘사된다. '극단적 국민주의자'라는 말은 헤드라인의 '국민주의자들'과 동일한 이들을 가리킨다. 따라서 그 대통령과 그의 국가는 '국민주의'라고 지칭되지 않는 것이다. 영토 확장 전쟁에서 얻은 그 영토는 현재 국제적 승인을 받고 있다. 국민주의가 무엇인가(그리고 암시적으로 무엇이 국민주의가 아닌가)에 대한 이러한 게양은 표면적 논의 수준 밖에서 발생한다. 그것은 상식이라는 바로 그 수사 속으로 뿌리 박는데, 이는 표면적 논의를 만들기 위한 언어적 자원들을 제공한다.

두 번째 사례 역시 발칸반도 정치와 관계가 있다. 한 기사가 그리스 케르키라섬의 세르비아 박물관 개관 소식을 보도한다. 서두 문장이 분위기를 띄운다.

열렬한 국민주의의 불 같은 과시에 비하면, 그것은 훌륭한 것이었다. 황금 십자가를 가지고 비탄에 젖은 사람들을 키웠던 은총을 베풀던 대주교가 있었다. 꽃들과 깃발들 사이에 야회복 재킷을 입은 남성 합창단이 애국적 노래를 불렀다. (『가디언』, 1993년 9월 6일)

그 사건은 공식적인 국가 행사가 아니었다. 그것은 기존의 국경을

---

4) 유고슬라비아 연방의 맹주인 세르비아공화국의 대통령이었던 밀로셰비치는 대세르비아주의(The Greater Serbia)를 주장하며 세르비아를 중심으로 통일된 남슬라브 국가를 건설하려 했다. 하지만 이는 연방 구성원들의 반발에 부딪혔고, 유고슬라비아 연방은 '더 작은'(lesser) 여러 국가들로 해체되고 만다.

보호하기보다 바꾸기를 희망하는 한 무리의 사람들이 조직했다. 이 문맥에서 '불 같은'fiery이라는 형용사는 텍스트상에서 국민주의라는 단어와 짝을 이룬다. 기사의 저자는 독자들이 '국민주의의 불 같은 과시'라는 개념을 잘 알고 있으며, 이것이 일반적으로 이해되는 종류의 훌륭한 보기였음을 이해할 것이라고 가정한다. 우리의 확립된 국가들에서 공식 행사들, 가령 국가 수장들을 위한 정찬이나 새로운 국가 기념물의 개관 같은 행사들은 종종 유사한 과시의 요소들을 포함한다. 깃발, 꽃, 우스꽝스러운 복장을 입은 신성한 것들, 적절히 애국적인 노래들 같은. 그러나 이러한 행사들은 '불 같은 국민주의'는커녕 그냥 국민주의의 과시라고도 거의 묘사되지 않는다.

그러한 수사가 '우리'를 '그들'과 떼어놓고, '우리의 세계'를 '그들의 세계'와 떼어놓는다. 그리고 '우리' 필자와 독자들은 국민주의의 영점인 합리적 세계에 속한다고 가정된다. 이러한 신문 보도들과 이그나티에프의 책에서 국민주의는 일상적으로 그리고 암시적으로 타자들의 소관이다. 프로이트는 투사가 망각에 의존한다고 주장했다. 그는 의식적 자각으로부터 과거에 대한 개인적 경험들을 개인이 억압하는 것을 말하고 있었다. 유비적으로 집단적 망각과 집단적 투사의 형태도 있다. 어휘 속에 간극과 상투어의 날카로운 수사를 통해 상식은 집단적 기억상실에 해당하는 것을 달성할 수 있다. 이러한 투사는 사회적 사유의 습관이다. '우리'의 국민주의는 국민주의라고 이름 붙여지지 않기 때문에 일상적으로 잊힌다. 국민주의는 대체로 타자들에게 투사된다. 그러나 계속해서 '타자들'의 국민주의가 돌아오는 것은 물론 '우리'의 국민주의도 돌아온다.

예우받은 깃발 망각하기

일상적 국민주의의 이중적 무시는 일상적으로 잊힌 것을 학계가 망각하는 것을 포함한다. 확립된 국가들에서 사람들은 국민성의 일상적 게양을 간과한다. 깃발들은 배경 속으로 녹아든다. '우리'의 특정한 세계가 그 세계로서 경험되듯이 말이다. 예우받지 않은 깃발들이나 국민성의 다른 상징들을 눈여겨보지 않는 것에 포함된 일상적 무관심은 학술이론에 반영된다. 그러나 그것은 단지 관심을 벗어난 예우받지 못한 깃발들이 아니다. 심지어 예우받은 깃발들조차 집과 너무 가까이 있어 일상적으로 친숙한 것처럼 보일 수 있고, 그래서 그것들은 무시된다.

1880년대 이후 미국의 초등학생들은 매일 아침 국기 앞에 선다. 차렷 자세로, 가끔은 가슴에 손을 얹고, 그들은 "미합중국의 국기에 대해, 그리고 이것이 대표하는, 모든 사람을 위해 자유와 정의가 함께하고 신 아래 갈라질 수 없는 하나의 국가인 공화국에 대해 충성을" 맹세한다.[5] 그 예식은 국민통합의 의례적 과시다. 이것이 조국 전역에서 학교의 하루가 매일 시작되는 방식임을 알고 있는 아이들은 다른 학생들 또한 자신들과 유사하게 하루를 시작한다는 것을 당연하게 여길 것이다. 그리고 자신들의 부모와 조부모가 미국에서 학교를 다녔다면, 그들도 마찬가지였음을 당연하게 여길 것이다. 심지어 세계 전체가 학교 가는 날은 이와 똑같이 시작한다고 생각할 수도 있을 것이다. 이것이

---

5) 미국판 「국기에 대한 맹세」라고 할 수 있는 「충성의 맹세」 속 구절이다(인용구 앞에 "나는"을, 뒤에 "맹세합니다"를 넣으면 곧 전문이다). "신의 가호 아래 하나의 국가"(one nation under God)라는 유명한 표현도 여기에 등장한다.

매일 등교하는 날마다 모든 학생의 마음속에 국민통합에 대한 자각이 흥분에 차 부풀어 오른다는 것을 의미하는 것은 아니지만, 그 국민이 일상적으로 스스로를 찬양하는 것을 의미한다.

여기에 미국의 사회학자들과 사회심리학자들이 끝없이 연구하고 다시 연구했던 하나의 의례가 있다고 생각할 수도 있었을 것이다. 그들은 지적에 뒤르켐적 예식을 가지고 있음에 기뻐해야 한다. 게다가 그 예식은 연구 실험의 반복 가능성을 가지고 나타나는데, 그래서 몸동작, 억양, 자세의 미시적 과정들이 통제된 조건에서 반복적으로 연구될 수 있다. 그것은 기능주의자들, 역할이론가들, 미시사회학자들을 위해 신이 보낸 선물이어야 한다. 현장조사를 하고, 점심을 먹으러 집으로 돌아올 수 있는 인류학자들은 말할 것도 없다. 사실 학계의 관심은 무시해도 좋은 것이었다. 인류학자들은 중부 아이오와의 교실보다 아메리카 원주민 보호구역으로 향했다. 르낭이 '깃발의 숭배'라고 언급했을 때, 일상적 예우 같은 예식들은 여전히 유아기에 있었다. 그것들은 분명히 이상했다. 한 세기 후 색칠된 천 조각에 맹세하는 신비주의는 이제 너무도 친숙해져서 관심을 둘만한 가치가 없는 것처럼 보인다. 깃발에 대한 이론적 망각은 어쩌면 그 행위 자체만큼이나 주목할 만하다.

그 의례에 관심을 기울인 극소수의 미국인 연구자들 중 하나가 심리치료사인 로버트 콜스였다. 자신의 책 『아이들의 정치적 삶』에서 콜스는 미국과 다른 곳의 학교 아이들과의 대화를 보고한다. 그는 깃발에 대한 예우가 미국 전역에서 정확히 동일한 방식으로 수행되지 않는다는 점을 주목한다. 대부분의 흑인 학교들에서 그 의례는 다소간 형식적인 것일 수 있다. 한 선생이 콜스에게 그것이 "하루를 시작하는 좋은 방식은 아니죠"라고 말해주었다(Coles, 1986: 35). 다른 학생들에게 그 예우가 "실제의 정서적 표현을 위한 하나의 경우일 수 있다"라고 그는 보고한다(Ibid.: 36). 아홉 살 난 한 소년이 콜스에게 자신의 삼촌은 군대 하사이고, 또 다른 삼촌은 경찰서에 근무하며, 자신은 육군 기지를 방문했었다고 말했다. 그는 교회에 있는 깃발을 보았고, 자신의 나라를 위해 기도했었다. 그는 그 깃발이 엄청난 의미를 갖는 백인 중산층 아이였다. 다수의 사람에게 그리고 대부분의 시간 동안 우리는 그 일상이 하나의 일상으로 상연되고 있다는 것을 의심한다. 심지어 콜스에게 삼촌들에 관해 애국적으로 말했던 그 어린 소년마저 그 예식 동안 몸을 가만히 두지 못하고 옆 친구를 콕 찌르거나 속삭이며 말했을 수도 있다. 불운하게도 우리는 단지 그 아이의 일상적 행동이 아니라 방문한 어른에게 최상의 행동으로 보여준 그 어린 소년의 말만을 갖고 있다.

그러나 콜스는 다른 사회과학자들이 간과하는 것에 주목했다. 그 의례의 중요성은 만약 그것이 강렬한 경험으로서가 아니라 일상으로 다루어진다고 해도 결코 감소하지 않는다. 오히려 그 중요성은 높아진다. 그 신성한 예식은 신앙의 특별한 장소나 찬양의 특별한 날에 제한되는 것이 아니라 일상생활의 일부가 되었다. 중요하게도 콜스는 국민주의를 지나가는 정서나 과잉적인 현상으로 간주하지 않는다. "국민주의는 정신의 삶에 모든 구석 속으로 서서히 나아간다"(Ibid.: 60). 그는 타자들에게 국민주의를 투사하지도 않는다. "국민성은 우리 대부분의 삶에서 항상적이며, 우리의 삶이 전개될 때 점차 다양하고 복잡한 표현으로, 확실히 다양한 방식들로 우리의 사고 속에서 작동한다"
(Ibid.: 59).

콜스의 입장은 두 가지 사항에서 평범하지가 않다. 첫째, 그는 깃발에 대한 예우를 세계에 대한 젊은 미국인의 관점의 발전에서 심리적으로 중요한 것으로 다룬다. 둘째, 미국인 연구자로서는 비범하게도 그는 국민주의가 자신의 나라에 널리 퍼져있다고 간주한다. 흥미로운 하나의 가능성이 생겨난다. 어쩌면 두 입장들이 관련이 있거나 그게 아니라면 차라리 많은 사회과학에서 양측의 부재가 연결되었을지도 모른다. 어쩌면 하나의 사고습관이 인습적 사회과학에 박혀있어서 이것이 지적인 기억상실을 생산하는지도 모른다. 이 습관이 분석가들, 특히 미국의 분석가들로 하여금 일상적으로 예우받는 깃발들과 예우받지 않은 채 남는 깃발들을 잊도록 만든다. 또한 그것은 분석가들이 '우리'의 국민주의를 망각하도록 이끈다.

국민주의와 사회학적 상식

만약 이론적 기억상실을 생산하는 사고습관 같은 것이 있다면, 그것이 특정한 교수의 개인적 표지는 아니다. 그것은 훨씬 광범위하고 뿌리 깊은 무언가를 반영할 것이다. 사회과학적 혹은 보다 특정하게는 사회학적 상식 같은 것 말이다. 그러한 상식은 전문적으로 사회학을 실천하는 사람들의 지적인 습관들 속으로 깊이 스며들 것이다. 그것은 사회학적으로 흥미롭고 적절한 특정 주제들을 두드러지게 만드는 반면 다른 것들을 주변으로 내몰 것이다.

한 학과의 사고습관들은 핵심 가정들과 일상의 수사적 실천들 속에 담길 것이다(Brown, 1977, 1994; McCloskey, 1985; Nelson et al., 1987). 이것들은 널리 의심받지 않고 받아들여지는 습관들인데, 왜냐하면 그것들을 문제 삼는 것이 학과 자체의 기초를 위협하는 것으로 보일 수 있기 때문이다. 학과의 상식은 많은 학생 독자층을 위해 고안된 겉만 번지르르한 교재들뿐만 아니라 지력을 요하는 전공서들에서도 발견될 수 있다. 사실 교재들은 종종 사회과학의 상식을 발견하는 좋은 원천들이다(Billig, 1990b, Stringer, 1990). 교재들은 그 학과의 전망을 새로운 세대의 학생들에게 전달하려고 할 때, 편리한 형태로 승인된 관점을 함께 묶어 제시하는 경향이 있다.

사회학의 표준 교재들의 주제 색인들을 재빨리 훑어보면, 국민주의가 그 학과의 중대한 문제가 아니라는 것을 드러낼 것이다. 소위 국민주의의 평온한 시기에 쓰인 콘블럼의 『변화하는 세계에서의 사회학』과 마시오니스의 『사회학』, 적어도 이 두 권의 교재에서는 확실히 그렇다(Kornblum, 1988; Macionis, 1989). 이 책들은 거대한 미국 학부생 시장을 겨냥하고 있다. 그 교재들의 주제 색인은 국민주의에 각기 몇 쪽의 분량만을 할애할 뿐이다. 영국에서 가장 널리 읽힌 교재인 해럴럼보스와 홀본의 『사회학』은 국민주의가 색인에 등록조차 안 되어 있다(Haralambos and Holborn, 1991). 중요한 학술교재에서 유사한 누락이 발견될 수 있다. 터너와 기든스가 편집한 『오늘날의 사회학 이론』은 영향력 있는 개괄서로 현대 사회학 이론의 주요 경향에 대한 개요를 제공한다(Turner and Giddens, 1987). 그 책의 주제 색인은 계급, 사회구조 등등에 대한 거대한 목록을 가지고 있는데, 국민주의를 위한 색인은 고작 두 쪽에 불과하다. 이 두 쪽은 국민주의로서의 국민주의보다는 국가들 내의 급진적·민족적 소수자들을 다룬다(Miliband, 1987: 342). 더 심한 예를 들자면, 근대성의 새로운 조건들에 대한 중요하고 설득력 있는 분석인 울리히 벡의 『위험사회』에도 국민주의를 위한 목록이 없다. 그 책은 "세계사회라는 유토피아를 조금 더 현실적이거나 적어도 보다 긴요하게 만드는" 조건의 일부로서 국경의 기반 약화를 짤막하게 언급할 따름이다(Beck, 1992: 47). 여기서 국민주의는 돌아오기는커녕 심지어 억압된 것으로도 묘사되지 않는다. 그러나 만약 국민주의가 돌아온다면, 그 방식은 국민주의가 당대의 고질적인 조건으로서가 아니라 특별한 주제로서 돌아오는 것에 열려있다.

　뒤르켐과 베버의 고전적 저술 이후로 사회학은 사회에 대한 연구로서 사회학자들이 제공해왔다. 사회학자들은 일상적으로 자신들의 학과를 이러한 용어들로 정의한다. 에드워드 실즈는 『사회과학 백과사전』의 '사회학' 항목을 쓰면서, 그것을 "사회 전체와 부분들에 대한 연구로부터 얻어진, 현재로서는 체계적이지 않은 지식 전체"라고 묘사한다(Shils, 1985: 799). 콘블룸에 따르면 "사회학은 사회를 구성하는 많은 집단들에서 생겨나는 인간 사회들과 인간 행동에 대한 과학적 연구"이다(Kornblum, 1988: 4). 마시오니스는 사회학을 "사회와 인간의 사회적 행동에 대한 과학적 연구"라고 정의하면서 자신의 교재를 시작한다(Macionis, 1989: 2). 해럴럼보스와 홀본은 사회학 이론을 "사회 혹은 사회의 측면들이 어떻게 작동하는가를 설명하려고 주장하는 일련의 생각들"이라고 주장한다(Haralambos and Holborn, 1991: 8). 이 모든 정의는 문제가 전혀 없이 존재하는 '하나의 사회' 같은 무언가가 있다고 가정한다.

많은 정통 사회학 비평가들은 사회학자들이 '사회'의 존재를 당연시하는 방식에 관심을 기울였다. 기든스에 따르면, 사회는 사회학 담론에서 "대체로 분석되지 않은" 용어다(Giddens, 1987: 25). 이매뉴얼 월러스틴은 "근대 사회과학에서 사회보다 더 만연한 개념은 없으며, 사회보다 자동적이고 무반성적으로 사용되는 개념도 없다"라고 주장한다(Wallerstein, 1987: 315). 마이클 만은 유사한 주장을 하면서 만약 가능하다면, 그는 "사회라는 개념을 완전히 폐지할 것"이라고 선언한다(Mann, 1986: 2. 또한 Bauman, 1992a, 1992b; Mann, 1992; McCrone, 1992; Turner 1990 참조). 문제는 사회과학자들이 교재에서든 이론서에서든 '사회' 개념을 정의되지 않은 채 남겨두는 것이 아니다. 문제는 '우리' 독자들이 하나의 '사회'가 무엇인가를 다소간 알게 될 것이라는 가정에 있다. 즉 '우리'는 사회를 이해하는 상식적 방식들을 가지고 있다(Bowers and Iwi, 1993).

사회학의 자기 정의의 핵심에 있는 사회란 국민국가의 이미지로 창출된 것임이 종종 밝혀진다. 실제로 막스 베버의 경우, 그가 독일의 정치적 국민주의를 후원한 것이 그 자신의 사회 개념에 직접적인 영향을 주었다는 증거가 있다(Anderson, 1992). 그 연결은 오늘날의 교재들에서도 계속되고 있다. 마시오니스는 사회학을 '사회'에 대한 과학적 연구라고 정의했음에도, 특이하게도 계속 '사회'에 대한 하나의 정의를 부여한다(Macionis, 1989). 그것은 "제한된 영토 안에서 서로 상호작용하고 문화를 공유하는 인민"이다(Ibid.:9). 물론 이는 정확히 '국민들'이 제한된 영토와 하나의 문화를 가지고 상호작용의 유대들로 구별된 하나의 인민으로서 자신들과 이론가들 양측에서 대체로 간주되는 방식이다. 사회학자들에게 자신들의 학과를 사회에 대한 과학으로 정의하는 것은 진부한 상투어다. 그리고 그것은 경계가 있는, 독립적 실체로서 사회를 상상하는 사고습관처럼 똑같이 진부하다. 오래전에 노르베르트 엘리아스는 그 문제를 잘 표현했다. "많은 20세기 사회학자들은 사회에 대해 말할 때 (자신들의 선배들이 그랬던 것처럼) '부르주아 사회' 혹은 국가 너머의 '인간 사회'를 더 이상 기억하지 않고, 점차 다소간 희박해진 국민국가에 대한 이상적 이미지를 기억한다(Elias, 1978: 241).

추가할 점이 있다. '사회에 대한 과학'이라는 문구는 사회들이 고립되어 연구될 수 있는 무엇으로, 그러니까 자족적인 단위들로 취급될 수 있음을 암시한다. 그 학과는 역사적으로 '사회' 안의 사회적 관계들, 혹은 콘블룸의 문구를 사용하자면 사회를 구성하는 집단group들에 집중해왔다. 그렇게 함으로써 그것은 '사회들' 사이의 관계들은 무시한다. 국가들의 세계는 말할 것도 없고 심지어 '사회들'의 세계가 존재하는 이유를 묻는 데도 실패하면서 말이다(Wallerstein, 1987). 바우만은 (국민국가들의 관점에서 생각된 것으로서) '사회'들의 경계가 사회적 세계에 대한 사회학자들의 개념을 제한한다고 주장한다(Bauman, 1992a). '사회' 밖에 있는 것은 분석되지 않은 '환경'으로 다루어진다. 그러나 국가들(혹은 '사회들')은 다른 국가들(혹은 '사회들')의 세계 안에 존재한다. 세계 도처에 퍼져있는 하나의 이데올로기로서 국민주의는 언제나 국제적 이데올로기였다. 국민들은 결코 해석학적으로 봉인된 적이 없고, 바우만이 제시하듯 "국민국가들, 즉 이론적 사회들의 원형들은 구멍이 많았다"(Ibid.: 57). 만약 정통 사회학이 국가와 국가들의 세계 간의 상호 연관을 대체로 무시했다면, 사회학은 문화들과 신기원들을 연구할 장비를 훨씬 덜 갖춘 셈이었다. 가령 중세 유럽에서 공동체의 형태는 산뜻하게 분리된 실체들로 명백히 조직되는 것이 아니었다.

사회학 연구의 최전선에서 국민성의 존재로 이끄는 것은 고사하고, '사회'에 대한 강조와 국가에 기초한 '사회'의 함축적 모델링은 국민성을 구체화한 동시에 은폐했다. 사회는 보편적 실체로 생각되었다. 인간의 모든 사회적 삶은 사회라는 궤도 안에서 일어날 거라고 여겨진다. 사회들은 인간이 사회를 이루어 사는 어디에서든 발견될 수 있다. 정통 사회학, 특히 파슨스주의 사회학[6]에서 문제가 되는 것은 한 사회의 구성원들이 어떻게 사회의 '가치', '규범', '문화'를 채택하면서 사회화되는가를 연구하는 것이었다. 해럴럼보스와 홀본은 자신들 교재의 첫 장에서 독자들에게 이러한 개념들을 명확히 소개한다(Haralambos and Holborn, 1991). 이것들은 모두 보편적 용어들이다. 모든 사회들이 규범과 가치를 갖는다고 가정된다. 우리의 사회는 독특하지 않으며 보편적인 무언가의 한 예이다.

그러나 '우리' 사회의 이미지는 국민국가다. 콘블룸은 자신의 교재에서 국민국가는 "오늘날 세계를 살아가는 대부분의 사람에게 '사회' 자체를 대표하는 사회적 실체"라고 주장했다(Kornblum, 1988:

---

6) 미국의 사회학자 탤콧 파슨스가 창안한 사회학. 개인의 사회적 행동에 영향을 미치는 사회체제의 힘에 초점을 맞추었으며, 제2차 세계대전이 끝날 무렵부터 약 20년간 영어권 사회학 이론을 지배했다.

72). 만약 국민이 단지 보편적인 무언가(하나의 사회)의 변종이라면, 그것이 재생산되는 과정은 특별한 낱말들과 동일시될 필요는 없다. 그것의 특수성들은 일반적 용어들, 가령 '규범', '가치', '사회화' 같은 것들 아래 포함될 수 있다. 이 맥락에서 '국민주의'가 얼굴을 내밀 필요는 없다. 그러나 그것은 자신들만의 '사회'를 만들려고 분투하는 사람들, '우리'의 통합을 위협하는 사람들 혹은 국민의 극단적·파시스트적 정치를 제안하는 사람들을 경계 짓기 위한 특별한 주제로서 되돌아올 수 있다. 만약 억압된 것이 동유럽과 다른 곳에서 자신의 극적인 귀환을 계속한다면, 사회학 교재들은 이후 개정판에서는 세부항목, 심지어 국민주의를 다룬 장을 추가할 것이다. 그럴지라도 국민주의는 여전히 과잉된, 심지어 우발적인 무엇으로 간주될 것이다. 그것은 특별한 주제일 것이다. '우리'의 국가 이미지에 근거해 모델로 세운 '사회'는 계속해서 필연적으로 보편적인 것으로 간주될 것이다. 이런 식으로 '우리'의 국민주의가 글자 그대로 되돌아올 필요는 없다.

이러한 사회학적 상식이 개별 국민들에 대한 연구에 자신의 흔적을 남길 수 있다. 예컨대 미국의 사회학자들은 미국 사회의 상태를 연구하면서 종종 자신들의 주제가 갖는 국민적 차원을 간과한다. 마치 그들이 특별한 것을 보편적 범주로 변형시키듯이 말이다(Woodiwiss, 1993). 예컨대『마음의 습관들』은 현대 미국 문화에서 개인주의의 효과들을 조사한, 훌륭히 수행된 연구이다(Bellah et al., 1986). 그 책은 엄청난 수의 미국 시민을 대상으로 실시한 폭넓은 면담에 기초하고 있다. 그 책은 미국에서 비소설 부문 베스트셀러가 되면서 폭넓은 독자층을 매료시켰다. 저자들은 개인주의가 공동체라는 느낌을 약화시킨다고 주장하면서 경고의 메시지를 전한다. 그들에 따르면, "우리는 우리를 과거로부터 자유롭게 떼어놓으려고 고무하는 사회에 살고 있다. […] 미국에 있는 어떠한 전통도 어떠한 공동체도 비판에서 자유롭지 않다"(Ibid.: 154).

그 주장의 표현은 중요하다. 현재 상실되고 있는 공동체라는 느낌은 군郡,township 혹은 지역성locality의 감정들을 지칭한다. 여전히 공동체와 전통이라는 느낌이 증발되고 있다고 가정된 장소가 있다. 저자들이 "우리는 한 사회에 살고 있다"라고 진술할 때, 그 '사회'는 물론 미국이다. 그리고 저자들이 환기시키고 있는 '우리'는 미국인들이다. '공동체'의 쇠락이 무엇이든 간에 국민적 사회는 계속 존재한다. 저자들의 분석은 응답자들이 갖는 미국인이라는 느낌을 간과하고 있는 것처럼 보인다. 그들의 텍스트가 국민정체성을 휘날리고 있기 때문에 이러한 느낌은 저자들도 공유한다. 이런 식으로 저자들은 그들만의 국민('우리의 사회')이라는 틀을 당연시한다. 붕괴에 대한 그들의 다른 경고들에도 불구하고, 그들은 미국이 미국으로서 존속하는 데 실패할 것이라고는 주장하지 않는다. 실제로 그들의 텍스트는 '우리 사회'를 가정된 하나의 맥락으로 다룸으로써 그 국민을 습관화시키는 데 약간의 기여를 하고 있다. 그리고 공동체, 전통 그리고 그것의 부재에 대한 저자들의 상세한 설명들에도 불구하고, 그들은 어린 학생들이 신의 가호 아래 그들 국가의 통합을 일상적으로 선언하는 학교에서의 전통에 대해서는 명확히 지적하지 않는다.

우리의 애국주의 ― 그들의 국민주의

억압된 것은 정통 사회과학 저술에서 완전히 망각되지 않는다. 왜냐하면 그것은 글자 그대로 변형된 형태로 되돌아올 수 있기 때문이다. '우리'의 국민국가에 대한 '우리'의 충성심은 보호받을 수 있고 심지어 찬양될 수도 있다. 이러한 옹호를 달성하려면 하나의 수사적 구별이 필수적이다. '우리'의 국민주의는 국민주의로서 제시되지 않는데, 국민주의는 위험하게 비합리적이고 과도하고 이국적이기 때문이다. 우리의 국민주의에 대해서는 새로운 정체성, 상이한 명칭이 발견된다. '우리'의 국민주의는 '애국주의'로서 나타난다. 유익하고, 필수적이고, 종종은 미국적인 힘으로 말이다.

　　그 결과 어떤 사회과학자들은 애국주의와 국민주의가 매우 상이한 정신상태를 나타낸다고 주장한다. 만약 '우리'와 '그들'을 구별하는 이데올로기적 필요를 넘어서는 뚜렷하고 확실한 기준이 있다면, 그 구별은 확신을 줄 것이다. 오늘날 국민주의에 관한 선도하는 전문가들 중 한 명인 워커 코너는 국민주의와 애국주의가 부주의한 언어 사용으로 혼동되어서는 안 된다고 주장한다(Connor, 1993: 376. 또한 Connor, 1978 참조). 코너에 따르면 국민주의는 비합리적·원시적 힘이자 "자기 인민에 대한 정서적 애착"이다(Connor, 1993: 374). 국민주의자들은 종종 이러한 비합리적 힘들을 활용하기 위해서 '핏줄의 유대'에 호소한다. 코너는 국민주의가 혈통이라는 공통의 기원을 주장하는 민족집단에서 생긴다고 주장한다. 코너는 그러한 호소의 위험할 정도로 비합리적 힘들을 예증하기 위해 히틀러, 비스마르크, 마오쩌둥의 수사를 인용한다. 왜냐하면 국민주의는 국민의 민족적 통일의 느낌에 기초하고 있기 때문이다. '이민자' 국가들의 국가적 충성심은 '국민주의적'이라고 묘사되어서는 안 된다. "나는 나의 논평들이 이민자 사회들, 가령 오스트레일리아, 미국, 퀘백을 제외한 캐나다 같은 사회들을 언급하는 게 아님을 분명히 하고 싶다"(Ibid.: 374).

만약 미국에서 발생한 충성심들이 적절하게 국민주의적이라고 불리지 않으면, 그것들은 '애국적'이라고 불러야 할 것이다. 코너는 미국에서의 학창시절에 대해 말하면서, 그와 동료 학생들이 '아메리카'를 노래하고 건국자들인 워싱턴과 제퍼슨에 대해 생각하라고 가르침을 받았을 때를 적고 있다. 미국이 '국민주의'에 대한 몇 가지 생각들을 채택했을 수도 있다. 그러나 이는 여전히 국민주의에 고유한 것이 아니었다. 그것은 정서적 깊이와 국민주의의 비합리적 힘들을 갖고 있지 않다. 정치적으로 이는 국민주의의 (외래적) 힘들과 경쟁할 때 애국주의를 불리함에 갖다 놓는다.

국가가 자신의 시민들을 애국적 가치들 속으로 사회화할 때 얻는 많은 정치적 이점들에도 불구하고, 애국주의는 다양한 분리주의 운동이 지구에 곰보 자국을 낼 때 분명하듯 국민주의가 할 수 있는 정서적 참여의 수준을 동원할 수 없다. (Ibid.: 387)

그 수사는 너무도 명백하다. 학교에서 주입된 미국인의 충성심은 '애국적'인 것으로 구성된다. 그것들은 "셀 수 없는 광적인 희생들"을 야기하는 국민주의 같은 비합리적 심리의 문제적인 난입을 구성하지 않는다(Ibid.: 385). '광적인', '비합리적인', '본능' 같은 낱말은 코너의 텍스트에서 '국민주의'에 달라붙는다. 애국적 가치들(이 용어는 마음을 편안하게 만드는 수사를 갖는다)은 "지구에 곰보 자국을 내는" 국민주의 운동들로 인해 위협을 받는다(그리고 여기서 홈집 내기 수사가 사용된다). '그들'의 정서적 유대들은 '우리'의 정서와는 너무도 달라서 문제이고 위협이다.

그 언어는 심리적이지만, 애국주의의 합리적 상태와 국민주의의 비합리적 힘을 구별하는 직접적인 심리적 증거는 없다(Eller and Coughlan, 1993의 주장들도 참조). 그 증거는 사회적 사건들 자체에 있다. 국민주의의 대중운동은 비합리적인 것으로 여겨진다. 자신의 끔찍한 경고들에도 불구하고, 그 분석은 우리를 달래고 안심시킨다. '우리'가 '그들'의 국민주의를 공포심을 가지고 회상할 때 너무도 많은 것, 이를테면 미국의 군대가 치른 전쟁들, 베트남과 이라크에 가해진 폭격들, 미국 대통령들의 겉만 번지르르한 언사들, 존경받는 깃발의 끝없는 과시 등이 잊힐 수 있다. 이 모든 것들이 과열된 국민주의 문제들로부터 제거된다. 필요하다면 그것들은 애국주의의 뜨거운 불빛으로 바뀔 수 있다. 위험한 과잉이기보다 건강한 필요성으로 말이다.

수많은 사회과학자들이 국민주의와 애국주의 사이에 심리적 경계를 지으려고 시도했다. 태도의 강렬함보다는 방향이라는 관점에서 말이다. 미국의 학교들이 애국적 시민의식을 불어넣어야 한다고 옹호했던 모리스 재너위츠는 애국주의를 "한 나라에 대한 사랑이나 애착심의 지속"으로 정의했다. 그는 이러한 사랑과 외국인 혐오 혹은 타자에 대한 혐오를 구별했다(Janowitz, 1983: 194). 유사한 구별이 스나이

더의 『다양한 국민주의』에서 발견될 수 있다. 애국주의는 자기 나라에 대한 사랑에 기초하기 때문에 "방어적"이다. 반면 국민주의는 "자신을 전쟁을 위한 주요한 원인들 중 하나로 만들기 때문에 공격적인 특징을 띠고 있다"(Snyder, 1976: 43. 또한 Doob, 1964 참조). 사회심리학자 다니엘 바탈은 애국주의가 내집단에 안정성을 제공하고 구성원들에게 정체성의 느낌을 제공하기 때문에 기능적으로 긍정적인 힘이라고 주장했다. 그는 애국주의를 "자기 집단과 그들이 거주하는 나라에 대한 집단 구성원들의 애착심"이라고 규정한다(Bar-Tal, 1993: 48). 그는 이 긍정적인 애착심을 국수주의chauvinism 및 국민주의와 구별하는데, 이 두 가지는 외집단에 저항하는 부정적인 느낌들을 포함한다(Ibid.: 51).

문제는 이처럼 근거 없이 주장된 매우 상이한 두 가지 정신상태들을 실제로 구별하는 방법이다. 우리는 단지 잠재적 애국자들에게 그들이 자신의 나라를 사랑하는지 혹은 외국인을 미워하는지를 물을 수 없다. 심지어 가장 극단적인 국민주의자들조차 스스로는 애국적 동기를 주장할 것이다. 프레데릭 헤르츠는 히틀러가 여전히 독일의 총통이었을 때, 국민주의에 관한 글을 쓰면서 그 문제를 잘 써놓았다. 만약 우리가 파시스트에게 그들의 신조가 무엇이냐고 물으면, 그들은 틀림없이 "그것은 국가에 대한 열정적 헌신과, 그것에 대한 관심을 그밖에 다른 것보다 더 높이 놓는 데 있다"라고 말할 것이다(Hertz, 1944: 35). 파시스트들은 자신들이 공격자가 아니라 수호자라고 항변할 것이다. 사랑하는 조국에 외국인들이 위험이 될 때, 그들에게 대항할 뿐이라고 말하면서 말이다. 예컨대 히틀러 자신은 유대인들에 대항해서 독일을 수호하고 있다고 생각했다. 『나의 투쟁』에서 "유대인들은 공격받는 자들이 아니라 공격하는 자들이다"라고 강하게 주장하면서 말이다 (Hitler, 1972: 293). 오늘날의 파시스트들도 마찬가지로 그들은 단지 외부의 침략, 음모 그리고 인종적 오염으로부터 자신의 모국을 보호하기를 바랄 뿐이라고 주장한다(Billig, 1978: 224f.; Billig, 1991). 그러한 혐오들은 사랑이라는 이름으로 정당화될 것이다. 국민국가 세계에서는 누구나 선택이라기보다는 필요에 의해 어쩔 수 없이 전쟁에 나간다면서, 방어 행동이라고 주장할 것이다. "우리는 전쟁을 원하지 않는다. 하지만…." 이는 자신들의 나라를 전쟁터로 이끄는 정치가들의 상투어다(Lauerbach, 1989). 의미론적으로 보면, 징고이즘조차 이러한 자세에 기원을 빚지고 있다. "우리는 싸우고 싶지 않네. 하지만 결단코by Jingo…." 이것이 1878년 음악회장의 노래가 되었다(Reader, 1988: 46).[7]

국민주의와 애국주의가 심리적으로 구별된다는 주장은 상이한 정신상태들 혹은 밑에 깔린 동기들에 대한 증거로 보강될 필요가 있다. 종종 그러한 주장의 힘이 찬성하며 인용된 경험적 데이터보다 강하다. 코스터먼과 페시바흐는 자신의 나라에 대한 애국적 태도들이 외국 국가들에 대한 부정적 태도들과 무관하다는 경험적 증거를 발견했다고 주장한다(Kostermann and Feshbach, 1989). 그들의 주장과 증거는 탐

---

7) 징고이즘은 호전적 국민주의 혹은 맹목적 애국주의를 뜻하는 말로, 1877~1878년 러시아-오스만제국 전쟁기를 거치며 영국에서 생겨났다. 러시아의 영토 팽창을 견제하려는 영국 내 강경파의 목소리가 높았고 심지어 대중가요에 위와 같은 가사가 실렸는데, 'by Jingo'는 'by Jesus'의 의도된 오기이며 '맹세코, 결단코' 등의 뜻을 가진다. 이 구절을 따 '징고이즘'이라는 단어가 만들어졌다.

구해볼 가치가 있다. 그것들은 국민주의와 애국주의 간의 객관적 차이라기보다 그러한 차이를 주장하는 신속함을 드러낸다.

코스터먼과 페시바흐는 미국에 거주하는 표본집단에게 질문서를 주었는데, 미국에 대한 그들의 견해를 묻는 것이었다. 문답들에 대한 요인 분석을 한 뒤, 코스터먼과 페시바흐는 애국주의와 국민주의가 분리된 차원을 형성하며, 독립적인 잣대들로 평가될 수 있다고 주장했다. 애국적 잣대는 '나는 내 나라를 사랑한다'나 '나는 성조기가 휘날리는 것을 볼 때 가슴 벅참을 느낀다' 같은 문항들을 포함했다. 국민주의 문항들은 미국과 다른 나라들을 비교했다(예컨대 '미국이 다른 나라들에 대해 갖는 영향력이 많아질수록 일반적으로 그 나라들은 생활이 나아진다'). 애국주의 잣대의 평균 점수는 일반적으로 높다(국민주의 잣대보다 상당히 높다). 미국에 정서적으로 헌신적인 것에 관한 애국주의적 진술들은 일반적 찬성을 끌어냈음을 가리킨다. 애국주의와 국민주의 잣대의 독립에 관한 코스터먼과 페시바흐의 주장에도 불구하고 통계자료는 사실 두 잣대들이 상당히 상호 연관된 것임을 보여주었다(Ibid.: 268, 도표 7). 또한 두 잣대들은 유사한 방식으로 다른 변수들과 연관되어 있다. 예컨대 두 잣대들에서 공화당 지지자들이 민주당 지지자들보다 훨씬 높은 점수를 기록했다(Ibid.: 268, 도표 10).

코스터먼과 페시바흐는 자신들의 자료에서 폭넓은 결론들을 끌어냈다. 그들은 자신들의 결과물이 "국민주의와 애국주의 간의 예리한 구별"을 뒷받침한다고 주장한다(Ibid.: 273). 그들은 국민주의에 대해 경고한다. "우리는 국민주의에 대해 우려하지 않을 수 없는데", 그것이 "호전적 행동들"을 고무하기 때문이다. 대조적으로 애국주의는 소중한 것인데, "높은 자존심이 한 개인의 안녕에 중요한 만큼, 애국주의는 한 나라의 안녕에 중요한 것"이기 때문이다. 애국주의는 결코 전쟁을 일으키지 않으며, 실제로 "국제분쟁을 **감소시키는**" 수단일 수도 있다(Ibid.: 273, 강조는 원문). 이러한 결론은 국민주의 점수가 높은 사람들이 애국주의 점수도 높은 경향이 있다는 증거 뒤에 온다. 따라서 추정상 국제분쟁을 감소시킨다는 정서들이 그것을 촉진시키는 것들과 동반한다. 그 두 가지가 예리하게 구별되어야 한다는 이의제기에도 불구하고 말이다. 경험적 결과와는 다른 무언가가 저자들로 하여금 애국주의에 대한 찬양과 국민주의에 대한 비난으로 몰아가고 있다고 보일 것이다.

그러한 주장 아래에 놓여있는 것은 (내집단에 대한 사랑보다는) 외집단에 대한 혐오가 국민주의 전쟁의 동기를 제공한다는 가정이다. 이는 거의 확실히 과잉 단순화이다. 한 중요한 분석에서, 진 엘시테인은 과거의 세기에 젊은이들은 주로 적군에 대한 혐오가 아니라 '희생에의 의지'에 동기가 부여되어 수백만 단위로 전장에 갔다고 주장한 바 있다(Elshtain, 1993). 조국의 대의를 위해 기꺼이 죽으려는 의지가 죽이려는 동기에 앞선다. 국가의 대의에서 이러한 희생에의 의지의 요소들은 '애국주의 잣대'의 문항들, 즉 깃발에 대한 사랑, 우리 미국이라는 땅에 대한 커다란 자부심, "내가 내 나라를 위해 봉사하는 것"의 중요성 등등 중에서 가장 중요하다. 코스터먼과 페시바흐의 연구가 보여주듯이 그러한 감정은 미국의 남녀 모두가 폭넓게 가지고 있다. 이렇게 공유된 감정들이 국민적으로 통합된 반응들을 위한 배경을 거의 틀림없이 제공하고, 어떤 다른 국민이 '우리'의 위대한 미국의 정치와 경제,

그 자부심을 위협하는 것으로 보이도록 만든다.

이것이 이중으로 잊힌 깃발들에 대한 맥락이다. 질문 사항에 대해서 응답자들이 주장한 것과 대조적으로, 그들은 성조기가 휘날리는 것을 볼 때마다 가슴 벅참을 느끼지는 않는다. 그들은 그것을 너무도 자주 보기 때문에 매번 그런 식으로 느낄 수 없다. 그들은 그것을 너무도 빈번히 보기 때문에 심지어 그들이 그것을 보고 있다는 사실조차 눈치채지 못한다. 그 깃발들, 우리 국민성의 일상적 기호들은 집단적 기억상실의 위험을 방지하면서, 아무 생각이 없는 상기물들로서 기능한다. 그러나 시민들은 사회적 행사들이 요구할 때, 자신들의 적절한 반응을 잊지 않는다. 그들은 그 깃발이 자신들에게 가슴 벅찬 느낌을 준다고 선언하는 법을 알고 있다. 그동안 그 망각은 이중화된다. 사회과학자들은 근대적 삶의 가장 내밀한 부분들을 조사해왔다. 그들은 평균적 미국 성인이 하루에 가질법한 성적 환상들의 수를 계산해왔다. 그러나 깃발들에 대한 전수조사는 시작되지 않았다. 어느 누구도 평균적 미국인이 일상에서 얼마나 많은 별들과 줄무늬들을 만나는가를 묻지 않는다. 뿐만 아니라 이 모든 게양의 효과가 무엇인지도.

4장 _ 국가들의 세계에서의 국민정체성

국민주의 문제들이 '정체성' 논의들로 요약된다고 생각하기란 쉬운 일이다. 처음 보기에 국민주의에 관한 너무도 많은 것들이 '정체성'으로 설명되는 것처럼 보인다. 독일인이 된다거나 프랑스인이 된다는 것은 심리학적으로 말하면 독일이나 프랑스의 '정체성'을 갖는다는 것이다. 국민국가들은 '정체성'을 향한 추구 때문에 위협을 받고 있다. 애국적 의례들은 국민'정체성'이라는 느낌을 강화한다. '정체성 정치학'은 근대 '정체성'의 위기에 대한 하나의 반응이다 등등. '정체성'은 친숙한 진단과 설명을 제공해줄 것으로 보인다. 존 쇼터가 썼듯이 "'정체성'은 시대의 좌우명이 되었다"(Shotter, 1993a: 188).

그러나 우리는 그 좌우명을 지켜보아야 한다. 왜냐하면 종종 그것은 설명하기보다는 드러나기 때문이다. 앞 장에서 논의된 일상적 게양들은 현대의 확립된 국가들에서 '국민정체성'을 강화한다고 말해질 수 있다. 그러나 이 문맥에서 '국민정체성'은 무엇을 의미하는가? 그것이 예우받지 못한 깃발 곁을 지나가는 모든 사람들이 경험했던 내부적 정서, 즉 애국적 자각의 불꽃을 지칭하지는 않는다는 것은 확실하다. 뿐만 아니라 그것은 국민국가 내의 누구나가 동일해진다는 것을 의미하지도 않는다. 스튜어트 홀이 단언하듯, "동일한 것을 보고, 동일한 것을 느끼고, 동일한 것을 소환하는 사람들과 정체성이 관계가 있다는 관념은 어처구니없다"(Hall, 1991a: 49).

'정체성'에 관한 심리적인 무언가가 있는 것처럼 보이지만, 심리학 이론들은 종종 이 심리적 요소가 무엇인지를 설명할 수 없다. '정체성'이라고 식별할 수 있는 특별한 심리적 상태는 없는 것처럼 보인다. 그래서 국민정체성에 관한 연구는 정체성 개념을 상이한 요소들로 분산시키는 것을 목표로 삼아야 한다. 하나의 정체성은 하나의 사물이 아니다. 그것은 자신과 공동체에 대해 말하는 방식들에 대한 간략한 묘사다(Bhavnani and Phoenix, 1994; Shotter and Gergen, 1989). 말하기 방식들 혹은 이데올로기적 담론들은 사회적 진공상태에서 발전하지 않고, 삶의 형태들과 관련이 있다. 이 점에서 정체성은, 만약 그것이 말하기 형태로 이해될 수 있다면, 삶의 형태로도 이해될 수 있다. 예우받은 깃발들과 예우받지 못한 깃발들은 '정체성-반작용'을 환기시키는 자극들이 아니다. 그것들은 국민정체성들이라 불릴 수 있는 것을 구성하는 삶의 형태들에 속한다.

세르주 모스코비치는 소위 개인의 내적 심리상태는 사회세계에 대한 문화적으로 공유된 묘사 혹은 재현에 달려있다고 주장해왔다(Moscovici, 1983). 국민이 무엇인가 그리고 애국주의가 무엇인가에 대한 가정들을 가지고 있지 않다면, 그 사람은 자신의 국가를 위한 애국적 감정을 갖는다고 주장할 수 없다. 모스코비치의 용어를 사용하자면, 그들이 '국민', '애국주의' 그리고 그 밖의 다른 많은 것들에 대한 사회적 재현들을 가지고 있지 않다면 말이다(Farr, 1993; McKinlay et al., 1993; Moscovici, 1987 또한 참조). 그 결과 국민정체성에 대한 심리적 연구는 상식적 가정과 국민성에 대한 말하기 방식들을 탐구해야 한다. 현재의 장은 따라서 국민주의 의식과 그것의 사고습관이라는 일반적 주제를 조사한다. 그것은 롤랑 바르트가 '일상적 의견' 혹은 상식의 '억견'이라고 부른 것(Barthes, 1977)을 조사하는 것도 포함한다.

국민주의적 사고에 관해서라면 우리는 '국민정체성이 무엇인가'라고 물을 게 아니라, '국민정체성을 가지라고 요구하는 것이 무엇을 의미하는가'라고 물어야 한다. 그렇다면 국민주의 사고의 일반적 형태들의 개요가 설명되어야 한다. 앞으로 논의되겠지만 이러한 것들은 그것만의 독특한 운명(혹은 정체성)을 갖는다고 말해지는 '우리 국민'을 상상하는 방식들을 포함한다. 그것은 또한 '그들, 외국인들'을 상상하는 것도 포함하는데, '우리'는 '우리 스스로'를 그들과 다른 것으로 '동일시'한다. 국민주의적 사고는 한 집단에 대한 헌신과 다른 집단들과 다르다는 느낌 이상을 포함한다. 그것은 '우리'의 집단을 특별한 방식으로 상상한다. 그렇게 함으로써 그것은 국민성에 대한 생각들, 사람들과 고국들 사이의 연결을 당연시한다. 그리고 분리된 고국들로 분할된, 국가들 세계의 자연스러움에 관한 생각들도 말이다. 세계에 관한 사고방식 전체가 함축된다. 이러한 사고방식이 진부하고 낯익은 것처럼 보인다고 할지라도 그것은 사고습관들이 되었던 신비로운 가정들을 포함한다.

이러한 국민주의적 사고방식은 심지어 그것이 습관적인 것으로 깊이 뿌리박힐 때조차 간단한 것이 아니다. 기억과 망각의 변증법이

'국민정체성'을 유지한다고 말해질 수 있는 것과 똑같이 이 '정체성'은 그처럼 내면성과 외면성의 변증법을 포함한다. 국가는 언제나 국가들 세계에서의 국가다. '국제주의'는 마치 그것이 경쟁적 이데올로기 의식을 구성하는 것처럼 '국민주의'의 완전한 반대가 아니다. 국민주의는 다른 이데올로기들과 마찬가지로 자신과 대립하는 주제들 혹은 딜레마적 측면들을 포함한다(Billig et al., 1988). 국제주의의 외부를 보는 요소는 국민주의의 일부이고, 역사적으로 국민주의의 발흥을 동반했다. 오늘날 미국 대통령들이 자국민과 새로운 세계질서 모두를 대표하여 말한다고 주장할 때, 그들은 동일한 언사에 두 개의 확실히 분리된 이데올로기들에서 나오는 요소들을 나란히 놓고 있는 게 아니다. 뿐만 아니라 그들이 국민주의의 정립과 국제주의의 반정립으로부터 새로운 종합을 창출하고 있는 것도 아니다. 그들은 국민주의의 패권적인 가능성들을 사용하고 있는 것이다. 앞으로 제시될 것처럼 이러한 가능성들은 국민주의 사고습관들에 고질적인 것이다.

이론과 국민

국민국가의 발생은 사람들이 자신들과 공동체에 대해 생각했던 방식들의 변형을 가져왔다. 그것이 정체성의 변형을 야기했다고 말할 수도 있을 것이다. 심지어 '정체성' 자체의 관념을 인기 어휘로 만들 정도로 말이다(Giddens, 1990). 그럼에도 정체성이라는 어휘가 자리를 잡기 전에, 사람들이 "자신들의 정체성을 찾고 있다"라고 말할 수 있기 전에도, 자신과 공동체에 대한 충성심에 대해 말하는 것이 여전히 가능했다. 사람들은 스스로에게 꼬리표를 붙여 구별할 수 있었다. 장소든, 종교든, 부족이든 혹은 신하됨의 관점에서든 말이다. 그러나 이러한 꼬리표들은, 말하자면 국민성의 꼬리표와는 다른 의미의 꾸러미들을 가지고 있었다.

『언어와 국민주의』에서 조슈아 피시맨은 그 세기의 전환기에 서부 갈리치아 지역의 농부들에 대한 이야기를 상술한다. 그들은 폴란드인이냐는 질문을 받았다. "우리는 조용한 사람들folk입니다"라고 그들은 답했다. 그러면 당신들은 독일인인가? "우리는 얌전한 사람들입니다"(Fishman, 1972: 6). 그 이야기는 정체성들의 충돌에 대한 것처럼 보인다. 피시맨에 따르면 그 농부들은 구체적 의식을 가지고 있었다. 그들의 정체성은 국민이라는 보다 추상적 개념보다는 이 마을 혹은 이 계곡과 함께했다. 거의 같은 시기에 미국으로 이민을 떠났던 슬로바키아 농민들은 종종 자신들의 국민정체성에 대해 알지 못했고, 단지 그들이 떠나온 특정한 마을만을 알고 있을 뿐이었다(Brass, 1991: 39). 이것들은 무지함에 관한 이야기가 아니다. 피시맨의 이야기에 나오는 농부들은 자신들이 인정하는 것보다 많이 아는 것처럼 보인다. 뿐만 아니라 그 농부들이 스스로를 그 마을과 동일시한 반면, 공무원들은 국민정체성을 가지고 있었던 것이 유일한 차이인 것처럼, 그 이야기가 단지 개인적 정체성의 충돌에 관해 말하는 것은 아니다. 자기를 규정하는 방식 이상의 것이 위기에 처했다.

피시맨의 이야기는 두 가지 전망들 혹은 이데올로기적 의식의 형태들 간의 갈등에 대해서 말해준다. 그것을 '정체성들'의 충돌이라고 부르는 것은, 발생하고 있었던 것의 충분한 힘을 약화시킨다. 마치 두 가지 '정체성'이 동일한 종류에서 생겨난 두 변종이 경쟁하는 것처럼, 같은 부류가 서로를 적대하고 있는 것이 아니었다. 이것은 폴란드인과 독일인 간의 갈등이 아니었다. 농부들은 폴란드와 독일의 정체성들로 이끌었던 삶의 형태들과 가정들에 맞서고 있었다. 그들은 국민성이라는 그 관념에 저항하고 있었다. 꼬리표뿐만 아니라 그 이론들에 반발하면서 말이다. 국민정체성을 갖는 게 자연스러운 하나의 세계가 조금 더 오래된 세계를 만나고 있었고, 널리 퍼지고 있었다. 그리고 이제는 4세대 전에 자신들의 국적이 무엇인지 알지도 못했고 알고 싶지도 않았던 사람들이 존재했다는 것이 이상하게, 훌륭한 이야기로서 말할 가치가 있는 것처럼 들린다.

피시맨이 묘사한 대립 같은 것은 전지구적으로 국민주의가 승리를 구가하면서 이런저런 형태로 셀 수 없을 만큼 상연되었다. 헬름스는 중앙아라비아 지역에서 국민주의는 20세기 전에는 알려지지 않았다고 적는다(Helms, 1981). 이전에 정체성들은 부족이나 '교역권'에 기초하고 있었다. 부족 경계들과 교역 경계들이 부단히 바뀌고 있었다. 고정된 경계들의 세계 그리고 명확히 구획된 정체성들이 이 낡은 세계를 대체할 운명이었다. 때때로 식민 권력들은 무력을 수단으로 국민주의의 가정假定들을 강제로 부과했다. 영국은 종종 토착민 지도자들을 그들이 주권을 가진 국가를 이끌고 있는 것처럼 대하라고 요구했다(Hinsley, 1986). 1830년대에 뉴질랜드의 영국인 거주민들이 마오리족 추장들에게 '뉴질랜드부족연합'United Tribes of New Zealand을 만들라고 충고했다. 그러한 배치가 행정적인 단순화만 가져오는 건 아닐 것이다. 만약 하나의 주권국가가 다른 주권국가와 협상하는 것처럼 보인다면, 매우 불평등한 조약들이 외부적으로는 적법성과 도덕성을 과시하며 제시될 수도 있을 것이다. 물론 이 안에는 도덕성에 대한 특정한 이데올로기적 전망이 승리를 거두며 부과되고 있었다.

새로이 부과된 정체성들(가령 뉴질랜드부족연합에 속하는 것)은 세계에 대한 보다 일반적 전망의 일부였다. 이러한 의미에서 국민주의는 이론적 의식을 포함한다. 에티엥 발리바르는 이론(혹은 이론들) 없이는 어떠한 인종차별주의도 없다고 적었다(Balibar, 1991: 18). 인종차별주의자들은 아무런 생각 없이 혐오할 수도 있다. 그러나 발리바르가 암시하듯, 인종차별주의는 '우리 인종'과 '다른 인종'들을 구별하고, '우리 인종 공동체'와 '그들의 것'을 구별한다. 적어도 인종차별주의자들은 인종이 무엇인가에 대한 약간의 상식적 이론을 공유한다. 왜 그것이 중요하게 보이고, 어떻게 인종들이 다르며, 우리의 인종이 섞이지 않고 남아야 하는 이유 등등. 같은 이유로 이론 없이는 국민주의도 없다. 국민주의는 국민이 무엇인가에 대한 가정들을 포함한다. 그 자체로 그것은 공동체에 관한 이론이며, 그러한 공동체들로 자연스럽게 분할된 세계에 대한 이론이기도 하다. 그 이론은 이론적으로 경험될 필요가 없다. 지식인들은 국민에 관한 이론 서적들을 써왔다. 국민주의의 승리와 전지구적인 국가들의 확립으로, 국민주의 이론들은 낯익은 상식으로 탈바꿈해버렸다.

어떤 '민족'people에 속한다는 단언은, '민족들' 또한 국민국가를 누릴만하다고 가정되는 정치적 문맥에서 만들어졌다고 해도, 내부 심리적 정체성의 단언이 아니다. 국민 독립운동은 '우리는 한 국민이다'라고 주장할 뿐 아니라, 그렇게 함으로써 한 국민이 된다는 것에서 따라 나온다고 가정된 정치적 자격들을 요구할 것이다. 그러한 자격들을 요구하는 것은 국민들('우리'뿐 아니라 어떠한 국민이라도)의 본성에 대한 가정들 없이는 가능하지 않다. 그 이론은 국민이 무엇이고, 또 무엇이어야 하는지에 관한 추상적 원칙들의 관점에서 이론적으로 표현될 수는 있다. 그러나 국가들의 세계가 그 세계와 같이 자리를 잡고 있기 때문에, 그 이론 또한 상식에 존재하게 되었다. 그것은 이론처럼 보이기를 그치고, 사고와 삶의 습관들에 단단히 박혀있다. 피시맨의 예에서 그 농부들은 자신들만의 실천적 의식을 단호하게 주장하면서, 국민주의적 사고습관에 구체적으로 저항하고 있었다.

국민주의 범주들이 특정한 이론적 담론들의 일부라고 말할 수 있는 경우가 있는데, 이는 다른 범주들을 동반하지 않는다. 밴턴은 말레이반도의 다민족적 사회에서 사람들이 민족적 말들을 구체적으로 사용한다고 주장한다. 그는 프탈링자야 주민들은 '민족성' 같은 일반적 관념을 좀처럼 사용하지 않는다고 주장한다. 대신에 그들은 "말레이, 중국, 인도 같은 고유명사들을 구현하는 실용 언어들을 사용한다" (Banton, 1994: 6). 일상의 삶에서 인도 혹은 말레이 상점에서 쇼핑을 하는 동안, 거주민들은 말레이반도에 다양한 집단들에 대해 이론을 제시하지 않는다. 밴턴이 프탈링자야 주민들이 이론적 의식을 결여하고 있다고 과장하고 있을 수도 있다. 다른 것들은 다른 경우들에서 말해질 수 있다. 특히 자원을 위한 정치 분쟁들의 맥락에서 말이다. 그럼에도 밴턴은 중요한 무언가를 제시하고 있다. 거주민들은 '말레이', '중국', '인도'를 어느 부류에 집어넣고 이론 속에서 이 집단들을 규정하는 전체적인 '이론적' 범주들을 가지고 있지 않다.

그들은 그 이상의 범주를 가지고 있는데, 이는 때때로 민족적 범주들을 포함한다. 이는 '말레이시아인'이 되는 국민적 범주다. 밴턴에 따르면 이 범주가 국제 스포츠 시합에서 맨 앞에 온다. 그 국민적 범주는 구체적이고 동시에 이론적이다. 그것은 국민들이 구체적 실체들로서 오늘날 세계의 거주자들과 대면한다는 의미에서 구체적이다. 말레이시아는 자신의 시민들을 위해 구체적으로 존재한다. 미국, 프랑스, 브라질이 존재하는 것과 꼭 마찬가지로 말이다. 유사하게 말레이시아 농구 팀은 구체적으로 존재한다. 그 팀이 인도네시아 팀과 경기할 때, 선수 전원이 말레이인이든 중국인이든 간에 '말레이시아인들'로 구성된 편파적인 무리들에 의해 응원을 받을 때 말이다. 게다가 말레이시아 그리고 다른 국가들은 이론적으로 존재한다. 그것들은 '국가'로서 입에 오르내릴 수 있다. 이러한 구체적 실체들에 대해 말하는 일반적 방식이 존재한다.

국가들의 세계에서 국민성은 별생각 없이 습관화되고, 동시에 정치적 논쟁의 문제이기도 하다. 갤리의 문구를 사용하자면, 국민은 본질적으로 다툼의 여지가 있는 개념일 수 있다. 경우에 따라서는 국민이 **실제로** 무엇인가를 입증하기 위해 정의들이 만들어질 수 있다. 시턴왓슨이 제시했듯이, 국민성에 대한 정의들은 일반적으로 "정의하는 사람이 속했던 공동체와 비교해서, 어느 다른 집단이 하나의 국민이라 불릴 수 있는 자격이 없다는 것을 증명하는 것"을 목표로 한다(Gallie, 1962: 4). 이 점에서 국민이 무엇이냐에 대한 논쟁들은 2장에서 논의된 언어가 무엇이냐에 대한 논쟁들과 유사하고 종종 합쳐진다(Seton-Watson, 1977). 논객들은 자신의 정치적 사례들을 주장할 때, 무엇이

진정한 국민으로 간주되어야 하고 **진정한** 언어로 간주되어야 하는지에 대해 의견이 일치하지 않을 수도 있다. 그러나 그들은 국민들과 언어들이 **실제로** 존재하며, 그리고 마땅히 존재해야 한다는 것을 당연하다고 생각할 것이다.

예컨대 팔레스타인해방기구의 헌장(콕 찍어서 팔레스타인 **국민헌장**이라고 불리는)은 팔레스타인인들이 하나의 민족people이자 국민이어야 한다고 선언한다. 이것 이상으로 그것은 '진짜' 국민들과 국민이 아닌 집단들을 구별할 때 수사적 이해관계를 가지고 있다. 그 헌장에 따르면 유대인들은 스스로 어떠한 지위를 주장하든 간에 종교적 집단이며, 팔레스타인인들과 달리 "자신들만의 정체성을 갖는 단일한 국가를 구성하지 않는다"(20조. Billig, 1987b; Harkabi, 1980도 참조). 이것 안에 무엇이 하나의 국가, 하나의 국민, 하나의 종교를 구성하는가에 관한 이론 제시가 있다. 국가는 자신만의 변별적 정체성을 갖는다. 이러한 이론 제시 혹은 상식적 사회과학 이론화는 추상적이지 않지만, 수사적이고 정치적으로 방향 지어졌다.

이런 유형의 사고는 물론 국가들을 열망하는 데 제한되는 것이 아니다. 확립된 국가들은 이론적 범주로 응답할 수 있다. 수년 동안 이스라엘을 이끄는 정치인들은 팔레스타인인들이 하나의 민족임을 부인했다. "소위 팔레스타인 민족"은 이스라엘 총리들이 사용했던 문구였는데, 이론적으로 소위 유대인 인민성의 진정성과는 뚜렷한 대조가 되었다. 1993년 9월 이츠하크 라빈이 상호 인정을 수용하면서 야세르 아라파트에게 보낸 편지는 역사적 중요성이 있는 담화였다. "이스라엘 정부는 팔레스타인해방기구를 팔레스타인 민족의 대표자로 인정하기로 결정했다"(『가디언』, 1993년 9월 10일). 팔레스타인해방기구가 인정을 받았을 뿐만 아니라, 하나의 '민족'으로서 팔레스타인인들이 그러한 대표 자격을 인정받기도 한 것이었다. 그 합의에 적대적인 사람들은 상이한 용어들을 사용했다. 테헤란은 그 합의가 "이슬람 팔레스타인 국민이 수십 년 동안 싸워왔던 이상들과 부합하지 않는다"라며 비난했다(『가디언』, 1993년 10월 1일). 상이하게 묘사된 국민, 곧 이슬람 팔레스타인 국민이 나타났다.

   이러한 것들은 아무렇게나 막 붙인 꼬리표들이 아니다. 그것들은 정치적 입장들을 반영할 뿐만 아니라, 이러한 입장들은 '국민들', '국가들', '정체성'에 관한 상식적 사회학의 관념들을 수단으로 분절된다. 월러스틴은 남아프리카공화국 아파르트헤이트 정권에 의해 '유색인들'로 분류된 사람들 간의 강도 높은 토론을 상술한다(Wallerstein, 1991). 그들은 스스로를 '유색인들'이라고 불러야 하는가 아니면 '유색인들'은 단지 비합법적으로 부과된 범주인 "소위 민족"에 불과한가? 그 토론은 정체성과 자기 정의에 관한 것이었는데, 왜냐하면 당사자들이 철저히 스스로에 대해 말하고 있었기 때문이다. 그러나 그것은 그 이상이었다. 범주들의 본성, 그러니까 민족의 의미가 문제의 쟁점이었다. 현대 세계에서 '국민은 무엇인가'라는 문제는 단순히 학술 세미나를 위한 흥미로운 주제가 아니다. 그것은 현대인들이 삶을 희생할만하다고 여기는 문제들을 간략히 다루고 있는데, 이야기 속의 갈리치아 농부들은 그러한 문제를 보호용 가리개가 필요한 위험한 미사일로 인지할 수도 있을 것이다.

정체성과 범주들

이 모든 것이, 마치 '정체성'이 삶의 형태들과 따로 떨어져 존재하는 심리상태인 것처럼, '정체성' 관점에서 국민주의 의식을 설명하려는 유혹에 빠지지 말라는 경고의 이야기다. 국민주의는 정체성의 느낌 이상이다. 그것은 세계에 대한 해석이나 이론 이상이다. 그것은 또한 국가들의 세계 안에서 존재하는 하나의 방식이다. 문제는 국민주의의 역사적 특수성들 그리고 국민국가들의 세계와 그것의 연결지점들이 간과되는 경향이 있다는 점이다. 국민정체성이 기능적으로 여타의 정체성과 동등한 것으로 간주된다면, 높이와 깊이를 갖는 복잡한 지형도가 단일한 평면으로 납작해진다.

불행히도 이러한 평면화가 정체성에 대한 많은 사회심리학 이론들을 특징 짓는다. 그것은 심지어 최근에 생산된 사회정체성에 관한 가장 창조적이고 중요한 이론마저 특징짓는다. 사회정체성 이론은 이제 막 "집단 과정들에 대한 연구에서 가장 야심찬 착수들 중 하나"라고 묘사되었다(Eiser, 1986: 316). 그 이론은 원래 헨리 타지펠이 공식화했고(Tajfel, 1974, 1981, 1982. 또한 Brewer, 1979; Brown 1988 참조), 보다 최근에 '자기범주화 이론'이라는 표제로 발전해왔다(Abrams and Hogg, 1991; Hogg and Abrams, 1988; Taylor and Moghaddam, 1994; Turner, 1984; Turner et al., 1987). 비록 타지펠이 국민정체성에 관심이 있기는 했지만(Tajfel, 1969, 1970), 사회정체성 이론은 기본적으로 국민주의에 관한 이론이 아니었다. 그것은 집단정체성에 대한 일반 이론인데, 모든 형태의 집단정체성 뒤에 놓여있다고 가정되는 보편적 심리

원칙들을 탐구한다.

사회정체성 이론은 집단행동에서 심리적 요소가 중요하다고 가정한다. 타지펠은 국민의 사례를 제공했다. 하나의 국가는 오직 한 덩어리의 사람들이 스스로를 하나의 국민이라고 느낄 때에만 존재할 것이다(Tajfel, 1981: 229). 그는 이것이 보다 일반적인 요점을 보여준다고 주장했다. 집단은 오직 그 구성원들이 스스로를 그 집단과 동일시할 때만 존재할 것이다. 사회정체성 이론에 따르면 동일시는 근본적으로는 범주화의 한 형태다. 집단들이 존재하려면 개인들은 스스로를 집단 용어들로 범주화해야 한다. 그 이론은 범주들이 세계를 분할하기 때문에 범주화가 분열을 초래한다고 강조한다. '탁자'라는 범주의 의미는 하나의 '탁자'가 하나의 '의자'와 구별되어야 한다는 사실로부터 도출된다(Rosch, 1978). 유사하게도 한 '내집단'의 구성원이 된다는 것은 '외집단'과의 범주적 구별을 수반한다. '우리'의 공동체를 상상하는 것은 암시적이든 노골적이든 간에, 우리와 구별되는 '그들'을 상상하는 것을 포함한다. 사회정체성 이론의 주요 장점 중 하나는 집단 동일시와 범주화가 수반하는 이러한 사회적 분할의 느낌을 강조하는 것이다.

타지펠의 이론은 강한 동기부여적 주제를 담았다. 그는 개인들이 긍정적인 사회정체성 혹은 자아 개념에 대한 욕구를 갖는다고 주장했다. "한 개인은 한 집단의 구성원으로 계속 남으려는 경향이 있을 것이고, 만약 새로운 집단이 자신의 사회적 정체성의 긍정적 측면들에 어떤 공헌을 한다면, 그 새로운 집단의 회원 자격을 얻으려 할 것이라고 가정해볼 수 있다"(Tajfel, 1981: 256). 이 긍정적 정체성을 달성하기 위해, 집단들은 적극적으로 자신들과 대비되는 외집단을 비교하려 할 것이고, 자신들이 우월한 비교의 차원들을 추구할 것이다. 예컨대 국민들은 스스로를 돋보이게 하는 정형화와 다른 국민들을 비하하는 정형화를 만들어내고, 그것들을 가지고 비교할 것이다. 그들이 자신만의 특질을 자부하는 그 차원들은 추가적 중요성을 부여받게 될 것이다. 내집단이 스스로에 대해 유지하는 돋보이는 정형화와 외집단들에 대해 비하하는 정형화들이 긍정적인 자기정체성을 유지할 것인데, 이는 그 집단의 지속적인 실존을 위해 반드시 필요한 것이다.

호그와 아브람스에 따르면, 집단정체성의 과정에는 세 단계가 있다(Hogg and Abrams, 1988). 첫 번째로, 개인들은 자신에게 사회적 정체성을 부과하고, 밀접하게 관련이 있는 외집단과 자신을 구별하면서 자신을 내집단의 한 부분으로 범주화한다. 두 번째로, 그들은 그러한 정체성과 연합된 정형화 규범을 배운다. 세 번째로, 그들은 자신들에게 이 규범을 부과하고, 따라서 그들의 행동은 보다 규범적인 것이 된다. 마치 그들의 범주 회원권이 가장 중요한 것이라도 되는 듯 말이다(Ibid.: 172). 이런 식으로 그 이론의 자기범주화는 자기동일시와 정형화를 연결한다.

이 중요한 사회심리학 이론의 본체에 대해서 두 가지 중요한 점을 주목할 수 있다. 첫 번째는 사회정체성 이론의 보편주의와 그것이 사회적 범주들의 특정한 의미를 무시하는 것과 관련이 있다. 두 번째 중요한 점은 그 이론이 개인 범주화에 강조점을 두고, 국민정체성이 습관화되는 방식들을 무시한다는 점이다. 이는 결국 다른 것과 구별되는 국민주의의 중심적 특징들을 무시하는 것으로 이끈다.

범주들을 범주화하기

사회정체성 이론은 특정 사회사적 맥락들과 관계가 없고 보편적이라고 가정되는 심리적 특징들을 묘사한다. 마치 고전 사회학이 모든 인간이 살아간다고 가정되는 '사회들'의 보편성을 가정했던 것처럼, 사회정체성 이론과 '집단정체성'에 관한 대부분의 다른 심리학 이론들은 '집단들'이 보편적인 것이라고 가정한다. 제대로 말하면 국가들은 근대 시기에 속할 수도 있지만, '내집단'과 '외집단', '집단', '집단정체성'은 모든 시기에서 발견될 수 있다(Bar-Tal, 1993). 물론 사회정체성 이론은 상이한 집단 형태들, 가령 카스트, 국민, 종교, 부족 같은 집단 형태들이 존재함을 알고 있다. 페미니스트 이론들은 사회정체성 이론가들이 젠더와 젠더의 특수성들을 일관되게 무시해왔다고 주장했다(Condor, 1989; Griffin, 1989; Williams, 1984).

사회정체성 이론은 집단들 간의 차이들이 집단들의 심리적 유사성들보다 덜 중요하다고 가정한다. 호그와 아브람스는 자신들의 책 『사회적 동일시들』에서 내집단이 어떻게 스스로를 외집단들과 구별하는가를 논의하면서 시작한다. 그들은 다양한 상이한 종류의 무리 짓기를 언급한다.

> 국민적 집단들(이탈리아인, 독일인), 종교적 집단들(불교도, 이슬람교도, 개신교도, 구교도), 정치적 집단들(사회주의자, 보수주의자), 민족 집단들(스리랑카의 타밀족과 실론족), 성별 집단들(남성, 여성), 부족 집단들(태국의 카렌족, 라후족, 아카족), 청소년 집단들(펑크족, 스킨헤드족), 대학

학과 집단들(과학대, 예술대, 법대) 등등. (Hogg and Abrams, 1988: 2)

저자들은 "사람들이 하나의 집단과 자신들을 어떻게 동일시하는 가, 그리고 그러한 동일시들의 결과는 무엇인가"가 본질적인 사회심 리학적 질문이라고 선언한다(Ibid.: 2, 강조는 원문). 과제는 상이한 형 태들의 집단정체성 뒤에 숨은 심리적 유사성들을 발견하는 것이다.

브로일리가 지적했듯, 만약 국민주의가 단지 다른 형태의 '집단 정체성'으로, 즉 마치 갈리치아 농부들의 '정체성'이 폴란드인과 독일 인의 국민정체성과 같은 종류인 것처럼 간주된다면, 국민주의의 특정 한 의미들은 상실된다(Breuilly, 1985). 사회정체성 이론을 가지고 작 업하는 심리학자들은 자신들을 한 국민 집단의 구성원으로 선언하거 나 한 집단을 국민 집단이라고 선언하는 것이 특별히 무슨 의미가 있 는가를 묻지 않는 경향이 있다. 그러한 선언은 자신에 대한 선언이든 집단에 대한 선언이든 무엇이든 간에 그 자체가 담론적 행동인데, 이 는 지금 말해지고 있는 것과 그 발언의 맥락으로부터 그 의미를 취한 다(Edwards, 1991; Edwards and Potter, 1992, 1993; Potter et al., 1993). 또한 그러한 범주화들은 그것들만의 추가적 의미의 꾸러미들을 실어 나르는 담론적 상황에서 작용한다. 팔레스타인해방기구가, 유대인들 이 아닌 팔레스타인인들이 하나의 국민임을 선언할 때, 그들은 정체성 에 대한 사적인 선언 이상의 것을 하고 있었다. 사회학적 사고방식이 정치적 사례를 만들기 위해 동원되고 있었다. 이 경우는 국민성의 관 념과 그 집단이 국민정체성을 갖는다는 주장에 초점을 맞춘다.

사회정체성 이론가들은 집단 구성원들이 그 집단이 '실재'하는 것으로 생각해야 한다고 주장한다. 터너는 한 국가의 구성원들이 "적은 수의 동료들 이상과는 상호작용하지 않는다"라고 지적한다. 그럼에도 "그 구성원들은 스스로를 규정하고, 타자에 의해 하나의 국민으로 규정되는 경향이 있다"(Turner, 1984: 521. 또한 Turner et al., 1987 참조). 베네딕트 앤더슨이 국민을 '상상된 공동체'로 묘사할 때, 그는 유사한 주장을 하고 있다. 개인 구성원들은 "결코 대부분의 동료 구성원들을 알지도, 만나지도, 그들에 대해 듣지도 못할 것이다. 그러나 각자의 마음속에 그들의 교감은 살아있다"(Anderson, 1983: 15). 동일한 것이 다른 많은 종류의 무리들, 가령 종교 집단, 계급 집단, 심지어 생화학과 교수들 같은 전문직 집단에 대해 말해질 수 있다. 이러한 것들 역시 상상되어야 한다.

요점은 그러한 집단들이 심리적으로 상상되어야 하고, 따라서 그들 모두가 심리적으로 유사하다는 것이 아니다. 그와 정반대로 그들이 다른 방식들로 상상되어야 하고, 따라서 심리적으로 서로 달라야 한다고 주장될 수 있다. 앤더슨이 제시하듯이 공동체들은 "그들이 상상되는 양식"에 따라 구별될 수 있다(Ibid.: 16). 중세의 종교 공동체들은 근대국가와는 다른 용어들로 상상되었다. '기독교 왕국'을 상상하는 것은 근대국가를 상상하는 것에 포함된 것과는 다른 '이론'들, 도덕성에 대한 재현, 세계의 본성에 대한 가정을 포함했다. 국민성 시대 이전에 위대한 이슬람 공동체를 상상하는 것은 오늘날 특정한 이슬람 국민국가를 상상하고 창출하는 것과는 결정적으로 달랐다(Zubaida, 1993). 보다 작은 범위의 정체성도 이론과 재현을 암시한다. 학계는 학문분과·제도·전문직에 대한 가정들과 실로 지식 자체의 본성에 대한 가정들이 없이는 스스로를 '생화학자들' 혹은 '교수들'로 분류할 수 없다. 이 모든 상상하기는 보다 폭넓은 이데올로기적 신념들에 의존한다. 그 결과 정체성에 대한 문법적으로 유사한 진술이 매우 상이한 의미를 가질 수 있다. 인류학자들과의 모임에서 발화된 '나는 사회학자입니다'는 미국 대통령 존 케네디가 했던 그 유명한 선언 '나는 베를린 시민입니다'[1]와 다른 의미를 갖는다. 두 진술 모두가 집단정체성에 대한 유사한 진술들이라고 말하는 것은 정확히 분석이 시작되어야 할 지점에서 분석을 종료하는 것일 터이다.

사회정체성 이론은, 특히 자신의 '자기범주화'의 다양성에서, 세계를 재현하는 상이한 방식들을 평평하게 만든다. 심리적 요인들에 대한 탐구는 분석가로 하여금 개인을 범주화하는 심리로 이끈다. 정체성은 동기유발적 욕구에 대한 내적 반응으로 이해된다. 이러한 용어들로 정체성을 떠올릴 때, 사회심리학자들은 자신들의 초점을 불필요하게 좁히는 것이다. 중요한 요인은 개인이 스스로를 어떻게 범주화하게 되는가가 아니라 그 범주가 어떻게 범주화되는가이다. 국민정체성에 관한 한, 구성원들이 스스로를 국민으로 상상해야 할 뿐만 아니라, 그들이 그들의 국가를 하나의 공동체로 상상해야 하고, 그들이 국민이 무엇인가를 알고 있으며, 그들이 자신의 국민에 대한 정체성과 동일시한다고

---

1) 1963년 6월 26일, 제2차 세계대전 후 처음으로 서베를린을 방문한 케네디 대통령은 환호를 받으며 40만 명이 넘는 군중 앞에 섰다. 그는 "모든 자유인은 그가 어디에 있든 베를린 시민입니다"라고 말했다. 특히 마지막에 독일어로 말한 "나는 베를린 시민입니다"(Ich bin ein Berliner)는 당시 언론에서 "케네디가 독일인들을 황홀경에 빠뜨렸다"라고 보도할 정도로 인상적이었다. 냉전시대, 한때는 적국이었던 독일의 한복판에서 친구로 연대를 표명했다는 점에서 역사적인 한마디로 평가받고 있다.

상상해야 한다.

범주들을 습관화하기

사회정체성 이론은 개인들이 스스로를 묘사하고 범주화하는 다양한 방식들을 가지고 있다고 가정한다. 상이한 맥락들에서, 상이한 정체성들이 '도드라진' 것이 된다(Turner et al., 1987). 허트니크는 정체성들이 '도드라진' 상황들에서 사용될 때, 자기범주화들은 "사회정체성의 측면들을 켜는(혹은 끄는) '스위치'들로 기능한다"라고 주장한다(Hutnik, 1991: 164). 우리는 한 이탈리아계 미국인 여성을 상상해볼 수 있을 것이다. 그녀는 식품점에서 동료 '이탈리아인들'과 동족끼리 이해하는 동작 신호에 참여할 수도 있다. 이와 같이 도드라지게 '이탈리아적' 상황에 몸짓과 억양을 맞추면서 말이다. 그녀는 여성 집단에서는 폭넓은 '여성' 공동체와의 연대 신호를 보낼 수도 있다. 그녀는 '미국인'일 때도, '뉴욕 시민'일 때도, 심지어 그녀 할아버지의 초기 인생의 흔적으로 '나폴리 사람'일 때도 있을 수 있다(그러한 행동과 억양의 전환에 대한 보다 상세한 예는 Essed, 1994; Giles et al., 1987; Plotnicov and Silverman, 1978 참조). 정체성의 전환을 끌어내는 신호들은 꽤나 미묘할 수 있고 심지어 의식적으로 알아채지 못할 수도 있다.

특정한 정체성의 사용이 간헐적이라고 해도, 정체성 자체는 항상 적 잠재성이다. "자신을 '오스트레일리아인'이라고 정의하는 개인은 […] 며칠 동안 국적에 대해 전혀 생각하지 않을 수 있다. 그러나 그러한 자기 정의가 잠재적 정체성으로 존재하지 않는다면, 그것은 적절한 배경에서 거의 도드라진 것이 될 수 없다"(Turner et al., 1987: 54). 누군가가 자의식적으로 국기를 흔드는 오스트레일리아인의 방식으로 행동할 수도 있는 특정한 상황이 있다는 생각에는 아무런 문제가 없다. 어쨌든 오스트레일리아 정부가 적절한 홍보를 하며 200주년 기념일을 매주 마련하지는 않는다(Augoustinos, 1993). 그러나 사회정체성 이론은 그러한 국민적 상황들 틈새에서 정체성에 무슨 일이 발생하는가에 대해 거의 할 말이 없다. 그것은 단지 개인의 '기억 저장고' 안에 있는 어떤 잠재성 내지는 내면화된 인지 도식이 될 뿐이다. 그것은 그 다음의 도드라진 상황이 뻥 하고 터져 나올 때, 현역 복무를 대기하며 거기에 머문다.

국민정체성과 그것의 유지에 대해 말해야 할 것이 너무도 많다. 국민주의 의식의 잠재성은 개인 기억의 변동에 의존하지 않는다. 만약 그렇다면 보다 많은 사람들은 자신들의 국민정체성을 망각할 것이다. 그렇다고 국민정체성이 도드라진 상황들 틈새에서 개인의 머릿속으로 사라지지도 않는다. 그 가상의 오스트레일리아인은 의식적으로 오스트레일리아인의 방식으로 행동하거나 생각하지는 않지만, 계속해서 국민국가와 국가들의 세계에서 살아간다. 이전 시대의 갈리치아 농부들과 달리, 이 국민국가의 가상의 시민은 계속해서, 아마도 의식적으로 알아채지는 못하겠지만, 국민성의 게양된 신호들을 만나게 될 것이다. 그 명백히 잠재적인 정체성은 거주하는 국가들의 일상의 삶 안에서 유지된다. 그 '도드라진 상황'은 마치 무로부터 생겨나듯 갑자기 나타나지 않는다. 왜냐하면 그것은 국가들의 세계에서 일상적 삶의 보다 폭넓은 리듬의 일부이기 때문이다. 이것이 의미하는 바는 국민정체성은 내부의 심리상태 혹은 심리적 자기 정의를 넘어선다는 것이다. 그것은 국민국가들의 세계에서 일상적으로 살아가는 삶의 한 형태다.

국민공동체로서 '우리'를 상상하기

'자기범주화' 이론은, 그것의 이름이 제시하듯, 1인칭 단수에 초점을 맞춘다. 그것은 '내'가 '나 자신'에 대해 표명하는 정체성의 선언들과 관계가 있다. 국민주의는 무엇보다 1인칭 복수의 이데올로기라고 말하는 경우가 있다. 국민정체성과 관계가 있는 중요한 질문은 어떻게 '우리'라는 국민이 구성되고, 그러한 구성이 무엇을 의미하는가이다. 그 국민은 자기정체성을 갖는 하나의 실체로서 생각되어야 한다. 팔레스타인해방기구 헌장이 암시하듯이 그 국민이 하나의 정체성을 갖는다고 상상될 때에만, '우리'는 '우리 자신이' 국민정체성을 갖는다고 주장할 수 있다.

　'상상된 공동체'로서의 국가에 대한 베네딕트 앤더슨의 생각은 이러한 주제들을 연구하는 유용한 출발점이다. 적어도 그 상상된 공동체가 자신의 실존을 위해 지속적인 상상 행위들에 의존하지 않는 한에서 말이다. 앤더슨은 그 국가가 시간과 공간의 관점에서 독특한 실체로서 상상될 수 있다고 주장한다. 그것은 자신만의 과거와 미래 운명을 가지고 시간을 통해 이어지는 하나의 공동체로 상상된다. 그것은 특정한 영토의 거주민들을 포용하면서 공간을 가로질러 상상된다. 그 시간적 차원은 모든 국가들이 자신들만의 역사라는 느낌을 유지하고, 이는 다른 누구의 역사도 아니라는 것을 보증한다. 국민국가의 탄생이 일반적으로 국사national history의 창출과 동반해왔다는 것은 우연이 아니다(Colley, 1992; Hobsbawm and Ranger, 1983). 국가들이 상상되어야할 뿐만 아니라 자신만의 역사 혹은 자신에 대한 해석을 창출해야 하기 때문에 에드워드 사이드는 그것들이 상상된 공동체일 뿐만 아니라 '해석의 공동체'라고 주장한다(Said, 1983).

2장에서 논의되었던 바와 같이, 어떤 국사들은 그 국민이 시간의 여명기부터 생겨났다고 주장한다. 영국인들은 종종 '잉글랜드'라는 용어가 영국 전체를 대변하도록 허용하면서 이러한 용어들로 말하기를 좋아했다. 전간기 보수당 출신 수상 스탠리 볼드윈은 대중적 국민 감성의 유명한 예에서, 쟁기를 가는 농부들의 광경을 "영원한 잉글랜드의 광경"이라고 말했다. 이슬 맺힌 아침에 흰눈섭뜸부기의 노랫소리와 모루를 때리는 망치 소리와 함께, "이러한 광경들이 우리 본성의 깊은 곳을 때리고, 태초로 거슬러 올라가는 심금을 울린다"(Baldwin, 1937: 16~17. 볼드윈 유형의 잉글랜드 국민주의의 중요성에 대해서는 특히 Schwartz, 1986 참조).

국사는 자신만의 특별한 순간들을 가질 것인데, 거기서 영웅들과 여걸들이 달력 시간의 일상적 진행에서 걸어 나오는 것처럼 보인다. 때때로 그 이야기들은 갑작스러운 해방의 포연의 충격으로 시작하고, 이어서 한 명의 영웅, 즉 조지 워싱턴, 시몬 볼리바르 혹은 콰메 은크루마[2] 같은 영웅이 이후 등장할 시민들보다 큰 발걸음과 기개를 가지고 그 장면에 다리를 벌리고 걸터앉는다. 이러한 이야기들의 서사 구조

---

2) 가나의 독립운동가이자 초대 대통령으로서 아프리카 독립운동의 아버지로 불린다.

는 잘 알려질 수 있다. 시민들이 쉽게 그 이야기를 관습적 형태로 요약할 수 있도록 말이다(Wertsch, 1994; Wertsch and O'Connor, 1994). 만약 국민 영웅이 조지 워싱턴처럼 명백히 우둔한 성격이라면, 그의 평범함은 언제든 신비로운 평범함으로 변형될 수 있다. 평범한 사람들과 관계를 맺으려는 국민적 천재를 상징하기 위해서 말이다(Schwartz, 1987).

국가는 대개 단일한 역사를 갖지 않으며, 들려주어야 할 이야기를 두고 경쟁이 벌어진다. 영국에서 국민적 과거에 대해 말할 때, 같은 사람들이 보수적 이야기와 자유주의적인 이야기를 모두 사용해서 말할 것이다. 그들은 질서와 계급을 가진 '좋았던 옛날'에 대해 말할 것이고, '가난과 무지라는 나빴던 옛날'에 대해 말할 것이다(Billig, 1990a). 역사적 이야기들은 헤게모니를 차지하기 위한 투쟁에서 나온다. 에스토니아가 구소련의 일부였을 때 학교에서 교육받은, 러시아 해방자들에 대해 말했던 공식적 역사는 러시아 압제자들에 대한 비공식적 역사를 지지하는 대중에게 반대를 받았다. 이 비공식적 역사는 이제 공식적 역사가 되었다(Tulviste and Wertsch, 1994). 상이한 당파들은, 그것이 계급이든 종교든 지역이든 젠더든 민족성이든, 언제나 국민을 대변하려고, 자신들의 특정한 목소리를 국민 전체의 목소리로 제시할 수 있는 권력을 위해 투쟁한다. 다른 세부항목들의 역사는 그에 맞춰 규정하면서 말이다. '국민의 목소리'는 허구다. 그것은 당파적 투쟁과 성공하지 못한 국민의 죽음에 대해서는 눈감는 경향이 있는데, 이는 그러한 허구를 가능한 것처럼 만든다. 따라서 국사들은 지속적으로 다시 쓰이고, 그러한 다시 쓰기는 헤게모니의 현재 균형들을 반영한다. 발터 벤야민이 주장했듯이 역사는 언제나 승리자들이 자신들의 승리를 기리는 이야기다. "승리를 가두었던 사람은 누구든, 현재의 지배자들이 납작 엎드린 자들을 밟는 승리의 행렬에 지금까지도 참여하는 것이다"(Benjamin, 1970: 258).

국사는 시간을 관통하는 하나의 민족people에 대해 이야기한다. '우리'의 삶의 방식과 '우리'의 문화를 가진 '우리' 민족에 대해 말이다. '우리'의 독특함과 '우리' 공동의 운명에 대한 이야기를 말하기 위해 성격과 기질에 대한 정형화가 동원될 수 있다(Wetherell and Potter, 1992). 발리바르가 강조하듯이 "우리'는 '우리'의 문화에 대해서 말할 수 있다(Balibar, 1991). 마치 그것이 오염되지 않고 약해지지 않은 채 전달되어야 할 소중한 유전적 유산이라도 되는 것처럼 말이다(또한 국민 문화라는 생각의 '인종화'에 대한 보다 심화된 논의들을 위해서는 Barker, 1981; Taguieff, 1988; Vam Dijk, 1993 참조). 언어 또한 이러한 용어들로 말해질 수 있다. 아카데미프랑세즈는 프랑스어의 독특한 특질을 미래 세대에게 전달하는 것을 추구한다. 그것이 외국어 낱말들에 오염됨으로써 뒤섞이는 것을 방지하면서 말이다. 줄리아 크리스테바는 "자신들만의 사랑스럽고 세련된 말에 대해 다른 나라들보다 더 많이 동일시하는 그 원어민들이 보기에, 프랑스에서 외국인이 프랑스어를 사용하는 것은 의식적이든 아니든 간에 그들의 신뢰를 극도로 떨어뜨린다"라고 주장했다(Kristeva, 1991: 39).

이 모든 것에는 '우리'의 독특함과 통합이라는 느낌이 담겨있다. 통합은 빈번히 친족과 젠더의 은유들로 전달된다. 국민은 '모국'이나 '조국'에 살고 있는 '가족'이라고 말이다(Johnson, 1987; Yuval-Davis,

1993). '우리'는 '우리' 자신을 범주화할 뿐만 아니라, '우리'의 동일시 대상이 하나의 정체성을 소유한다고 주장하는 것이다. 실로 소중할 만큼 독특한 정체성 말이다. '우리'의 정체성에 대한 '외부'의 위협이 상상될 수 있다면, 독특함의 주제들은 기꺼이 동원될 수 있다(Windisch, 1985, 1990).

20세기 후반 영국에는 '국민정체성'에 관한 많은 불확실성이 존재한다. 특히 유럽연합 내에서의 관계들이 협상될 때 말이다. 군주제에 대해 말하는 잉글랜드 국민people에 관한 한 연구에서는, 많은 사람들이 왕실은 '우리', 잉글리시/브리티시와 다른 국가들을 구별해주었던 것들 중 하나였기 때문에 소중하다고 주장했다(이러한 신념의 역사적 기초에 대한 논의를 위해서는 Greenfeld, 1992 참조). 한 화자는 "만약 '우리'가 왕실을 갖고 있지 않다면, '우리'는 '우리가 알고 있는 바와 같은 영국제도'가 아닐 것이며, 어쩌면 우리는 미국이나 그 비슷한 다른 나라일지도 모른다"라고 선언했다(Billig, 1992: 34). 그렇다면 '우리'는 '우리'가 아닐 것이다. 삶의 독특한 형태는, 따라서 '우리'의 국민정체성은 상실될 것이다. 이것들이 상실된다면 '우리 자신'으로서 '우리 자신'이라는 '우리'의 느낌도 그렇게 될 것이다.

1992년에 수상 존 메이저는 자신의 보수당에게 마스트리히트 조약에 서명하는 것이 유럽공동체European Community에 대해 국가주권을 손해 보는 게 아니라고 안심시키려고 했다. '국민정체성'의 관념 자체가 수사적 상징이었다. 그해 가을의 정당 모임에서 그의 연설은 애국적 주제들을 다시 들려주었다. "우리는 모두 영국의 시민들이고, 우리는 언제나 영국의 시민들로 남을 것입니다"라고 그는 선언했다

(『가디언』, 1992년 10월 10일 기사 참조). 그는 계속해서 "저는 결코, 무슨 일이 있더라도, 유럽 연방 속에서 우리의 영국적 정체성이 사라지도록 두지 않을 겁니다"라고 말했다. 국기와 자화자찬의 정형들이 의식적으로 예우를 받았다. "그리고 만약 유니온잭을 내리고 유럽합중국United States of Europe의 깃발을 하늘 높이 올리려고 마음먹은 사람들이 있다면, 저는 그들에게 말하겠습니다. 당신들은 영국 국민의 기질을 잘못 판단하고 있다고." 영국은 결코 겁먹지 않을 것이다. "그리고 우리에게 쓸데없는 충고를 전하고자 하는 사람들에게, 저는 천 년의 역사가 그들에게 말해주었어야 했던 것, 즉 너희는 영국을 괴롭힐 수 없다는 사실을 상기해주겠습니다."

성격·정체성·역사의 이러한 정형화가 손쉽게 소환된다. 세부사항이 상술될 필요도, 논의가 진전될 필요도 없었다. 그 연사는 영국이 변별적인 국민정체성을 소유했다는 것을 사실과 숫자를 가지고 주장할 필요가 없었다. 뿐만 아니라 흰눈썹뜸부기나 쟁기 가는 농부들을 인용할 필요도 없었다. 그는 어떠한 역사적 세부사항도 언급하지 않고, 그저 1000년의 국사를 언급할 수 있을 따름이었다. 이것들은 본질적으로 진부한 것들이었다. 청중들(혹은 우리들)에게 '우리'가 '우리만의' 독특한 방식으로 1000년 동안 지내왔다고 상기해주는 것만으로 충분했다. 그 연사는 그 국가가 자신만의 변별적인 국민정체성을 소유했음을 자신의 청중이 잘 이해하고 깨닫고 있다고 가정할 수 있었다.

만약 이러한 주제들이 섬나라 근성의 전형으로 나타난다면, 엄밀히 말하자면 섬나라 근성이라는 생각 자체는 섬에 관련된 것이 아니거나 '섬 인종'의 구성원들이라고 주장하는 존 메이저 같은 사람들에게 고유한 것이 아니다. 그 관념은 국민주의라는 보다 보편적 주제들로부터 구성되었다. '우리'가 '우리'의 특수성을 단언하는 방식 자체가 특수한 것은 아니다. '우리'는 역사, 정체성, 깃발을 가지고 있다. 마치 그 모든 것이 '우리'인 것처럼 말이다. 이 안에서 우리(국민적 '우리'라고 선언될 수 있는 무엇이든)는 보편적 특수성의 코드를 이야기한다(혹은 이야기한다고 상상한다). 이러한 보편성과 특수성의 뒤섞임은 국민이 스스로를 국민이라고 선언하는 것을 가능하게 한다.

만약 '우리'가 '우리 자신'을 독특한 것으로 상상할 수 있다면, '우리'는 그렇게 상상할 이름이 필요하다. 타지펠의 사회정체성 이론이 강조했듯이, '우리'는 '우리 자신'을 구별되는 꼬리표로 범주화해야 하고, 따라서 '우리'는 '프랑스인'이거나 '벨기에인'이거나 '터키인'이다(아니면 '브르타뉴인'이거나 '플란데런인'이거나 '쿠르드인'이다). 그 범주는 '우리'를 '우리'로 선 그어 우리의 특수성에서 '우리'를 범주화할 뿐만 아니라, 또한 보편성에서 국민 꼬리표로 범주화될(혹은 선언될) 수도 있다. 간단히 말해서, 특수한 것들을 명명하는 보편적 코드가 있다.

만약 둘 혹은 심지어 그 이상의 국가들이 동일한 이름을 공유한다면, 국민 꼬리표들은 특수성을 의미할 수 없을 것이다. 나란히 존재하는 두 개의 '독일'은 통일을 위한 이데올로기를 암시했고 보존했다. 각자가 타자를 인정하는 두 개의 '미합중국'은 상상할 수 없는 것이다. 국민적 특수성의 코드는 이름들의 중복으로 심각하게 위협받는다. 그리스 정부는 마케도니아공화국이 '실제' 마케도니아인 그리스 마케도니아주의 이름과 고대의 휘장을 도용했다고 주장한다. 각자가 베르기나 태양의 독특한 문장의 권리를 주장하는 별개의 마케도니아들은 그리스 수상의 말을 인용하자면 "명백한 도발"이다(『가디언』, 1994년 1월 6일). 마케도니아 최대 정당의 지도자는 자신의 국민이 국제적으로 부과된 '구유고슬라비아마케도니아공화국'이라는 명칭을 수용할 수 없다고 주장한다. "우리는 구 공화국이 아니며, 두 개의 단어가 우리 나라 명칭에서 곧 떨어지리라고 희망한다"(『가디언』, 1993년 12월 17일).[3]

그러한 문제들 중 주요한 사건은 현 세계에서 만들어진다. 갈등이 임박할 수 있다. '우리'는 '우리 자신'을 '우리'가 원하는 것으로 부를 권리와 어느 누구도 '우리'의 이름을 빼앗지 못하게 만들 권리를 주장한다. 100만 명 이상의 그리스인들이 이른바 가짜 마케도니아에 반대하며 거리에서 시위를 했고, 테살로니키 시장은 "우리는 싸우고 희생할 준비가 되어있다. […] 우리의 역사는 4000년을 거슬러 올라간다. […] 우리는 모두 마케도니아로 한 몸이 되었다. 왜냐하면 마케도니아는 협상할 수 없는 것이기 때문이다"(『가디언』, 1994년 4월 1일에서 재인용). 그러한 자세가 특별히 '발칸반도적'이라거나 구닥다리 방식이라고 기각되어서는 안 된다. 우리는 카스트로 대통령이 쿠바가 이제부터 '미합중국'으로 알려질 것이고, 쿠바 국기는 왼쪽 위편 붉은 정사각형 안에 50개의 망치와 낫이 그려지고 바탕에는 푸른 띠와 하얀 띠 13개로 된 패턴이 깔릴 것이라고 선언한다면, 과연 미국 국민과 미국 정부가 손 놓고 바라볼 것인지를 물어야 한다.

'우리' 국명의 고유함을 선언할 때, '우리'가 단지 '우리'만의 특수

---

3) '구유고슬라비아마케도니아공화국'에서 '구'와 '유고슬라비아'를 떼고 '마케도니아공화국'으로 불리고자 했던 이 나라는 그리스와의 오랜 분쟁 끝에 2019년에 국호를 '북마케도니아공화국'으로 정식 변경하였다.

성에 대해 말하는 것은 아니다. 이 특수성을 상상하는 것은 국민주의 의식을 위한 보편적 코드의 일부를 형성한다. 어느 누구도 다른 사람의 이름뿐만 아니라 스스로의 이름을 부를 권리를 빼앗아서는 안 된다. 어떻든, 국민적 '우리'가 무엇이든 간에, 분명히 말하기는 어려운 방식들로, '우리' 이름의 마법은 '우리'에게는 매우 중요하다. 그것은 '우리'가 누구인가를, 보다 근본적으로는 '우리'가 존재한다는 것을 나타낸다. 세속적 시대에 국가의 이름은 함부로 들먹일 수 없다.

국민적 고국을 상상하기

국민이란 사람들의 상상된 공동체 그 이상이다. 왜냐하면 장소, 곧 고국 또한 상상되어야 하기 때문이다. 많은 국민들이 그들 자신을 구별이 되는 것으로 상상해왔다. 그들만의 특수한 운명의 느낌을 미래로 실어 나르면서 말이다. 그렇지만 이것이 그들을 근대적 의미의 국민으로 만들지는 않는다. 스미스가 지적하듯이 아주 초기 시절부터 국민들은 "그 집단의 특정한 역사 속에, 무엇보다 그 집단의 기원과 해방의 신화 속에" 그들만의 공동체적 특수성의 느낌을 육성해왔다(Smith, 1981: 65). 그러나 국민성은 특정한 장소에 뿌리박은 공동체에 대한 특정한 종류의 차별적 상상하기를 포함한다. 애그뉴의 말을 인용하자면, 국민주의는 결코 지리학을 넘어서지 않는다(Agnew, 1989: 167). 그러나 그 지리학은 단순한 지리학이나 물리적 배경이 아니다. 국민의 장소는 상상되어야 한다. 국민공동체가 상상되어야 하는 것과 똑같이 말이다.

모든 사람들이 스스로를, 국민국가가 나라라는 의미에서, 하나의 '나라'country 안에서 살아간다고 상상해온 것은 아니다. 피시맨이 묘사했던 유럽의 농부들은 직접적으로 이해된 지역성을 넘어 펼쳐지는 보다 넓은 국민의 고향이라는 느낌을 갖지 않고, 자신들의 직접적인 삶의 장소에 대한 애착심이 깊었다(Fishman, 1972). 14세기 몽타유에서 지리적 인식의 단위는 테라terra였는데, 이는 "인간적이고 동시에 자연적인 한계들, 가령 계곡, 고지대나 저지대 같은 한계들을 가진 지역이었다(Ladurie, 1978: 283). 사람이 계속 살았던 지역들이 보다 큰 고국 안에 통합되는 '나라' 전역에 대한 상상하기는 근대 이전 유럽에서는 일반적이지 않았던 것처럼 보인다. 나이젤 해리스가 적고 있듯이, "중세 농노제 아래서, 각 농노는 한 조각의 땅과 특정한 영주와 연결되었다". 모든 거주자들이 하나의 국민적 땅과 하나의 정부에 연결되어있고, 그렇지 못하다면 추방된 사람으로 예상되는 현재와는 다르다(Harris, 1990: 258).

한 '나라'를 상상하는 것은 직접적인 장소의 경험을 넘어 경계가 있는 총체성을 상상하는 것을 포함한다. 이 총체성의 경계 지어있음이 느슨하게 분할된 국가 이전 중앙아라비아 지역의 유동적인 교역권과 고국을 구별한다. 국민적 장소를 상상하는 것은 국민정체성을 상상하는 것과 유사하다. 앤더슨이 강조했듯이 공동체는 상상되어야 하는데, 왜냐하면 그것은 즉각적 경험을 넘어 펼쳐지는 것으로 생각되기 때문이다. 그것은 시민들이 개인적으로 알고 지내는 사람들보다 훨씬 많은 사람들을 포함한다. 유사하게 중세 농부들은 자신들 테라의 험준한 바위들과 얕은 곳들을 친숙하게 알고 있을 것이다. 대조적으로 국민국가의 시민들은 국토national territory의 작은 부분만을 방문했을 수도 있다. 그들은 심지어 관광객일 수도 있다. 실제로 자신의 땅의 어떤 지역들에서는 그들은 이방인들이다. 그러나 그것은 여전히 그들의 땅이다. 미국의 애국자들에게 미국은 단지 아메리카가 아니다. 그들은 자신들의 아메리카가 하나의 독특한, 방대한 그러나 고향 같은 총체성으로 생각될 수 있다고 알고 있다. 이 점에서 국토의 통일은 직접적으로 이해되기보다는 상상되어야 한다.

근대 국민주의적 상상력에서 하나의 국토는 서서히 다른 영토로 바뀌지 않는다. 국민들은 급격하게 금 그어진 경계들에서 멈추고 시작한다. 라첼은 독일어로 고향을 뜻하는 'Heimat'가 "국가에 대한 최상의 상징"을 표현한다고 제시한다(Rathzel, 1994). 'Heimat'와 '고국'은 의미의 이중성을 포착한다. 그 나라는 '우리'의 개인적 고향, 즉 나의 고향과 너의 고향의 장소이고, 그와 같이 그것은 '우리' 모두의 고향, 고향들의 고향, '우리' 모두가 편안해지는 장소이다. 이러한 의미에서 고국은 하나의 통일체로서 상상된다. 외진 지역들은 대도시 지역들만큼이나 필수적이다. 외진 시골의 이미지는 대도시의 웅장한 공공건물들만큼이나 전형적으로 국민적 이미지로 흔히 사용된다. 이러한 완전한 통일체의 이미지는 물론 대도시 지역이 주변 지역에 대해 자신들의 헤게모니를 확립하려고 시도하는 이데올로기 요소 중 하나이다(Nairn, 1977). 고국을 '우리의 것'으로 특징짓는 특별한 특질은 경계들 바로 앞까지 희석되지 않고 지속된다. 그리고 그것은 거기서, 즉 타자편에 있는 영토를 나타내는 상이한 외부의 본질에서 분리되기 위해서 멈춘다. 앤더슨은 "근대적 개념에서 국가의 통치권은 충분히, 단호히 그리고 균등하게 법적으로 금 그어진 영토의 각 제곱센티미터에 대해 작동한다"라고 적는다(Anderson, 1983: 26).

고국 각각은 자신의 총체성과 특수성 모두에서 상상되어야 한다. 그 세계는 너무도 작아서 마케도니아라는 이름을 가진 두 개의 고국을 가질 수 없다. 비록 둘 사이에 명료한 경계가 합의된다 하더라도 말이다. 고국 각각은 다른 고국들과 물리적이고 은유적으로 분리되어야 하는, 특별한 장소로 간주되어야 한다. 18세기에 영국인들, 특히 잉글랜드 사람들이 자신들의 섬을 신이 선택한 나라로 상상한 것은 일반적이었다(Colley, 1992). 예루살렘은 영국의 푸르고 쾌적한 땅에 건설될 수 있었다. 대서양 너머에서 미국인들 또한 새로운 이스라엘을 상상하고 있었다. 독일 이민자들은 미국에 도착했을 때 "아메리카는 […] 신께서 아브라함에게 약속했던 그 아름다운 땅"이라고 노래 불렀다(Sollors, 1986: 44). 1장에서 언급된 것처럼, 부시 대통령은 쿠웨이트의 해방을 공표하면서 "우리의 국가 미합중국"에 신의 가호가 계속되길 빌었다. 오늘날까지 미국의 애국적 노래들은 '아름다운 미국'을 선언하고 신의 은총을 청한다. 이러한 찬가들에서 아름다움은 한 지역에 국한되지 않는다. 미국은 버펄로시 근교에 엄청난 폭포가 있어서 혹은 거기서 2000마일 떨어진 애리조나에 협곡이 있어서 아름다운 게 아니다.[4] 총체성으로서의 그 나라가 '아름다운 것', 특별한 것으로 찬양된다.

국민국가들은 영토의 상실을 혐오하고, 국가정부들은 자신들의 경계 안에서 분리주의 운동을 달래기 위해 그들이 할 수 있는 모든 것

---

4) 미국의 대표적 자연경관으로 꼽히는 나이아가라폭포와 그랜드캐니언을 가리킨다.

을 한다고 알려져 왔다(Waterman, 1989). 그러나 그것은 간단히 말해 특별한 고통을 야기하는 영토의 상실이 아니라, 상상된 고국 내에 위치한 영토의 상실이다. 에른스트 겔너가 3장에 인용되었는데, 그는 근대인이 국민정체성을 갖는 것은 하나의 코와 두 개의 귀를 갖는 것만큼 자연스럽다고 주장했다. 상상된 고국의 일부를 잃는 것은 귀 하나를 잃는 것보다 더 나쁜 것이다. 영토의 경우 그 상실된 귀는 언제나 다른 누군가의 얼굴에 나타난다. 유용성을 넘는 무언가를, 곧 '우리' 고향, '우리 자신'의 어느 부분을 다른 사람이 불법적으로 강탈했다. 영토에 대한 이러한 느낌은 물리적 장소와 개인의 연결에 의존하지 않는다. 이란과 이라크 양국 모두 자신들 고국의 본질적 부분이라고 상상했던 한 뙈기 땅에 수십만의 생명을 소비할만한 가치가 있다고 느꼈는데, 그 경제적 중요성은 투쟁 비용에 비해 왜소해 보였다. 아르헨티나 인구 대다수는 국경 안에 말비나스제도가 포함되어야 한다고 믿는다. 비록 어느 누구도 개인적으로 그곳에 돌아가는 꿈을 꾸지 않으며, 그 섬에 있는 현 거주민들이 합병을 열망하지도 않지만 말이다.

지리적 통합이라는 느낌은 국민들이 반드시 모든 영토를 동일한 끈기를 가지고 고수하려고 하지는 않는 방식에서 보일 수 있다. 어떤 영토는 '우리'의 것으로 상상되고, 그 때문에 싸울 수 있다. 어떤 영토는 실제로 고국의 일부가 아닌 것으로 양도될 수 있다. 이스라엘은 이집트와의 평화조약에서 시나이반도를 돌려줄 수 있었는데, 이는 가장 팽창주의적인 시온주의 상상이 묘사했던 에레츠 이스라엘[5] 너머에 위

---

5) 본래 이스라엘 사람들이 살던 땅으로 일컬어지는 곳. '이스라엘의 땅'이라는 뜻이다.

치했다. 대조적으로 동부 예루살렘은 시나이와 마찬가지로 동일한 전쟁에서 이스라엘이 점령했던 곳인데, 팽창주의가 덜한 상상에서조차 고국에 필수불가결한 것으로 계속 상상되었다. 그곳은 심리적 경계의 매우 상이한 측면을 점유하는 장소이다. 비극은 팔레스타인 국가의 상상 안에서도 동부 예루살렘이 유사한 장소를 점유한다는 것이다.

국민주의의 국경 의식은 1993년 11월에 문제가 되었던 북아일랜드에 대한 영국 수상과 아일랜드 수상의 협약에 작동하고 있었다. 소위 '다우닝스트리트 선언'은 "영국 인민은 아일랜드 인민이 조화를 이루어 함께 살아갈 수 있는 방법에 대한 합의에 도달하기를 희망한다"라고 주장했다. 만약 북아일랜드 인민이 영국에 남고자 한다면, 이는 '통합된 아일랜드 주권'을 지지하는 어떠한 결정도 그렇듯, 수용될 수 있었다. 영국 정부는 얼스터[6]가 영국에 필수적이지 않다는 메시지를 전하고 있었다. 그 거주민들은 "영국 인민"과 비교해볼 때 "아일랜드 인민"의 일부로 인정되었다. 영국 정부는 그 협약이 "북아일랜드에서 어떠한 이기적인 전략적 혹은 경제적 이해관계도 없다는 것"을 강조했다(『가디언』, 1993년 11월 16일에 수록된 선언 전문). 달리 말하면 얼스터는 '영국'에서 떨어져 나갈 수 있었다. 그것은 영국과 아일랜드 정부가 상상했던 것만큼 영국 총체성의 일부가 아니었다. 양국 정부는 얼스터가 에이레 총체성의 일부가 되리라고 상상할 수 있었다. 영국 정부의 입장은 스코틀랜드 국민주의에 대한 그들의 입장과 비교해볼 때

---

6) 아일랜드섬 북쪽에 위치한 옛 지방 이름. 총 9개의 주로 이루어졌는데, 그중 6개 주가 영국의 일부인 북아일랜드를 구성하고 나머지 3개 주는 아일랜드령이다.

놀라운 것이었다. 1992년 총선에서 보수당은 스코틀랜드가 '우리' 국가, 즉 연방의 해체 없이는 결코 떨어질 수 없다고 선언했다. 얼스터는 '우리'의 국민정체성, 그러니까 그 정당의 지도자가 '무슨 일이 있어도' 지키겠다고 주장했던 그 정체성을 방해할 수 없었다.

인민과 고국 간의 연결이라는 느낌은 인민의 디아스포라 의식에서 분명히 볼 수 있는데, 그들은 자신들의 고국으로 돌아가는 꿈을 꾼다(Sheffer, 1988). 국민공동체가 공동체적 동일시의 유대를 느끼는 것만으로 충분하지 않다. 그것은 지구의 특정한 부분에 위치해야 할 필요와 그것에 대한 통제력을 가질 필요를 요구한다. 크림타타르족 지도자는 "우리는 우리의 모국으로 돌아가서 국토를 가진 우리의 공화국을 다시 수립하고 싶다"라고 선언한다(『가디언』, 1993년 10월 1일). 오직 특정한 장소만이 국민적으로 적절한 것으로 상상된다. 1905년 7차 시온주의 의회는 우간다에 유대인 국가의 고향을 수립하자는 조지프 체임벌린의 생각을 압도적으로 기각했다. 생각은 옳았지만, 장소가 잘못이었다.

그러한 요구들에는 인민과 땅 사이의 신비로운 연결이 감지될 수 있다. 때때로 그 연결은 표면상 종교적 용어들로 표현될 수 있었다. 따라서 신은 아메리카에 은총을 내리고, 영국에 예루살렘을 건설하기로 되어있다. 혹은 예루살렘 안에 예루살렘을 다시 건립하기로 되어있다. 장소에 대한 신비주의는 분명히 종교적 의식에 의존하지 않는다. 하자니는 초기 시온주의 개척이민자들halutzim[7]을 묘사하면서, "기본

---

7) 팔레스타인 지역으로 초기에 이민 온 유대인들을 일컫는 단어.

적으로 종교적 신념들, 가령 신이 약속한 땅을 물려받으려는 유대인들의 권리를 끈질기게 고수하는 무신론자들의 역설"에 대해 적는다 (Hazani, 1993: 63). 앤더슨과 다른 사람들이 평했듯이 국민주의 의식은 본질적으로 세속적인 것이다. 신은 그 국가의 특별함에 대한 하나의 정당화로 인용될 수 있지만, 그 신성은 특정한 장소에 대한 권리와 달리 선택적 추가사항이다. 근대의 산물로서의 국민공동체는 천상에서 지상으로 내려왔다.

본질적으로 국민성 이론은 국민, 장소, 국가가 통일되어 묶여야 한다고 규정한다. 시인으로서의 국민주의자는 새로운 국가들을 확립하는 운동들의 매 단계에서 낯익은 인물이다(Hroch, 1985; Ignatieff, 1993). 국민과 장소 간의 신비스러운 유대는 그들의 글에서 많이 반복된 주제다. 일단 국가들이 확립되면, 국민주의는 일상적인 것이 되고, 시인들은 대체로 상상력 없는 정치가들로 대체되며, 서사시들은 정부 보고서들로 대체된다. 상상된 공동체는 상상력의 행위들로 재생산되기를 그친다. 확립된 국가들에서 상상력은 습관적인 것이 되고 그 때문에 억제된다. 이러한 의미에서 '상상된 공동체'라는 용어는 오도하는 것일 수 있다. 그 공동체와 그 장소가 상상된 것이라기보다는 그것들의 부재가 상상할 수 없는 것이 된다.

그 상상력이 일상적으로 습관화될 수 있을지언정, 그럼에도 특별한 장소에 특별한 국민을 놓는 그 신비주의는 사라지지 않는다. 깃발들은 휘날릴 수 있고, 희생은 국가의 특별한 정체성을 위해 제공될 수 있다. 테살로니키 시장은, 동포들에게 환호를 받으며, 두 번째 마케도니아라는 생각에 맞서 자신의 고대 국가를 보호할 준비가 되어있다고 선언한다. 영국 수상은, 그의 이미지 메이커들은 그의 무미건조함을 미덕으로 만들려고 애쓰고 있는데, 영국이 결코 그 특별한 정체성 때문에 괴롭힘을 당하지 않았고 앞으로도 그럴 것이라고 선언한다. 그 수사는 낯익은 것이다. 과거의 희생들이 현재라는 이름으로 환기되고 있다.

그 신비로운 유대는 공공연히 수호될 수 있는데, 20세기 후반에 일상적 의식 속으로 스며들면서 일상적인 것이 되었다. 그것은 얼스터에 관한 다우닝스트리트 협정 같은 따분한 정부 문서들에 동의한다. 그러한 산문에서 이론은 낯익은 문법으로 습관화된다. 전세계적으로 국민국가들은 자신들의 '나라'와 '인민'을 위해 동일한 기본범주들을 사용한다. 이것은 국적이라는 보편적 코드의 일부다. 특별한 국가는 일반적 코드 안에서 확인되어야 하는데, 이는 언제나 특정한 국민과 특정한 고국은 특별한 것으로 상상될 수 있고 따라서 그렇게 특별하지는 않은 것이라고 규정한다. 동일한 언어적 뿌리가 국가 혹은 나라의 독특한 이름(포르투갈, 페루, 파키스탄)과 그 국가를 소유한다고 추정되는 그 국민을 묘사하는 집합명사(포르투갈인Portuguese, 페루인Peruvians, 파키스탄인Pakistanis)를 만든다. 그 코드에 하나의 주요한 예외가 연합왕국United Kingdom인데, 이 국가state에는 '연합왕국인' United Kingdonians 같은 이들은 거주하지 않는다(또 다른 예외인 USSR은 고유한 이름이 있는 부분들로 이미 쪼개졌다). 의미심장하게도 공식 국호인 그레이트브리튼과 북아일랜드 연합왕국United Kingdom of Great Britain and Ireland은 거주민들에 의해 거의 사용되지 않는다. 스스로를 묘사할 때는 특히 그렇다(Condor, 1996; Hall, 1992). 브리튼/브리티시 쌍이 보다 자주 사용된다. 비록 잉글랜드인들은 더 넓은 용어로 별 생각 없이 잉글랜드/잉글리시를 사용하지만 말이다. 그러한 의미론적 습관들은 연합왕국의 복잡한 명명법이 잉글랜드 헤게모니의 복잡한 지속을 허용한다는 것을 드러낸다(Nairn, 1988).

연합왕국이라는 예외에도 불구하고, 오늘날 세계는 습관적으로 의미론적 통일과 구체적 실체로 빽빽하게 제한된 나라들과 민족들의 세계로 제시된다. 아메리카(혹은 적어도 미합중국)는 아메리카인들의 장소로 존재한다(마치 아메리카의 지리적 나머지는 존재하지 않는 것처럼). 프랑스인들의 장소로서의 프랑스 등등. 실제로 이것들은 장소들 이상이다. 그것들은 '나라들', 즉 자신들의 독특한 인민들이 거주하는 독특한 총체성들이다. 의미론적 세척의 한 형태가 이 용어들에서 작동한다. 사람과 그 국가 사이에 어떠한 틈새도 없다. 만약 프랑스가 존재한다면, 그것도 그렇게 명백히 존재한다면, 프랑스인들 역시 그렇게 존재해야만 한다. 그리고 페루와 페루인들도 마찬가지다. 만약 더 이상 벨기에인들이 없고 오직 플란데런인과 왈롱인뿐이라면, 벨기에는 더 이상 존재하지 않는 것이다. 이 모든 것이 마치 명백한 것처럼 보인다. 사람과 장소를 연결하는 유대들은 보편적 문법으로 굳건히 자리 잡았는데, 이는 적절한 장소들에 적절한 민족들이라는 세척된 전망을 약속한다.

나라들이 이 세계에 물질적으로 확립되기 때문에, 이 전망의 신비주의는 국민의 삶의 자연스럽고 세속적인 사실로 보인다. 국가들이 불가피한 실체들처럼 보이기 때문에, 매일매일 많은 것이 잊힐 수 있다. 문법적 균형의 청결함 뒤에 그들의 격렬한 헤게모니 투쟁의 역사들이 감추어진다. 희생의 언어가 그 전망을 유지하기 위해 쉽게 소환된다. 그리고 고국에 대한 경쟁하는 전망들이 동일한 장소들 주변에 상이한 경계들을 그릴 때, 경쟁자들은 서로의 전망과 서로의 존재를 자신들의 상상된 고국의 지리로부터 깨끗이 지우는 꿈을 꿀 수 있다. 그때 의미론적이고 물질적인 세척이 치명적으로 합쳐진다.

'그들'을 정형화하기

만약 국민주의가 1인칭 복수의 이데올로기라면, 이는 '우리'에게 '우리'가 누구인가를 말해주는데, 그것은 또한 3인칭의 이데올로기이기도 하다. '그들'이 없다면 '우리'가 있을 수 없다. 헨리 타지펠이 강조했듯이, '우리'가 누구인가를 묘사할 때, 하나의 사회적 범주는 '우리'가 누구가 아닌지를 나타낸다(Tajfel, 1981). 국민공동체는 오직 외국인들의 공동체들도 상상하는 것에 의해서만 상상될 수 있다. 국민국가 시대에 '외국인'은 단지 어느 '타자'가 아니라 하나의 특정한 범주다. 요점은 줄리아 크리스테바가 잘 표현해주었는데, 그녀는 국민국가들의 확립과 함께 "우리가 외국인성에 대한 근대적이고 수용 가능하고 명료한 유일한 정의에 도달했다"라고 지적한다. "외국인이란 우리가 살고 있는 그 국가에 속하지 않는 사람, 동일한 국적을 갖지 않는 사람이다"(Kristeva, 1991: 96).

크리스테바의 요점은 중요한 것인데, 왜냐하면 그것은 국민주의가 역사적으로 특정한 전망으로 간주되어야 하는가 아니면 외부인들이 무시당하는 보다 일반적 전망에 대한 하나의 사례로 간주되어야 하는가의 문제의 뿌리에 가닿기 때문이다. 피시맨의 이야기 속에 나오는 갈리치아 농부들은 한때 유럽 농부들의 특징인 내향적 관점을 공유하고 있었다고 말해질 수 있을 것이다. 직접적인 지역성 혹은 옛 중세 용어를 사용하자면 테라 바깥에 살고 있는 사람들을 우리는 순전한 적의는 아니더라도 의심의 눈초리로 바라보았을 것이다. 이는 마르크스와 엥겔스가 『공산당 선언』에서 "국가적 일면성과 편협성"으로 묘사했던 정신상태다(Marx and Engels, 1968: 39). 그들은 그러한 제한된 세계관들이 국제적 자본주의 확산으로 일소될 것이라고 예상했다.

마르크스와 엥겔스가 적었던 정신의 편협함은 이제는 종종 '자민족중심주의'ethnocentrism라고 불린다. 윌리엄 그레이엄 섬너가 자민족중심주의 개념을 공식화할 때, 그는 "각 집단이 자신의 자부심과 허영심에 양분을 주고, 스스로 우월함을 자랑하며, 자신만의 신성을 고양하고, 외부인들을 경멸로 바라본다"라고 적는다. 섬너는 계속해서 "각 집단은 자신만의 풍속을 유일하게 올바른 것으로 생각하고, 만약 다른 집단들이 다른 풍속을 갖고 있음을 알게 되면, 이것이 멸시를 촉발한다"라고 주장했다(Sumner, 1906: 13. 또한 LeVine and Campbell, 1970 참조). 확실히 섬너의 묘사가 국민주의적인 것에 훌륭하게 들어맞는다고 생각될 수 있을 것이다(Adorno et al., 1950; Forbes, 1986; Kosterman and Feshbach, 1989). 겔너가 썼듯이, "국민주의 시대에 사회들은 스스로를 뻔뻔하게 공공연히 숭배한다. 돌려말하지 않고서"(Gellner, 1983: 57). 국민주의자들은 스스로를 열렬히 사랑하면서 다른 국가들을 폄하한다. 다시 그 문제가 제기될 수 있을 것이다. 국민주의가 훨씬 오래되고 보다 일반적인 무언가의 예, 이 경우라면 자민족중심주의의 예로 간주될 수 있을 때, 왜 국민주의의 특별함을 고집하려고 애를 쓰는가?

그러나 마르크스와 엥겔스는 국가의 일면성에 대한 자신들의 예측에서 맞기도 하고 틀리기도 했다. 하나의 내향적·일면적 시각이 근대적 국가 자본의 세계에서 국제적 전망에 의해 대체될 것이라고 제시한 점에서 그들은 옳았다. 반면 그들은 대체된 이데올로기를 국가의식 national consciousness과 동일시한 점에서 잘못을 저질렀다. 전통적 자민족중심주의가 일소되고 있었지만, 국민주의는 일소하는 그 역사적 힘의 일부였다. 보다 중요하게는 근대 국민국가 세계의 산물이며 생산자인 국민주의적 전망은 섬너가 묘사했던 자민족중심적 시각과 다르다. 섬너의 묘사에는 특별히 계시적인 문구가 하나 있다. "**만약** 다른 집단들이 다른 풍속을 갖고 있음을 알게 **되면**", 그 집단은 다른 집단들을 경멸할 것이다. 내집단은 너무도 문화적으로 고립되고, 따라서 외부 세계가 무시될 수 있는 자신만의 관심사들로 감싸여 있다고 가정된다. 그러나 이는 근대 세계에서 국민주의의 조건이 아니다.

국민주의자들은 국제적 세계에 살고 있고, 그들의 이데올로기는 그 자체 하나의 국제적 이데올로기다. 다른 국가들의 세계에 대한 부단한 관찰 없이는 국민주의자들은 자신들의 국가가 국민성이라는 보편적 코드를 충족시킨다고 주장할 수 없을 것이다. 뿐만 아니라 그들은 외국인에 대한 정형화된 판단에 접근할 준비도 되어있지 않을 것이다. 심지어 국민주의자들 중 가장 극단적이고 비일상적인 사람조차 의식으로부터 외부 세계를 차단하지 않고, 종종 외국인들의 생활과 전망에 강박적 관심을 보인다. 히틀러의 『잡담』은 다른 국가들의 특징에 관한 사색들로 가득하다. 1942년의 대화 하나를 예로 들 수 있다. 마르틴 보어만은 총통에게 시사적 소설 『아메리카의 후안』을 빌려주었다. 히틀러는 자신의 숭배자들이 듣는 동안 길게 의견을 밝힌다.

> 영국인들은 자신들이 들은 모든 것을 삼키지. […] [미국인들은] 암탉의 뇌를 가지고 있소. […] 독일제국은 270여 개의 오페라하우스를 갖고 있지요. 이는 저들이 생각지도 못하는 문화적 존재의 표준이오. 스페인인들과 미국인들은 그야말로 서로를 이해할 수 없소. […] 미국인들은 암퇘지들처럼 살고 있지. (Hitler, 1988: 604~605).

그리고 등등. 히틀러는 켕트신에 있는 지휘 본부에서 세계의 나머지를 조사하면서 계속되는 일련의 정형화들을 이야기한다.

사회심리학자들은 편협하고 고집불통인 사고는 정형화들의 사용으로 특징지어진다고 빈번히 가정한다. 만약 외래성에 대한 상상하기가 국민주의의 이론적 의식의 필수불가결한 부분이라면, 외래성은 구별되지 않는 '타자성'의 의미가 아니다(McDonald, 1993). 강박적으로 미세한 구별들이 상이한 외국인 집단들 사이에서 이루어질 수 있다. 실제로 다양한 외국인 집단이 '우리'에게는 얼마나 유사하고 얼마나 다른가에 대해서 토론과 논쟁들이 벌어질 수 있다. 정형화에 대한 가장 초기의 연구들 중 하나에서 카츠와 브레일리는 미국의 백인 대학생들이 상이한 민족적·국민적 집단들을 묘사하기 위해 인습적 딱지를 붙이는 정도를 보여주었다(Katz and Braly, 1935). 돈만 아는 유대인, 잔인한 터키인, 효율적인 독일인 등등. 이후 연구들은 그러한 일반화하는 정형화들을 사용하려는 응답자의 의지가 감소함을 나타냈다 (Gilbert, 1951; Karlins et al., 1969). 외국인에 대한 정형화가 획일적으로 경멸적인 경향을 띠는 것은 아니다. 어떤 외국인들은 다른 외국인들보다 더 칭찬할만하다고 가정된다. 따라서 카츠와 브레일리는 어떤 외국 국민 유형들, 가령 독일인들 같은 유형은 타자들, 특히 비유럽 국가들이 아닌 방식들로 칭찬받았다는 점을 밝혔다.

정형화는 사회집단에 대한 공유된 문화적 묘사다. 정형화의 진리에 대해 회의적이라고 주장을 하는 응답자들조차 가치판단에 대한 문화적으로 공유된 척도를 알고 있다(Devine, 1989). 어떤 외국인들은 다른 외국인들보다 칭찬할만한 이들로, 보다 우리와 닮은 것으로 인정된다(Hagendoorn, 1993a; Hagendoorn and Hraba, 1987; Hagendoorn and Kleinpenning, 1991). 잉글하트는 유럽 국가 구성원들의 국민적 태도들을 조사하면서, 이탈리아인들을 예외로 하면, 모든 국가 구성원들이 자신들의 국가를 가장 신뢰할 수 있다고 평가한다는 것을 발견했다(Inglehart, 1991). 그러나 모든 외국인들이 동등하게 신뢰할 수 없는 것은 아니다. 지중해에 인접하지 않은 작은 유럽 국가들, 가령 덴마크, 스위스, 네덜란드의 구성원들은 보다 신뢰할만하다고 평가받는 경향이 있었는데, 심지어 지중해 지역의 응답자들도 그렇게 평가했다. 간단히 말해, 상이한 부류의 외국인들 사이에 정형화된 구별이 만들어지고 있는 것은 아주 흔한 사실이다.

공공 여론조사는 정형화된 판단에 고정적인 것은 없다고 제시한다. 외국의 주식들은 정치적 위기의 움직임에 따라 오르고 내릴 수 있다. 카츠와 브랄리가 발견했던 독일인에 대한 호의적인 정형화는(Katz and Braly, 1935) 미국이 제2차 세계대전에 참전하려고 준비하자 감소했다(Harding et al., 1954). 가장 극적인 것은 러시아인에 대한 미국인들의 판단의 변화였는데, 1945년 영웅적 동반자에서 격렬한 경쟁자로 돌변했다(Yatani and Bramel, 1989). 소비에트 공산주의 붕괴로 인해 미국의 대중은 새로운 적들을 제공받았다. 보통 리비아인이든 이라크인이든 아랍인이든이다. 갈등이 길어지며 '포위당했다는 의식'이 발전될 수 있는데, 거기서 정형화들은 굳건해지고, 적들은 분명히 흉악하게 악마화된다(Bar-Tal, 1989, 1990; Silverstein and Flamenbaum, 1989). 갑작스러운 위기가 날카로운 정형화를 급히 만들어낼 수 있다. 예컨대 포클랜드 전쟁 기간 동안 영국 매체에 '아르헨티나인'Argie이 출현한 것처럼 말이다(Harris, 1985). 그렇게 신속하게 소화된 정형화는 보다 오래된 문화적 신화들 위에 건립될 것이다. 비록 이것들이 어떻게 합쳐져야 하는가에 대해 약간의 불확실함은 있을지라도 말이다. 전시 영국 내각의 한 구성원은, 절반은 이탈리아계이고 절반은 스페인계인 아르헨티나인들의 핏줄을 고려해볼 때 이들이 실제로 전쟁을 하려는지에 대해 궁금해한 것으로 보도되었다. 그는 "전례가 없다"라고 말했다. 왜냐하면 "만약 절반의 스페인계가 최고위급이라면 그들은 싸울 것이고, 이탈리아계가 최고위급이라면 싸우려 하지 않을 것이기 때문이다"(Young, 1993: 278에서 재인용).

정형들이 종종 '그들'과 '우리'를 구별하는 수단이고, 그렇기 때문에 '우리'의 독특한 정체성에 대한 주장에 공헌한다. 18세기에 영국은 국민성의 많은 근대적 상징들을 프랑스의 국가 만들기 양식들과 의식적으로 모순되게 발전시켰다(Cannadine, 1983; Colley, 1992). 영국 작가들은 영국 학술원이 있어야 하는가에 대해 논쟁했지만, 그 생각이 너무도 프랑스적이라는 이유로 기각되었다(Haugen, 1966a). 존불John Bull[8]을 '잉글랜드인'으로 묘사한 최초의 만화 기록 역시 황소 Bull가 살찌고 관대한 것만큼 프랑스인을 야위고 여윈 모습으로 보여준다(Surel, 1989). 이 경우에 '우리'에 대한 도상적 정형은 '그들'에 대한 정형화와 대조적인 차별화로 창출되었다. 요점은 '그들'에 대한 정형화된 판단에는 역사적인 것뿐만 아니라 암시적 대조가 있다는 점이다(McCauley et al., 1980; Stangor and Ford, 1992). 일반적으로 사람들은 정형화된 특징들을 내집단보다 외집단에 돌린다. '우리'는 종종 '우리 자신'을 표준이나 흠잡을 데 없는 규준으로 가정한다. '그들'의 일탈이 눈에 띌만한 것과는 대조적으로 말이다(Quattrone, 1986). 만약 '그들' 프랑스인들이 '감정적'이라고 정형화되면, 그것은 '우리'의 당연한, 냉정한 표준들에 대한 암시적 참조와 함께한다. 반대로 다른 집단이 '냉정한' 것으로 정형화될 수 있는 반면, '우리'는 '냉정하지도'(지나치게 냉정하지도) '감정적이지도'(지나치게 감정적이지도) 않을 것이다.

투사projection의 가능성은 언제나 존재한다. 크리스테바가 '외래성'에 대한 자신의 묘사에서 깨달았듯이 말이다. '우리'는 '그들'이 '우리'가 '우리 자신' 안에서 부인하는 특질들을 소유하고 있다고 주장할 수 있다. 서구 민주정치에서 '우리'의 아량은 '우리 자신'에 의해 많은 칭찬을 받는다. 언론인들과 정치가들은 특히 이민 제한에 대해 논의할

---

8) 영국 국민(범위를 좁히면 잉글랜드 국민)을 의인화한 캐릭터. 금발의 땅딸막한 중년 남성으로, 영국 국기가 그려진 상의에 재킷을 걸치고 모자와 지팡이를 착용한 모습으로 그려진다.

때, '그들' 외국인들을 배제하는 이유에 대한 '우리'의 아량과 '그들'의 옹졸함을 인용한다(Barker, 1981; Van Dijk, 1991, 1992, 1993). 그 수사는 '우리'의 편견을 부인하고, 논쟁적 구조를 압축하는데, 이는 옹졸함을 '그들'의 탓으로 돌린다. '우리'의 아량이 '그들'의 현전으로 위협을 받는다. '그들'은 옹졸하거나 옹졸함을 유발한다. 따라서 '우리'가 옹졸해서가 아니라 정반대로 '우리'가 아량이 있기 때문에 '우리'는 '그들'을 배제하려고 한다(Billig, 1991; Wetherell and Potter, 1992). '포위되었다는 의식' 상태에서 신념을 저버리고, 정직하지 않게 행동하고, 공격적인 소용돌이를 시작하는 것은 언제나 '타자'이다. '우리'의 행동들은 상황 때문에 정당화된다. 그렇지만 '그들'의 행동은 성격의 결핍을 반영한다고 알려지는데, 실제로는 '우리'가 '우리' 안에서 부인하는 바로 그 결핍들이다(Pettigrew, 1979; Rothbart and Hallmark, 1988).

마치 이미 형성된 판단들이 정형들을 환기시키는 사람의 입에서 흘러나오는 것처럼, 정형화의 행동을 정형화하지 않는 것이 중요하다 (Billig, 1985). 집단들에게 특징을 귀속시키는 것보다 중요한 것이 있다. 응답자들은 정형에 대한 질문사항들을 채우는 동안 말하도록 허용된 것보다 '그들' 외국인들에 대해 말할 것이 훨씬 더 많다(Wetherell and Potter, 1992). 다양한 '그들'에 대해 말하는 다양한 방식이 있고, 동일한 화자들이 '그들'에 대해 말할 때, 상이한 '목소리'들이나 어조를 갖는다. 무엇보다 특수한 목소리들과 일반적인 목소리들이 사람들에게 잘 들리도록 거칠게 경쟁한다. 심지어 한 사람이 '그들'에 대해 한마디를 말할 때조차도 말이다(Billig et al., 1988).

판 데이크는 이민 규제 확대를 논의하는 독일 내무장관의 사례를 제공한다(Van Dijk, 1993). 그 장관은 "더 이상의 외국인 이민 유입은 제한되어야 한다. 각 사회는 수용 능력과 그들을 통합시킬 준비에 한계가 있기 때문이다. 이는 공정한 이해관계의 균형에 속한다"라고 선언한다(Ibid.: 94에서 재인용). 그 장관이 '외국인들'을 '우리'의 고국에서 배제하려고 할 때, 그는 타당함의 수사를 사용하고 또 그 사용이 눈에 보이도록 하려는 것이다. 공정함의 가치가 인용된다. 이는 단지 '우리'의 공정함이 아니라 보편적 공정함이다. 그 장관은 '각 사회'에 대한 일반 규칙을 인용하면서 고국을 넘어 바라본다. 따라서 '우리'의 이해관계들은 단지 '우리'의 특수한 이해관계들만이 아니라, '우리'는 보편적이고 합리적인 방식으로 행동해야 한다고 주장하며, 그래서 '우리' 사회는 각 사회가 할 수 있는 것과 할 수 없는 것을 규정한다는 보편적 사회학과 조화를 이룬다. 대부분의 학술적 사회학과 마찬가지로 이 연설은 무척이나 자연스럽게 '사회'는 국가이거나 '나라'라는 것을 가정한다.

이는 20세기 후반 민주정치에서 국민주의 담론이 갖는 특징이다. 국민주의는 너무도 자주 보편자와 특수자를 결합한다. '우리'는 '우리'의 경계들 너머를 보아야 한다. 심지어 그 경계들을 닫으려 할 때조차도 말이다. '우리'는 '우리' 자신의 편협함을 부인하면서, 보편적 원칙들과 일반적 법칙들을 인용한다. 따라서 '우리'는 '우리 자신'을 넘어 펼쳐지는 것처럼 보이는 권위에 기대어 '우리 자신'의 이해관계들에서 말한다. 이 경우에 그 권위는 신성이 아니며, 우주적 힘도 아니다. 그것은 국민주의 의식에 훨씬 더 설득력이 있는 무언가다. 이는 모든 국가들, '우리' 국가와 다른 국가들이 명백히 순응해야 하는 사회학적 명령의 위엄이다. 이런 식으로 '우리'는 '우리 자신'과 '외국인들'이 국민성의 사회학에 의해 평등하게 지배받는다고 상상한다. 이러한 통치 governing 사회학은 '나라들'을 생산하는데, 거기서 '우리'와 '그들'은 독특하면서도 보편적으로 우리의 장소에 묶여있는 사람들로 재생산된다. 이러한 국민성의 전망으로 무장했기 때문에 '우리'는 '우리 자신'을 대변한다고 주장할 뿐만 아니라 '우리'가 '그들' 혹은 '우리 모두'를 대변한다고 주장할 수 있다.

국가들 사이에서 하나의 국가를 상상하기

국민주의는 불가피하게 특수자와 보편자의 혼합을 포함한다. 만약 '우리' 국민이 그 모든 특수성으로 상상될 수 있다면, 그것은 다른 국민들 중 하나의 국민으로 상상되어야 한다. 국민정체성의 의식은 일반적으로 하나의 국제적 맥락을 가정하는데, 이는 그 자체가 국민정체성과 한 치의 오차도 없이 상상되어야 할 필요가 있다. 아니면 적어도 그 상상은 사고습관에 응결되어야 한다. 따라서 외국인들은 단지 '우리'의 정반대를 상징하는 '타자들'이 아니다. '그들'은 또한 상상된 국민성의 보편적 코드의 일부인 '우리'와 닮았다. 국민주의는 이 보편적 시각을 포함하거나 이러한 국민들의 국제적 세계를 상상하는 것을 포함하기 때문에, 격리된 자민족중심주의적 정신상태와는 결정적으로 다르다.

　　역사적으로 국민주의의 탄생은 국제주의의 창출을 수반했다. 로버트슨은 국민주의가 특수주의의 보편화 그리고 보편주의의 특수화를 포함한다고 주장했다(Robertson, 1991: 73. 또한 Robertson, 1990,

1992 참조). 그는 역사적으로 "국민주의(혹은 특수주의)에 대한 생각은 오직 국제주의를 뒷자리에 태워야만 발전한다"라고 주장한다(Robertson, 1991: 78). 국민국가의 시대는 국가정책의 고립이 점증한다는 점에 의해 특징지어지지 않는다. 오히려 정반대로 국민국가의 출현은 국제관계들의 출현과 동시에 발생한다(Der Derian, 1989). 승리에 심취한 유럽 국가들이 그들 대륙의 지도를 결정지었던 1815년 빈 회의는 최초의 근대적 국제정치 합의였다. 그 회의는 사절의 교환, 국가들 사이를 흐르는 강들의 항로, 국경 운용을 위한 규칙을 제공했다(Hinsley, 1986). 그 회의는 주권을 가진 국민국가들의 시대뿐만 아니라 국제체제의 시대를 예고했는데, 그 안에서 각 국가state는 공식적으로 이웃 국가들의 내적 통치권을 인정했다. 그 통치권 덕분에 각각의 국가는 "동일한 통치 방식으로 자신들의 공동체를 통치하는 다른 국가들 사이에서 하나의 국가"가 되는 것이다(Ibid.: 225). 오늘날까지 '전지구적 정치질서'는 계속해서 상호 인정 속에 존재하는 주권을 가진 국민국가들이라는 가정 위에 기초하고 있다(Giddens, 1990). 월러스틴이 주장하듯이 이러한 새로운 질서에서 발전했던 인종차별주의와 국수주의는 초기 외국인 혐오의 편견들과는 다른데, 외국인 혐오는 구성적인 분리와 위계라기보다는 거부와 공포에 기초를 둔 것이었다(Wallerstein, 1987).

공동체의 새로운 형태들이 새로운 담론의 생산을 필요하게 만든 것은 놀라울 것 없는 일이었다. 전통적인 말하기 방식들은 밀접한 연관을 갖는 주권국가 체제를 생산하고 있던 세계에는 부적절한 것이었다. 따라서 제러미 벤담이, 자신의 생애에서 유일한 것은 아니었지만,

하나의 단어를 발명했던 것이다. 오늘날 이 단어는 언어적으로 너무도 굳건하고 너무도 분명히 구체적 의미작용을 갖기 때문에, 어휘 목록에 없으리라고 상상하기란 어렵다.『도덕과 입법의 원리 서설』에서 벤담은 다른 국가들의 법을 '국제적 법학'과 일치시켜야 할 필요에 대해 논했다(Bentham, 1789/1982). 그는 설명조의 주석을 통해 "물론 인정을 받아야겠지만, **국제적**international이라는 단어는 새로운 단어다. 그것이 충분히 유사성이 있어 알기 쉬울 거라고 기대되지만 말이다"(Ibid.: 296, 강조는 원문).

이 새로운 국민주의적 전망에는 통합적 전체로서 상상된 국가가 존재할 뿐 아니라 초기에는 상상할 수 없었던 방식으로 세계도 존재한다. 전 세계는 더 이상 신이나 사탄의 손아귀에 있지 않으며, 독립국가들의 자연스러운 질서로 상상될 수 있다. 게다가 국가들의 '자연스러운' 질서는 국제적 공모자들에 의해 전복될 수 있는 것으로 상상될 수 있다. 영국의 만화가 제임스 길레이가 이러한 두려움을 유명한 「위험에 빠진 플럼 푸딩」(1805)에서 묘사했다. 피트와 나폴레옹이 정찬 테이블에 앉아 지구를 칼로 썰어 나누고 있다. 길레이의 풍자만화는 많은 모방 작품들을 고무하면서 유럽 전역으로 엄청나게 복사되었다(Hill, 1966). 길레이의 이미지가 엄청난 성공을 누리고 있었기 때문에, 음모 이론들도 공식화되고 있었다. 오귀스탱 드 바뤼엘과 존 로비슨은 프리메이슨이 세계를 접수하여, 귀족정치의 낡은 질서들을 전복하고, 자연스럽게 분리된 국가들을 뒤섞으려 한다고 주장하고 있었다(Lipset and Raab, 1970; Roberts, 1974). 세계 음모에 대한 이러한 생각들이 비록 터무니없어 보일지라도, 지난 200년 동안 그러한 생각들이 강력한 영향력을 발휘해왔다(Finn, 1990, 1993; Graumann and Moscovici, 1987).

국민주의의 모든 형태 중에서 가장 악질적인 나치즘은 '우리' 주인 인종과 '그들' 열등 종자들에 대한 정형들을 상상하는 것 이상을 포함했다. 그 정형들이 자력으로 체계적인 절멸의 정책에 이르지는 않았다. 음모에 대한 전지구적 이야기도 존재했다. 전 세계가 인종과 국가를 파괴하려는 유대인들의 손아귀에 떨어질 것이라고 상상되었다(Billig, 1989a; Cohn, 1967; Katz, 1980; Poliakov, 1974). 반유대 팸플릿 표지는 나폴레옹을 그린 길레이의 피트의 이미지를 모방하는 식으로, 유대인의 손이 세계를 움켜쥐고 있는 묘사를 담았다. 음모론적이고 인종적인 주제들의 뒤섞임은 나치 이데올로기가 절멸에 대한 내적 동력을 포함했음을 확인시켜주었다. 세계는 오직 음모론자들을 파괴함으로써만 구원받을 수 있을 터였는데, 그들은 변하지 않고 변할 수도 없는 자신들의 인종적 본성들에 의해 세계 음모론 쪽으로 이끌리고 있었다. 이러한 기이한 관념들이 초기의 중세적 사고방식으로의 시대착오적인 전환으로 해명될 수는 없다. 나치즘은 국제적 세계에 대한 그것의 국민주의적 묘사에서 본질적으로 근대적이었다.

나치즘의 경우는 국민주의가 극단적 경우에도 결코 완전히 내향적이지는 않다는 점을 예증해준다. 하나의 국가라고 주장하는 것은 공통의 보편적 패턴에 들어맞는 하나의 집단을 상상하는 것이다. 따라서 국민주의는 모방적 특성을 갖는다. 이는 새로운 국가들, 특히 제국의 붕괴로부터 깨어나 형성된 국가들의 창출에서 가장 분명하게 보일 수 있다. 독립을 위해 투쟁할 때, 식민지들은 서구 국민국가의 모델을 전유하면서 자신이 직접 만들지 않은 금형에 자신을 끼워 맞춘다(Mercer, 1992). 국가주권의 보편적 원칙들은 식민 지배자들에게 등을 돌릴 수 있다. 존 칠렘브웨는 제1차 세계대전 중에 자칭 국민주의자로서 소책자들을 썼는데, 계몽주의의 원칙들 위에 니아살랜드[9]의 독립을 위한 자신의 경우를 분명히 정초했다(Rotberg, 1966). 그것은 아프리카와 그 밖의 다른 곳에서 무척 많이 반복되었던 하나의 패턴이었다. 독립운동 지도자들은 종종 자신들이 식민지 장소에 새로운 국가를 창조한다고 생각한다. 예컨대 앙골라 해방인민운동의 초기 지도자 스팔타커스 모니맘보에게 정치적 교육은 중요했고, 그것은 무엇보다 국민주의적이어야 했을 것이다. 자신의 죽음을 앞두고 혁명적 투쟁에 대해 짧게 말하면서 모니맘보는 다음과 같이 설명했다. "사람들은 우리 모두가 앙골라인임을 이해해야 한다." 그래서 "미래에 우리는 앙골라를 통해 문화적 통일을 이룰 것이다"(Monimambo, 1971: 382~383).

독립 후 신생국들은 식민지 시기의 국경을 유지하는 경향이 있다. '문화적 통일' 정책은 종종, 확립된 유럽 국가들의 창출에서 그랬던 것처럼, 영토의 한 부분으로 나머지 영토에 대한 자신의 헤게모니를 부과하려는 시도를 포함한다. 놀라울 것도 없이, 그리고 다시 유럽식 모델을 따르면, 그 결과는 빈번히 내전이다. 낡은 질서가 붕괴된 후에 때때로 급진적 수사가 유지된다. 해방의 초점을 넓히기 위해서가 아니라 새롭게 독립한 국가에서 억압을 강화하기 위해서다(Akioye, 1994; Ihonvbere, 1994). 해리스가 지적하듯이, 제국주의의 착취에 맞서 싸

---

9) 1907년부터 1964년까지 현재의 아프리카 말라위에 해당하는 지역에 있었던 영국의 보호령.

우는 국민주의 운동조차 심각한 순응주의로 특징지어진다. 그 운동들은 본질적으로 개혁적인 것인데, 왜냐하면 그들의 열망이 국민성의 인습적 형태들을 수용하고, 그렇기 때문에 "국민국가들의 세계질서"를 당연시하는 데 제한되기 때문이다(Harris, 1990: 276).

국민들은 자신들이 민족성이든 언어든 문화든 간에 내부적 통일에 대한 어떤 개념적 기준을 소유하고 있음을 보여줌으로써 국민성이라는 이론적 테스트를 통과할 필요가 없다. 그 테스트들은 확립된 경계 안에서 질서를 부과하고 폭력을 독점하는 국가의 능력에 기초하므로 구체적이다(Giddens, 1985, 1990). 중요한 테스트는 국제적인 것인데, 왜냐하면 그 국가는 확립된 국가들로부터 인정을 받으려 할 것이고, 방향을 바꾸어, 확립된 국가들은 성공한 새로운 권리 청구인에게서 자신의 국민성을 인지할 것이기 때문이다. 결과적으로 그 신생 국가는 인정을 얻기 위해 다른 국가들을 닮아야 한다. 그것은 특수성에 대한 인습적 상징들을 채택해야 하는데, 그것들은 동시에 자신들의 인습성 때문에 국민성이라는 보편성의 상징들이기도 하다. 예컨대 각 국가는 자신들만의 국기와 국가國歌를 갖는 것으로 기대된다. 새로운 남아프리카공화국의 임시 헌법은 1993년 11월에 제안되었는데, "국가와 국기는 새로운 의회 법에 의해 도입될 것"임을 신중하게 명시했다(『가디언』, 1993년 11월 18일). 팔레스타인과 이스라엘 지도자들이 워싱턴에서 공식적으로 처음 만났을 때, 팔레스타인인들은 그들의 국가들 중 어느 것이 연주될 것인지를 선택해야 했다(『인디펜던트온선데이』, 1993년 9월 12일). 보편적 관습은 한 나라에 대해 두 개의 국가가 연주되는 것을 금지했다. '적절한' 국가가 된다는 것은 단일한 '공식적' 국가를 선택하는 것을 의미할 것이다.

국가國歌는 특수성에 대한 보편적 기호다. 예술작품에 대한 관례는 국가의 독특함이 보편적으로 양식화된 방식으로 찬양되어야 한다고 요구한다. 구소련 국가國歌는 공산주의에 대한 찬양을 국가와 인민에 대한 찬가로 바꾸기에 적합했다. "찬양하라, 우리의 조국, 자유로운 자의 고향, 인민들의 우정이 굳건한 보루를!" 작사가인 세르게이 미할코프는 "국가는 자신들의 나라를 숭배하는 사람들이 부르는 기도문"이며, "모든 국가는 이 기도문을 가져야 한다"라고 말한 것으로 인용된다(『인디펜던트온선데이』, 1993년 2월 14일). 소비에트 체제가 무너진 후 옛 국가의 가사들이 새로운 러시아에는 부적절한 것으로 생각되었다. 그에 따라서 러시아 정부는 새로운 국가를 공모한다고 공표했다. 소수 모더니즘 예술 형식의 미학은 정치적 분할을 초월한다고 인정했기 때문에, 러시아 정부는 미할코프 옹에게 공모 수상자 명단을 선정해달라고 부탁했다. 과거의 정치적 과오가 무엇이었든 간에, 그는 그 국가에 적절한 기도문을 승인하는 데 신뢰할 수 있는 사람이었다.

국가國歌들은 공통의 패턴에 들어맞을 뿐만 아니라 그것들이 그렇게 들어맞아 보이는 상징주의의 일부이기도 하다. 그것은 국가들 중 하나의 국가로서 그 국가를 게양한다. 국기들이 그러는 것처럼 말이다. 각 국기는 자신만의 특별한 상징들, 가령 인도 국기에 있는 차크라-다바자chakra-dhavaja 바퀴라든가 에이레 국기에 있는 신교 오렌지색과 구교 녹색 같은 것들을 가질 것이다. 하나의 국기가 자신만의 개별적 패턴들(그것이 별들과 줄무늬들이든, 유니온잭이든, 삼색기든 무엇이든 간에)을 가진 특수성을 가리킬 때조차 그것은 또한 자신만의 보편성을 표시한다. 국기는 그 관습적인 직사각형 패턴으로 하나의 확립된, 알아볼 수 있는 연쇄들의 한 요소임을 공표하는데, 거기서 모든 국기는 본질적으로 그것들의 차이의 관례들에서는 유사하다. 페넌트 모양의 네팔 국기 같은 이상한 예외는 결과적으로 일반적 규칙에 순응하는 데 봉사할 따름이다. 새로운 국가들은 자신들의 국기를 고안할 때, 모양뿐만 아니라 색채의 문장紋章 관례를 따르는 경향이 있다. 그것들은 선명한 핑크나 킹피셔블루 같은 특정 색조들은 피한다(Firth, 1973). 새롭게 고안된 국기를 들어 올리는 것은 또 하나의 국가가 국가들의 클럽에 막 가입했음을 가리킨다. '우리'는 '너희'들(더 이상 '그들'이 아닌)과 같아졌다. '우리'는 모두 국가다. '우리'의 국기를 가진, '우리'의 국가國歌를 가진, 국제연합에 '우리'의 의석을 가진, 적절하게 고안된 조끼를 입고 올림픽이나 월드컵에 출전하는.

이러한 국제적 의식international consciousness은 근대 국민주의 의식에 필수적이다. '우리'의 특수성의 진부한 상징들은 '우리'의 보편성의 진부한 상징들이기도 하다. 국민주의는 세계에 대해 말하는 단일한 방식을 제공하지 않는다. 그 결과 '우리'와 '그들' 그리고 실제로 '너희들'에 대해 말하는 무한한 담론적 가능성이 존재한다. '우리'는 단순한 차별화하는 정형들에 제한되지 않는데, 이는 외국인을 불가해한 타자로서 격하시킨다. 외국 국가들은 '우리' 국가와 닮았다. 그러나 결코 완전히 같지는 않다. '우리'는 '그들' 안에서 '우리 자신'을 인지할 수 있다. 그리고 한편으로는 '우리'는 '우리 자신'을 인지하는 데 실패할 수도 있다. '그들'이 '너희'가 되면, '우리'는 동맹이 될 수 있고 '우리'는 적이 될 수도 있다. 그리고 '우리'는 '우리'의 동맹들의 가치에 대해 '우리 자신'끼리 논쟁할 수 있다. '우리'는 '그들'이 '우리'의 특수성을 위협한다거나 '우리'같이 적절하고 책임 있는 국가들처럼 행동하지 못한다고 비난할 수 있다. 그리고 '우리'는 '그들'이 우리를 위협할 때, '그들'이 국민성이라는 생각을 위협한다고 주장할 수 있다. '그들'을 비난하면서 '우리'는 '우리 모두'를 대변한다고 주장할 수 있다.

헤게모니의 문법

'우리', '너희', 그리고 '그들'에 대해 국민적으로 말하는 무한한 가능성들은 국민주의가 갖는 진퇴양난의 특성을 잘 보여준다. 하나의 이데올로기가 단일한 목소리 혹은 특수한 태도나 입장으로 특징지어진다고 생각하는 것은 실수다. 다른 이데올로기들과 마찬가지로 국민주의도 모순적 주제들을 포함한다. 특히 특수주의와 보편주의 같은 주요한 주제들 말이다. 그 모순적 주제들은 딜레마에 대한 수단을 제공하고, 따라서 논쟁과 토론의 수단을 제공한다(Billig et al., 1988). 그러나 논쟁은 국민성을 보편적인 것의 자연스러운 맥락으로 당연시하는 한계들 안으로 유도된다. 이런 의미에서 그 논의는 국민주의에 반하는 것이 아니라 그 내부로 유도된다.

이는 간과되기 쉽다. 국민주의가 제한된 의미, 즉 그 이데올로기가 비합리성, 편협함, 그리고 국제주의에 대한 반대라는 '순수한' 어조들로 재현된다고 예상되는 듯 보인다면 말이다. 국민주의는 언제나 그 자신만의 이성과 헤게모니라는 국가화된 목소리를 가졌다. 주권이라는 국민적 원칙은 스스로를 합리적 원칙으로 제시했다. 그리고 국민주의 역사 안에서 상상된 국민 전체의 한 부분은 언제나 그 스스로를 보편적 전체의 목소리로 제시하려고 해왔다. 한 명의 지도자가 '우리 모두는 앙골라인'이고(혹은 미국인이든 페루인이든 그것은 중요하지 않다) 문화적 통일이 창출되어야 한다고 주장할 때, 그 지도자는 특히 앙골라적(혹은 뭐가 되었든 간에)이지 않은 목소리로 말하고 있는 것이다. 또한 하나의 국민적·문화적 통일을 구성하려고 시도할 때, 한 부분, 곧 문화적·언어적 모자이크의 한 측면이 전체에 대한 지배적이고 환유적인 재현이 될 것이다. 2장에서 논의되었던 것처럼 국가가 되는 다른 방식들은 억압되거나 잊히거나 방언의 지위로 격하될 것이다.

미하일 바흐친은 발화들이 일반적으로 상이한 목소리들을 포함하며, 종종 구심적이고 동시에 원심적인 경향들을 드러낸다고 주장했다 (Bakhtin, 1981). 국민주의적 발화들은 보편적(구심적) 요소들과 특수적(원심적) 요소들로 구성된다고 말할 수 있다. 프랑스 국가가 인간의 권리를 대변했다고 주장하는 프랑스대혁명은 계몽의 보편적 열망들이 국민적 표현을 받을 수 있는 방식의 고전적 범례로 환영을 받아왔다(예컨대 Kedourie, 1966; Schwartzmantel, 1992). '우리' 프랑스인들은 언어적으로 또 수사적으로 '우리' 인간성 전체와 일치한다. 어떤 분석가들은 보편주의와 특수주의의 조합은 너무도 모순적이어서 그것은 붕괴되기 마련이라고 주장해왔다. 따라서 국민주의는 보편자가 특수자를 위해 거부되었기 때문에 우측으로 움직였다(Dumont, 1992).

이처럼 우측을 향한 명백한 움직임의 다른 예들이 주어질 수 있다. 그리스에서 최초의 국민주의자들, 가령 리가스 벨레스틴리스 같은 이들은 심정적으로 코즈모폴리턴적이었지만 그들의 자유주의적 국민주의는 절대주의와 교조주의 힘들에 의해 무시되었다(Kitromilides, 1979). 18세기 존 윌키스 같은 잉글랜드 애국자들의 급진주의는 그다음 세기에 존 불 토리주의에 의해 압도당했다(Cunningham, 1986). 그래서 우리는 국민주의가 자신의 초기 내적 모순들을 자신의 자유주의를 폐기함으로써 해소하고 따라서 내적으로 일관된 이데올로기가 된다고 생각할 수 있다.

　이러한 설명에는 하나의 문제가 있다. 그것은 보편적이고 급진적인 시작을 거쳐 편협한 결말(이후 반제국적 국민주의로부터 나오는 갱신된 급진주의의 분출)로 끝맺는 국민주의에 대해 말한다. 문제는 그 이야기가 국민주의를 배타적으로 우익의 손아귀에 두는 경향이 있다는 점이다. 그것은 또한 이데올로기가 인지부조화의 어떤 법칙으로 작동한다고 가정하는데, 이는 내부의 모순들은 불가피하게 해소되어야 하고 따라서 모순적 이데올로기는 두 개의 일관된 부분들로 쪼개진다고 제안한다. 국민주의의 경우, 보편자와 특수자 사이의 그 쪼개짐은 결코 완전히 달성될 수 없다고 말하는 경우가 있다. 실제로 그것은 국민주의의 진부한 담론들 속에 보존된다. 애초부터 국민주의는 부분이 전체를 대표한다고 주장했던 '헤게모니의 문법'을 사용했다. 말하기의 한 형태가 전 국민의 언어라고 주장할 수도 있고, 한 지역이 국민 문화를 대표한다고 주장할 수도 있다(2장 참조). 그 이상의 확장이 만들어질 수 있다. 하나의 특수한 국가가 전 세계를 위해 말한다고 주장할 수 있다. 우리의 특수한 이해관계들이 보편적 이성의 이해관계들로 보일 수도 있다. 1인칭 복수의 그 문법이 그러한 주장들을 요청하는 것으로 보인다.

보편적 이성의 목소리는 현대 정치 담론의 가장 세속적이고 진부한 상투어들에서 국민적 자부심의 목소리를 동반할 수 있다. 1992년 미국 대통령 선거 결과가 발표된 직후, 후보자들이 짤막한 연설을 했다. 대통령 당선인 클린턴은 "나의 동료 미국인들"이라고 부르고, "우리 나라를 위한 분명한 메시지"에 대해 말하면서, "인간 역사에서 가장 위대한 이 나라의 지도자"가 되는 것의 책임을 온 마음으로 떠맡겠다고 말하며 끝맺었다. 물러나는 부시 대통령 또한 유사한 수사를 사용했는데, "모든 미국인들이 세계에서 가장 위대한 이 국가를 보다 안전하게 만들려는 같은 목적을 공유했다"라고 연설했다(『가디언』, 1992년 11월 5일). '우리' 국민, '우리' 나라를 역사상 가장 위대하다고 말하는 자기 숭배는 투표를 위한 냉소적 호소가 아니었다. 그때는 기표소들이 이미 문을 닫았기 때문이다. 두 명의 정치가들이 보다 높은 수사적 의무에 답하고 있는 중이었다. 그들은 이것이 미국 대통령들이 그러한 경우에 말해야 하는 방식임을 알고 있었다. 그러한 국가적 자화자찬의 문구들은 말해지지 않은 함축들을 담고 있었다. 만약 역사상 하나의 가장 위대한 국가가 존재한다면, 모든 다른 국가들은 그늘에 가려지고, 불완전하게 존재해야만 한다는 것 말이다.

선거 패배를 인정하면서 부시는 "민주정치 체제의 위엄"에 경의를 표하는 것에 관해 말했다. 이는 단지 '우리'의 위엄이나 '우리' 눈에 위엄 있는 것으로 보일 수 있는 무언가가 아니다. '우리'의 민주정치는 보편적으로 '존엄한' 것이다. 부시가 동료 미국인들인 '우리'에게 말할 때, 그는 또한 수사학자들이 '보편적 청중'이라고 불렀던 것에 호소하고 있었다(Perelman and Olbrechts-Tyteca, 1971; Perelman, 1979:

Shotter, 1995). 그 연사는 합리적인 어떠한 청중 혹은 가설상의 '보편적 청중'이라도 그 주장이 설득력 있음을 깨달을 것이라고 가정한다. 물러나는 대통령은 마치 합리적인 사람이라면 어느 누구든, 연설을 듣거나 말거나, 미국인이거나 아니면 가장 위대한 나라보다 못한 나라에 속한 사람이거나, 이 위엄, '우리'의 민주적 존엄을 인식할 것처럼 말했다. 그 수사는 또한 '동료 미국인' 청중을 향해 손을 뻗칠 때, 그 특수한 청중을 보편적 청중으로 다루었고, 미국의 위대함을 보편적 위대함으로 다루었다.

만약 국민주의가 '우리 자신'과 '외국인들'을 상상하는 것뿐만 아니라 국제적 맥락, 국제적 질서를 상상하는 것을 포함한다면, '우리'는 '우리 자신'이 이러한 국제적이고 보편적인 질서의 이해관계를 대표한다고 주장할 수 있다. 우리의 위대한 특수성에서 '우리'는 '우리 모두', 인간성의 보편적 청중을 대표한다고 상상될 수 있다. 따라서 근대국가는 단지 특수한 이해관계를 위해 전장에 가는 것이 아니라, '모든 국민들' 혹은 국민들의 보편적 질서의 이해관계를 위해 행동한다고 주장할 수 있다.

마거릿 대처는 포클랜드 전쟁 후 영국의 보수당 지지자들 모임에서 연설할 때, 국가를 자축하는 어조로 말했다. 국민적 '우리'가 수사적으로 우쭐하는 것이 눈에 띄었다. '우리'는 "영국이 변하지 않았으며, 이 국가는 여전히 역사를 통해 빛나는 그처럼 훌륭한 특징을 가지고 있음을 보여주었습니다". 그 경우에 또다시 역사의 세부사항들은 설득력에 쓸모없는 것으로 간주되었다. 그랬다. "영국은 과거 수 세대 동안 자신을 밝혔던 영혼에 다시 불을 지폈습니다." 연설의 첫머리에서 수상은 "우리는 자부심을 가질 자격이 있습니다. 왜냐하면 이 국가는 행해졌어야 한다고 알고 있던 것, 올바른 것이라고 알고 있던 것을 하겠다는 결단력을 가졌기 때문입니다." 그녀는 설명했다. "우리는 침략이 이득이 되지 않고, 강도가 전리품을 가지고 도망치는 것은 허용되지 않는다는 것을 보여주려고 싸웠습니다." 그리고 우리는 "세계 도처의 너무도 많은 성원에 힘입어" 그렇게 했습니다(1982년 7월 3일 연설문, Barnett, 1982: 149f.에서 재인용).

따라서 하나의 보편적인 원칙이 있었고, '우리'에게 박수를 치는 보편적인 청중이 있었다. '우리'는 정의라는 보편적 도덕을 위해 행동하고 있었다. '우리'의 자세와 보편적 도덕의 입장은 일치했다. 반대 측에서도 유사한 주장이 들릴 수 있다. 아르헨티나 소식통들은 말비나스 제도의 침공은 "아르헨티나적 가치의 부활이며, 동시에 서구적 이상의 부활"이라고 주장했다(Aulich, 1992: 108에서 재인용). '서구적 이상'은 이러한 이중 헤게모니의 진술에서 보편적 이상들을 환유적으로 대표했다. 두 경우 모두에서 '우리'의 특수한 부활 혹은 재점화는 국가들의 세계에서 보다 넓은 보편적 도덕과 시공간적으로 일치한다고 주장되었다.

그러한 담론에 포함된 문법이 언제나 간단한 것은 아니다. '우리'는 모호한 용어가 될 수 있는데, 국가의 특수성인 '우리'와 보편적으로 합리적 세계인 보편성인 '우리' 모두를 나타내기 때문이다. 이런 식으로 '우리'의 이해관계들, 곧 정당·정부·국가·세계의 이해관계들이 수사적으로 일치하는 것으로 보일 수 있다. '우리'가 '우리'라는 단어로 의미하는 바를 '우리'가 명시하지 않고, 대신에 1인칭 복수형이 이해관계들과 정체성들의 조화를 제시하도록 허용하는 한에서는 말이다 (Billig, 1991; Maitland and Wilson, 1987; Wilson, 1990).

소련의 붕괴 이후로 현대 국제정치에는 추가적 주제가 존재해왔다. '새로운 세계질서'가 들먹여진다. '세계질서'를 대표하라는 요청은 도덕적 요청인 것처럼 보이는데, 이는 '우리 자신'과 보편적 도덕성 사이에 통일 같은 것을 묘사한다. 그러나 새로운 질서의 보편적 측면은 또한 매우 특수한 것이다. 데어 데리언이 지적하듯 '새로운 세계질서'라는 용어는 1990년 8월에 행한 조지 부시의 연설에서 처음 모습을 드러냈고, 그 용어는 "미국이 주도하고 국제연합이 후원하는 집단 안보 체제를 묘사하는 데 사용되었다"(Der Derian, 1993: 117). 예컨대 부시는 1990년 9월 11일, 의회 양원 합동회의에서 그 새로운 세계질서가 "동서남북을 막론하고 세계의 국가들이 번영하고 조화롭게 살 수 있는 시대"라고 선언했다. 1장에서 언급했듯이, 이는 하나의 특정 국가가 주도적 역할을 추구하는 국가들의 질서이다.

새로운 세계질서는 그 자신만의 진부한 담론들을 생산하고 있는데, 이는 판에 박힌 듯 안심시키는 모호성들을 반복할 따름이다. 그러나 주도적 역할에 대한 권리를 주장하는 '우리' 미국에 의한 문법은 필연적으로 복잡하다. 정의, 질서, 주권이라는 국제적 원칙들을 주장할 때, 개별 국가로서의 '우리'가 세계에 대한 권리를 직접 주장할 수는 없다. '우리'는 공 모양의 플럼 푸딩을 먹는 피트 혹은 나폴레옹으로서 나타날 수 없다. '우리'는 '우리 자신'을 세계 안에 초라하게 위치시켜야 한다. '우리'는 타자들을 대변하면서, 타자들의 권리를 인정해야 하고, 역사상 가장 위대한 국가인 '우리'가 '우리'의 이해관계를 대변한다는 것을 '우리 자신'에게 상기시켜야 한다.

클린턴 대통령이 아이티에 미국의 군사적 개입에 대해서 말했을 때, 그는 "아이티 군 당국은 세계 공동체의 의지뿐만 아니라 아이티 인민의 바람을 간단히 무기한적으로 거부할 수 없다는 것을 이해해야 한다"라고 선언했다. 그는 계속해서 "그 길은 자신들의 국가에 고통만을 안겨줄 것이고, 국제적 고립만을 가져올 것"이라고 말했다(『가디언』, 1993년 10월 16일에서 재인용). 그 미국 대통령은 보편적 도덕성의 목소리로 말하고 있었다. 국가가 처신해야 하는 올바른 방법과 그릇된 방법이 존재했다. 그리고 그가 대변하고 있던 '국제적 공동체'는 올바른 방식을 옹호한다. 마치 그것이 단일한 의지를 가진 단일한 행위자로서 상상될 수 있는 것처럼. 그러나 이는 전부가 아니었다. 같은 연설에서 그 대통령은 "미국의 중요한 이해관계들이 아이티에서 위험에 처해있다"라고 주장했다. 이 말은 민주주의의 회복과 미국 시민들의 안전을 포함했다. '우리'의 특수한, 국가적으로 규정된 이해관계들이 '국제적 공동체'의 보편적 도덕성과 일치하는 것으로 나타났다.

콜린 파월 미국 국방장관은 소말리아에서 미국이 철수하는 것은 "새로운 세계질서에 대한 우리의 희망과 이 같은 문제들을 다루는 다국적 기구들에 참여하는 우리의 능력을 황폐화시키는 일"이라고 주장했다(『가디언』, 1993년 9월 11일). '참여하는 우리의 능력'은 미국이 다국적 기구들의 수장으로서 참여한다는 것을 명확히 가리킨다. 그러나 새로운 '세계질서에 대한 우리의 희망들'은 보다 모호하다. 그 희망은 미국만의 희망이 아니다. 그것이 그러한 희망을 포함하긴 하지만, 그것들은 또한 모든 분별 있는 국민people들의 희망이기도 하다. 이러한 희망들과 세계질서 자체는 세계의 분별 있는 국민인 '우리' 미국인들에게 달려있다. 특별할 것도 없는 상투어와 그 자체 주목받지 못하는 문법을 통해서 '우리'의 모든 희망들과 '우리' 미국적 세계의 통일이 간결하게 묘사된다.

이러한 모호성들은 부시 대통령이 걸프전 동안 행한 연설들에서 분명했다. 그가 동맹 파트너들과 함께하는 미국이 이라크 군대를 공격하고 있다고 말했을 때, '우리'라는 흐릿함은 분명했다. 때때로 우리는 분명히 미국이었다. "우리의 아들과 딸들"이 전쟁터로 가고 있었다. 그리고 부시는 후세인이 "우리의 경제", 혹은 우리의 이해관계에 끼쳤던 손해를 언급할 때는 조심스러웠다. 때때로 '우리'는 동맹국들이었다. "우리는 패배하지 않을 겁니다." 때때로 그것은 보편적 '우리'였는데, 이는 미국이거나 동맹국이거나 그 모두일 수도 있었다. "우리가 성공했을 때, [⋯] 우리는 이 새로운 세계질서에 진정한 기회를 갖게 될 것입니다"(1991년 1월 16일 연설, Sifry and Cert, 1991: 311f.). 경우에 따라서는 '우리'는 '세계'와 동일한 것으로 보였다. 부시는 특정한 미국 병사들을 언급했다. "오늘 밤 미국과 세계는 그들과 그들의 가족들에게 깊이 감사하고 있습니다." 물론 그 세계에 이라크는 포함되지 않았다.

'우리'의 적들은 단지 '우리'의 특수성에 있는 '우리'에게 반대하는 것만이 아니라, '우리'가 대표한다고 주장하는 도덕적 질서에 반대한다고도 말해질 수 있다. 따라서 그들은 단지 낯선 '그들' 이상으로 악마화된다(Edelman, 1977). 국민국가가 테러리스트보다 더한 폭력을 가할 수도 있다. 그러나 국제적 테러리스트의 형상은 도덕적 질서와 합리성 자체에 대한 위협을 나타내는 데 사용된다(Reich, 1990). 각 테러리스트의 행동은 개개인의 생명 그 이상을 위협한다. 그것은 국가가 주장하는 폭력의 독점에 도전한다. 유사하게 국가들과 국가 지도자들은 이러한 국가들의 질서 밖에 위치할 수 있다. 사담 후세인은 부시가 묘사하고 이끌 권리를 주장하고 있던 도덕적 질서 너머에 있었다. 부시에 따르면 "세계가 기다리는 동안" 사담 후세인은 약소국을 강간하고 약탈했다. "세계가 기다리는 동안" 사담은 자신의 무기고에 화학무기를 추가했다. "세계가 기다리는 동안" 사담은 우리와 세계경제에 해를 끼쳤다(Sifry and Cerf, 1991: 312~313). 부시는 반복적으로 자신의 적을 세계 밖에 위치시켰고, 길레이가 그림으로 묘사했던 것을 수사적으로 달성하고 있었다. 그 적은 세계에 속하지 않았고, 세계를 상대로 게임을 하고 있었다.

이 수사는 '우리'에게 반대하는 국가들은 지역에 한정된 경쟁자들 이상임을 제시한다. 그들은 국제적 도덕성의 적들로 바뀔 수 있었다. 따라서 미국의 수사에서 리비아와 이라크는 단지 상이한 풍속을 가진 경쟁자나 낯선 외국인들이 아니다. 그들 이전의 소비에트와 마찬가지로, 그들은 세계의 도덕적 질서 자체에 대한 위협으로 악마화된다(Silverstein and Flamenbaum, 1989). 이 질서는 분명히 국가들의 세계다. 그 적들, 그러니까 '테러리스트들'뿐만 아니라 국가들 자체도 '보편적 청중'의 정반대다. 그들은 보편적인 적으로 묘사된다.

새로운 세계질서라는 수사에서 국민주의에 대한 이론적 의식은 현대 정치인의 진부하고 빤한 상투어에서 재생산된다. 이 의식은 한 국가가 어떻게 행동해야 하는가, '우리'가 어떻게 행동해야 하는가 그리고 세계 혹은 전체 '국제적 공동체'가 어떻게 행동해야 하는가에 관한 가정들을 포함한다. 이러한 행동의 문제들에 대한 토론은 국민성이라는 틀 속으로 편협해진다. 또 다른 주제가 잇다. 국제적 헤게모니를 추구하는 한 국가는 그것이 국민주의적이라는 사실을 부인해야 한다. 그것은 자신만의 특수한 이해관계를 보호하면서도, 보편성의 목소리로 말한다고 주장할 수 있어야 한다. 따라서 낯익은 헤게모니의 문법이 '우리'의 상이한 정체성들과 함께 슬며시 들어온다. 이런 의미에서 국가적 헤게모니 정치뿐만 아니라 국제적 헤게모니 정치는 정체성 정치의 한 형태이다. 그것의 수사는 정체성들 중 하나의 정체성이 있다고 습관적으로 가정한다.

5장 _ 매일 고국을 게양하기

그 질문은 아직 직접적으로 답변되지 않았다. 왜 '우리'는, 확립된 민주주의 국가들에서, '우리'의 국민정체성을 잊지 않는가? 짤막한 답변은 '우리'는 '우리'가 국가들 속에서 살고 있다고 부단히 상기하게 된다는 것이다. 우리의 정체성은 부단히 게양되고 있다. 그러나 이러한 게양은 단지 공공건물 밖에 걸려있는 국기 혹은 3장에서 논의된 것처럼 그 지역에서 유통되는 동전에 그려진 국가 상징물의 문제일 수 없다. 그것이 대머리독수리든 털담비든 간에 말이다. 앞 장은 국민정체성이 국민성, 세계 그리고 그 세계 안에서 우리의 장소에 대한 모든 일련의 낯익은 가정들에 대한 속기라고 주장했다. 축 늘어진 채 펄럭이지 않는 깃발과 양각으로 새긴 독수리는 이러한 가정들을 사유의 습관들로서 자신들의 장소에 유지하기에 충분하지가 않다. 이러한 가정들은 담론적으로 게양되어야 한다. 그리고 그것을 위해 시민들의 귓가에 딸랑대거나 그들의 눈앞을 지나가는 진부한 말들이 요구된다.

일상적 국민주의의 주제는 국민성이 동시대 삶의 표면 가까이에 있다는 것을 제시한다. 만약 이것이 옳다면, 일상적으로 낯익은 언어

습관들은 부단히 국민성의 상기물로 기능할 것이다. 이런 식으로 국민들의 세계는 그 세계, 곧 오늘의 자연스러운 환경으로 재생산될 것이다. 논의된 바와 같이 국민주의는 혈통 신화의 화려한 언어에 제한되지 않는다. 일상적 국민주의는 지루하고 일상적인 말들로 작동하는데, 이는 국민들을 당연시하고, 그렇게 함으로써 지루하고 일상적인 말들 안에 거주한다. 웅장하고 기억할만한 문장들보다는 사소한 말들이 우리의 국민정체성을 잊을 수 없는 것으로 만들기 때문에, 꾸준하지만 좀처럼 의식되지 않는 고국의 상기물들을 제공한다. 이 장은 현대의 확립된 민주주의 정치인들이 사용하는 언어를 탐구함으로써 시작할 것이다. 기억할만한 것이 못 되는 상투어들과 정치적 담론의 습관들이 주목할만한 가치가 있는데, 이는 무례함이 아니라 그것들의 수사적 따분함 때문이다.

어느 관찰자들은 이데올로기가 20세기 후반에, 특히 민주주의 국가들에서 쇠퇴하고 있다고 주장했다. 가장 주목할만한 이로 프랜시스 후쿠야마는 범세계적 자유주의 혁명에 대해, 민주주의의 관념이 승리한 것으로 나타난다고 적고 있다. 이제 자유주의 민주정치에 도전할 위치에 있는 이데올로기란 없으며 "국민people의 통치 외에 다른 합법적 원칙은 없다"(Fukuyama, 1992: 45). 후쿠야마는 국민주의가 새로운 자유주의 세계질서에서 사라지고 있는 낡은 이데올로기들 중 하나라고 주장한다. 다른 많은 분석가들과 함께, 후쿠야마는 국민주의를 그것의 '새로운' 다양체들과 동등한 것으로 본다. 평범한 다양성이 그 범주로부터 미끄러지듯 빠져나가고, 이데올로기의 부재가 선언된다. 그러나 다른 가능성이 있다. 민주정치의 확산은 국민주의를 근절하기는

커녕, 국민주의의 진부한 그러나 반드시 유순하지는 않은 형태들을 통합한다. 20세기에 예상되었던 것처럼 민주정치의 조건들은 국민국가에 기초하고 있는 것들이며, 장소와 국민의 신비주의를 일상적으로 구체화한다. 후쿠야마가 사용했던 '국민의 통치'라는 문구는 이러한 가능성을 그 안락한 울려 퍼짐 안에 담고 있다. 그 '국민'은 전 세계의 '국민'이 아니다. 그것은 특정한 민주국가의 국민이다. 홀과 헬드가 논의한 것처럼 근대 민주정치에서 '국민'people은 담론적 구성물인데, 이는 국민nation과 같은 뜻으로 사용된다(Hall and Held, 1989). '국민의 통치'가 정치적으로 실현되어야 할 세계는 상이한 국가들의 세계다. 그것은 '그들'과 '우리'를 규정했던 세계다.

그러한 문제들을 탐구하기 위해서는 낯익은 언어 습관들을 조사하는 것이 필수적이다. 이는 '국민'(혹은 사회) 같은 낱말들에 주의를 기울이고, 그 낱말들의 관습적 사용에서 국민주의적 가정들을 꺼내는 것을 의미한다. 그것은 또한 언어적으로 미세한 분석이 되는 것을 의미한다. 일상적 국민주의의 중요한 단어들은 종종 가장 사소한 것들이다. '우리', '이것', '여기', 이것들은 언어적 '지시사'의 단어들이다. 후쿠야마의 문구 '국민의 통치'는 그 사소한 단어를 간과하기가 얼마나 쉬운가를 잘 보여준다. 만약 '국민'the people이 의미심장한 '담론적 구성물'이라면, 그것은 한 단어가 다른 단어에 관심을 유도하지만 그 자신에게는 그렇지 않은 두 단어로 구성된다. 'the people'의 'the'는 단순한 장식물이 아니다. 영어에서 정관사는 평범하게 '그' 고국을 지시하는 일상적 '지시어'에서 부단히 자신의 소리 없는 역할을 수행하고 있다는 것이 논의될 것이다.

만약 일상적 국민주의가 정치인들의 말에서만 발견된다면, 그것은 정치인 부류를 냉소적 무시로 대하는 수백만 사람들의 평범한 삶에 좀처럼 각인되지 않을 것이다. 그러한 게양은 대중매체가 매일 시민들에게 깃발의 중요성을 느끼게 할 때 다른 장소들을 갖는다. 특정한 날 한 국가의 신문들을 조사한 어느 사례연구는 고국의 지시어가 그 신문들의 구조에 각인되어있다는 것을 보여준다. 의식적 자각을 넘어, 멀리 떨어진 차량들의 붕붕대는 소리처럼, 이 사소한 말들의 지시어가 국민들의 세계를 낯익은 것, 심지어 고향처럼 만들어준다.

전에 논의된 바와 같이 국민주의는 극단적이고 비합리적인 무엇으로 너무도 쉽게 범주화된다. 서구의 확립된 국가에서 살고 있는 우리에게는 국민주의 담론을 우리, 곧 새로운 전지구적 질서의 교육받은 시민들이 사용하기를 꺼리는 어휘 목록에 놓으려는 유혹이 있다. 예컨대 국민주의는 타블로이드 언론에 투사될 수 있을 것이다. 타블로이드 언론들이 자신들의 노동계급 독자를 즐겁게 해주는 국수주의적 언어를 '우리'는 사용하지 않는다고 '우리 자신'에게 확인시킬 수 있다. 국민주의가 만연한 이데올로기라면, '우리'는 그렇게 선뜻 '우리 자신'을 그것과 거리를 두어서는 안 된다. 20세기 들어 국가들이 전쟁을 했을 때, 중간 계급과 지식인 계급은 전쟁을 지지하는 데에도, 전쟁 희생과 집계에서도 뒤지지 않았다.

이 장에서 탐구된 평범한 게양의 많은 사례는 '우리'의 신문들, 곧 중도 좌파의 교양 있는 언론들에서 취해진 것이다. 특히 내가 개인적으로 정기구독을 선택했던 신문 『가디언』에서 예들이 나온다. 이 신문은 그와 같은 유형의 다른 신문들과 마찬가지로 일상적 국민주의 이데올로기 바깥에 있지 않다. 설명 방식의 그 구조들 속에 들어가 있는 것은 고국의 복잡한 지시어다. 이러한 이유들로 인해서 일상적 국민주의 이데올로기에 대한 탐구는 고발이라는 편안한 어조들로 수행되어서는 안 되는데, 이는 '타자들'의 생각 없는 깃발 흔들기를 조롱하는 것이다. 만약 국민주의 의식의 일상적 심층이 이해되려면, 고백하는 어조 또한 필요하다. 중요한 점들에서 국민주의는 '여기', 집 가까이에 있다.

국민투표, 국가, 그리고 국민주의

유명한 구절에서, 에르네스트 르낭은 한 "국민의 존재"는 "매일의 국민투표"여야 한다고 선언했다. 국민투표에 대한 은유로써 르낭은 국민주의의 심리적 차원에 관심을 끄는 중이었다. 국민들은 절대적 존재를 갖지 않으며, "공통의 삶을 유지하려는 명백히 표현된 욕망"이 없다면 국민은 역사 속으로 사라진다(Renan, 1990: 19). 매일의 국민투표라는 관념은 의식적 의지의 심리학을 제시한다. 오히려 상상된 공동체라는 베네딕트 앤더슨의 나중의 생각은 상상의 심리학을 암시한다. 이점에서 르낭의 은유는 다소간 오도하는 것인데, 왜냐하면 글자 그대로 의식적인 매일의 선택은 없기 때문이다. 확립된 국가의 시민은 자신들의 국가가 계속되어야 한다고 매일매일 의식적으로 결정하지 않는다. 다른 한편, 한 국가의 재생산은 마술처럼 일어나지 않는다. 의식적인 선택이나 집단적인 상상 행위들이라기보다 평범한 실천들이 요구된다. 하나의 언어가 고정 사용자들이 부족하기 때문에 사라지는 것과 마찬가지로, 하나의 국가도 매일 사용되어야 한다.

국민투표라는 관념은 또한 국민주의와 민주정치 간의 관계에 관심을 기울인다. 르낭에 따르면 국가는 부과되기보다는 선택되는 것이다. 만약 국가의 구성원들이 국민성이라는 생각을 거부한다면, 국민공동체라는 전체 기획은 무너진다. 따라서 형식적으로 민주적이지는 않더라도, 국민주의에는 본질적으로 대중적인 측면이 있다. 민주주의 국가에서 국민 유권자는 몇 년마다 공식적인 국민투표로 자신의 집단적 선택을 표현할 기회를 갖는다. 틈틈이 르낭이 마음에 품었던 매일의 국민투표 같은 것이 습관적 일과 속으로 굳어진다. 이러한 일과들은 '인민'이 자신과 동일시하고, 그래서 자신을 '인민'으로 재생산하도록 도와주는 담론의 습관들을 포함한다. 자유주의 민주정치들에서 유권자들은 '인민'으로서 선거 때마다 '그들'의 지도자를 선택하고, '그들'의 국가적 운명의 정치적 행로를 설정한다.

존 쇼터는 직관적 통찰력으로 국민주의를 "논쟁의 전통"으로 묘사한다(Shotter, 1993a: 200). 이로써 쇼터는 국가들이 '우리'가 누구인가에 대해 논쟁하는 전통을 가지고 있다는 것을 의미한다. 경쟁하는 정치인들과 대립하는 당파들은 국가에 대한 자신들의 상이한 전망을 유권자에게 제시한다. 정치적 논쟁이 국가 안에 자리 잡기 위해서는, 논쟁을 넘어서는 요소들이 있어야 한다. 상이한 당파들은 '우리'가 '우리 자신'에 대해 어떻게 생각해야 하고, '우리'의 국가적 운명이 무엇이어야 하는가에 관해 논쟁할 수 있다. 그렇게 함으로써 그들은 국가적 장소에 있는 인민, 곧 '우리'의 현실을 당연한 것으로 여길 것이다. 고전적 수사 이론에서 토포스topos 혹은 수사적 장소는 논쟁의 주제topic를 지칭했다. 확립된 국민주의 수사에는 논쟁을 넘어서는 토포스가 있다. 그 논쟁은 일반적으로 하나의 장소, 하나의 고국에 위치하고, 논쟁 과정 자체는 수사적으로 이 국가적 토포스를 재차 확인한다. 앞으로 보게 될 것처럼 국가적 지형학에 대한 이러한 수사적 재확인은 토포스를 고국으로 게양하면서 사소하고 진부한 말들을 통해 일상적으로 달성된다.

정치적 담론은 국가의 일상적 재생산에서 중요하다. 그러나 정치인들이 반드시 엄청난 영향력을 가진 인물들이어서는 아니다. 사실 많은 논자들에 따르면 국가의 정치인들은 영향력이 떨어지고 있다. 중요한 경제적 결정은 초국가적으로 내려진다고들 말한다(Giddens, 1990; Held, 1989). 정치인들은 중요한데, 왜냐하면 전자 시대에 그들은 낯익은 인물들이기 때문이다. 정치인들의 얼굴은 정기적으로 신문이나 텔레비전에 등장한다. 미디어는 대통령들과 수상들의 말에 공간을 부여함으로써 정치적 발언을 뉴스거리로 다룬다(Van Dijk, 1988a, 1988b). 예전에 정치인들은 오직 소수의 인구만이 볼 수 있는 멀리 떨어진 인물들이었다. 토머스 제퍼슨은 심지어 글로 적힌 메시지를 서기가 읽도록 전달하면서 의회에서 연설하는 것을 피했다(Meyrowitz, 1986: 279). 캐슬린 제이미슨이 지적했던 것처럼, 현대 정치인들은 19세기의 선배들과 달리 바람 부는 공개된 장소에서 수백 명의 청중들에게 소리칠 필요가 없다(Jamieson, 1988). 처음에는 라디오를 통해, 그리고 이제는 텔레비전 덕에 그들은 나긋한 목소리로 수백만의 사람들에게 말할 수 있다. 정치적 연설로는 꽤나 새로운, 친밀한 수사를 사용함으로써 말이다. 이러한 수사는 시대에 꼭 들어맞는다. 왜냐하면 바흐친이 적었던 것처럼 "근대인은 선언하지 않는다. 그는 말한다"(Bakhtin,

1986: 132). 그 수사가 의미하는 바가 무엇이든, 그 목적은 의심의 여지가 없다. 정치인들의 말은 매일 수백만의 사람들에게 도달한다. 닐 포스트맨의 구절을 사용한다면, 현대의 삶은 "유명인으로서의 정치인"의 출현을 목격했다(Postman, 1987: 136).

만약 그 정치인이 유명인이라면, 명성은 주로 국가 정치라는 매개를 통해서 달성된다. 국가 통치권은 근대 정치적 삶의 구성 원칙이 되었다. 전 세계적으로 특히 서구 민주국가들에서 정치는 "국가중심적"state-centric이 되었기 때문이다(Held, 1992; Magnusson, 1990; Walker, 1990). 앤서니 기든스는 세계에서 정치권력과 경제권력의 질서를 구별하면서, "국민국가들이 전지구적 정치질서 내에서 주요 '행위자들'"이라고 주장한다(Giddens, 1990: 71). 경제질서 내에서 행동하는 개인들은 국가의 명성을 통해 국제적 명성을 달성하는 경향이 있는 정치질서의 유명인사들과 비교해볼 때, 눈에 띄지 않는 인물인 경향이 있다.

1844년 젊은 벤저민 디즈레일리는 슈루즈버리의 유권자들에게 호소하면서 자신의 동기에 대해 공개적으로 말했다. 젊음이라는 순수함과 새로운 시대의 열정을 가지고 그는 선언했다. "저는 명성을 사랑합니다. 저는 대중의 평판을 사랑합니다. 저는 나라의 이목을 먹고 살고 싶습니다"(Riddell, 1993: 14에서 재인용). 이것이 친숙한 인물이 되는 것의 원형이었다. 보수주의라는 이름으로 유권자들에게 구애하는 일을 즐겼던 전문 정치인 디즈레일리는 남의 이목을 끌려는 야심에 찬 정치인은 장이 서는 읍내나 지방 주州를 넘어서야 한다는 것을 잘 알고 있었다. 정말로 소중한 것은 시골 슈루즈버리의 거리에서가 아니라 온 나라의 이목을 통해 파악되는 것이어야 했다. 국가적 명성이 그의 목표였다. 그는 슈루즈버리가 그 수단을 제공하기를 바랐다.

근대 정치 담론의 상투어들은 점차 국가적 무대를 위해 변경되었다. 슈루즈버리 시민들 혹은 아칸소주 호프[1]의 시민들에게 인사를 건네는 특별한 수사는 없다. 디즈레일리는 자신의 연설을 "동료Fellow 슈루즈버리 시민 여러분"하고 시작할 수는 없었을 것이다. 왜냐하면 그가 외부인으로서 동료가 아니었기 때문이기도 하고, 그 용어가 귀에 거슬리기도 했기 때문이다. 4장에서 논의된 바와 같이 대통령 당선인 클린턴은 자신의 첫 번째 승리 연설을 "동료 미국인 여러분"으로 시작할 수 있었다. 그러나 국지적으로 "동료 호프 시민 여러분"이라고 하는 것이 가능했을까? 국가들 내의 대부분의 지역들에는 국가적 수준에서와 같은 장소와 국민의 준비된 의미론적 등가물이 없다.

심지어 새로운 국가가 명백히 생겨나고 있는 곳에서조차 국가의 인민과 장소를 통합하는 관례적 의미론이 유용한 수사적 틀을 제공할 수 있다. 넬슨 만델라는 인종차별주의적 과두정치의 세월 후 남아프리카공화국에서 행해진 최초의 민주선거에서 승리한 날 밤에 자신의 승리 연설을 관례적 스타일로 시작했다. "저의 동료 남아프리카공화국 사람들, 남아공 인민 여러분"(『가디언』, 1994년 5월 3일). 그는 계속해서 새로운 남아공을 "우리가 건설할 수 있는 유형의 남아프리카공화국"이라고 묘사했다. 그 나라는 독특하고, 알아볼 수 있고, 호출할 수 있는 국민을 가지고 있었다. "우리에게 차이가 있을 수도 있습니다. 그러나 우리는 문화, 인종, 전통의 풍요로운 다양성 속에 공통의 운명을 가진

---

1) 빌 클린턴의 고향인 소도시.

하나의 인민입니다."

　그 연설은 국수주의적 감정에 호소하는 것이 아니었고, '우리', 그 인민, 그 나라, 그 국민에 호소했다. 공통의 국민정체성이 환기되고 있었다. 그러한 말들의 발화는 하나의 평범하지 않은 순간을 표기할 수도 있었겠지만, 그 말들 자체는 확실히 평범한 것이었다. 근본적인 것이 세계체제에 합류했다. 그는 마치 자신의 국민에게 연설하는 다른 대통령들처럼, 주재하며 국민성에 대한 진지한 상투어들로 연설하고 있었다. 만약 민주주의와 국민성이 동시에 찬양받는다면, 이는 결코 우연이 아니다. 국가들의 세계에서 민주주의는 국가적으로 구조화된다. 그 조직은 국경을 따른다. 국가들 혹은 그들의 '국민'은 민주주의적 행위자들인데, 원하는 것을 선택하고, 민주적으로 대표되는 사람들이라고 관례적으로 말해진다. 그것은 마치 오늘날 민주주의가 국가적 고국들 외에는 어떠한 다른 고향, 다른 토대도 알지 못하는 것과 같다.

　국민에게 연설하는 정치인의 추가적 측면이 주목받을 수 있다. 관례는 정치가에게 "아테네인들에게 아테네인들을 칭찬하라"라는 아리스토텔레스의 권고를 따르도록 명령한다(『수사학』, I.ix.30; Aristotle, 1909). 그 국민은 묘사될 때 수사적으로 칭찬을 받아야 한다. 연설가들은 케네스 버크가 전체의 '우리'를 제시하는 동일시의 수사학이라고 불렀던 것을 사용해서, 그 칭찬받은 청중과 자신을 동일시해야 한다 (Burke, 1969). 4장에서 보았던 것처럼 물러나는 부시와 당선인 클린턴은 미국 국민을 지상에서 가장 위대한 국민이라고 칭찬했다. 만델라는 "우리의 진정한 영웅들인 인민 여러분"이라고 칭찬했다. 『펀치』지의 초기 카툰은 야심 찬 디즈레일리를 재단사로 묘사했는데, 그는 초라한 옷차림을 한 영국 국민들에게 훌륭한 정장을 입히기 위해 치수를 재고 있다(『펀치』, 1849년 7월 7일). 정치인들은 나라의 이목을 먹고 살 뿐만 아니라 국민을 국민 자신에게 보여주기도 한다. 상상된 국민의 청중에게 연설할 때, 남성복 상인으로서의 연설가들은 청중을 수사적 장신구로 꾸미고, 거울을 손에 쥐고 보여주므로, 국민은 그 자신에게 감탄할 수 있다.

만약 국민국가가 정치 담론을 위한 토대를 구성한다면, 국민을 대표하려는 정치인들은 국민의 눈앞에 서려고 시도하는 디즈레일리를 따라야 한다. 이 맥락에서 'representation'이라는 관념은 단순하지가 않다. 이론적으로 두 개의 의미가 구별될 수 있지만, 정치적 실천에서 이것들은 뒤섞인다. 우선 '대표하다' 혹은 '대변하다'라는 의미가 있다. 이러한 의미는 정부들이 '국민' 혹은 '인민'을 대신해서 말하고 행동하고 때때로 국기를 흔들며 그것을 대표할 권리를 주장할 때 암시된다. 디즈레일리는 웨스트민스터 슈루즈버리 유권자들의 공식 대표가 되려고 애쓰고 있었다. 그는 그들의 환유적 구현체로서 행동하고 의회회의실에서 그들을 대신해서 말함으로써 그들의 이익을 대변하거나 그렇게 하길 바랐을 것이다.

이 단어의 두 번째 의미는 하나의 그림이 하나의 장면에 대한 재현일 수 있다는 의미에서 '묘사'다. 현대의 정치적 실천에는 두 가지 형태의 'representation'이 밀접하게 연결되어있다. 국민/인민을 **대표하여** 주장하기 위해 정치인은 그 국민/인민에게도 말해야 한다. 국민은 대표(대변)되려고 언급될 때, 또한 언급되려고 재현(묘사)될 것이다. 가장 단순한 수준에서, 국가의 이익을 대변하겠다고 주장하거나 시위하는 정치인은 국가를 들먹일 것이다. '우리'의 이익을 안다고 주장하며, 명쾌하게 '우리'에게 연설하는 연사는 동시에 '우리'를 묘사한다. 공들여 칭찬하는 묘사를 사용하든 그렇지 않든 간에 말이다. 이 문맥에서 'representation'의 두 가지 의미가 마치 혼란스러운 언어의 사건이 두 개의 분명히 다른 행동들을 통합한 것처럼 무계획적인 것은 아니다. 헤게모니의 수사, 이는 일반적이고 특수한 이해관계를 생략하는데, 두 가지 유형의 'representation'을 생략하는 것이다. 일반적(국민적) 이익을 대표하는 특정 정당이나 정치인은 무엇이 대표되어야 하는가를 연설에서 재현해야 한다.

그 결과 국가적 맥락에 토대하는 정치 담론은 국가라는 은유적 시각에 고정되고, 대표/재현representation의 실천에 사용되는데, 일반적으로 국민성을 게양할 것이다. 그러한 게양은 현대 국가정치의 '정상적'이고 습관적인 조건의 일부이다. 그것은 '우리'의 목청 열린 유명 정치인들이 부단히 생산한, 말로 하는 배경음악을 반복한다.

애국주의 패 돌리기

만약 게양이 현대 민주정치의 일반적 조건이라면, 나이젤 해리스가 썼듯이 "국민주의는 거의 모든 정치적 논의를 위한 틀과 언어를 제공한다"(Harris, 1990: 269). 이러한 판단에서 볼 때 국민주의는 특정한 정치전략이 아니라 관례적 전략들의 조건이다. 특정한 정치가 무엇이든 간에 이는 국민주의가 특정한 대중적 우익 정당들의 특정한 전략들과 동일시되어서는 안 된다는 의미인데, 왜냐하면 이는 국민주의적 가정들의 영역을 과소평가하는 것이기 때문이다.

국민주의적이거나 애국적인 감정을 이용하는 것으로 관례적으로 인정되는 전략들과 수사들이 확실히 있다. 이러한 전략들은 그것들만의 알아볼 수 있는 수사를 갖는다. 이전 장에서는 1992년 10월 영국 수상 존 메이저가 보수당에 연설한 것에 대해 논의했다. 그는 영국의 독특한 정체성이 결코 상실되도록 두지는 않을 것이라고 선언했다. 그는 영국 국기를 끌어내리는 꿈을 꾸었던 사람들에게 고민거리가 닥친다고 선언했다. 이 사람은 애국주의라는 정치 사업으로, 정당의 곤경에 응답했던 정치인이었다. 보수 우익 내의 반反유럽적 분파들이 보수당에 반발하겠다고 위협하자, 그 보수당 지도자는 자신의 정당에게 그가 결코 영국의 주권을 배반하지 않을 것임을 확인시켜주는 애국적 소음을 냈다. 그 전략은 쉽게 알아볼 수 있는 것이었다. 특히 비평가들에게는 말이다. 전통적으로 보수당을 지지하는 『타임스』는 메이저의 지도력에 인내심을 잃어가고 있었다. 메이저의 연설이 있은 다음 날 아침 그 신문은 "메이저, 애국주의 패로 시간을 벌다"라는 헤드라인을 달았다(1992년 10월 10일). 결코 보수당을 지지한 적이 없던 『가디언』도 비슷하게 응수했다. "메이저, 애국주의 패를 만지작거리다"가 헤드라인이었다.

존 메이저는 1994년 유럽 의회 선거를 위한 보수당의 활동을 한 연설로 시작했는데, 한 신문이 그것을 낯익은 용어들로 묘사했다. "지난 밤 존 메이저가 보수당의 유럽 전략을 깃발로 감싸기 위해 움직였다"(『가디언』, 1994년 5월 24일). 국민이라는 수사적 시각에서 메이저는 자신의 청중에게 물었다. "당신이 지지한다고 생각하는 정당이 영국의 이익을 우선적으로 유럽 논의 속에 집어넣을까요? 우리는 그렇게 할 것입니다." 헤게모니의 문법이 사용되고 있었다. '우리'는 그 정당이었고, '당신'은 국민 청중이었다. 정체성들 중 하나의 정체성이 제시되고 있었다. 그 연사가 국민에게 국가를 추켜세웠을 때, 가장 요란한 갈채가 있던 것으로 보도되었다.

저는 이 나라가 세계에 존재하는 여전히 최상의 나라라고 긍정적으로 믿고 있습니다. 저는 4년 동안 60여 개국을 보아왔는데, 제가 한 주 동안이라도 바꾸어 살고 싶은 나라는 하나도 없었습니다.

'이 나라'는 '우리' 보수당이 대표하는 '우리' 모두의 장소였고, 이는 '우리' 영국의 이익을 대표했다. 이것이 포괄적인 '우리'였다고 해도, 그 포함은 외부 세계를 배제하기 위해 국경에서 멈추었다. '우리'의 장소가 장소들 중에서 가장 선호된 것이었다. 외래성과 타자들의 불특정한 세계인 '그들'의 장소는 한 주 동안의 고려를 받을 가치도 없었다. '이것'은 고향이었다. 축복받은 장소, 이 땅, 이 영역 말이다.

애국주의 패는 애국주의 미덕을 공개적으로 찬양하는 우익 정당들이 일반적으로 사용했다. 1993년 9월 독일의 여당이었던 기독민주당과 기독사회당 연합은 애국주의가 다음 해에 권력을 유지하려는 선전에 중요한 부분일 것이라고 공언했다. 교섭단체의 지도자로서 차기 수상이 될 것으로 널리 예상되는 볼프강 쇼이블레는 다음과 같이 선언했다.

우리는 다시 한번 국민적 소속감의 느낌 속에서 보다 흔들림 없이 확신해야 합니다. [⋯] 애국주의는 낡은 방식이 아닙니다. 우리의 조국은 훨씬 더 많은 애국주의만 있다면 잘 살아갈 수 있을 겁니다. (『가디언』, 1993년 9월 15일)

애국적 조국의 메시지가 소파와 천을 덧댄 안락의자에 앉아있는 전국 방방곡곡의 청중에게 전달되었다. 오늘날 정치 세계에서 고국이라는 패는 곧장 고국의 고향들 속으로 돌려질 수 있다.

1980년대 동안 그러한 메시지들은 레이건과 대처의 포퓰리즘 수사에서는 흔한 것이었다. 레이건은 종종 의무에 대한 애국적 요구와 남부의 서민성, 종교적 이미지, 그리고 미국이 보편적 선을 대변한다는 주장을 뒤섞었다. 1988년의 대국민 연설이 좋은 예다. 그때 그는 니카라과의 콘트라 반군에 대한 작전을 지지해달라고 촉구하고 있었다 (Ó Tuathail and Agnew, 1992). 레이건은 미국의 이미지를 약속의 땅으로 사용했다. "저는 종종 전능한 신께서 이 위대하고 훌륭한 땅, '신세계'를 여기 두 대양 사이에 놓아둔 이유가 있다는 저의 신념을 표현해왔습니다." '우리'는 평화의 수혜를 누려왔고, 이제 '우리'는 "우리가 소중하게 여기는 동일한 자유를 위해 투쟁하는 사람들을 지지해야 합니다". '우리'는 우리 자신과 '우리' 아이들 그리고 세계의 모든 이들을 위해 이 일을 해야 한다. "우리는 미국이 여전히 희망의 등불이며, 여전히 국가들을 밝히는 빛이라는 것을 보여줄 것입니다." 미사여구를 늘어놓는 양복점 주인이 전 세계가 줄무늬 있고 별 박힌 삼색의 코트를 칭찬한다고 생각하도록 국민에게 손거울을 쥐어 보여주고 있었다.

영국의 마거릿 대처는 수상 임기 동안 똑같은 거울을 향해 부단히 손을 뻗었다. 포클랜드 전쟁 동안 그리고 그 이후에 그녀는 입을 열기만 하면 입에서 애국적 수사가 흘러나올 것이었다. 이전 장에서 그녀가 포클랜드 작전은 영국이 여전히 훌륭한 특질을 소유했음을 보여주었다고 선언했음을 인용했다. "우리 영국 국민은 늘 그래왔던 것처럼, 유능하고, 용기 있고, 결단력 있습니다"(Barnett, 1982: 150에서 재인용). 그리고 그녀는 한 언론인에게 다음과 같이 선언했다. "우리가 여전히 이름난 일들을 해낼 수 있다고 하는 안도감과 엄청난 자부심의 느낌이 있었습니다." 그녀는 계속해서 "우리는 후퇴하는 국가이기를 멈췄습니다. 대신에 우리는 새롭게 발견한 자부심을 갖고 있는데, 이는 고향에서의 경제적 전투에서 생겨났고, 8000마일 밖에서 옳은 것으로 검증되었습니다"(Young, 1993: 280~281에서 재인용).

이 모든 예에는 국가에 대한 찬사가 있다. 적어도 '여러분'이 권고된 정책을 지지하는 한에서, 우리가 대표될 가치가 있다고 재현되듯이 말이다. 레이건은 미국이 국가들을 밝히는 빛이라고 직접적으로 찬미한다. 대처는 자신의 국가가 그녀의 지도력 아래서 느낀다고 주장된 엄청난 자부심을 자랑스러워한다. 메이저는 영국 정신을 칭찬하는데, 이는 결코 괴롭힘을 당하지 않을 것이며, 그것을 칭찬함으로써 그는 자신에게 그 정신을 요구하는 것이다. 쇼이블레는 조국에 대한 애국심을 촉구한다. 그리고 그렇게 함으로써 그는 조국이 애국적 충성을 받을 가치가 있다는 것을 암시한다.

현대 우익 포퓰리즘의 이러한 형태들에는 추가적 요소가 하나 있다. 그것들 모두 역사적 영광을 되찾거나 잃지 않겠다고 주장하면서 과거를 환기한다. 이런 식으로 그것들은 모두 상실에 대한 두려움으로 번져나간다. 메이저의 1992년 연설은 천 년의 영국 역사와 정신을 인용했는데, 이것이 위협을 받고 있지만 메이저는 이를 막아내겠다고 약속했다. 그가 그 국가를 세상에서 최상의 나라라고 칭찬했을 때, 그는 사소한 단어 '여전히'still를 사용했다. 그것은 **여전히** 최상의 장소였다. 비록 그 특혜를 받은 장소에서 그 나라를 쓰러뜨리기 위해 군대가 동원되고 있었지만 말이다. 쇼이블레는 애국심은 날짜가 지난 것이 아니고, 다시 되찾아야만 하는 것이라고 주장했다. 레이건의 경우에는, 미국이 여전히 국가들을 밝히는 빛이라는 것을 보여줄 필요가 있었다. 그리고 대처는 자부심을 되찾았다고 주장하며 기뻐했다. '우리'는 이 국가가 **여전히** 훌륭한 특질을 가지고 있음을 보여주었다. '우리'는 **여전히** '우리'가 이름을 날릴 일들을 해낼 수 있다. 과거를 되찾아야 한다. '우리'의 영광스러운 운명과 '우리'의 변하지 않는 정체성을 '우리'로부터 떼어놓는 적들을 물리쳐야 한다.

토머스 셰프는 수치심이 국민주의 수사 주변에 강하게 숨어있다고 지적한다(Scheff, 1995). 모든 사례가 내포된 수치심을 환기시킨다. 만약 '우리'가 과거를 저버린다면, 만약 '우리'가 소중한 국가적 본질을 포기한다면, '우리'는 부끄럽게 될 것이다. '우리'는 더 이상 한때 이름을 날렸던 영웅적 일들을 해낼 수가 없다. '우리'는 '우리'의 1000년의 유산을 버리게 될 것이다. '우리'는 국가들을 밝히는 빛이 아닐 것이다. 수치심은 쉽게 분노로 전화된다(Retzinger, 1991; Scheff, 1990). 애국주의 패의 수사는 '우리'로 하여금 '우리'의 유산, '우리'의 의무, '우리'의 운명을 포기하게 만드는 사람들에 대한 분노를 불러일으킨다. 저 멀리에 적들이 있다. 그들은 국가들을 밝히는 빛을 꺼버리겠다고 위협하며, '우리'가 한때 이름을 날렸던 영웅적 행위를 이제는 할 수 없다고 믿으며 '우리'를 조롱하는 사람들이다. 그리고 가장 기분 나쁜 것은 내부의 적들에 대한 분노다. '우리'의 유산을 버리고, '우리'에게 창피를 줄 사람들 말이다. 이러한 내부의 적들은 '우리'가 되기에 적합하지 않다. 따라서 대처는 포클랜드에 대한 자신의 애국적 수사를 고향에서 파업 중인 광부들에게 돌렸다. 파업을 거부했던 광부들은 "우리가 영국의 최상의 것이라고 부를 만큼 자랑스러운" 사람들이었다(Reicher, 1993에서 재인용). 걸프전 동안 미국 언론은 대통령을 지지하지 않았던 사람들을 나라를 팔아먹는 내부의 적이라고 묘사했다(Hackett and Zhao, 1994).

위험한 분노가 자화자찬 내부에서 떠돌고 있다. 그러나 자화자찬은 무해하게 낯익은 것으로 보일 수 있다. 낯익은 정형들이 애국적 재현 내부에서 사용된다. 그래서 화자와 청중은 자기 자신('우리 자신')을 인정하고 되찾으라고 요구할 수 있다. '유능하고 용기 있고 결단력 있는' '우리'는 우리 자신을 그 수사적 거울 속에서 본다. 정형들의 사용과 더불어, 특히 정치적 담론의 수사적 상투어들에서 고국이 상상력 없이 상상될 때, 상상력과 상상력 부재의 혼합물이 온다.

존 메이저는 보수당 회의에서 자신의 애국주의 패를 돌리고 난 직후 행해진 연설에서 영국이 50년이 지나도 "그 바꿀 수 없는 본질들로" 살아남을 것이라고 선언했다. 또다시 그는 그 독특한 국가적 과거를 보존하고, 상실의 위협에 맞서 국가를 보증하는 사람으로 자신을 제시하고 있었다. 그는 본질적 특징들의 목록을 늘어놓았는데, 이는 다소간 신비롭게 국가적 총체성을 묘사하고 있었다. 영국은 계속해서 "크리켓 운동장 위에 길게 늘어진 그늘, 따뜻한 맥주, 비길 데 없는 초록의 교외지역, 개를 사랑하는 사람들, 풀장에 물을 채우는 사람들의 나라일 것"이라고 그는 주장했다(『가디언』, 1993년 4월 23일). 그가 한 바탕 쏟아낸 환유적 정형들에서 특수한 것들이 나라 전체를 묘사하기 위해 제시되었다. 사람들, 문화, 장소의 이미지들, 즉 '우리' 인민, '우리' 삶의 방식, '우리' 고국의 이미지들이 합쳐진 채로 말이다. 영국은 개를 사랑하는 사람들과 크리켓 선수들의 나라일 뿐만 아니라 또한 녹지와 길게 늘어진 그늘의 고향이다. 그러한 모든 정형들과 마찬가지로 그 재현은 배제를 포함한다. 메이저의 묘사는 너무도 잉글랜드적이다. 스코틀랜드에 잉글랜드 상류층이 즐기는 크리켓 시합이 없다는 것은 말할 필요도 없다. 그의 예들은 남성 중심적이다. 그는 달짝지근하고 도수가 낮은 셰리주酒와 바늘로 뜬 자수가 아니라 맥주와 크리켓을 환기시키며, 따라서 그 국가적 형태는 언제나 잉글랜드 **남성**이지 결코 잉글랜드 **여성**이 아니라는 스튜어트 홀의 논평을 확증한다(Hall, 1991b). 메이저는 도심이 아니라 교외지역을, 축구 경기장이 아니라 크리켓 운동장을, 실업자가 아니라 개를 사랑하는 사람을 말한다. 이처럼 환기된 국가에는 고속도로, 갱도, 회교 사원이 없다. 교묘하게 편파적이고 선별적으로 이상화된 영국이 전체를 대표한다. 특수한 것들이 변경될 수 없을 정도로 미래로 운반될 본질을 대표한다. 이 본질적 특수성들(이 녹지, 이 맥주의 온도, 우리의 크리켓 경기)이 독특한 것이라는 암시가 도처에 있다. '우리' 국가, '우리 나라'의 본질들은 다른 어디에서도 볼 수 없다는 것이다.

그렇게 말할 때 그 정치인은 하나의 묘사를 전달하기 위해 정치적 상상력의 기술을 사용하는 것이다. 그 상상력은 전적으로 독창적인 것은 아닌데, 왜냐하면 메이저가 조지 오웰의 보다 비꼬는 글에서 비꼬지 않으면서 많이 빌려온 것이기 때문이다. 수사적 상상력 행위 뒤에 놓인 교묘한 정치 전략이 그 연설을 '애국주의 패'와 같다고 간주하도록 돕는다. 그러나 정형들의 사용은 그 상상력이 자유롭지 않다는 것을 의미한다. 왜냐하면 정형화는 하나의 반복을 포함하기 때문이다. 바르트가 썼듯이, 각 기호 안에 그 괴물, 즉 그 정형이 잠을 자는데, 이는 그 자체가 하나의 반복이다(Barthes, 1983a). 낯익은 특수성들이 일반적으로 이해되는 '우리'의 의미를 재현하기 위해 사용된다. 그리고 그것들이 친숙하기 때문에 그 재현은 하나의 반복이다. 그런데 이는 상상력 없음이라는 상상 행위를 포함한다. 연설문 작가들이 그 이미지들의 억양을 재며, 여론조사 자료에 반하는 환기들을 시험해가며, 밤을 새워 오랫동안 작업을 했을 수도 있다. 그럼에도 불구하고 그들의 분주한 상상력은 상상력 없이 친숙한 것을 위해 작동한다.

만약 고국이 수사적으로 재현되고 있다면, 그 자체로 그것은 문자 그대로 다시 제시되는(즉 재-현되는) 것이다. 애국적 깃발의 친숙한 패턴들이 휘날리고 있다. 이런 점에서 게양은 언제나 하나의 상기물, 하나의 재-현, 따라서 상상력의 제약이다. 이 외에도 애국주의 패는 걱정을 없애주는 낯익은 것이 위협을 받고 있다고 제시한다. '우리'가 국경선 안팎에서 우리를 파괴하려는 자들에 맞서 강경 노선을 취하지 않으면, 그 반복은 반복될 수 없을 것이다. 낯익은 것은 낯선 것이 될 것이고, 칭찬받은 국민은 더 이상 칭찬받을 가치가 없을 것이다. 따라서 그 반복은 단순한 반복이 아니다. 그것은 그 수사적 잠재력들 중에서 낯익은 괴물을 갖는다. 국가적 분노에 대한 독선적인 요청 말이다.

애국주의 패를 넘어

애국주의 패는 특수한 정치 전략을 나타낸다. 하지만 그것은 현대 민주정치 안에 전체 부류의 국민주의를 구성하지는 않는다. 때로 포퓰리즘적 우익들, 가령 마거릿 대처 같은 이들은 자신들의 정치만이 국가의 이익을 마음 깊이 담는다고 주장한다. 그러나 모든 깃발이 똑같이 활발하게 휘날리는 것은 아니다. 만약 해리스가 국민주의는 현대 정치 담론을 위한 틀을 제공한다고 제시한 것이 옳다면, 국민주의가 뿌리 뽑혔던 영도는 없다. 우익들이 애국주의 패로 게임을 돌리는 것을 멈춘다고 해도, 국민주의 없는 정치가 자동적으로 달성되진 않을 것이다. 깃발들이 휘날리지 않을 때조차, 그것들은 여전히 주목받지 않는 상투어들의 낮은 깃대 위에 걸려있다.

　친숙한 정형들을 요청하며 애국주의 패를 돌리는 사람들은 자신들의 수사를 새롭게 창조하지 않는다. 그들은 발명하지 않고, 논쟁이라는 국민주의 전통 안에 참여하고 있다. 그들은 '우리'가 누구이고, '우리'가 무엇을 닮아야 하는가에 관한 특정한 전망을 옹호할 수 있다. 그러나 그들은 '우리'를 창조하지 않고, '우리'가 '우리 자신'을 위치시키는 고국도 창조하지 않는다. 선거가 끝난 후 연설에서 클린턴과 부시 모두 거의 동일한 용어로 미국을 표현했다는 사실은 전혀 우연이 아니다. 두 후보들 모두 유세 기간 내내 같은 무늬의 깃발을 흔들던 군중에게 연설했다. 클린턴은 부시와 좀처럼 구별되지 않는 외교정책을 갖는 것으로 입증될 것이었다. 영국에서 노동당은 포클랜드에 대한 대처의 정책을 지지했고, 권력을 잡았을 때, 그 정당 또한 배타적 이민 정책을 집행했었다.

'애국주의 패 돌리기'를 하건 말건, 작전을 벌이는 정치인들은 우리의 나라/국가/국민에 대해 유사한 뻔한 이야기들을 말하는 것처럼 들릴 수 있다. 로돌프 기글리오네는 그리스 총선 기간 중에 좌익 범그리스사회주의운동 정당 회의들에서 나온 진술들의 내용을 분석했다 (Ghiglione, 1993). 진술들의 거의 절반은 '우리'와 관계가 있었다. '우리' 정당이든 '우리' 나라든 간에 말이다. 다른 25퍼센트는 '인민'을 다루고 있었다. 일반적으로 '그리스인들'이거나 '여러분 그리스인들'로 가정되는 사람들 말이다. 기글리오네가 프랑스 우익 정치인 자크 시라크가 대통령직을 위해 행했던 성공적이지 못한 유세 연설들을 조사했을 때에도 유사한 패턴이 발견되었다.

국민주의적 상투어에 대한 몇 가지 추가적 사례가 주어질 수 있다. 이러한 예들은 1993년 후반기에 영국의 신문 기사들에서 취한 것이다. 그러나 어떠한 나라에서 어떠한 주요 정치인들로부터 나온 어떠한 연설이든 예가 될 수 있을 것이다. 1993년 10월 선거에 승리한 PASOK 정당의 대변인은 "하나의 새로운 시대가 시작되며, 그것은 그리스와 헬레니즘에 대한 새로운 지평들 중 하나가 될 것입니다"라고 선언했다(『가디언』, 1993년 10월 11일). 뉴질랜드 수상은 자신의 유세 연설에서, "새로운 분위기, 새로운 낙관주의가 있습니다. 그리고 뉴질랜드인들은 자신들의 능력과 자기 나라의 미래에 대해 확신하고 있습

니다"라고 주장하면서 "키위 정신"을 언급하고 있었다(『가디언』, 1993
년 11월 5일).[2] 캐나다 수상은 자신의 절망적으로 불운한 선거유세에
서 자신의 적수가 "캐나다인의 정신을 꺾을 것"이라고 주장하고 있었
다(『가디언』, 1993년 12월 12일). 이러한 기사들 중 어떠한 것도 그 정치
인들이 애국주의 패를 사용한다고 주장하지는 않았다. 모든 기사들이
정치인들은 그들 자신과 그들의 국가들에 대해 말할 것으로 기대되는
표준적이고 완전히 잊어도 좋은 정형들을 전달하고 있었다.

　　포퓰리즘적 애국자들은 정치적 우파에서 주로 발견될 수 있다. 그
러나 국민국가가 선거정치를 위한 토론의 장이기 때문에, 좌파도 역
시 국가를 대표하려고 열망한다. 좌익들은 종종 안토니오 그람시가
"국민-인민의 집단의지"라고 불렀던 것에 호소한다(Gramsci, 1971:
131ff.; Fiori, 1990 참조). 그람시의 공식 자체는 사회주의 전망이 현 세
기 동안 국가화되었던 정도를 보여준다. 그 자체를 '국가적인 것'으로
유지하려는 '인민의 의지'를 위해, 그것은 국민성의 의미를 보존해야
한다. 따라서 국민성이라는 실제적이고 습관화된 신비주의가 그람시
의 어구에서 무비판적으로 가정되고 있다.

　　존 메이저가 정당과 국민 앞에서 자신의 애국주의 패를 만지작거
릴 때, 그의 노동당 적수들 또한 나라의 이목 앞에 서려고 했다. 작고한
존 스미스가 지도자로서 1993년 가을 노동당 전당대회에서 연설했을
때, 그는 '보수당 영국'의 이미지와 '노동당 영국'의 이미지를 대비시켰

---

2) 키위는 뉴질랜드에서만 서식하는 날지 못하는 새의 일종이다. 뉴질랜드의 국조인 동시에 뉴
　질랜드인들을 가리키는 단어로 사용된다.

다. "토리당의 영국에서 분노하고 환멸을 느낀 국민이 미래에 대한 우리의 신념을 잃어가는 위험에 빠져 있습니다." 다른 한편 "노동당의 영국은 새로운 기회들에 문을 활짝 여는 자신감 넘치는 사회가 될 것입니다. 미래를 바라보는 사회 말입니다"(『가디언』, 1993년 9월 29일). 국민성과 '우리'가 관례적 방식으로 게양되고 있었다. 그리고 '사회'가 국민과 동일시되고 있었다.

이듬해 새로운 지도자 토니 블레어가 노동당 전당대회에서 연설을 했다. 전당대회 무렵 노동당은 전국적 규모의 일간지들에다 지지자들이 노동당에 기부를 해달라는 광고를 게재하고 있었다. 이 광고들은 블레어가 말한 일곱 개의 문장들로 된 메시지를 전달했다. 세 개의 문장이 '영국'을 언급했다. "영국을 위한 노동당의 전망. […] 노동당 정부는 영국을 창출할 것입니다. […] 만약 여러분께서 영국을 재건하는 이 임무와 함께한다면[…]." 네 번째 문장은 '우리 나라'를 언급했다. "우리는 […] 우리 나라를 재건할 것입니다."

블레어가 연설했을 때, 그는 전당대회를 위한 그 당의 슬로건, '새로운 노동당, 새로운 영국'을 전시한 배경막 앞에 서있었다. 블레어의 연설은 언론에 의해 깃발 흔들기 행사로 묘사되지는 않았다. 사회주의에 대한 그의 선언과 '공동체'에 대한 그의 생각에 보다 많은 관심이 주어졌다. 몇 번이고 되풀이해서 '공동체'와 '국민'이 수사적으로 생략되었다. 연단의 도상과 함께 그 수사는 정체성들의 정체성을 제시했기 때문이다. 국가적 재현의 모든 요소가 거기에 있었다. 왜냐하면 국민성이 그 메시지에 서명했기 때문이다. '우리', '우리 나라', '영국', '영국국민', '국민'이 언급되고 환기되었다. 그 지도자는 "노동당은 또다시 영국 국민 모두를 대변할 수 있다"라고 선언했다(노동당 배부 연설문, 1994년 10월 4일).

나르키소스의 거울이 그 환기된 국민 청중 손에 쥐어졌는데, 그들은 대표되어야 했다. "영국 국민은 위대한 국민입니다." 그는 선언했다. "우리는 인내심, 개혁, 창조력을 가진 국민입니다." 그리고 "우리는 위대한 역사와 문화를 가지고 있습니다." 심지어 생물학적 국민주의의 메아리도 있었다. "우리는 공평함이라는 타고난 감각을 가지고 있습니다." 그러나 '우리'는 그다지 완벽하지 않다. "만약 우리가 잘못이 있다면, 누가 우리를 깨우지 않으면 우리는 상황을 있는 그대로 두려는 경향이 있다는 점입니다." 물론 지금은 잠에서 깨어야 할 시간이었다. "저는 그 자체로 자랑스러운 국가를 건설하고 싶습니다"라고 그 지도자는 말했다. 자신의 청중을 마지막까지 분발하게 하면서 말이다. "우리의 정당: 새로운 노동당 / 우리의 임무: 새로운 영국 / 새로운 노동당. 새로운 영국." 갈채, 갈채가 이어졌다.

국민성은 현대 정치의 수사에 존재하는 것처럼 그렇게 부단히 게양되었다. 유명 정치인들은 민주정치 영역에서 우파든 좌파든 간에, 자신들의 문장, 단락, 연출된 배경막들을 가로질러 계속해서 국민이라는 이름을 내건다. 거기서 국민이라는 이름은 기호, 맥락, 잠재력으로서 걸릴 수 있다. 이 친숙한 단어들은 청명한 하늘에 걸려있는 깃발들과도 같다. 대기의 변화는 쉽게 그것들을 움직이게 만든다. 사소한 분노의 미풍이 불면 그것들은 소리를 내며 흔들리다가, 격렬히 휘날리기 시작한다.

고국 지시어

정치 담론 안에서 게양은 중요한데, 특히 정치인들의 말이 부단히 대중에게 전달되기 때문이다. 이 과정에서 고전적 연설의 경계들은 초월된다. 청중은 더 이상 연설가의 말을 듣기 위해 물리적으로 현전하는 사람들에 국한되지 않는다. 어빙 고프먼은 '비준된 청중'과 비준된 청중에게 말해진 것을 엿듣는 사람들을 구분했다(Goffman, 1981). 현대의 정치 담론에서 청중 간의 구별은 자주 모호해진다. 정치인들은 아직도 연단에서 그들의 말을 듣기 위해 모인 청중에게 말하지만, 그들은 동시에 그 말을 엿듣는 보다 광범위한 청중에게 연설하기를 목표로 한다. 정치인들은 자신을 지지하는 청중에게 연설하면서 갈채를 추구한다. 그래서 그들의 수사적 성공은 전국적으로 방송될 수 있다(Atkinson, 1984; Heritage and Greatbach, 1986). 원거리 소통의 전자 시대에는 연설 스타일이 바뀔 뿐만 아니라, 사소한 말들의 복잡한 지시어가 있다. '우리'는 화자와 청자 간의 동일성을 환기시키기 위해서 사용될 수도 있지만, 그것이 이러한 청중을 구성하는 사람들을 즉각 확실하게 하는 것은 아니다. 이러한 지시어의 모호함 도처에 사소한 말들이 고국을 표시할 수 있고, 그렇게 하면서, 고국을 아늑한 곳으로 만든다.

지시어deixis는 수사적 지시의 한 형태이다. 언어학자들에 따르면, "지시어는 문장이 발화 맥락이라는 특정 측면에 고정되는 방식들과 관계가 있다"(Brown and Levinson, 1987: 118). 가령 '나', '너', '우리', '여기' 혹은 '지금' 같은 단어들은 일반적으로 지시적으로 사용된다(Mühlhäusler and Harré, 1990). '지금'은 발화의 시간을 지칭하고, '여기'는 발화의 장소를 나타낸다. '나', '너', '우리'는 화자와 청자의 무매개성 안에 발화를 고정시킨다(Harré, 1991). 지시적 발화의 의미를 이해하기 위해 청자는 화자를 해석적 우주의 중심에 위치시키고, 화자의 입장에서 그것을 해석해야만 한다. '나'는 화자이고, 청자들은 자신들을 '너'라고 인지한다. 우리는 빈번히 청자와 화자이기 때문에 하나의 통일체로 환기된다. 어떤 언어학자들은 지시가 대명사뿐만 아니라 감탄사와 은유를 포함하기 때문에 복잡한 업무라고 주장한다(Wilkins, 1992). 보고된 연설에서, 한 화자가 다른 화자의 말을 이야기할 때, 지시는 훨씬 더 복잡해질 수 있다. 언제나 그런 것은 아니지만, 여기와 지금은 때로 현재 말하는 화자가 아니라 인용된 화자의 맥락을 지시하기 때문이다(Fleischman, 1991; Maynard, 1994). 대화에서 지시의 중요성과 빈도에도 불구하고, 그것은 언어학자들의 연구가 굉장히 미진했던 주제이다(Mühlhäusler and Harré, 1990: 57).

대부분의 언어학자는 대면접촉 대화가 지시의 주요한 형태를 제공한다고 간주한다. 그러한 대화들에서 '나', '너', '우리', '지금', '여기'는 일반적으로 문제 삼을 것이 없다. 일반적으로 누가 말하고 듣는지가 분명하다. 그 대화가 언제 어디서 일어나고 있는지는 말할 것도 없다. 말하자면 그 지시어들은 구체적인 무언가를 지시한다. 그 화자들이 서있는 여기 지금 말이다. 현대 정치 담론의 경우에 지시어는 보다 복잡하다. '우리'는 일반적으로 단순히 화자와 청자들이 아니다. '우리'는 정당, 국가, 모든 합리적 국민, 그리고 다양한 다른 조합들일 수 있다(Fowler, 1991; Johnson, 1994; Maitland and Wilson, 1987; Wilson,

1990). 만약 '우리'가 청중을 지칭한다면, 그 청중은 물리적으로 현존하는 것이 아니라 '상상되어야' 한다(Hartley, 1992). 그 청중은 심지어 실제로 자신들의 다양한 분리된 장소들에서 텔레비전 혹은 라디오를 통해 듣고 있는 사람들로 상상되지 않을 수도 있다. 수사적으로 스스로를 국민의 눈앞에 선 것으로 제시하는 정치인들은 온 국민을 자신의 청중으로 환기시킨다. 실제로는 자신들의 말이 국민의 단 1퍼센트의 이목에만 도달될 것이고, 그들의 말이 다른 사람들에 의해 엿듣게 될지도 잘 알고 있으면서도 말이다. "우리는 보다 안전해져야 합니다"라고 쇼이블레가 말했다. 여기서 '우리'는 그의 말을 듣거나 읽을 수 있는 사람들을 지칭하지 않았다. '우리'는 "우리 조국"에 속하는 사람들 모두를 지칭했다. 만델라는 "우리는 하나의 인민입니다"라고 선언했는데, 겉으로는 자신의 말을 하나의 전체로서 환기된 국민에게 연설하면서, 자신의 청중이 엿듣고 있는 세계를 포함하고 있음을 알면서도 말이다(한 지점에서 그는 "남아프리카공화국 인민과 지켜보는 세계"라고 말했다). 고국의 지시어는 국민적 '우리'를 불러오고, '우리'를 '우리'의 고국 안에 위치시킨다. '이'this라는 단어는 빈번히 장소를 지시하기 위해 지시적으로 사용된다. '이 방' 혹은 '이 탁자'는 대면접촉 대화에서는 직접 지시될 수 있다. 비록 그러한 경우들에서조차 단순한 지시보다 수사적으로 중요한 것이 더 많기는 하지만 말이다(Ashmore et al., 1994). 그러나 '이 나라'는 물리적으로 지시될 수 없다. 지시할 무언가가 있는가? 텔레비전 스튜디오 혹은 공식적 연단에서 화자는 지시할 대상이 아무것도 없다. 그 나라는 전체적 맥락인데, 이는 어떠한 화자나 청자의 개별 장소를 넘어 뻗어나가고, 따라서 그것은 화자의(혹은

청자의) 특수한 '여기'로 지시될 수 없다.

존 메이저는 "이것은 여전히 세계에서 가장 뛰어난 나라"라고 주장했다. 그리고 토니 블레어는 "제가 지도하는 한, 저는 결코 이 나라가 유럽에서 고립되거나 뒤처지도록 허용하지 않겠습니다"라고 약속했다. 부시와 클린턴은 결정적 선거가 끝난 밤에 수사적으로 동일한 방향을 지시했다. 클린턴은 "인간 역사에서 가장 위대한 이 나라"라고 지시했고, 부시는 "세계에서 가장 위대한 이 국가"라고 지시했다(강조는 인용자). 이 국가/이 나라, 여기서 어느 국가/나라가 이것인지에 대해서는 어떠한 모호성도 없다. 이러한 '이'는 보이지 않고 볼 수 없는 환기된 청중의 자리다(아니면 적어도 '우리' 국민에 속한다고 가정된 청중의 자리일 것이다). 그것은 '우리'의 국민적 장소로 환기되고, 하나의 공동체로 간주된다. 만약 그 어휘가 콕 찍어서 구체적인 것으로 보인다면('이 탁자' 혹은 '이 방'처럼), 그 단어는 그 총체성으로 이해될 수 없는 무언가를 지시하고, 언제나 지리적 장소 이상이다. 이 장소는 상상력 없이 상상되어야 하고, 국민성의 가정들이 수용되어야 한다. 일상적 어구가 자신의 일상적인 수사적 업무를 수행하기 위해서는 말이다. 이 일상적 업무를 통해서 그 국가는 계속 습관적이 되고 습관화된다.

지시에 대한 추가적 형태가 있다. 이는 많은 점에서 훨씬 습관적인데, 왜냐하면 그것이 어떠한 은유적 지시도 포함하고 있지 않으며 심지어 거의 지시적인 것처럼 보이지도 않기 때문이다. 정관사는 '이/우리' 나라와 그 거주민들을 지칭하는 데 사용될 수 있다. 그 나라the country는 비유적 표현들이 나타나는 근거로 지시되기 위해서 명명될 필요는 없다. 토니 블레어는 "그 나라 전역에서"across the nation라고 선언했고, 만델라는 재현의 거울을 손에 쥐고 "여러분, 그 인민이 우리의 진정한 영웅들입니다"라고 칭찬했다. 디즈레일리는 "그 나라의 이목을 끌며 살고" 싶었다. 어느 나라인가? 어느 국민인가? 어느 국가인가? 어떠한 상술도 필요하지 않다. 그 국민이 이 국민이며, '우리' 국민이다.

이러한 지시어는 드러나지 않게 자신의 업무를 할 수 있다. 너무도 조심스레 깃발을 올려서 심지어 화자나 필자조차 그것을 눈치채지 못한다. 그 국가는 이름 붙일 필요는 말할 것도 없고, 언급될 필요조차 없다. 피에르 아샤르는 어느 영국 신문에 나온 문장 하나를 분석했다 (Achard, 1993). "정부의 압박으로 대학들은 학생들의 수를 비약적으로 늘려야 했다." 그는 그와 같이 지칭되지 않아도, 텍스트의 틀이 그 국가라고 평한다. "영국은 진행 중인 담론의 우주다. 비록 '우리'라는 용어가 사용되지 않고, 이 우주에 관련한 외부의 어떠한 지점도 지칭되고 있지 않지만"(Ibid.: 82). 래와 드루리는 신문들에서 '그 경제'라는 문구가 사용되는 방식에 대한 분석에서, 암시된 국가적 틀과 암시된 '우리'가 존재한다고 지적한다(Rae and Drury, 1993). 그 경제는 '우리'의 경제다. 지시작용은 천박한 지시 업무 없이도 완수되고 있다.

『가디언』은 유럽연합과 관련된 존 메이저의 애국선동에 관한 기사를 다음과 같이 시작했다. "그 수상이 토리당의 유럽연합 선거전에 대한 최초의 중요한 연설을 위해 사전에 알리지 않고 어제 브리스톨로 잠입했다"(1994년 5월 24일). 그 문장은 수사적으로 줄거리가 뒤따르는 분위기를 조성해준다. 첫 단어 '그'the는 그 자체 수사적으로 어떠한 관심도 끌지 못하지만, 장면 설정을 위한 분위기를 조성한다. 그것은 사전에 알리지 않고 그 문장 속으로 잠입한다. 그 수상. 이는 그저 아무런 수상이 아니다. 그는 '우리 나라'(그 나라)의 그 수상이다. 그러나 '우리 나라'라는 어구는 생략되어있다. 그것은 불필요하다. 그 정관사는 영국을 독자와 필자의(곧 '우리'의) 공유된 우주의 중심으로 지시함으로써 그 지시작용을 완수한다.

고국을 표시할 때 이러한 형태의 지시작용은 고국을 아늑한 곳으로 만드는 데 도움을 준다. 발화는 단지 맥락에 의해서만 생산되는 것이 아니라 그러한 맥락들을 갱신하기도 한다(Heritage, 1984; Linell, 1990; Nofsinger; 1991). 예컨대 그 '가정'home은 단순한 물리적 장소 이상이다. 잘 알려진 속담을 사용하자면, 집은 가정이 아니다. 특정한 형태의 행위와 담론이 그 집을 그 가정으로 번역하는 데 필수적이다. 그것을 아늑하게 만들고, 그것을 아늑한 삶을 위한 장소로서 표기하는 데 말이다(Csikszentmihalyi and Rochberg-Halton, 1981: Dittmar, 1992). 가정의 구성원들은 가정에 있을 때 느긋하고 '편하게' 말하기 때문에, 가정은 아늑한 장소로서 갱신된다. '편하게'at home 있기는 따라서 '가정 만들기'home-making의 한 방식이다.

고국 안에서 말하는 것도 마찬가지다. 우리는 정관사의 지시적 사용을 '고국 만들기'homeland-making로 묘사할 수도 있다. 왜냐하면 그것은 말하기에 대한 편안한, 가정 만들기 방식과 동등한 것이기 때문이다. 한 집안에서 그 세대의 구성원이 다른 사람에게 말한 "그거 그 부엌에 있어"It's in the kitchen라는 발화를 고려해보라. 그 화자는 이웃에 수백 개의 다른 부엌들이 있다는 것을 알 수도 있다. 이 문맥에서는 오직 하나의 부엌, 그the 부엌이 있을 따름이다. 우주는 그 가정의 경계로 쪼그라들었다. 여기서 다른 부엌들은 특별히 '다른' 것으로 지시되고, 표기되어야 한다. '내 형제의 부엌'이나 '그 잡지 표지에 나온 부엌'은 완전한 고유성에서 그 부엌이 아니다. '그 부엌'(혹은 '그 거실'이나 '그 계단')에 대한 진부한 발화는 그 가정의 경계를 발화의 문맥으로 가정할 뿐 아니라, 이러한 아늑한 문맥을 갱신하는 데 도움을 준다. '그 수상'이라는 어구도 유사하게 작동한다.

가정의 언어와 고국의 언어 사이에는 유사점이 존재한다. 프랑스 철학자 가스통 바슐라르는 자신의 저서 『공간의 시학』에서 우리의 유년기 가정이야말로 "그 단어의 모든 의미에서 우리의 최초의 우주이며 진정한 우주"라고 제시했다. 그 후의 모든 거주 공간은 "가정이라는 관념의 본질을 담고 있다"(Bachelard, 1969: 4~5). 국가적 공간은 이러한 흔적을 가장 두드러지게 담고 있는데, 편안한 공간, 그 경계 안에서는 아늑한 곳, 위험한 외부 세계에 대해 안전한 곳으로서 상상되기 때문이다. 그리고 고국 안에 있는 '우리' 국민은 너무도 쉽게 '우리 자신'을 일종의 가족 같은 것으로 상상할 수 있다. 만약 국민적 가정이 편안할 수 있다면, '우리'는 그것을 그렇게 만들어야 한다. '우리'는 부단한 의식적인 노력으로 이것을 할 수는 없다. 편안해지려면 '우리'는 일상적으로 그리고 무의식적으로 고국 만들기 언어를 사용해야 한다. '우리'는 매일 이 언어 환경에 거주해야 한다. 이 점에서 작고 눈에 띄지 않는 지시어들이 중요하다. 그러한 단어들이 외부 세계와 맞닿은 그 국가적 문을 닫는 데 도움을 준다. '그'가 '이'보다 더 단단히 문을 닫는다. '우리'가 '그들'을 암시하는 것과 똑같이, '이 나라'는 일반적으로 대조적인 '저 나라들'을 암시한다. 메이저가 '이것'이 여전히 세계에서 가장 훌륭한 나라라고 주장하고 있었을 때, 그는 '이것'을 그가 한 주를 보내는 것조차 참을 수 없었던 저 외국의 나라들과 비교하는 중이었다. 블레어의 '이 나라'는 유럽의 나머지 나라들로부터 고립되거나 그들보다 뒤처질 수도 있었던 그들과의 관계에서 언급되고 있었다. 부시와 클린턴은 "세계에서 가장 위대한 이 국가"에서 암시적으로 그러한 모든 약소국들과의 비교를 환기하고 있었다. 그러나 그 대통령 혹은 그 경제, 심지어 그 날씨를 가진 그 국가는 그러한 비교를 하지 않는다. '우리의 것'은 마치 그것이 객관적 세계인 것처럼 제시된다. 그the는 너무도 구체적이고, 너무도 객관적이고, 너무도 논란의 여지가 없는 것이다. 이 모든 점에서 그 표현은 애국적 깃발 흔들기와 다르다. 그 고국은 그 문맥으로서 제시된다는 것에 의해 현전하면서도 눈에 띌 수 없는 것이 된다. 고국 만들기 어구들이 정기적으로 사용될 때, '우리'는 유념하지 않으면서도 '우리'가 누구이고 '우리'가 어디에 있는가를 마음에 새기게 된다. '우리'는 심지어 언급되지 않고도 신원이 확인된다. 이런 식으로 국가적 정체성은 말하고 듣는 일상적 방식이다. 그것은 삶의 한 형태인데, 이는 습관적으로 앞문을 닫고, 경계들을 봉인한다.

일간 조사

하나의 이의가 제기될 수도 있을 것이다. 어쩌면 표현과 지시의 수사적 형태들은, 간략히 제시되었지만, 전문 정치인들의 담론에 제한될지도 모른다. 만약 오늘날 시민들이 일반적으로 정치인들의 말에 대해 심드렁하다면, 그러한 게양은 특별히 중요하지 않을 수도 있다. 그것들은 대체로 듣지도 않는 귀에 떨어지는 말일 수도 있다. 그러한 이의는 국민성의 평범한 게양이 특별한 것도 아니고, 정치에만 한정되는 것도 아니라는 것을 보여주는 증거가 더 필요하다는 사실을 보여준다. 만약 국민주의가 일상적으로 습관화된다면, 그러한 게양은 단지 정치가의 말이 반복될 때만이 아니라 부단히 매체에서 만들어져야 한다.

이를 체계적으로 증명하기 위해서는, 수많은 나라들에서 다양한 형태의 대중매체와 대중문화를 장기간에 걸쳐 표본조사하는 것이 필요할 것이다. 국경일이나 치열한 선거유세 날이 아닌 '평범한' 날들의 게양 비율이 특히 흥미로울 것이다. 그러한 체계적 증거 대신에, 실례가 되는 일간 조사가 여기 제공된다. 이는 하나의 나라에서, 하나의 매체 수단에서, 하나의 날짜에서의 게양을 조사한 것이다. 1993년 6월 28일, 영국의 전국 일간지들에 대해서다.

어떠한 시간도, 사실 어떠한 공간도 전적으로 '평범하다'라고 불릴 수는 없다. 1990년대 초 내내 영연방 도처에서, 국민정체성의 문제가 상당한 정치적 쟁점이었다. 메이저의 보수 정부는 대처의 자유시장 경제와 대중적·국민적 권위주의의 혼합을 계속하고 있었다(대처리즘에 대한 분석으로는 Hall, 1988a, 1988b; Jessop et al., 1988 참조). 북아일랜드에서 지속되는 갈등과 분리주의 스코틀랜드 국민당에 대한 지속적인 정치적 지지와는 별도로, 유럽공동체와 영국의 불편한 관계가 보수당을 분열시키고 있었다. 우리가 보아온 것처럼 반유럽 분파들을 진정시키기 위해 메이저는 애국주의 패를 자주 사용했지만 보다 넓은 범위의 청중에게 효과는 거의 없었다. 1993년과 이듬해 동안 여론조사는 영국 정부의 인기, 그리고 그 지도자의 개인적 순위가 슬럼프를 겪고 하락세였음을 보여주었다. 다른 한편, 유럽 출신의 이민자들과 '타자들'에 대한 두려움의 형태로 나타난 애국주의 패가 보수당이 1992년 총선까지 4연승을 거두는 데 도움을 주었을 수도 있다는 어떤 도발적인 증거가 있다(Billig and Golding, 1992. 보다 일반적으로는 Layton-Henry, 1984; Van Dijk, 1993 참조). 일반적 의미에서 주권에 관한 수많은 쟁점들이 1993년 6월의 영국 정치적 맥락 안에서 흐르고 있었다.

역사적으로 볼 때, 영국은 세계에서 두 번째로 높은 신문 구독률을 갖고 있는 나라다(Bairstow, 1985). 영국국민태도조사British National Attitudes Survey에 따르면, 이 또한 점차 감소하는 추세이기는 하지만 대략 인구의 3분의 2가 적어도 한 주에 세 번 신문을 읽는다(Jowell et al., 1987, 1992). 다른 나라들에서처럼 신문은 상당수의 인구가 새로운 소식을 접하는 주요한 원천이다(Sparks, 1992). 석간신문은 지역지이지만, 조간신문은 기본적으로 전국적이다. 이 조사를 위해 전국 규모의 10대 일간지들이 선택되었다. 그 신문들은 관례적으로 세 가지 시장 집단으로 나뉜다. 주로 노동자 계층의 독자들을 겨냥하는 '선정적인 타블로이드판'인 『데일리스타』, 『데일리미러』, 『더선』, '점잖은' 타블로이드판인 『데일리메일』, 『데일리익스프레스』, 『투데이』, 중산층 독자를 겨냥한, '지면이 많거나' 브로드시트 판형인 『타임스』, 『가디언』, 『데일리텔레그래프』, 『인디펜던트』.

'타블로이드'와 '브로드시트'라는 용어들은 신문 지면의 크기 이상을 지칭한다.[3] 그 용어들은 신문이 자신의 독자층을 이해하는 감각

---

3) 브로드시트(broadsheet)는 일반적인 크기의 신문을, 타블로이드(tabloid)는 그 절반 크기의 신문을 의미한다. 타블로이드 판형의 신문들이 가십이나 스캔들에 치중하는 경향이 컸던 탓에 '타블로이드'라는 단어 자체가 '황색언론'과 비슷한 뉘앙스로 쓰이는 경우가 많다.

을 지칭한다. 타블로이드와 브로드시트 간의 구별은 정치적인 것이 아니다. 그 구별은 편집 업무를 가로지르기 때문이다. 정치적으로 『데일리미러』는 노동당을 지원하는 전통을 갖고 있다. 오늘날 『가디언』과 『인디펜던트』 또한 중도 좌파로 묘사될 수 있다. 개수와 독자층 면에서 다수인 나머지 신문들은 보수당을 지지한다. 소유권이 타블로이드/브로드시트 구별에 영향을 미친다. 루퍼트 머독의 뉴스인터내셔널이 『타임스』와 함께 타블로이드 『더선』과 『투데이』를 소유하고 있다.

유통회계감사원에 따르면, 당시 10대 신문의 평균 판매부수 합산치는 대략 1290만 부였다(『가디언』, 1993년 6월 12일). 『더선』이 1993년 상반기 동안 하루 평균 350만 부 이상으로 가장 인기 있는 신문이었고, 『데일리미러』가 그 뒤를 이었는데 평균 100만 부에 조금 미치지 못했다. 그러나 영국국민태도조사는 『더선』을 읽는다고 주장한(인정한) 사람들이 『데일리미러』보다 수가 적었음을 보여준다(Jowell et al., 1992). 일간 조사를 위해 선택된 10대 신문은 전국 규모 신문들의 97퍼센트 이상이 잉글랜드와 웨일스에서 팔리고 있음을 설명해준다(Monopolies and Mergers Commission, 1993). 『파이낸셜타임스』는 일간 조사에 포함되지 않은 주요 신문인데, 해외 구독률이 높다(Sparks and Campbell, 1987). 그것은 영국 내에서 전국 규모 신문 판매량의 겨우 1.3퍼센트 점유율을 갖는다. 나머지 1.3퍼센트는 공산당 기관지 『모닝스타』와 자동차 경주 언론 『스포팅라이프』와 『레이싱포스트』의 판매량 합계로 설명된다(Monopolies and Mergers Commission, 1993).

기술적으로 말해서 영국의 언론은 동일한 판본들이 영국 전체를 다룬다는 의미에서 전국적인 것은 아니다. 어느 신문은 스코틀랜드를 위해 따로 분리되고, 편집상 독립된 판본을 발행한다. 『데일리미러』의 경우 스코틀랜드판은 '데일리레코드'라는 자신만의 이름을 갖고 있다. 또한 스코틀랜드는 『더스코츠맨』이라는 독자적인 신문을 갖고 있는데, 이는 스코틀랜드의 지방 일간지들과 대비해서 스스로를 전국 규모의 신문이라고 제시한다. 북아일랜드 또한 독자적 언론을 가지고 있다. 이런 점에서 영국의 언론은 영국적인 것으로 묘사된 너무도 많은 다른 것들과 마찬가지로 잉글랜드에 기반을 두고 있다. 잉글랜드의 판본에 집중하면서 일간 조사를 전국 조사라고 부름으로써, 영국 국민주의의 몇 가지 관례적이고 헤게모니적 의미론들이 이미 채택되었다.

조사를 위해 어떤 날 하루를 선택하는 것은 다소간 자의적이었을 것이다. 그날은 선거유세와 예정된 국경일을 피하기 위해 사전에 선택되어야 했다. 나는 일간 조사를 위해 미리 날짜를 정하고, 1993년 6월 28일 월요일을 선택했다. 예정된 총선, 국제 정상회담 혹은 왕가의 탄신일도 없었다. 나는 그날 주요 머리기사들의 주제를 예상할 수 없을 터였다. 신문들이 정치적 담화, 야만적 범죄 아니면 왕가의 추문을 보도할지를 나는 알지 못했다. 만약 그렇지 않다면, 다른 날들과 비교해 볼 때, 그날을 선택한 특별한 이유는 없었다. 예외적으로 가장 중요한 것이지만, 그날이 그저 나에게 편한 날이었다는 사실 빼고는 말이다.

일간 소식들을 게양하기

막상 닥쳐보니 그날의 주요 소식은 갑작스럽고 뜻밖의 사건으로 드러났다. 비록 시간이 오래 걸리기는 했어도 그것이 예측 가능하고 오래 확립된 패턴에 들어맞는 사건이기는 했지만 말이다. 두 개를 제외하고 모든 신문은 클린턴 대통령의 명령에 따라 행동을 취한 미군 폭격기의 바그다드 폭격을 1면에 실었다. 『데일리스타』는 런던에서 벌어진 야외 공연의 열기에 지쳐가는 대중음악 팬들에 대한 이야기를 특집 기사로 실었다. 『더선』은 바그다드 공습 다음 날 아침, "록스타의 70세 어머니, 29세의 연하남과 사귀어"를 헤드라인으로 뽑았다. 미군의 폭격에 관한 『더선』 기사는 관례에 따라 3면에 상반신을 노출한 젊은 여성의 사진이 보여준 뒤 4면에서야 모습을 드러냈다(『더선』의 '3면'에 대한 분석에 대해서는 Holland, 1983 참조).[4]

바그다드 폭격은 직접적인 방식으로 국민성을 게양하는 이야기였다. 그러나 언뜻 보기에 헤드라인 중 몇몇은 클린턴 대통령과 후세인 간의 개인적 다툼에 대한 이야기를 제시하는 것처럼 보였다. 『타임스』는 "클린턴, 사담에게 경고: 우리에게 응수하려 하지 말라"라고 발표했다. 『데일리스타』도 유사한 헤드라인을 달았다. "반격해봐. 그러면 우리가 너희를 박살내주마. 클린턴이 경고." 그 기사의 첫 문장은 "클린턴 대통령이 어젯밤 사악한 사담 후세인을 '끝장내겠다'라고 위협했다"라고 선언했다. 그럼으로써 『데일리스타』는 그 싸움이 선악 간의 싸움이라고 지시하며 자신의 입장을 나타냈다(언론인들이 자신의 입장을 나타내는 방식에 대한 논의에 대해서는 Gruber, 1993 참조). 그럼에도 그 개인들은 단순한 개인들이 아닌데, 왜냐하면 그들은 국민들을 전형적으로 나타내기 때문이다. 복수형 대명사가 분명히 보인다. '우리'

---

4) 『더선』은 3면에 상반신을 노출한 젊은 여성의 사진을 싣는 것이 공식화되어있다.

가 너희를 박살낸다, '우리'에게 응수하려 하지 말라. 보도된 연설의 지시어가 사용되고 있었다. 국민적 '우리'는 그 신문과 그 독자들의 우리가 아니라 인용된 클린턴의 우리다(Zelizer, 1989, 1990). 『데일리스타』는 그 개별 행위자들을 국가들의 세계에 위치시킴으로써 그 서두 문장을 마무리했다. "만약 그 이라크 독재자가 감히 바그다드에 대한 미국의 미사일 공격에 대해 보복을 한다면" 사담 후세인은 끝장나게 될 것이다. 그 공격은 단순히 클린턴만의 것이 아니었다. 그것은 미국의 공격이었다. 그 목표는 단지 바그다드나 후세인만이 아니었다. 그것은 이라크라는 하나의 국가였다. "클린턴, 이라크 공습에 환호하다"라고 『인디펜던트』가 헤드라인을 달았다. 민간인 사상자들은 한 국가에 대한 이 공격의 불운한 부산물이었다. 『가디언』은 "미사일들이 이라크의 목표 대상을 빗나가 여섯 명 사망"이라고 부제를 달았다.

미국과 이라크가 주인공일 수 있지만, 신문들은 그 일화에 반응하는 국가들의 합창을 묘사했다. 가끔 환유적으로 수도에 의해 대표되기는 했지만, 일반적으로 국가들과 그 정부들은 단일 행위자로 제시되었다. 영국, 러시아, 미국의 다른 동맹국들이 굳건한 지지를 표명했다고 『타임스』는 진술했다. "프랑스의 반응은 모호한 인상을 주었다"라고 『인디펜던트』는 밝혔다. "파리는 그 공습에 대한 이유들을 이해한다고 말했는데[…]." 문체는 관례적이었다. '워싱턴'과 다른 수도들이 말하고 행하던 것에 대한 훨씬 많은 이야기가 있었다. 의미론적 관례들은 국가적 행위자들의 세계를 묘사하는데, 그 안에서 국가들은 정부 지도자들 덕분에 말하고 행동한다. 일반적 패턴은 로저 파울러가 분석했듯이, 몇 년 앞서 행해진 레이건 대통령의 리비아 폭격에 대한 영국 언론의 보도와 부합한다(Fowler, 1991).

그 신문들은 그 공습에 대한 이야기를 보도하면서, 영국적 관점에 특수한 중요성을 주었다. 영국 정부를 지지하는 신문들은 국제적 합창의 선봉에 선 영국의 이미지를 실었다. "존 메이저가 그 공격에 대한 국제적 지지를 이끌었다"라고, 아주 오랫동안 보수당에 충성을 다해온 『데일리메일』이 보도했다. 하나의 특수한 영국의 관점이 특수한 관심을 받았다. 이라크에 수감 중인 세 명의 영국 시민이 겪을 곤경이었다. 『타임스』는 이 이야기에 "포로들을 위한 희망이 급격히 사라졌다"라는 헤드라인을 달아 1면에 냈다. 『투데이』는 사설에서 그 공격에 비판적이었는데, 그 이야기로 서두를 열었다. "이제 그들에게 무슨 희망이?"가 헤드라인이었고, "수감된 영국인들의 가족, 이라크 공격을 맹비난"이 부제였다. 그 글을 여는 단락은 "사담 후세인에 의해 수감된 영국인 동포들은 이라크에 대한 미국의 공격으로 감옥에서 몇 년을 더 있게 되었다"라고 보도했다. 다시, 개인적 행위자와 국가적 행위자가 뒤섞인다. 사담 후세인과 미국 말이다. 그러나 그 이상의 것이 있다. 그 이야기는 국민적 청중을 암시한다. 이 청중은 동료 영국인들의 석방을 바라는 영국인들이라고 가정된다. 게다가 이 청중은 동시에 마치 그것이 '보편적 청중'인 것처럼 제시되고도 있다(Perelman, 1979; Perelman and Olbrechts-Tyteca, 1971). 헤드라인에서 말하는 '희망'은 어느 특수한 개인에게 귀속되지 않는다. 그것은 심지어 '우리의 희망'도 아니다. 그것은 구체적 신체와 분리된 보편적 희망들인데, '우리' 모두, 모든 합리적 독자들은 보편적 희망을 그 신문과 공유하도록 권고받는다. 이 (합리적) 희망들은 세 명의 영국인의 미래를 위한 것이지, 바그다드의 부상당한 시민들을 위한 것이 아니다.

다른 국가의 수도를 폭격하는 세계의 가장 힘센 국가의 소식들이 그러한 관심을 사로잡아야 한다는 사실이 어쩌면 전혀 놀라운 것이 아닐 수 있다. 뿐만 아니라 그 소식들이 국민성의 틀로 제시되어야 하는 것도 놀랍지 않다. 만약 국민성이 이 특수한 이야기에만 게양되었다면, 그 일간 조사는 일상적 국민주의에 대한 빈약한 증거를 제공했을 것이다. 그러나 국민성에 대한 헤드라인 게양은 결코 바그다드 폭격에만 제한된 것이 아니었다. 그날 모든 신문이 다른 이야기들을 실었는데, 그 헤드라인들 혹은 첫 줄은 표면상 영국적인 것을 내걸었다. "영국은 어제 좋은 소식을 세 배나 가졌다"(『더선』), "영국은 어제 화씨 79도에서 기분 좋게 햇볕을 쬐었다"(『더선』), "영국에서 가장 높은 번지점프"(『데일리스타』), "영국의 최신 컬트 영웅들"(『투데이』), "여권 위조에 빠진 영국"(『투데이』), "영국의 10대는 죽은 것인가 아니면 너무 많이 쉬는 것인가?"(『투데이』), "새로운 음식 열풍이 영국을 곧 강타"(『데일리미러』), "영국의 가장 훌륭한 만화들"(『데일리미러』), "영국의 스크래블 게임 챔피언"(『데일리메일』), "영국의 청사진"(『데일리익스프레스』), "영국의 슈퍼 구원자들"(『데일리익스프레스』), "검은 수요일에 영국이 수십억 달러를 불필요하게 낭비했다"(『가디언』), "직장을 잃게 되는 영국 내 최악의 장소들"(『가디언』), "콩코드와 영국의 우주항공 산업"(『인디펜던트』), "영국 최초의 유전자 이식"(『데일리텔레그래프』), "영국의 시간 기록원들", "6월 30일 수요일, 최후의 1분"(『데일리텔레그래프』), "새로운 영국의 목소리에 마틴 호일"(『타임스』), 그리고 마지막으로, 그리고 가장 덜 무뚝뚝하게, "영국의 가장 성공적이고 널리 홍보된 공동체 주도형 도시 재개발 계획"(『타임스』)이 있었다. 그리고 여기서는 스포츠 지면은 제외해두었는데, 그 지면에서의 활기찬 게양들은 뒤에서 논의될 것이다.

특별히 주목할 가치가 있는, 손 흔들어 연호받는 찬양조의 게양에 대한 하나의 예가 있었다. 요즘 국가적 장식용 깃발을 밖에 내놓기 위해 공식적 기념일을 기다리는 것은 불필요하다. 유산은 급속히 발전하는 산업으로, 국가의 과거를 여가 상품으로 성공적으로 판매한다(Hewison, 1986). '의도적 향수', 특히 국가적 차원을 갖는 향수가 현대 서구 문화를 구별하는 특징이라고 말해져왔다(Robertson, 1990, 1992; Turner, 1987). 애국적 주제들은 상품 홍보를 위한 부가가치적 장점을 확실히 제공한다(Pedic, 1989, 1990). 특별한 국경일이 상품 판매를 촉진하기 위해 후원받을 수도 있다. 국기와 광고용 로고가 상업적으로 조화를 이루어 함께 게양될 수 있다.

그 월요일, 『데일리미러』는 '영국 선술집 주간'의 시작을 알렸다. 그 신문은 그(들만의) 행사를 기념하기 위해 특별 부록 『위대한 영국의 선술집』*The Great Britain Pub*을 만들었는데, 여기에는 자신들의 상품을 위해 행사를 후원한다고 선언하는 양조산업의 광고들이 포함되어있었다. 그 주간의 이름이 제시한 것처럼, 선술집들은 주류 소매점으로서 칭찬받고 있는 것이 아니었다. 그것은 국민성의 아이콘으로서 제시되었다. 그 제목부터 뒤이어 그 부록은 국기와 국민적 1인칭 복수형을 흔들어대며 유산적 주제들을 고무했다. 선술집은 "영국인의 사회적 삶의 보루"라고 표명되었는데, 이는 물론 '우리'의 사회적 삶이다.

하나의 국민으로서, 성인 인구의 4분의 1이 넘는 사람들이 적어도 한 주에 한 번은 선술집을 방문한다. 그리고 우리는 우리가 술집에서 무엇을 원하는지 정확히 알고 있다.

외국인들은 "분위기로 따지면 영국 선술집을 이길 수 없다"라고 생각하며 감탄했다. 선술집들은 편안한 방식으로 그 고국을 게양하는 데 일조했다. "선술집 간판이 없다면, 영국의 삶은 지금과 같지 않을 것이다."

그 위대한 주간은 특별 사례로 소개되었다. 『데일리미러』 독자들이 "16쪽짜리 훌륭한 전통 가이드"라는 무료 보너스를 매주 월요일 아침마다 받지는 않을 테니까 말이다. 그럼에도 독자의 눈은, 타블로이드 독자든 정론지 독자든 간에, '영국'이 그날의 다양한 다른 이야기들 주위에 걸쳐있는 것을 보았을 것이다. 몇몇 헤드라인과 시작 문장이 관심을 끌었을 수도 있다. 그러나 이러한 관심은 매일의 소식 제시에 동반하는 집단적 망각 속에 상실되기에 앞서, 거의 틀림없이, 단지 일시적일 것이다. '위대한 영국의 선술집' 주간은 달력에 확립된 장소의 후원이 없었기 때문에라도 기억할만한 것이 못 될 운명이었다. 특정한 품목에 대한 기억은 중요한 것이 아니다. 세부사항 너머에 하나의 패턴 혹은 스튜어트 홀이 "의식意識의 맥락"이라고 불렀던 것이 놓여있다(Hall, 1975). 국민이 언급되는 빈도는 의식의 맥락에서 게양이 중요한 역할을 수행한다는 사실을 제시한다.

신문, 그리고 고국 만들기의 지시어

의식의 맥락은 '여기'와 '지금'의 복잡한 지시어를 사용한다. '지금'은 일상적으로 최신 뉴스의 '지금'으로 이해된다. '여기'는 보다 복잡하다. 텔레비전과 마찬가지로 신문은 우리에게 세계로부터 전해오는 오늘의 소식을 전해준다. 바그다드, 워싱턴, 파리가 지면상의 '여기'다. 그러나 수신자들인 '우리'는 어디에 있으며, 필자인 '우리'는 어디에 있는가? 일상적으로 신문들도, 정치인들과 마찬가지로 온 나라의 이목 앞에 서겠다고 주장한다. 특히 자신들의 의견과 사설에서 그들은 국가화된 헤게모니의 문법을 사용한다. 'representation'의 두 가지 의미 모두에서 국가를 대표하면서, 국가에게 말하면서 동시에 국가를 위해 말한다. 신문들은 국민적 '우리'를 환기시키는데, 이는 보편적 청중인 '우리'뿐만 아니라 독자와 필자인 '우리'를 포함한다(앞선 4장 참조).

『더선』은 사설에서 유럽공동체가 "우리의 돈"을 빼앗았다고 불평했다. 여기서 '우리'는 신문사의 재정을 지칭한 것이 아니었고, 소유주의 막대한 재산을 지칭한 것도 아니었다. 그것은 '우리' 국민으로 읽힐 것이었다. 『투데이』의 고정 필진은 자신의 글을 다음과 같은 낭랑한 선언으로 끝맺었다. "우리가 정부를 바꾸었던 시간. 확실히 우리가 수상을 바꾸었던 시간." '우리'는 필자와 『투데이』 독자의 '우리'가 아니었다. 뿐만 아니라 그것은 『투데이』와 『더선』을 함께 소유한 소유주의 '우리'도 아니었다. 게다가 그것은 전 세계의 '우리'도 아니었다. 국민적 '우리'가 소환되고 있었다. 국가의 "분별 있는 인민"을 구성하면서, 그들이 전체 국민으로서 재현되고 있었다. 이러한 '우리'는 그 신문을 구독하지 않는 사람들을 포함했고, 그 신문의 독자들은 국민들로서 호출되고 있었다.

국민적 '우리'가, 정체성들 중 그 가정된 내부적 정체성을 가지고, 대중적 언론에 제한되는 저널리즘의 한 유형을 대표한다고 생각되지 않도록 하면서, 동일한 말 걸기가 그 진지한 신문들의 지면들 중 가장 진지한 지면에서 사용되고 있다. 『데일리텔레그래프』는 경제면의 한 기사에 다음과 같은 헤드라인을 달았다. "우리의 세금이 다시 오를 필요가 없는 이유." 그 기사의 필자는 "만약 우리의 엄청난 공공 필요 차입액이 이 방향에서 약간의 움직임이라도 낳을 수 있다면, 우리 모두는 일주일에 10억 파운드가 금융시장으로 쏟아져나오기를 기원할 이유를 갖게 될 것"이라고 주장했다. 이러한 '우리'는 국민적 '우리'인데, 이는 독자와 동일시되고 동시에 보다 폭넓은 범위의 국민과도 동일시된다. 『가디언』은 『데일리텔레그래프』와는 다른 경제정책들을 옹호할 수도 있을 것이다. 그러나 그것은 유사한 '우리'에게 말을 건다. 그 경제면은 "우리 산업의 저녁놀을 새로운 새벽으로 전환하기"라는 제목의 기사를 대서특필했다. 그 헤드라인은 '우리'가 누구인가를 특정하지 않았다. 독자들은 자신들의 국민적 자아를 인지하도록 기대될 수 있었다. 본문에서 문장들은 1인칭 복수형과 고국 이름 사이를 손쉽게 미끄러졌다. "혁신과 생산에 적대적인, **영국의** 재정/기업 지배구조 체제가 이번 세기 **우리** 쇠락의 주요한 원인이었다", "**영국의** 공급 측면의 부활은 단지 기술과 개혁에 관한 것이 아니다. 그것은 **우리가** 누구이며 무엇인가에 관한 문제다"(강조는 인용자). 필자와 독자인 '우리'는 영국인이라고 가정된다. '우리'가 가질 수 있는 복잡성이 무엇이든, '우리'

는 '우리'가 지금 여기 '우리'의 고국에 속한다는 것을 알고 있다고 가정된다.

로저 파울러는 자신의 저서 『뉴스의 언어』에서, 지시어는 보통의 대화와 비교해볼 때 신문에서는 흔하게 발생하지 않는다고 주장했다(Fowler, 1991). 지시어가 공공연히 '이것', '여기', '우리' 같은 말들의 사용과 동일한 것으로 간주된다면 그것은 사실일 수도 있다. 논설위원들, 특별 칼럼니스트 심지어 경제 기자들도 때때로 독자를 국민적 '우리'라고 부를 수는 있을 것이다. 그러나 뉴스면에서는 '우리'가 그렇게 자주 환기되지 않는다. 그럼에도 불구하고 다른 지시어의 일상적 형식들이 있다. 특별히 고국 만들기의 지시어가 있는데, 이는 그 국민적 고향national home을 발화의 맥락으로 제시한다. 그 국가는 그 장소가 된다. 마치 우주의 중심이 국경으로 수축되는 것처럼 말이다. 고국 만들기 지시어의 세 가지 예들이 주어질 수 있다. 국민, 날씨, 국내 소식home news 말이다. 상세한 분석은 다른 많은 사례들을 의심할 바 없이 드러낸다.

국민

일간 조사에서 나온 사례들은 '국민'이라는 문구가 대체로 정치인들뿐만 아니라 언론인들에 의해 사용된다고 제안한다(Achard, 1993 또한 참조). 『데일리메일』은 "국민이 가장 원하는 사람들 중 한 사람"에 대해 썼다. 한 영국 테니스 선수가 "국민 스포츠 초점의 중심"이었다. 『데일리익스프레스』는 "국가의 부富에 거의 40억 파운드를 기여하는" 중

소기업들에 대해 논했다. 『가디언』은 "음악에 대한 그 국민의 관심과 사랑"을 언급하는 한 정치인의 말을 인용했다. 『투데이』는 인용된 지시어를 사용하면서, "한 무리의 평의원들이 수상이 그 국민의 안전을 위험에 빠뜨린다고 주장하면서, 국방 정책을 허물려고 일어선다"라고 보도했다. 영국이 그 국가다. 그리고 마지막과 그 밖의 다른 예에서 영국의 수상이 바로 그 수상이다.

독자들은 헤드라인이나 첫 문장이 그 반대의 경우를 알려주지 않으면, 대체로 하나의 이야기는 고국을 배경으로 설정한다고 가정할 수 있다. 『타임스』는 핵 산업에 특별한 '관심'을 가지고 있었다. 그 기사들은 외래성에 대한 특별한 표지들을 담고 있는 경우를 제외하면, 영국의 핵 산업을 가리키고 있었다. 부적절한 정관사가 고국을 지칭하는데 사용될 수 있다. 그 산업은 21세기 에너지 수요를 바라보며 장기적으로 숙고할 그 정부를 원한다(강조는 인용자). 『데일리텔레그래프』 경제면에 실린 이야기들도 별도로 명기하지 않는 한 마찬가지로 영국의 현장을 나타냈다. "'중요한 지역들'에서처럼 실업률이 심하게 떨어지고 있다." '중요한 지역들'은 영국 내의 지역들로 이해될 수 있었다. 대조적으로 외국의 현장이 명기되었는데, 특히 첫 번째 문장에서 그랬다. "두 명의 미국인 소프트웨어 기업가들이[…]." "프랑스 제약 회사 뤼셀위클라프에서 500만 파운드의 지분을 제공하여[…]." 이러한 경우들에서 '우리'는 즉시 '우리'가 '여기'에, '이'곳에, '우리' 나라에 있지 않다는 것을 알고 있다. 그 외에는 '우리'는 집에서at home 편히 쉴 수 있다.

날씨

날씨는 종종 언론에서 뉴스의 주제가 될 수 있다. 조사 당일, 『데일리스타』는 대중음악 콘서트에서 의식을 잃고 쓰러지는 수백 명의 팬들에 관한 '타는듯한 열기' 이야기로 시작했다. 시작 문장들은 어떠한 지리적 장소도 제공하지 않았다. 배경이 명기되지 않았지만, 독자들은 그 드라마가 '여기', 즉 영국에서 일어났음을 올바로 가정할 수 있었다. 해외의 뜨거운 날씨라면 뉴스거리가 되지 않았을 테니까.

날씨라는 관념은 국가적 지시어를 암시하는데, 이는 일상적으로 반복된다. 신문들은 정기적으로 조그맣고 야단스럽지 않은 날씨예보, 일반적으로 '날씨'라는 제목의 기사를 싣는다. 『데일리미러』는 '오늘의 날씨'를 싣고, 『더선』은 특별히 이름 붙이지 않고 '뉴스데스크' 항목 아래 날씨 정보를 놓는다. 그 보도들은 비슷한 경향이 있다. 그것들은 영국 지도를 담고 있는데, 실제로 영국이라고 쓰여 있진 않다. 국가 지리의 형태가 누구나 인지할만한 것으로 가정된다. 『데일리텔레그래프』, 『가디언』, 『인디펜던트』, 『타임스』는 유럽과 북대서양을 보여주는 보다 큰 지도를 넣은 긴 기사를 싣는다. 이러한 지도들에서 영국제도는 가운데 장소에 놓인다.

'날씨' 지면은 일상적으로 영국의 날씨를 보도한다. (잉글랜드를 포함해) 하위 부분들과 지역들을 알아볼 수는 있겠지만 대개는 국가명을 언급하지 않은 채 말이다. '그 나라'면 충분하다. "남서부 지역의 안개 덩어리는 일찍 걷히고, 온 나라 곳곳에서 건조하고 맑고 쨍쨍한 날씨"(『더선』), "나라 전체가 꽤나 무더운 날씨"(『데일리메일』). 『타임스』와

『가디언』은 기사를 똑같이 시작했다. "안개 덩어리가 잉글랜드 남서부 해안 지역에 한동안 머물 수도 있다." 『가디언』은 계속해서 "그 나라의 나머지 지역에서 박무나 안개가 급속히 걷힐 것"이라는 예측도 실었다. 이것이 '일반적 전망'이라는 제목의 지면을 열고 있었지만, 일반적인 것은 '우리'의 국경 내부에 포함되고 있었다. 『타임스』는 그 시작 문장을 다음과 같이 마무리했다. "그러나 그 밖의 다른 곳에서는 어떠한 안개도 급속히 걷힐 것이다." 물론 '그 밖의 다른 곳'은 영국 내의 다른 곳으로 이해될 수 있었다. 그것은 북대서양 지도상의 다른 곳이 아니었을 뿐만 아니라 '해외'라는 제목의 기온 목록에 있는 다른 곳도 아니었다.

『가디언』과 『타임스』의 보도가 비슷한 것은 전혀 우연이 아니었다. 날씨 보도는 일반적으로 공인된 동일한 공식 출처에서 오기 때문이다. 『타임스』, 『데일리메일』, 『인디펜던트』에는 "Met Office 제공"이라는 조그만 메모가 달려있다. 『가디언』은 정보 제공자를 보다 공식적으로 "기상청"meteorology office이라고 묘사한다. 어떠한 신문도 문제의 그 기상청에 '영국의'라는 수식어를 덧붙이지 않는다. 이러한 날씨의 세계에서는 유일한 하나의 기상청, **그것** 하나만이 존재한다.

고국 만들기의 한 움직임은 기상학을 그 날씨로 변형시킨다. 그리고 '다른 장소들', '그 밖의 다른 곳들', '나라 곳곳에서'의 그 날씨는 고국 안에 그 지시적 중심을 갖는 것으로 이해되어야 한다. '그 날씨'는 객관적이고 물리적인 범주로서 등장하지만, 국경 안에 포함된다. 동시에 날씨의 우주는 국가보다 더 큰 것으로 알려져있다. '해외'가 있고, '세계 도처'가 있다. 이러한 것들은 '우리'의 다른 곳들 너머의 다른 곳

들이다. 국가적 고국은 구문론적으로 북대서양의 지도를 모사하면서,
지시적으로 중심적 장소에 설정된다. 신문들에서 이 모든 것이 재생산
된다. 그리고 이 모든 것은, 그 사소한 방식으로, 고국을 '우리'가 편안
한, '우리'의 일상적 세계의 습관적 중심인 '여기'의 장소로서 재생산하
는 데 도움을 준다.

국내 소식

고국 만들기의 지시어는 사소한 단어들, 가령 '그', '이것' 혹은 '우리'
같은 단어들에 제한되지 않는다. 많은 신문들, 특히 브로드시트 신문
들의 구성 속에 내장된 추가적 요소가 있다. 영국 언론에서 국내 소식
의 숫자가 국제적 사안들보다 압도적인 것은 사실이다. 로저 파울러
는 언론의 '인간중심주의'homocentrism[5]를 언급하는데, 이는 "우리 자
신과 닮았다고 여겨지는 나라, 사회, 개인에 대한 몰두"이다(Fowler,
1991: 16). 국제 기사, 가령 바그다드 폭격이 대부분 신문들의 1면으로
밀고 들어갈 수는 있다. 그러나 그렇다고 해도 영국의 관점이 부인될
수는 없다. 『더선』은 국제적 위기라는 압력에 저항했다. '록스타'와 그
의 '엄마'가 헤드라인을 장식했는데, 이 두 사람 모두 영국인이었다. 그
이야기에 양념을 치는 그 엄마의 '연하 애인'은 스페인 사람이었고, 그
것도 '일정한 직업이 없는 종업원'이었다. 『데일리스타』의 날씨 이야
기는 영국에 설정되었다. 며칠 후 『가디언』 필진인 마틴 케틀은 "영국

---

5) 참고로 이 단어에는 같은 중심을 공유한다는 의미도 있다.

인 6명, 프랑스인 60명, 먼 지역 외국인 600명 이상 하는 식으로, 죽음과 재난 이야기의 뉴스 가치를 측정하는 플리트가(街)[6]의 계산자"에 관한 글을 썼다(『가디언』, 1993년 7월 17일). 그는 물론 '우리' 안에 있는 '우리'의 편향된 관심을 비난하면서, 플리트가와 영국 언론에 대한 글을 쓴 것이었다.

어쩌면 우리는 타블로이드 신문들에서 국내와 외국 소식들 사이의 보다 심한 불균형을 기대할 수 있을 것이다. 우리는 더 많은 국가적 이름의 게양을 예상해볼 수도 있다. 다양한 타블로이드 신문과 브로드시트 신문들에서 가령 '그 나라', '그 국가', '우리 영국' 같은 문구들과 더불어 '영국인', '영국의', '영국'의 빈도를 결정하려면 통제된 연구가 필요할지도 모른다. 그러나 우리는 국명의 잦은 출현이 반드시 일상적 국민주의의 증가된 수준을 나타낸다고 가정해서는 안 된다. 고국 만들기의 지시어는 미묘하게 달성될 수 있는데, 가령 제시presentation의 구조들 안에 깊숙이 스며들기 때문에, 이는 특정한 국가적 장소의 표기를 불필요한 것으로 만든다.

조사 당일, 브로드시트지인 『타임스』와 타블로이드지인 『데일리익스프레스』는 모두 대학 졸업자들의 고용 전망에 대한 소식을 보도했다. 『데일리익스프레스』는 그 이야기를 특히 영국에 설정했는데, 시작부터 그 조사는 "300개의 선도하는 영국 회사들에서 수행되었고, 올 여름 15만 명의 학생들이 영국에서 학위를 수여받을 예정"이라고 언

6) 영국의 주요 신문사들이 밀집되어있는 런던의 거리 이름이자 '영국 언론'을 비유적으로 이르는 말이다.

급했다. 대조적으로『타임스』는 그 기사에서 영국을 전혀 언급하지 않았다. "오늘 발표된 한 보고에 따르면, 1등급을 받고 졸업하는 대학생들의 기회가 1980년대 동안 50퍼센트 향상되었다." 이 점에서 깃발들에 대한 단순한 전수조사는『데일리익스프레스』를 앞에다 놓을 수도 있을 것이다. 그들의 이야기는 고국을 게양했고, 반면『타임스』는 그렇지 않았다.

『데일리익스프레스』는 대부분의 타블로이드판과 마찬가지로 지면에서 외국과 국내의 기사들을 병치하는데, 대개는 국내의 이야기들이 외국의 이야기들에 비해 수적으로 많다. 대조적으로 브로드시트 신문들은 안쪽 지면들에서 외국 소식과 국내 소식을 구별하고, 각각에 다른 지면을 할당한다. 각 면의 꼭대기에는 독자에게 그들이 어디에 있는가를 알려주는 표지판들, 가령 '국내 소식'과 '해외 소식' 등이 적혀있다.『데일리텔레그래프』는 '소식'과 '외국 소식'을 사용한다. 특별히 명기하지 않는 한 마치 모든 소식이 고국의 소식인 것처럼 말이다.『인디펜던트』는 '국내', '유럽', '국제'를 나누어놓는다. 반면에『가디언』은 유사하게 세 부분으로 나누어진 '국내 소식', '유럽 소식', '국제 소식'을 갖는다. 따라서 모든 브로드시트 신문들은 자신들의 정치학이 무엇이든 간에 뉴스의 **분리** 정책을 유지한다. 국내 소식과 외국 소식을 지면별로 분리되게 유지하면서 말이다.『데일리텔레그래프』를 제외한 모든 신문이 국경 내에서 발생하는 사건들을 나타내기 위해 '국내' home라는 용어를 사용한다. 결과적으로『타임스』정기 구독자들은 그들이 신문 안에서 길을 잃지만 않으면, 대학생들에 관한 이야기가 '국내 소식'이라는 것을 알고 있을 것이다. 그 기사는 이미 고국 영토로 표시되었던 지면에 위치하고 있었다.

　브로드시트 신문들은 습관적으로 자신들의 소식을 조직하는데, 홀의 문구를 빌리자면 자각의 맥락에서 국민성이 작동하도록 조직한다. 그 구조화는 인간중심적homocentric이라기보다 오히려 국내중심적home-centric이다. 표지판은 단순히 쪽 제목이 아니다. '국내'는 특정 지면의 내용 이상을 나타낸다. 그것은 신문과 그것의 가정된, 수신된 독자들의 고향home을 게양한다. 매일 우리 정기 구독자들은 지시하는 신호들을 휙 스쳐 지나며 본다. 의식적인 지각 없이, 우리는 우리 신문의 낯익은 영토에서 우리의 갈 길을 찾는다. 우리가 그렇게 할 때, 우리는 습관적으로 텍스트 구조 안에서 편안하다. 그런데 이는 세계를 '고국'과 '외국', 'Heimat'와 'Ausland'로 나누면서, 고국의 국경선을 사용한다. 따라서 우리 독자들은 우리 자신이 고국들의 세계와 고국 안에서 편안함을 깨닫는다.

스포츠 깃발을 흔드는 남성의 팔

고국 만들기의 일상적 지시어들을 통해 언론은 지면을 가로질러 국민성을 게양할 수 있다. 그러나 이는 우리가 깃발을 흔드는 것을 의미하지 않는다. 몇몇 우익 신문들, 가령 『데일리메일』, 『데일리익스프레스』, 『더선』, 『데일리텔레그래프』는 애국주의 패를 쓰는 우익 정치인들을 후원하는 것으로 유명한데, 적어도 영국 정치에서는 그렇다는 말이다. 그럼에도 불구하고 모든 신문은 자신들의 정치가 무엇이든, 정기적 열정으로 깃발을 흔드는 지면을 갖고 있다. 이것이 스포츠 지면이다. 이

지면들은 남성들을 겨냥한다. 스파크스와 캠벨이 적었듯이, "스포츠 면들에 각인된 독자는 압도적으로 남성적이다"(Sparks and Campbell, 1987: 462).

어쩌면 그날 공공연한 깃발 흔들기의 다른 주요한 장소가 『데일리미러』의 '위대한 영국 선술집' 부록이었다는 사실은 우연을 넘어서는 것이었다. 그것은 역사적으로 남성적 영토였던 하나의 제도를 찬미하는 것이었다. 특정한 상황에서만 여성들의 입장을 허용하면서 말이다(Clark, 1983; Golby and Purdue, 1984). 50년 전, 『선술집과 사람들』이라는 대중조사 연구는 이 위대한 영국 전통에서 고객들의 80퍼센트 이상이 남성이라는 사실을 주목했다(Mass Observation, 1987). 발레리 헤이의 말을 빌리면, 오늘날까지도 선술집들은 계속해서 "깊숙이 각인된 젠더 이데올로기들을 표현하는" 장소들로 남는다(Hey, 1986: 72). 『데일리미러』는 영국의 선술집을 찬양할 때, 그 역사적이고 현대적인 남성성을 간과했다. 선술집은 결코 남성의 영토가 아니라 오히려 '우리'의 제도, '우리'의 오래된 전통, '우리' 모두를 위한 내 집처럼 편안한 곳이었다. 부분이 또다시 전체를 대표하고 있었다.

영국 언론이 그것에 할애하는 지면들이 그러한 것처럼, 스포츠는 역사적으로 대개 남성적 영역이다. 스포츠는 신문에서 자신만의 분리된 게토를 가질 수도 있지만, 그 주제에 관한 가장 심층적인 분석가 C. L. R 제임스가 반복적으로 강조했던 것처럼, 결코 단순히 스포츠가 아니다. 『경계를 넘어서』의 말문을 여는 모토는 "오직 크리켓만이 알고 있는 크리켓에 대해 그들은 무엇을 알고 있는가"라고 묻는다(James, 1964: 11). 근대 스포츠는 선수와 관람자를 넘어 미디어를 통해 확장하면서 사회적이고 정치적인 중요성을 갖는다. 제임스는 스포츠를 사랑했고, 그것을 지적으로 분석했는데, 책을 읽는 사람보다 "훨씬 더 많은 사람들이 조간신문에서 크리켓 기사를 훑어본다"라고 말했다(James, 1989: xi). 가장 중요한 것은 스포츠면들이 남성성은 말할 것도 없고, 국가, 장소, 인종의 진부한 정형들을 반복한다는 점이다(O'Donnell, 1994).

　　조사가 있던 그 월요일, 현기증 나는 깃발의 광풍이 '우리', '우리의 승리들', '우리의 영웅들'을 위해 펄럭이고 있었다. 그날은 윔블던에서 매년 세계 각처의 상위 프로선수들이 남녀별로 경쟁을 펼치는 테니스 토너먼트의 두 번째 주가 시작하는 날이었다. 『더선』은 토너먼트의 시작을 알리면서 영국을 위한 깃발을 실제로 올렸다. 깃대 맨 꼭대기에서 펄럭이는 『더선』 스포츠의 유니온잭'을 말이다. 깃발은 영국 선수가 경쟁에서 탈락할 때마다 한 눈금씩 아래로 내려갈 예정이었다. 지난 성적에 비추어 보면 국기는 급속한 하강이 예상되었고, 그 후 국가적 곤경을 개탄하는 반쯤 비꼬는 기사들이 뒤를 이을 수도 있었다. 예상된 기대와 달리, 한 영국 선수가 경쟁에서 여전히 살아남았다. 그리고 그 국기는, 장대 아주 높은 곳에 올라있지는 않았지만, 여전히 『더선』의 스포츠면들을 가로질러 펄럭인다고 묘사될 수 있었다. (청색과 흰색의 배경에 대비되는 붉은 글씨체로) '악전고투하는 영국 선수'라는 헤드라인 아래, 그 신문은 다음과 같이 선언했다. "우리가 해냈다! 『더선』 스포츠의 유니온잭은 윔블던의 두 번째 주가 계속 진행되는 오늘까지도 여전히 우리와 함께. 남자 단식 부문에서 유일한 영국인 생존자 앤드루 포스터 덕분이다." '우리의 새로운 스타'에 대한 훨씬 많은 기사가 있었는데, '우리' 독자들과 온 국민이 그를 칭찬하라는 권고를 받았다.

테니스에서 영국의 성공, 아니 성공이라기보다는 신속한 패배 모면한 것을 찬미한 것은 『더선』만이 아니었다. 『데일리스타』가 "영국의 새로운 윔블던 영웅"에 대한 글을 썼고, 『데일리미러』가 "영국 테니스의 희망"을 짊어진 "영국 테니스 영웅 앤드루 포스터"를 칭찬했다면, 브로드시트 신문들은 보다 장황한 문구들로 같은 메시지를 전했다. 『타임스』는 "분투하는 영국 선수들이 비평가를 놀리며 농담을 즐긴다"라는 헤드라인 아래 "매번 영국인들은 전투에서 이길 만큼 충분히 용감했다"라고 분명히 말했다. 『가디언』의 테니스 기자는 윔블던의 첫 주는 특별히 "기억할만한" 것이었는데, "예상과 불리함에 맞서 영국 선수들이 행한 공헌들" 때문이라고 주장했다. 여기서 그 깃발은 고상하게 흔들리고 있었다. '우리'는 '우리 자신'을 뻔뻔하고 노골적인 과시로 도상학적 깃발을 올리고 내리며 칭찬하지 않았다. 그 찬미는 객관화되었다. 그 사건은 단순히 기억할만한 것이었다. 마치 기억할만하다는 것이 객관적 특징인 것처럼 말이다. 그 특별한 집합적 기억, '우리의 기억'은 암시된 보편적 기억과 함께 생략되었다. 누구나 혹은 모든 합리적 사람들이라면 영국인의 패배 모면을 기억할 것이다.

대체로 깃발 흔드는 정치인들을 후원하는 우익 언론은 분명히 애국주의를 적절한 반응이라고 언급했다. 『데일리메일』은 "약간의 애국주의가 오래 지속된다"라고 주장하면서, "우리의 여름 명물들 가운데 가장 신성한 이것에 대한 그 위대한 영국인의 헌신"을 칭찬하고 나섰다. 『데일리텔레그래프』는 "마지막 남은 그 영국 선수"가 가장 권위 있는 코트에 모습을 드러낼 예정은 없었다고 불평하면서,[7] "순위 같은 다른 고려사항들은 애국적이고 공공적인 감정 다음에 와야 한다"라고 주장했다. 이 문맥에서 '공공적인 감정'은 '우리'의 감정을 지시하는 것으로 이해되어야 한다. 애국적 고려사항들은 '우리'의 것이다. 다른 나라들과 다른 애국주의들은 이 안에 들어오지 않았다. '우리'의 세계와 '우리'의 애국심이 스스로를 직접 증명하며 센터 코트에 있었다.

그날은 깃발 흔들기를 위해 스포츠가 할 수 있는 모든 것을 다 보여준 날이었다. 유럽육상선수권이 바로 전날 로마에서 막을 내렸다. 타블로이드건 브로드시트건, 헤드라인들은 용감한 영국인 남성들이 어떻게 계주 결승에서 그들의 퍼포먼스 덕에 치열한 2위를 달성했는지에 대해 떠들었다. "대단한 계주였어, 사내들"이라고 『더선』이 보도했다. 그 기사는 "영국이 최후의 기사의 장대한 진격을 보여주었다. [⋯] 우리의 선수들이 하나의 기적을 찾기 시작했다" 등등을 선포했다. 『데일리미러』는 "영국의 영웅들, 석패"라고 제목을 달았다. 그리고 '그 용감한 영국인들'에 대한 더 많은 기사가 있었다. 그 목숨 건 영국인들을 누가 이겼는지에 대해서보다는 '우리' 영웅들의 행위에 대한 기사가 많았다. 승리한 러시아 (남녀) 팀은 거의 애깃거리도 아니었다. 영웅들이 아니었기 때문이다. 브로드시트 신문들도 거의 다를 바 없었다. 『인디펜던트』 스포츠면의 메인 헤드라인은 "잭슨의 재빠른 스타트, 영국에 생명줄을 제공"이었다. 『가디언』의 헤드라인은 "영국, 로마를 하

---

7) 무명에 가까웠던 앤드루 포스터는 1993년 윔블던 토너먼트에서 이변을 일으키며 16강에 올랐으나 16강전에서 피트 샘프라스에게 패하며 탈락했다. 한편 윔블던 대회장에서 가장 권위 있는 코트를 센터 코트라고 부르는데, 이곳에서 결승전이 열린다.

루아침에 다시 건설할 만큼 대담하게 노력"이었다. 부제는 "존 로다,[8] 영국 남자 팀이 올림픽경기장에서 활발한 회복력으로 러시아에 불과 4점 뒤진 2등을 차지하는 것을 보다"였다. 설명에 따르면 러시아인들은 그 남성들('우리' 영국 남성들)에게 많은 점수를 잃고 계주 경기를 마친다. 영국 여성 팀은 심지어 '우리'의 관심에서 보자면 훨씬 더 뒤에 있었다. 러시아 여성 팀은 거의 눈에 보이지도 않을 정도였다.[9]

그날 칭찬할 다른 영국인 영웅들이 있었다. 영국 15인제 럭비 팀이 웰링턴에서 뉴질랜드 팀을 꺾었다. 연이어 세 번을 치르는 시합에서 이것은 두 번의 패배 사이에 끼인 유일한 영국의 승리가 될 것이었다. 이 유일한 승리에 대한 반응은 가볍게 평가되지 않았다. "『미러』스포츠는 영국의 럭비 영웅들에게 경의를 표한다"(『데일리미러』). "사자들의 자부심, 역사적 장소를 가리키다"(『타임스』). 『가디언』은 "웰링턴 승리의 중요성은 아무리 높이 평가해도 부족하다"라고 주장했다. 그 시합은 '패배'가 아닌 '승리'였다. 단어 선택은 독자들이 (뉴질랜드도 아니고, 중립도 아닌) 영국의 시각을 가질 것이라고 전제한다. 이는 표시되지 않았고, 따라서 자연스러운 선택이었다.

『가디언』은 신중하게 살펴볼 가치가 있다. 그 신문의 정치학은 그것이 스스로를 계몽과 공정함의 목소리라고 제시하듯이 영국의 정론

---

8) 영국의 저명한 스포츠 칼럼니스트.
9) 1993년 제14회 유러피언컵 유럽육상선수권에서 영국 남성 팀은 400미터 계주와 1600미터 계주에서 모두 러시아를 제치고 우승을 차지했지만, 모든 종목의 승점을 합산한 종합 순위에서는 러시아에 4점 뒤져 2위를 차지했다. 반면 영국 여성 팀은 종합 우승을 차지한 러시아에 무려 50점이나 뒤진 5위에 머물렀다.

지 중에서 가장 자유주의적인 것이다. 그 신문은 빈번히 타블로이드판의 천박한 국수주의와 스스로 거리를 두면서도, 한편으로는 "영국의 타블로이드화를 목격하는" 것을 염려한다(『가디언』, 1994년 2월 15일). 3장에서 본 것처럼 그 신문은 국민주의를 극단적 '타자들'과 연결하는 상식적 실천을 따른다. 거기다 그 신문의 스포츠면은 전형적인 영국의 관점을 재생산한다. 독자들에게 '우리'의 승리들을 찬양할 것과 '우리'의 영웅들에게 예우를 갖출 것을 권고하면서 말이다. 그 '웰링턴 승리'는 눈에 띄게 전시되었고, 반면 같은 시간에 벌어졌던 남아프리카공화국과 프랑스의 럭비 시합은 짤막하게 언급되었을 따름이다. 『가디언』의 조정 담당 기자는 헨리 레가타[10]에서 "영국의 희망들"에 대해 논의했다. 『가디언』은 심지어 그 조정 경기에 국민주의적 차원을 끌어들였다. "국제 수상경기 대회 2조에서 영국의 성공의 희망들이 […] 내동댕이쳐졌다." 기자는 다른 국가의 희망들에 대해서는 언급하지 않는다. 그날 신문들이 이라크에 수감된 영국인들의 '희망'에 대한 이야기를 전면에 실었던 것처럼, 오직 영국의 희망만이 제시된다. 이러한 희망들은 구체화되지 않았다. 어느 누구도 그것을 희망하는 것으로서 인정되지 않았다. 그 희망들은 마치 '우리' 우주의 축소된 지평에 대항한 어떠한 보편화되고 객관화된 공간에 존재하는 것처럼 제시되고 있다.

스포츠 깃발에 관한 한, 그 일간 조사가 전형적인 하루에 수행되지 않았다는 이의제기가 있을 수 있다. 결국 그때는 여름이었고, 2주간의 윔블던 같은 많은 스포츠 행사들이 예정되어있었다. 또한 그날은 월

---

10) 매년 7월 초, 템스강에서 열리는 유서 깊은 조정 대회.

요일이었는데, 그날은 신문들이 주말 스포츠에 대한 기사를 보도할 수 있다. 게다가 영국은 지난 150년 동안 스포츠가 문화적으로 중요한 나라였다. 실제로 오늘날 세계에서 조직된 주요한 스포츠 다수가 19세기 영국에서 발원했다. 만약 C. L. R 제임스가 지적하듯이 스포츠가 문화적이고 정치적인 역사의 일부라면, 영국의 전국적 언론에서 발견될 수 있는 특정한 종류의 깃발 흔들기가 전 세계적인 것으로 가정될 수는 없다. 다른 한편, 정의상 국제 스포츠 토너먼트들의 일반적 정신은 국경을 가로지른다. 올림픽, 월드컵, 윔블던 등등은 전지구적 사건이며, 전지구적 문화의 일부다.

어쩌면 다른 장소들, 그해나 그 주의 다른 시간들이었다면 스포츠면에서 깃발 흔들기의 아주 사소한 암시만이 보도되었을지도 모른다. 비록 그 증거는 그럴 것 같지 않다고 제시하지만 말이다(O'Donnell, 1994). 상세한 관찰이 그 문제를 해소할 것이다. 다른 한편 열리고 있거나 곧 열릴 예정이거나 막 열렸던 스포츠 경기들이 언제나 있다고 말해야 할 것이다. 스포츠는 현대 세계에서 주변적인 것이 아니다. 세계 도처에 대량으로 후원받고, 상업화된 정기적 스포츠 토너먼트들이 있다. 엘리아스와 더닝이 논의했듯이 여가와 소일거리들이 근대에 와서 스포츠 발달로 인해 상당한 영향을 받고 있다(Elias and Dunning, 1986). 뉴스에서 스포츠면들은 월요일마다 혹은 보도할만한 주요한 토너먼트들이 있는 요일에만 포함되는 선택적 여분들이 아니다. 스포츠면은 언제나 존재하고, 이것들은 결코 공백으로 남겨지지 않는다. 매일 전 세계 수억 명의 사람들이 이 지면을 훑어보고, 승리와 패배를 공유하며, 이러한 흔들린 깃발들의 세계에서 편안함을 느낀다.

스포츠, 전쟁, 그리고 남성성

우리는 일간 조사에서 드러난 것 같은 일상적 깃발 흔들기의 중요성이 무엇인지를 물어야 한다. 남성성의 문제는 명백히 중요하다. 스포츠면은 남성들의 지면이다. 비록 그것이 그와 같은 것으로 제시되지는 않지만 말이다. 그 지면은 모든 국민을 위한 지면들로 나타난다. 마치 영국의 선술집이 모든 영국인의 관습으로 제시되는 것처럼 말이다. 외국의 경기장에서 남성들은 국가를 위해 전투를 치르면서 트로피를 얻거나 명예를 잃는다. 주로 남성들인 독자들은 이 남성들의 전리품들을 전체 고국의 관점에서 바라보도록 권유받고, 따라서 남성의 관심사들이 마치 국가 전체의 명예를 결정하는 것처럼 제시된다.

스포츠와 전쟁 간의 유사함이 분명한 것처럼 보인다. 그러나 그 연결의 본성을 정확히 특정하기란 어렵다. 언뜻 보면 스포츠는 전쟁의 유순한 복제물인 것처럼 보일 수도 있다. 국제 스포츠의 정기적 소란들을 전쟁에 대한 대체물로 보는 것은 너무도 쉽다. 과거에 국가들이 실제로 싸웠던 곳에서, 이제 국가들은 자신들의 공격적인 에너지를 경기장에 대한 지배력을 위한 투쟁으로 승화시킨다(Eriksen, 1993: 111). 스포츠면은 우리 독자들에게 깃발을 흔들라고 권유하면서 전쟁의 언어와 공명한다. 무기에 대한 은유들(포격firing, 발사shooting, 공격 attacking)이 빈번히 사용된다(Sherrard, 1993). 만약 스포츠가 승화라면, 깃발 흔들기는 남성적이고 공격적인 에너지를 분출해서 세계를 보다 평화로운 장소로 만드는 안전밸브다.

그러나 우리는 그처럼 위안이 되는 생각에 대해 의심을 가져야 한다. 텔레비전과 폭력에 관한 엄청나게 큰 증거는 '공격적 에너지'가 그런 식으로 작동한다고 제시하지 않는다(Berkowitz, 1993; Cumberbatch and Howitt, 1989). 게다가 스포츠와 정치 사이의 연결은 스포츠가 단지 정치에 대한 상징적 대체물만은 아니라는 점을 보증한다. 움베르토 에코는 "스포츠 논쟁(여기서 이는 스포츠 쇼, 스포츠에 관한 대화, 스포츠에 대해 말하는 언론인들에 관한 이야기를 말한다)은 정치적 논쟁에 대한 가장 손쉬운 대체물"이라고 적절히 비꼰다(Eco, 1987: 170). 그러나 스포츠는 스스로를 경기장과 신문에 표시된 영토에 제한하지 않는다. 그것은 정치적 담론 속으로 뛰어든다. 정치인들은 빈번히 스포츠 은유들을 사용한다. 전쟁의 울림을 갖는 은유들을 포함해서 말이다(Shapiro, 1990). 닉슨은 특히 권투의 비유를 선호했다(Beattie, 1988). 마거릿 대처는 종종 크리켓 용어를 선호했는데, 수상 임기 말년에는 "최근 상대의 투구가 매우 적대적이지만" 그녀는 "여전히 타격선에 있으며", "영국을 위해 타격"한다고 선언했다(Young, 1993. 또한 『가디언』, 1994년 7월 26일 사설 참고). 미국 대통령은 전통적으로 시구로 야구 시즌을 개막한다.

정치인들은 국기를 흔들면서 스포츠 정책들을 옹호할 수 있고, 그래서 스포츠의 국기 흔들기 자체는 흔들 수 있는 또 다른 국기가 된다. 존 메이저는 1994년 자신의 정당 대회에서 연설하면서, 경쟁을 하는 스포츠가 "다시 학교생활의 중심"에 놓여야 한다고 주장했다. 그는 스포츠가 "영국인의 본능의 일부, 우리 성격의 일부"라고 언명했다(1994년 10월 14일 보수당 중앙 사무소 연설 7쪽). 또한 에코가 암시했듯이, 스포츠는 정치학 내부의 정치적 논쟁을 대신할 수 있고, 그렇게 함으로써 '우리'와 '그들'의 위험한 정치학에 이바지할 수 있는데, 이는 논쟁할 가치도 없는 것처럼 보인다. 이탈리아에서 실비오 베를루스코니는 미디어 기업가이자 이탈리아의 가장 성공한 프로축구 팀의 소유주인데, 축구 국가대표 팀 후원과 연관된 상징들을 사용하면서 성공적으로 대통령직을 위한 유세를 했다. 그의 텔레비전 광고는 축구 응원가 '힘내라forza 이탈리아'에서 절정을 이뤘다. 선거에서 승리한 후, 그 신임 대통령은 파시스트들을 연정에 끌어들였다.

스포츠는 단지 전쟁만을 반향하지 않으며, 전쟁을 이해하기 위한 상징적 모델을 제공할 수 있다. 영국군이 포클랜드 전쟁에서 승리를 거두고 돌아왔을 때, 격렬하게 몸을 흔들고 구호를 외치며 깃발을 흔드는 군중이 항구에서 그들을 맞이했다. 마치 은색 트로피라도 따고 귀국하는 축구 대표 팀을 맞이하는 것처럼. 전쟁 동안 만화가들은 자주 그 전쟁을 축구 시합으로 묘사했다(Aulich, 1992). 전투에 연루된 이들, 가령 베트남 전쟁에서의 미군 조종사들은 자신들의 경험을 이해시키기 위해 종종 경기장의 은유들을 사용한다(Rosenberg, 1993). 이런 식으로 전쟁은 보다 친숙한 무언가의 관점에서 이해된다.

물론 젠더의 문제는 무시될 수 없다. 비록 국민국가의 창출이 이제껏 알려지지 않은 규모로 여성들을 정치적 삶으로 데려왔을 수는 있지만, 매일 국기를 흔드는 스포츠면의 기사들을 읽는 사람들은 주로 남성들이다(Colley, 1992: ch.6). 시민권은 종종 그 자격부여와 의무의 세부사항에서 여전히 성차별적이다(Lister, 1994; Williams, 1987; Yuval-Davis, 1993, 1994). 무엇보다 군대라는 국가의 궁극적 호출에 답하기로 기대되는 사람들은 남성들이다. 그들은 고국이라는 대의를 위해 총을 쏘거나 총에 맞고, 강간을 하지만 강간을 당하지는 않는 전쟁 행위를 추구할 사람들이다(Jones, 1994). 엘시테인이 논의하듯이, 젊은 남성들을 전장으로 내모는 주목하지 않을 수 없는 주제는 공격이라기보다 희생이다. "젊은 남성은 죽이기보다 죽기 위해 전쟁에 나가는데, 자신의 특수한 신체를 보다 큰 신체, 곧 정치적 통일체를 위해 몰수당한다"(Elshtain, 1993: 160).

전쟁으로 이끄는 정치적 위기는 재빨리 만들어질 수 있다. 그러나 희생에 대한 의지는 그럴 수 없다. 앞선 예행연습들과 상기물들이 존재해야만 하고, 그래서 운명적 상황이 발생할 때, 남성들과 여성들은 자신들이 어떻게 행동하도록 기대되는지를 알고 있다. 매일의 일상적 준비가 있다. 스포츠면에서 남성들이 선호하는 팀의 결과들을 훑어볼 때, 그들은 보다 커다란 신체, 곧 팀이라는 대의에서 전투를 하는 다른 남성들의 행위를 읽는다. 그리고 그 팀은 종종 외국인들에 대항해서 영예로운 전투를 수행하는 국가이다. 그때 특정할 수 없는 영예의 부가가치가 중요해진다.

일간 조사에서 국가라는 대의를 위한 개인적 희생은 스포츠면들에서 찬사를 받는다. 한 운동선수("주저하는 영웅"으로 묘사된, 물론 남성)가 "당신의 나라가 당신을 필요로 할 때 […] 어떻게 당신이 '아니오'라고 말할 수 있겠는가?"라고 말하는 것으로 보도된다(『데일리메일』). 같은 신문은 그 럭비 영웅이 고통과 부상에도 불구하고, 뉴질랜드에 대항해서 국가적 명예라는 대의를 위해 계속 싸웠다고 보도했다. 그 "웰링턴 전투의 중심에 선 영국화된 웨일스인"(묘사 자체가 군사적 역사를 반향하고 있다)이 나중에 "한쪽 눈은 멍이 들고, 한쪽 무릎은

천을 감고, 손과 광대뼈는 부풀어 오른 채" 모습을 드러냈다. 그는 다음과 같이 선언했다. "이것은 죽기 살기의 상황이었다. 그 원정 시합을 구해야 했다."

크리켓, 축구 혹은 야구 결과를 훑어보는 것은 재정부 장관의 연설을 읽는 것 또는 바그다드 폭격에 대한 '도쿄의 반응'을 읽는 것과 같지 않다. 스포츠면들을 읽는 데에는 어떠한 의무감도 작용하지 않는다. 바르트의 문장을 빌리자면, 스포츠면은 쾌락의 텍스트다(Barthes, 1975). 매일 수백만의 남성들이 이 지면들을 읽으며 국가적 대의에서 영웅주의를 찬양하고, 상호텍스트적으로 전쟁을 반향하는 문장들을 즐기며 쾌락을 찾는다, 그러한 쾌락들은 순수한 것일 수 없다. 만약 국민성이 게양되고 있다면, 그 일상적 상기물 또한 예행연습일 것이다. 과거의 메아리들은 미래 시간을 위한 준비들로 무시될 수는 없다. 어쩌면 우리 혹은 우리의 아들들, 조카들 혹은 손자들은 어느 날 준비된 열정으로, 아니면 유감스럽지만 의무감으로 우리 나라가 우리에게 죽기 살기를 요구할 때 응답할 수도 있다. 그 부름은 이미 낯익은 것이다. 그 의무들은 미리 준비되었다. 그 의무의 말들은 오랫동안 우리 쾌락의 영토 안에 설치되어있었다.

끝맺는 고백

1장을 시작하면서 나는 일상적 국민주의의 확산이 그와 같으며, 그 분석은 고백적 어조를 필요로 한다고 썼다. 국민주의와 깃발 흔들기의 흔적들은 단지 타자들에게서만 발견되는 것이 아니다. 분석가들 또한 고백해야 한다. 고백의 언어는 복수로부터 단수로의 이행을 요구한다. 나는 다른 지면들에 고통스러운 소식들이 주어지면, 적절한 정도보다 빠르게 스포츠면들에 관심을 돌리면서 그것들을 읽는다. 나는 국가적 스포츠의 승리들을 찬양하라는 권고에 정기적으로 응답한다. 고국 출신의 시민이 외국인들보다 더 빨리 달리고 더 높이 뛰면, 나는 즐거움을 느낀다. 이유는 잘 모르겠다. 나는 국가대표 팀이 다른 나라 팀들을 이겼으면 하고 바란다. 더 많은 골이건 득점이건 뭐가 되었건 간에 말이다. 국제 시합들이 국내 시합들보다 훨씬 더 중요한 것처럼 보인다. 뭐라고 규정할 수 없는 중요한, 경쟁에 대한 특별한 전율이 있다. 매일 나는 경기 점수가 적힌 지면을 훑어보는데, 이러한 일상적 행동이 가리킬 수도 있는 미래에 대해서는 아무런 생각도 없이 말이다. 나는 나 자신에게 왜 내가 그렇게 하는지 이유를 묻지 않는다. 나는 단지 습관적으로 그렇게 할 뿐이다.

어떤 의미에서 그 고백은 충분히 개인적인 것이 아니다. 그러한 고백을 하는 '내'가 백만 배로 복수화될 수 있다고 알려진다. 나 혼자만이 아니기 때문에, 그 죄는 거의 죄처럼 보이지도 않는다. 베네딕트 앤더슨은 국민공동체에 대한 감정은 국가 도처의 모든 인민이 동일한 신문을 읽는 일상적 의례를 수행한다는 사실에 의해 생산된다고 제안했다(Anderson, 1983). 그러나 그것이 그처럼 간단할 리가 없다. 사람들은 (그들이 그 정보에 대해 알고 싶다면) 다른 사람들이 동일한 스포츠 결과들을 읽고 있음을 알고 있다. 그러나 그 의례는 스포츠 공동체라는 전체적 느낌보다는 오히려 분할을 재생산할 수 있다.

국적의 재생산에서 신문이 중요하다는 것을 강조했다는 점에서 앤더슨은 확실히 옳다. 신문들은 프로이트가 '2차 동일시'[11]라고 불렀던 것 혹은 유사성에 대한 인지된 느낌의 가능성을 수립하기보다, 그 것들의 메시지, 정형, 지시어를 통해 직접적으로 작동한다. 이 점에서 스포츠 깃발을 흔드는 쾌락은 자백되어야 할 유일한 문제가 아니다. 또 다른 개인적인 고백이, 이는 또한 비개인적이기도 한 것인데, 순서 대로 놓여있다. 나는 더 많은 관심을 가지고 '국내' 소식들을 읽는다. 나는 국내 소식의 지면이 많은 것에 반대하지 않는다. 나는 습관적으 로 그것을 기대한다. 내가 남들과 공유하는 이러한 잘못들은 남성적인 동시에 여성적이다.

국가가 집합적 찬양의 순간들 사이에서 사라지지 않는 것과 마찬 가지로, 게양은 스포츠면에 한정되지 않는다. 국민적 그라운드가 다른 지면들까지 이어진다. 스포츠가 스포츠면에만 국한되는 것도 아니다. 윔블던 테니스 토너먼트는 영국 스포츠 행사 중에서 남성들만큼 여성 들에게도, 비록 더 크지는 않지만 비슷한 관심을 끄는 사실상 유일무 이한 대회다. 초반 탈락을 피하는 데 성공했던 분투하는 새로운 영국 의 영웅이 스포츠와 무관한 다양한 멋진 자세들로 찍힌 사진들이 안쪽 지면에도 눈에 띄게 많았다. "소녀 팬들, 윔블던의 섹시 가이 앤디에게 구애"라고 『데일리미러』는 일반 지면에 보도했다. 영국 선수들은 "자 신들이 토너먼트에서 열심히 했던 방식을 사랑하는 여성들에게 포위 되어" 있었다. 남성들이 국가적 영웅들을 모방하라고 격려받는다면,

---

11) 프로이트의 2차 동일시는 다른 사람들의 특징을 인지하는 것에 기초한다. 이러한 특징은 동 일시하는 지도자 인물에서 나타난다. 지도자와의 동일시 이후 사람들은 다른 사람들과 동일 시하는데, 그들이 공통의 무언가를 가지고 있다고 느끼기 때문이다.

여성들은 그들을 사랑하라고 권유받는다.

나는 (남녀) 독자들을 고국의 구성원들이라고 부르는 신문의 사정을 알고 있다. 심지어 '여성 지면'의 사정도 마찬가지다. 우리 독자들은 고국의 지시어와 국내와 외국이라는 뉴스의 분리 정책을 기꺼이 수용한다. 우리는 고국의 경계 내에 위치한 소식들에 더 많은 관심을 기울이는 신문에서 편안함을 느낀다. 이는 중요한데, 왜냐하면 국민국가가 아무리 가부장적이고 전장의 실제 업무가 아무리 남성적일지라도, 국민주의는 남성들에게만 제한되지 않기 때문이다. 남성은 자신의 신체를 희생하라는 요구를 받을 수도 있다. 그러나 여성은 자신의 아들들과 남편들을 희생할 준비를 해야 한다. 그리고 제1차 세계대전에서 손위 형의 희생은 특별한 중요성과 슬픔의 의미를 갖게 되었다(Woollacott, 1993). 엘시테인이 강조했던 것처럼, 전쟁은 애국적 어머니들과 보호자들 같은 여성들의 공헌 없이는, 남성 전사들을 사랑하라는 요구에 응답하는 여성들 없이는, 치러질 수 없을 것이다(Elshtain, 1987, 1993).

걸프전 동안 여론조사들은 종종 밖으로 노란색 리본을 전시함으로써 '우리의 소년들'에 대한 염려를 보여준 미국 여성들로부터 높은 수준의 지지를 드러냈다(Boose, 1993). 코노버와 사피로가 여론에 대한 연구로부터 보고하듯이, 전쟁에 대한 남성과 여성의 지지 사이에는 거의 차이가 없었다(Conover and Sapiro, 1993). 보다 일반적으로는 미국의 군비 지출에 대한 지지에서도 마찬가지였다. 가장 놀랍게도 그 저자들은 "페미니스트들이 그렇지 않은 이들만큼이나 전쟁 모금 운동을 지원할 것 같다"라고 보고했다(Ibid.: 1095). 만약 페미니즘적 태도를 가진 여성들을 포함하는 여성들이 국가적 위기의 순간에 엄청난 지원을 해준다면, 그들 또한 국가적 충성의 세계에서 살아갈 준비가 되어있음에 틀림없다. 고국의 편안함의 평범한 상기물들은 남성들에게만 말을 걸고 조용히 흡수되는 것이 아니다. 고국의 일상적 지시어는 젠더의 분할을 가로지른다. '우리' 모두는 매일 '우리'가 '여기', '우리'의 소중한 고국에서 편안히 살아간다고 상기된다.

국민성은 현대적 삶에서 동떨어진 무엇이 아니라, 우리가 당연한 것으로 간주하는 편안한 담화들인 '우리'의 사소한 말들에 현전한다. 미래에 대한 어떠한 사상을 품든지 간에 자유주의자, 사회주의자, 페미니스트 들은 무엇이 '자신들'의 국가인지를 망각하는 현재의 건망증을 주장할 수는 없다. 우리 역시 이러한 국가들의 세계에 살고 있다. 우리 역시 준비가 되어있다. 아니, 오히려 우리는 우리 자신을 준비시키는 것에 참여한다. 우리의 말들 역시 그것들의 발화의 조건들을 반영한다. 신문들이 '고국중심주의'home-centrism의 유일한 전달자라고 비난받을 수는 없다. 국민주의의 일상성은 분석에까지 확장된다. 이 장은 저자의 고국 언론을 살폈다. 그 밖에 다른 곳에서 무엇이 벌어지는가에 대해서는 지나가는 참조만이 있었을 따름이다. 그 분석은 심지어 아마 보편적 청중에게 말을 걸 때도, 고국에 토대를 두고 있었다.

부단한 게양은 우리가 우리의 고국을 잊지 않는다는 것을 보증한다. 정보 과부하 세계에서 그 밖의 무엇이든 망각될지라도 말이다. 그 국민투표는 스포츠 응원의 습관적 지시어를 통해 국민국가를 재생산한다. 만약 우리가 일상적으로 미래의 위험들을 준비한다면, 이는 공격적 에너지의 저장소를 가득 채우는 준비가 아니다. 그것은 읽고, 지커보고, 이해하고, 당연시하는 형태이다. 그것은 '우리'가 부단히 고국의 경계들 내에서, 편하게 쉬라고 권유받는 삶의 한 형태다. 이러한 삶의 형태는 국민적 정체성인데, 이는 계속해서 갱신되고 있다. 그 위험한 잠재력이 너무도 무해하게 편안한 것으로 드러나면서 말이다.

6장 _ 탈근대성과 정체성

앞 장에서 묘사된 일상적 게양의 정도는 깜짝 놀랄만한 것으로 다가올 수 있다. 국민국가가 쇠락하고 있다는 소리를 듣는 게 점차 식상한 일이 되어가고 있다. 많은 논자들이 현대 세계는 근대적이기보다는 탈근대적이라고 주장하고 있다. 그들은 국민국가가 근대의 산물이었고, 이제는 시대에 뒤진 것이 되어간다고 주장한다. 만약 국민주의와 국민정체성이 모두 국민국가의 부속물이라면, 그것들 또한 급속히 사라지는 근대성의 세계에 속하는 것이다. 근대성에서 탈근대성으로의 이러한 변화는 중요한 정치적 결과들을 갖는다고 주장된다. 낡은 국민성의 정치는 새로운 정체성의 정치에 자리를 내주고 있다. 경계와 고국을 강조하는 국민주의적 의식은 어쩌면 유행이 지났을지도 모른다. 일상적인 국민성 게양은 따라서 이 탈근대적 세계에서 기대될 수 있는 무언가가 아니다.

탈근대주의의 논제는 현대에 대한 중요한 분석을 나타낸다. 그것은 경제적·문화적·심리적 변화들의 행렬이 세상에서 일어나고 있다고 제안한다. 그러나 이 장에서 논의될 것처럼, 그 주제는 국민주의의 일상성을 간과한다. 국민주의와 탈근대성을 논의할 때, 관심사의 초점을 다시 맞추는 것은 필수적이다. 앞 장이 국민정체성의 일상성을 기록한 것은 영국 신문들에 대한 일간 조사에 집중함으로써였다. 영국은 탈근대적 미래에 대한 전조들을 보여주기에 가장 좋은 표본은 아닐 수도 있다. 하나의 국민국가로서 영국의 세계 역할은 근대 초기에 속한다. 지정학적으로 영국은 유럽연합의 가장자리에서 우유부단하게 걱정만 하는 조연 역할을 해왔다. 영향력의 범위에서 해가 결코 지지 않는 국가는 이제 미국이다.

탈근대주의에 대한 많은 생각들은 현재 미국에서 발전하고 있다. 그러나 탈근대성에 관한 논제가 미국 국민주의와 사이가 좋은가는 논쟁의 여지가 있다. 정통 사회학과의 문제가 그렇듯이, 문제의 일부는 국민주의를 진부하기보다는 그 '새로운' 다양체들과 동일시하는 경향이다. 그러나 그것은 단지 정의에 관한 문제가 아니다. 어쩌면 탈근대주의 분석에 대해 묻는 가장 흥미로운 질문들 중 하나는 '어떻게 세계에서 가장 강한 국가, 곧 부단히 자신의 깃발을 과시하고 예우를 갖추는 국가에서, 국민성이 그렇게 눈에 띄지 않고 나타날 수 있는가'이다.

이러한 질문을 해명하려고 할 때, 우리는 앞선 논의를 기억해야 한다. 4장에서는 국제적 주제들은 언제나 국민주의적 의식의 일부였다고 주장했다. 국민주의적 사고습관과 국제적 사고습관이 반드시 서로 대립한다고 생각하는 것은 오해다. 그것들은 서로 섞일 수 있고, 실제로 빈번히 섞인다. 우리는 이러한 뒤섞임이 전지구적 헤게모니를 갈구하는 한 나라의 경우에 특히 뚜렷하다고 예상할 수 있다. 국제적인 것처럼 보이는 것은 또한 국민적일 것이고, 그 역도 마찬가지다. 이는 탈근대성의 논제를 위한 중요한 고려사항이다. 그 논제의 일부는 전지구적·초국가적 문화가 발전하고 있다고 주장한다. 만약 이 문화가 국가적 기원을 갖는다면, 전지구적인 것처럼 보이는 것은 그렇게 초국가적인 것이 아닐 수도 있다. 전지구적 문화는 그 자신의 국가적 유산의 표지들을 나르면서 '미국'을 게양할 수 있다. 국가적이고 전지구적인 정체성들 중에서 하나의 정체성이 주장될 것이다. '미국'은 특정한 장소로서 표시될 수 없다. 그것은 그 세계로서 보편화될 것이다. 앞으로 제시될 것처럼, 탈근대적 시기에 국기들은 내려지지 않았고, 반어적 장식들의 혼성모방으로 바뀌지 않았다. 오늘날 미국은 너무도 자주 그리고 너무도 전지구적으로 그 존재를 게양해서 거의 눈에 띄지도 않을 정도다.

탈근대주의와 전지구적 문화라는 논제

지난 15년간 탈근대주의라는 주제에 관해 사회과학들 내부에서 담론의 폭발이 있었다. 다양한 학과들과 이론적 관점들을 가진 작가들이 놀랄만한 범위의 입장들을 취했다. 탈근대 정신을 환영했던 사람들이 있다. 그리고 그것을 경멸하는 사람들도 있다.

　탈근대주의는 보수, 급진, 보수적 급진, 급진적 보수 등으로 다양하게 묘사되었다. 근대성의 시기가 끝나고, 탈근대성이 시작되었다고 가정되는 시기에 대해서는 불확실성이 존재한다(이에 대한 비판으로는 Murdock, 1993 참조). 어떤 분석가들은 탈근대성을 이전 시대와의 결정적 단절이라고 주장한다. 다른 분석가들은 근대성이 점차 자신의 후기 국면으로 들어섰다고 주장한다. 장프랑수아 리오타르는 '탈근대성' 개념을 대중화한 주요 저작에서 심지어 근대성은 언제나 탈근대적이었다고 주장했다(Lyotard, 1984). 해석의 모든 차이에도 불구하고, 근대성의 시기와 탈근대성의 시기 사이에 중요한 차이가 있다고 주장하는 이론가들은 몇 가지 넓은 합의 영역을 공유한다. 그들은 20세기 말까지 점증하는 전지구화와 연관된 일련의 경제적·문화적·심리적 변화들이 존재했다는 점에 동의하는 경향이 있다(Lash, 1990). 20세기가 시작될 무렵, 시대의 분위기는 여전히 근대적이었다. 당시 진보에 대한 믿음을 갖고, 과학이 밝고 새로운 분명한 진리의 세계를 생산할 것이라고 믿는 것은 가능했다. 이제 그 세기의 끝 무렵에 와서는 근대적 운동의 희망들은 순진한 것처럼 보인다. 의심과 모호성이 넘쳐난다.

전지구화와 탈근대성에 관해 폭넓게 글을 썼던 롤랜드 로버트슨은 국민국가의 전성기는 1880년부터 1920년까지였다고 주장한다(예컨대 Robertson, 1990, 1992). 그 기간 동안 주권을 향유했던 많은 국가들은 100년 전쯤 앞서 생겨났다. 근대 정신이 그 탄생에 동참했다. 근대성의 본질적 특징 중 하나가 국가 만들기에 중요한 것이었다. 그것은 차이에 대한 무관용이다. 새로운 국가들은 중앙집권화된 정치 조직체들이었는데, 전통적인 지역적·문화적·언어적·인종적 차이들을 때려 부쉈다. 바우만이 지적했듯이 국민주의는 통합과 동질성이라는 기본원칙의 프로그램이었다(Bauman, 1992b: 683). 경계 지어진 영토 안에서 통합은 국가의 목표였다. 공식 언어들이 다양한 발화 패턴들 위에 부과되었다(2장 참조). 시민들은 공통의 교육에 의해 주조된 자신들의 사고방식을 가지고, 동일한 화폐를 사용하고, 국영 고속도로 위를 여행하며, 그 국가에 확실한 충성을 보여줄 것으로 기대된다.

그 결과는 하나의 단일한 세계가 아니라, 제한되고 독립적인 단일성들의 세계였다. 단일성에 대한 요구는 확고한 경계들의 부과를 포함하는데, 그 경계란 진리와 오류, 과학과 헛소리, 합리성과 비합리성의 경계들이다. 근대적 분위기에서 구축된 국민국가들의 세계는 경계들의 세계이다. 국가들은 일반적 단일성을 따르기 때문에 각자는 서로 분할되었다. 내국인과 외국인이 명확히 그리고 법적으로 나누어지듯이. 심리학적으로 국민국가의 근대적 세계는 헨리 타지펠의 범주적 판단이론에 의해 묘사된 정신상태를 닮는다(Tajfel, 1981). 범주 내부에서 구성원 간의 차이는 최소화되고, 범주들의 차이는 과장된다. 탈근대성 이론에 따르면, 이러한 경계 의식은 결정적으로 근대적 정신의 기질이며 근대적 삶의 형태이다.

근대성의 시기에 국가들은 경제적으로, 정치적으로 독립적인 것이었다. 아니 그렇다고 주장되었다. 산업과 자본은 국가에 토대를 두었고, 결과적으로 정부들은 국민의 경제적 삶에 직접적인 영향력을 행사할 수 있었다. 3장에서 논의되었던 것처럼 고전 사회학은 세계가 분리되고 경계 지어진 '사회들'을 담는 것이라는 전망을 포함한다. 월러스틴에 따르면 이러한 이미지가 19세기 후반 세계체제를 묘사한다(Wallerstein, 1987). 그러나 그 이후로 방대한 자본의 국제화가 있었다. 전지구적으로 돈과 상품을 이송하는 다국적 기업들이 성장해왔다. 금융거래가 점차로 국제화되어왔기 때문에, 국민국가들의 경제는 전지구적으로 상호 연관되었다. 1940년대 이후 국민국가들은, 나이젤 해리스가 말하듯이, 경제성장을 창출하기 위해 어쩔 수 없이 "경제적 국민주의 구조의 상당 부분을 풀어야 했고, 자본을 개방해야 했다"(Harris, 1990: 250). 전지구적 소통 체계들의 발전이 이러한 자본의 국제화를 가속화해왔다(Schiller, 1993). 전자 네트워크를 가로지르는 정보의 흐름은 어떠한 국경도 모른다. 도쿄나 뉴욕에 있는 컴퓨터 키보드를 두드리면 자본은 지구를 가로질러 이동할 수 있다(Harvey, 1989). 자금이 전지구적으로 이동한다면, 노동도 마찬가지다. 비록 물리적이고 심리적인 어려움이 조금 더 있기는 하겠지만 말이다. 전지구적 경제는 국경선을 가로지르는 대규모 이주라는 특징을 갖는다(Castles and Kosack, 1985; Cohen, 1992).

이 모든 요인이 국민국가의 안정성과 자율성을 감소시키기 위해 결합했다. 아니 그렇다고 주장된다. 국가들이 초국가적인 경제적·정치적 기구들, 가령 유럽연합이나 심지어 국제연합을 형성하기 위해 결합하고 있다는 것은 전혀 놀라운 사실이 아니다. 헬드는 현대 전지구적 체제의 주요 측면 중 하나는 초국가적 행동(무역, 해양, 우주 등등)의 전 영역을 관리하기 위해 수립된 방대한 국제적 체제들과 기구들의 집합체(그중에서 나토는 유일한 유형이다)에 있다고 주장한다(Held, 1989: 196). 1905년에 176개의 국제적 비정부 기구들이 있었다. 헬드의 계산에 따르면, 1984년 현재 4615개가 있다. 이러한 기구들 중 몇몇은 주권을 가진 국가에 직접적인 요구를 한다. 국제통화기금IMF은 종종 쪼들리는 정부들에 자금을 대부하면서, 그러한 정부들이 복지 프로그램에 관한 공공 경비를 줄이고, 화폐가치를 떨어뜨려야 한다고 고집할 것이다. 국민국가들은 여전히 이러한 전지구적 세계에 존재할 수 있지만, 그들의 주권은 절충된다.

많은 이론가들의 주장에 따르면, 후기자본주의의 경제적 조건들은 근대적이기보다는 탈근대적인 감수성의 형태들을 생산하는데, 이는 근대의 낡은 경계 의식과는 너무도 상이한 것이다(Hall, 1991a, 1991b; Harvey, 1989; Jameson, 1991). 거대 메타서사들은 진리와 오류 간의 명료한 경계를 세우는 것을 목표로 삼는데, 이는 근대적 과거에 속한다. 과학의 혜택과 진보의 불가피성에 대한 믿음이 그러하듯이 말이다(Lyotard, 1984). 장 보드리야르에 따르면, '진리'와 '현실'의 바로 그 가능성이 밑에서부터 흔들리고 있다. 현대 세계는 이미지들의 전자적 연결이라는 특징을 갖는데, 이는 외부 '현실'에 대한 재현이 아니라 다른 이미지들의 시뮬라크르들이다(Baudrillard, 1983). 정보가 "냉담한" 전자 전송을 통해 순환하는 세계에는 진리와 오류가 아니라 오직 '하이퍼리얼리티'만이 존재한다. 이 하이퍼리얼리티는 로스앤젤레스, 도쿄, 런던, 뉴욕에서 동일한 것처럼 보인다. 앞선 시대들의 엄청난 거리들이 사라졌다. 정보는 나노초 단위로 지구를 가로질러 부단히 고동친다.

단일한 층위에서 후기자본주의 논리가 동질화된 문화를 지배하고 있다. 그 세계는 더 이상 경계 지어지고, 독특하게 상이한 것으로 주장하는 다양한 국민 문화들의 세계가 아니다. 조지 오웰은 제2차 세계대전 중에 글을 썼기 때문에, 외국에서 영국으로 돌아오는 사람이라면 누구든 "즉시 색다른 공기를 들이마시는 느낌"을 가질 것이라고 믿을 수 있었다. 너무도 많은 부분이 눈에 띌 만큼 다르다. 심지어 단 몇 분 만에 느껴질 정도로. "맥주는 더 쓰고, 동전은 더 무겁고, 풀잎은 더 푸르고, 광고는 더 노골적이다"(Orwell, 1962: 64). 오웰의 영국은 이제 다른 세계에 속하는 것처럼 보인다. 오늘날 그 여행자는 지금 막 떠난 공항을 닮은 국제공항에 착륙할 것이다. 카페테리아는 '콘티넨털 라거 맥주'를 팔 것이다. 광고는 자신들의 국제적 상품들을 분명히 보여줄 것이고, 동전은 표준화된 크기들로 줄어들었다. 영국은 이러한 동질화가 발생한 유일한 장소이다. 맥도날드와 코카콜라는 국제적으로 이용 가능하다. 닌텐도 게임들과 국제적 스타들의 상징적 재현물들도 마찬가지다. '지구촌'을 가로질러 경험의 유사성이 존재한다. 세계는 텔레비전 화면에서 밤마다 이용 가능해진다.

> 전 세계는 올림픽, 월드컵, 한 독재자의 몰락, 정치적 정상회담, 치명적 비극[…]을 지켜볼 수 있다. 대중 관광, 장관을 이루는 장소들에서 만들어진 영화들이 세계가 담고 있는 것에 대한 광범위한 모방이나 대리 경험을 많은 사람들이 이용할 수 있도록 만든다. (Harvey, 1989: 293).

탈근대주의 논제는 현대 세계의 삶이 일상적 전지구주의라는 특징을 갖는다고 제시한다. 매일의 '지구촌'이 게양되고, 이 일상적 전지구주의가 일상적 국민주의의 조건들을 대체하고 있다.

쇠락하고 파편화하는 국민국가

탈근대주의 논제 안에는 또 다른 중요한 주제가 있다. 전지구화의 힘들은 절대적 방식으로 문화적 동질성을 생산하는 게 아니다. 그것들은 국민 문화들 간의 차이를 약화시킬 수 있다. 그러나 그것들은 또한 국가들 안에 차이를 확대시킬 수도 있다. 탈근대 이론가들은 탈근대적 경험 안에서 소비의 중요성을 강조한다(Featherstone, 1990, 1991; Sherry, 1991). 소비자는 다양한 상품을 구입할 것으로 예상된다. 이러한 것들이 경계들을 부단히 가로지르는 너무도 많은 양식들을 표현한다. 특히 서구의 부유한 나라들에서 소비자는 하루는 중국 음식을, 그다음 날은 프랑스 혹은 말레이 음식들을 먹을 수 있다. 음식들은 상이한 국가의 요리법을 합칠 수 있다. 의복이 '민족적' 양식들을 섞을 수 있는 것처럼 말이다. 한 영국인 가족이 '전통적인 영국식 구운 소고기'를 먹기로 결정할 수 있다. 시장에 나온 뭔가 다른 진귀한 물건을 결정하는 것과 정확히 똑같은 방식으로 말이다.

소비의 패턴은 엄격하게 국민적이지 않다. 소비자들은 모든 것이 국경 안에서 거래되고 변별적 국민 문화를 나타내는 동일 유형의 상품을 구입하는 국민공동체의 한 부분으로 더 이상 스스로를 상상할 수 없다. 대신에 틈새시장이 발전했는데, 이는 종종 계급보다 '생활양식'이라는 관점에서 규정된 특정한 무리의 소비자들을 겨냥했다. 소비자는 변화하는 소비 패턴을 통해 자신만의 정체성을 만들 수 있다. 게다가 이러한 정체성들은 국가의 경계들을 넘나든다. '여피족', '펑크족', '30대층'은 유럽, 북아메리카, 오스트레일리아, 심지어는 일본에서도 발견될 수 있다. 커뮤니케이션 산업에서는 '지역 유선방송'이 '광역방송'을 대체하고 있다. 텔레비전 프로그램은 일반적인 국민 청중을 겨냥하지 않고 특화된 부분들을 겨누는데, 광고주들은 이들의 특정한 소비 패턴을 노린다. 동시에 전지구화된 위성방송이 발전하고 있어서 우리는 국제적으로 프로그램들을 본다(Morley, 1992; Schlesinger, 1991).

결과적으로 상상된 '생활양식' 소비자 집단과 비교해보면, 국민적으로 상상된 정체성은 그 중요성이 감소하고 있다. 그 결과는 전지구화의 과정인데, 이는 국가들 간의 차이와 공간을 줄이고 있으며, 또한 그러한 국가들 내부의 상상된 통합을 파편화시키고 있다.

국가state는 권력이 감소하는 중이라서, 더 이상 단일한 정체성 감각을 부과할 수가 없다. 국민적 단일성에 대한 압력이 제거됨과 더불어 다양한 상이한 힘들이 풀려나고 있다. 국토 내에서 복수의 서사들과 새로운 정체성들이 생겨나고 있다. 지역적·민족적·젠더적 정체성이 탈근대 정치학을 위한 장소가 되었다(Roosens, 1989). 그것은 마치 국민국가가 위와 아래로부터 치명적 공격을 받고 있는듯하다. 전지구화의 태풍이 하늘 위에서 소용돌이치고, 반면에 아래로부터는 국가의 토양이 지진단층들에 의해 갈라졌다. 두 가지 재난은 연결되어있다.

> 사실상 국민주의, 그러니까 국가 형성 과정에 수반되었던 중앙집권화를 향한 경향, 서구에서 국가를 위해 하나로 통합시키는 문화를 만들기 위해 차이들을 말살시키려는 시도들은 탈중심화와 지역적·지방적·하위문화적 차이들의 인정에 자리를 내주었다. (Featherstone, 1991: 142)

그 결과 국민국가의 주권은 전지구적이고 지역적인 힘들로부터 오는 압력에 의해 무너지고 있다. 경제적 필수품들이 국가들로 하여금 자신들의 주권 일부를 초국가적 기구들에 양보할 것을 강요한다. 유럽연합은 좋은 예다. 회원국들의 의회는 자신들이 공식적으로 가졌던 권력을 더 이상 갖지 못한다. 국민정체성은 더 이상 개인의 궁극적 충성을 요구하는 심리적 정체성으로서의 우월성을 즐기지 못한다. 대신에 정체성들의 자유시장에서 다른 정체성들과 경쟁을 해야 한다.

초국가적supra-national 정체성들 외에도, 국가의 권리에 도전하는 하위국가적sub-national 정체성들이 있다. 국가가 자신의 단일성을 위한 근대적 요구 안에서 지워버리려고 했던 바로 그 차이들과 믿음들이 지금 다시 부활하고 있다. 이처럼 새롭게 부활된 정체성들 중 몇몇은 국민성이라는 이미지로 구축된다. 기존 국가의 영토 안에서 보다 작은 고국들이 상상되고 있다. 분리주의 운동은 퀘백에서든 스코틀랜드에서든 발칸반도에서든, 그들이 30년 전에는 결코 끌어내지 못했던 지지 같은 것을 1980년대와 1990년대 들어서 얻고 있다. 장소에 대한 감각이 분리주의를 지원하는 요소로서 중요하다는 증거가 있다. 지지자들은 국가를 '원시적 유대들'의 연결망이라기보다는 하나의 장소(고국)로서 생겨나야 하는 것으로 정의한다(Linz, 1985). 이러한 고국들은 계속 규모가 작아지는 경향이 있는데, 왜냐하면 새로운 고국 각각은 기존 고국의 일부를 깎아 만들어지기 때문이다.

비록 새롭고 보다 작은 국가들이 독립을 얻는 데 성공한다고 해도, 그들은 국민주의 전성기에 국가들이 소유했다고 말해지는 주권을 누리지 못한다. 이 새로운 국가들은 초국가적 기구들에 가입하기를 추구해야 한다. 게다가 그것들은 자신들의 탄생을 허용했던 바로 그 분리주의 과정들로 위협을 받는다. 국민 분할의 과정을 통해 생겨났기 때문에, 그것들은 훨씬 더 작은 고국 공간을 요구하는 다른 정체성들의 상상에 의해 위협을 받는다. 소비에트연합은 법적으로 인정받은 100개의 '민족들'과 법적으로 구성된 14개의 공화국들을 지배하는 러시아의 헤게모니를 구체화했다(Breuilly, 1992). 그 공화국들이 국가 독립을 위해 움직였던 것과 똑같이, 몇몇 '민족'은 이제 새롭게 독립한 공화국들에 대항해서 그렇게 움직이고 있다. 우크라이나는 타타르 소수민족이 크림타타르공화국에 대한 권리를 요구하고 있음을 깨닫는다. 이제 하나의 국민국가로 구성된 러시아는 체첸과 타타르스탄, 투바와 바시코르토스탄에서의 분리주의 운동들에 직면한다. 체코슬로바키아는 소련의 영향권에서 벗어나 짧은 자치 후 두 개의 나라로 쪼개졌다. 그리고 유고슬라비아의 경우에는 소수민족들이 국민자결에 대한 권리를 요구하기 때문에, 얼마나 많은 새로운 작은 국가들로 쪼개질지 불확실하다.[1] 심지어 독립이 달성되기도 전에 분열의 조짐들이 명백할 수도 있다. 캐나다에서 퀘백 사람들은 독립을 위한 자신들의 주장이 크리족에 의해 스스로에게 등을 돌리게 됨을 본다(Ignatieff, 1993).

그것은 마치 국민성에 관한 모든 업무가 풀리고 있는 것처럼 보인다. 매번 자신만의 이름을 걸고 새로운 국가를 선언하기 위해 한 무리가 한 국가로부터 떨어져나오고, 그런 다음 그 새로운 국가 내의 소수자 집단이 국가의 지위를 요구하는 것처럼 보인다. 무한한 퇴행이 국가들을 무한히 더 작은 단위로 쪼개라고 손짓을 한다. 이러한 단위들은 문화적으로 고립된 실체들일 수가 없다. 그것들은 방대한 정보 연결망에 접속된다. 그런데 이는 어떠한 자연적, 정치적 혹은 언어적 경계와도 관계가 없다. 따라서 탈근대주의 논제는 미래 세계에 대한 하

---

1) 유고슬라비아는 이후로 끊임없이 부침을 겪다가 최종적으로 크로아티아, 슬로베니아, 세르비아, 몬테네그로, 보스니아헤르체고비나, 북마케도니아, 코소보로 분열되었다.

나의 전망을 분명히 보여준다. 이 세상에 삶의 정체성, 믿음, 패턴이 생겨나는 그 장소, 곧 국토는 더 이상 존재하지 않는다. 국가적 세계의 질서는 새로운 중세주의에 자리를 내준다. 전자공학의 이진법 언어는 정치적 왕국들을 넘나드는 현자들을 묶어주었던 라틴어의 새로운 버전과 같다. 경계 지어진 국민국가의 장소에 복수의 땅들이 생겨나고 있다. 그리고 자신들의 정체성을 젠더와 성적 취향의 관점에서 바라보는 사람들은 지상의 땅에 구속되거나 단순한 장소 감각에 제한받지 않는 이전 시대의 승려들을 닮았다. 따라서 새로운 감수성, 새로운 심리학이 전지구적 시대에 생겨난다.

깊이 없는 심리학과 깊이 있는 심리학

탈근대적 이미지는 구슬리는 이미지이다. 그것은 현대 세계에서 분명한 것처럼 보이는 경향들을 묘사하고, 이러한 경향들에 역사적 의미를 부여하는 것처럼 보인다. 그 논제의 인기를 고려하면, 국민국가의 쇠락이 빠른 사실, 그러니까 탈근대적 세계에서 몇 안 되는 사실들 중 명백한 사실로 다루어지고 있다는 것이 놀랍지 않다. 그 주제는 탈근대성의 세계가 새로운 이해 방식들과 정체성의 형식들이라는 특징을 지닌다고 선포한다. 불행하게도 현대의 많은 문화 분석가들은 매우 추상적인 종류의 심리학을 사용한다. 소위 탈근대성의 주체들이 실제로 어떻게 생각하고 느끼는가를 알아보기 위해 일반인들과 대화하는 짬을 낼 분석가들은 사실상 거의 없다(Brunt, 1992; Morley, 1992). 이는 유감인데, 왜냐하면 탈근대성이라는 논제는 중요한 심리학적 가정들에 의존하기 때문이다.

전지구화라는 광범위한 주제에서 매우 상이한 심리학적 주제 두 가지가 식별 가능하다. 한편으로, 낡은 근대적 심리와는 다른 새로운 탈근대적 심리에 대한 주장들이 있다. 이 탈근대적 심리는 정체성들의 자유시장과 어울리는 데 편하다. 대조적으로 그리 새롭지 않은 (그리고 그렇게 냉담하지 않은) '열렬한' 국민주의 심리가 있다. 전지구화는 국민주의적 반응을 생산한다고 말해지는데, 여기에는 어떠한 농담조의 반어 정신도 거의 없다. 3장에서 논의한 것처럼, 많은 관찰자들이 민족 갈등과 신파시즘의 발생을 조사하면서, 억압된 것이 돌아온다는 느낌을 갖는다. 보다 오래되고 보다 맹렬한 정체성의 심리학이 고삐 풀리고 있다.

때때로 이 고삐 풀린 정체성들을 '국민주의적'이라고 부르는 데 주저함이 있다. 영국의 좌익 '싱크탱크'인 데모스는 널리 알려진 보고서를 만들었는데, 거기서 "냉전 이후 새로운 정치학이 생겨나고 있다"라고 주장한다. 이 새로운 정치학은 세계 전역에서 성공을 거두고 있다. "그 표면 그러니까 언어, 피부색, 부족, 카스트, 씨족 혹은 지역은 다를 수도 있지만 심층의 원천은 동일하다. 문화적 정체성에 대한 확언 말이다." 그 보고서는 "부족주의가 발칸반도, 벨기에, 부룬디, 벨파스트에서 지배적이다"라고 명확하게 선언했다(Vincent Cable, "Insiders and Outsiders", 『인디펜던트온선데이』, 1994년 1월 24일). 비록 '부족', 카스트, 종교 등의 정체성을 언급하지만, 그 보고서는 국민정체성은 언급하지 않는다. 국가는 영점을 향해 줄어들며, 쇠락하는 것으로 여겨진다. 국민주의보다는 부족주의가 돌아오고 있다,

두 가지 심리학적 주제가 국민국가가 쇠락 중이라는 주장과 직접 연결된다. 전지구적 심리학이 있는데, 이는 위로부터 국가를 공격하며, 정체성들의 자유로운 놀이로 충성심을 약화시킨다. 그다음으로 카스트 혹은 부족의 열렬한 심리학이 있는데, 이는 국가의 물렁한 아랫배를 심하게 편협한 행위와 정서적 흉포함으로 때린다. 어떻게 이 두 가지 심리학들이 연결되는가는 의심스럽다. 그러나 하나로 합쳐 생각해보면, 그것들은 앞선 장에서 매일 게양되는 것으로 보였던 일상적 국민적 충성심들을 위한 여지를 거의 남겨놓지 않는 것으로 보인다.

우선 전지구적 심리학이 고려될 수 있다. 탈근대성이라는 논제는 새로운 탈근대적 문화가 심리적 어조의 변화를 의미한다고 제시한다. 프레드릭 제임슨은 후기자본주의 문화가 항구적 "깊이 없음" depthlessness을 소유한다고 주장하는데, 오늘날 "깊이는 표면으로 대체되고 있기" 때문이다. 탈근대주의는 종종 이러한 깊이 없음을 혼성모방을 통해 성취하는데, 이는 오늘날 탈근대주의의 가장 중요한 특징이자 실천 중 하나이다(Jameson, 1991: 12). 제임슨에 따르면 혼성모방은 패러디가 아닌데, 그것은 숨은 동기 혹은 근저에 놓인 진리의 프로그램을 갖고 있지 않기 때문이다. 대신에 탈근대적 상품들은 예술이든 의복이든 혹은 조리법이든 간에, 부단히 변화하는 혼성모방으로 양식들을 뒤섞는다. 그 결과는 고정된 점 혹은 단일한 진리가 없고, 복수의 목소리로 말하는 문화이다(Bauman, 1992a). 이 문화가 경계들을 잠식한다고 가정하면, 장소에 대한 감각 상실이 존재한다(Giddens, 1990; Meyrowitz, 1986).

문화의 깊이 없음은 깊이에 대한 심리적 결여와 동반한다. 심리적 애착들은 점점 더 약해지고 있다. 제임슨은 예컨대 "정서의 약화"에 대해 적는다(Jameson, 1991: 10). '진리들'과 '고정된 정체성들'에 정서적 힘을 부여하는 자율적 자아 대신에, 변하기 쉬운 깊이 없는 자아들이라는 감각이 있다. 약간의 고정된 지점들에 대한 깊은 정서적 애착보다 지속적인 '인지적 지도 그리기' 말이다(Ibid.). 만약 이제껏 주장되어온 것처럼 "우리의 정체성이 소비 패턴과 동의어가 되었다면" (Miller, 1986: 165), 개인은 더 이상 자아에 대한 확고하고 중심화된 감각을 갖지 못하고, 탈근대적 소비자는 일련의 모든 정체성들을 구입하기 쉽다. 유행이 변함에 따라, 상이한 스타일의 의복을 입듯이 혹은 새로운 상품들이 시장에 들어오고 낡은 것들이 대체되듯이 자아는 그렇게 (연이은) 또 하나의 정체성을 취한다(Tseelon, 1991). 자율적 자아는 과거에 속한다. 탈근대적 세계에서 개인은 당대의 문화적 분위기와도 같아서, "이제 파편화되고, 해산되고, 탈중심화된다"(Michael, 1994: 384. 또한 Lather, 1992, 1994 참조).

케네스 게르겐의 『포화된 자아』는 탈중심화되고 탈근대적인 자아의 심리학에 대한 매우 세심하고 통찰력 있는 설명을 제공한다. 게르겐에 따르면 탈근대성의 문화적 조건들은 심리적으로 재생산된다. 탈근대 세계의 사람들은 정보와 관계로 포화된다. 그들은 자아에 대한 어떠한 분명한 감각도 갖지 못하는데, 왜냐하면 그 자아는 타자들의 목소리로 가득 차있기 때문이다. 게르겐은 이를 "다중정신장애" 혹은 "한 개인이 복수의 자기 투자들로 쪼개짐"이라고 부른다(Gergen, 1991: 73~74). 게르겐에게 그 조건은 가능성들로 가득하다. "그 실체적 자아의 닻줄이 서서히 뒤에 남게 될 때, 우리는 혼성모방 인격의 황홀감을 경험하기 시작한다. 지배적 방종은 제공된 것으로서의 이미지인 그 페르소나가 된다"(Ibid.: 156).

혼성모방 인격은 이전 시대의 애국적 심리와 다르다. 어떠한 특수한 정체성도, 애국자들이 고국에 깊은 정서적 느낌을 제공했던 방식으로 특별한 심리적 투자를 받을 수 없다. 그와 같은 어떠한 투자라도 변화무쌍한 혼성모방의 축제를 방해할 것이다. 실로 범세계적 개인은 하나의 고국보다는 전자적이고 전지구적인 세계에 거주한다고 생각된다. 결과적으로 국가적 충성을 위한 조건들은 기반이 약화되었다. 그러한 까닭에 게르겐은 탈근대적 세계에서 "독립국가나 주권국가 같은 생각은 의문에 붙여진다"라고 쓴다(Ibid.: 254).

그러나 누구나 혼성모방 인격의 황홀감을 즐길 수는 없다. 탈중심화된 자아의 반어적 무심함과 변화하는 깊이 없음은 극우 폭력배 혹은 민족청소주의자를 나쁘게 묘사한다. 그런데 탈근대적 세계에서는 둘 모두 '부족주의' 해변으로 밀어 올려진다. 수많은 필자들이 어떤 사람들은 탈근대적 세계의 유동적 조건들에서 방황한다고 제안했다. 그러한 사람들은 탈근대주의가 제공한 가능성들로부터 심리적으로 후퇴한다. 낡은 경계들의 붕괴, 확실성의 상실, 장소라는 감각의 흐려짐이 기든스가 '존재론적 불안감'이라고 칭한 것을 야기했다(Giddens, 1990). 멜루치는 그러한 불안감이 현대의 조건 속에 설치된다고 믿는다(Melucci, 1989). 왜냐하면 오늘날의 사람은 노숙자의 느낌을 가지고 살아가는 '정신의 유목민'이기 때문이다. 바우만이 제시하듯 탈근대적 시민은 연결되지 않은 장소들 사이에서 방황하는 유목민이다(Bauman, 1992b).

재산을 빼앗기고 불안감에 싸인 사람들은 이러한 노숙이라는 유목민적 조건을 참을 수가 없다. 그들에게 모호성의 황홀감은 없다. 그들은 안전한 정체성을 찾기 위해 내몰린다. 종종 발전의 초기 단계로 퇴행해가면서 말이다. 파편화되고 방향감각을 상실한 사람에게 심리적 안전함이라는 약속을 제공하기 때문에, 국민·부족·종교의 신화들은 심리적 전체성의 희망을 드러내는 것처럼 보인다. 줄리아 크리스테바가 적고 있듯이 "개인의 가치들의 위기와 파편화는 우리가 더 이상 우리가 누구인지를 모르고, 인격의 증표를 보존하기 위해, 국민적 기원들과 우리 선조들의 신념이라는 가장 육중하고 퇴행적인 공통분모들 아래서 피난처를 구하는 지점에 도달했다"(Kristeva, 1993: 2).

앤서니 기든스도 현시대의 존재론적 불안에 대한 퇴행적 반응들에 관해 비슷한 지적을 한다(Giddens, 1985, 1987). 3장에서 언급되었던 것처럼, 기든스는 사람들이 종종 존재론적 불안에 대항해서 '퇴행적 형태의 대상 동일시'로 반응한다고 제안한다. 그들은 국민성의 상징들 그리고 강한 지도력의 약속과 동일시하고, 엄청난 정서적 에너지를 쏟아붓는다. 기든스의 논의와 크리스테바의 논의는 파시즘에 대한 에리히 프롬의 고전적·심리학적 설명과 닮았다. 『자유로부터의 도피』에서 프롬은 자본주의가 전통사회의 고정된 정체성들을 파괴했다고 주장했다(Fromm, 1942). 사람들은 이제껏 불가능했던 방식으로 그들만의 정체성들을 창조하기 위해 풀려났다. 어떤 사람들은 이러한 자유 때문에 두려워한다. 그들은 현재의 불확실성들을 외면하고, 단단한 정체성의 안전함을 퇴행적으로 열망한다. 그래서 그들은 국민주의적이고 극우적인 선동의 단순함들 쪽으로 이끌린다.

두 개의 심리학적 초상화들이 탈근대적 세계의 그러한 전망들 안에 담겨있다. 탈근대적 조류에 따라 움직이는 깊이 없는 심리의 초상화, 그리고 그 흐름에 저항하며 투쟁하는 퇴행적 심리의 초상화. 이 두 초상화는 많은 점에서 극단적 대립을 나타낸다. 비록 탈근대주의 이론가들이 탈중심화된 자아가 무엇인지를 정확히 기술하지 않는 경향이 있지만, 탈근대적 심리에 대한 그들의 이미지는 거의 잘 알려진 심리적 유형, 즉 아도르노가 묘사한 것 같은 권위적 인성의 거의 정확한 거울 반영처럼 보인다(Adorno et al., 1950). 사실 아도르노와 공저자들은 파시즘의 심리적 기원에 대한 프롬의 통찰력에 기초하고 있다. 양가성을 다룰 수 없기 때문에, 권위주의자들은 분명한 진리들과 명확히 구획된 위계들을 필요로 한다. 그들은 명확한 세계관의 안전함을 추구하는데, 그 안에서 악한 '타자들'은 미움받을 수 있고, 순수한 '우리'는 사랑받을 수 있다. 최근에 북미의 근본주의 기독교 분파들의 지지자들과 프랑스의 극우파 국민전선의 구성원들이 권위주의의 특징들을 보여준다는 증거가 있다(Altemeyer, 1981, 1988; Orfali, 1990).

탈근대 이론가들이 제시한 탈중심화되고 탈근대적인 자아는 권위주의적 인격의 초상화와 거의 모든 점에서 대조를 보일 수 있다.

① 권위주의자는 질서와 위계에 대한 진지한 감각을 필요로 한다고 일컬어진다. 대조적으로 탈근대주의자는 차이들을 전복시키고 '경계성'의 생각을 유희한다(Gergen, 1991; Michael, 1992).

② 권위주의자의 심리는 극단적인 정서적 강렬함을 특징으로 한다. 탈근대주의자는 반어적이고 장난기 많은 무심함을 갖는다.

③ 권위주의자는 그로 하여금 경직된 정형들을 통해 세계를 파악

하게 만드는 인지를 지배하는 정서에 의해 추동된다. 탈근대주의자는 보다 얕은 심리를 소유하는데, 거기서 정서는 약화되고, 인지(혹은 제임슨이 '인지적 지도 그리기'라고 부르는 것)가 우세하다.

④ 권위주의자는 단일한 정체성, 특히 인종 혹은 국민 정체성에 고정된다. 대조적으로 "탈근대주의자는 특수한 집단 혹은 정체성에 어떠한 '관심'도 갖지 않는다". 대신에 "그 관심은 정체성의 전복에 있다" (Michael, 1991: 215).

⑤ 사랑하는 내집단에 대한 권위주의자의 연루는 외집단에 대한 깊은 거부를 특징으로 하는데, 그들은 자아와 다르다고 느껴지기 때문이다. 탈근대적 사람은 그러한 분할들을 전혀 경험하지 못하는데, 왜냐하면 "상호의존의 의식이 팽창하듯, 자아와 타자, 내 것과 네 것 간의 차이가 시들기" 때문이다(Gergen, 1991: 254).

얼핏 보면 심리적 차원은 탈근대주의의 논제와 딱 맞아떨어지는 것처럼 보인다. 대조적인 두 가지 심리학이 제시된다. 하나는 위로부터 국민성에 대한 공격을 가하고, 다른 하나는 아래로부터 그렇게 한다. 이 심리적 공격들은 경제적 공격들과 부합한다. 중간은 극단적인 양자택일에서 배제된다. 탈중심화된 자아의 장난기 많은 불확실성이 존재하거나 아니면 단일한 정체성에 중심을 잡은 자아의 성난 분노가 있다. 국민성의 일상적 정체성은 국민국가와 함께 사라질 것으로 여겨진다.

그러나 그 모든 것이 너무도 깔끔한 것처럼 보인다. 중간은 사라지지 않았다. 이전 장에서 논의되었듯이 확립된 민주주의에서 정치적 유명인사들은 계속 국민으로서의 국민에게 연설한다. 시민들은 국민성의 게양된 신호들을 매일 마주친다. 국민적 희생의 담론들이 여전히 상식인 것처럼 보인다. 그것들의 계속되는 일상성에 관한 하나의 사례가 주어질 수 있다. 한 잉글랜드인 아버지가 영국 왕가에 대해 가족과 이야기를 하고 있었다. 그는 가족 중 유일하게 왕가에 반대하는 사람이었다. 그는 지독하게 급진적 입장을 취했기 때문에 그 문제를 가지고 아내와 아이들과 토론하는 것을 즐겼다. 이 교외지역의 로베스피에르는 대화 중에 갑자기 자신이 "매우 애국적"이라고 선언했다. 마치 입 밖에 내지 않은 비난을 반박이라도 하듯이. 단지 그가 왕족을 좋아하지 않았기 때문에, 그가 "자신의 나라를 위해 싸우지" 않겠다고 말했다고는 생각하지 말라. 그렇다. 그는 "영국을 위해 끝까지 싸울 것이다" (상세 내용은 Billig, 1989b, 1992 참조). 그의 가족 중 어느 누구도 그의 감정 폭발에 대해 놀라워하지 않은 것 같았다. 아내도 10대인 딸도 그에게 얼토당토않은 소리를 멈추라고 말하지 않았다. 그의 발화는 완전히 나무랄 데 없는 것으로 취급되었다. 어떻게 이것이 가능한가? 어떻게 한 남자가 자신의 교외 거실의 안락함 속에서, 병역 기록도 전혀 없으면서, 명시되지 않은 이유로 해서, 자신의 나라를 위해 모든 것을 희생하겠다는 의지를 표명할 수 있는가? 그리고 어떻게 그의 가족은 그 발화를 적절한 것으로 간주할 수 있는가? 확실히 국민성은 사소한 것으로 사라질 수가 없었다.

모든 정체성이 등가적이고 상호 교환 가능한 것으로 간주되어야 하는 것은 아니다. 어쩌면 탈근대적 소비자는 당황할 만큼의 다양한 정체성 양식을 구입할 수도 있다. 확실히 상업적 구조들은 서구 세계에서 양식들을 변화시키기에 경제적으로 편안한 장소에 있다. 그러나 국민정체성은 작년에 입었던 옷들처럼 교환될 수 없다. 왕족에 반대하는 그 아버지는 자신의 국민정체성을 동료 중 1인자로 선언하고 있었다. 그는 시간을 뛰어넘는 책무를 선언하고 있었다. 우리는 내일 중국 음식을 먹을 수도 있고, 모레 터키 음식을 먹을 수도 있다. 우리는 심지어 중국식 혹은 터키식 복장을 차려입을 수도 있다. 그러나 중국인 혹은 터키인이 되는 것은 상업적으로 이용 가능한 선택이 아니다. 코즈모폴리턴과 권위주의자들 모두 국민정체성이라는 영구성에 의해 제약을 받는다.

또 다른 문제가 제기될 수 있다. 서로 다른 방향에서 국민국가를 공격하는 것으로 추정되는 두 심리들 사이의 관계는 무엇인가? 확실히 그것들은 전적으로 상이한 종의 두 개인에 속하는 전적으로 분리된 의식이 아니다. '열렬한' 국민주의의 열정들은 단지 특정한 고국들이 계속 정치적 상상력에 대한 지배력이 있다는 것만을 나타내지 않는다. 그것은 국민주의의 보편적 원칙, 즉 고국을 소유하겠다는 추상적으로 표현된 권리 또한 그 지배력을 유지하고 있음을 나타낸다. 이 원칙이 스스로를 박탈당한 자들로 상상하는 사람들에게만 제한된다고 믿는 것은 너무도 단순하다. 어쩌면 확립된 국가들에서 살고 있는 사람들 그리고 자신들의 고국의 재생산을 당연시하는 사람들은 그 원칙이 제자리에 설정되어있다고 생각할지도 모른다. 이 경우에 소위 탈근대적 정신은 경계들과 장소를 그렇게 무시하지 않을 수도 있다. 그것은 상당 부분을 당연시할 수도 있다.

탈근대적 논제에 대한 몇몇 판본에는 '마치 ~인 양'이라는 감각이 있다. 마치 국민국가가 이미 사라져버리고 없어진 것인 양, 마치 사람들의 국민적 책무가 소비자의 선택의 수준으로 납작해진 것인 양, 마치 세계에서 가장 강한 국가의 수백만 아이들이 하나의 그리고 오직 하나의 깃발 양식에 매일 경례하지 않는 것인 양, 마치 이 순간 전 세계의 방대한 군사들이 국기 아래서 자신들의 전쟁 기동작전을 훈련하지 않는 것인 양.

전지구적 시대의 국가

탈근대주의 논제가 갖는 하나의 주요한 문제는 국민주의 의식의 요소들이 지속하는 것처럼 보인다는 것이다. 앞선 장의 일간 조사가 보여준 것처럼, '우리'와 '외국인' 간의 구별과 더불어 경계 지어진 고국의 중요성에 대한 감각이 사라지지 않았다. 게다가 이러한 사고습관들이 지나간 시대의 흔적이 아니라, 자신들의 기능보다 오래 살면서 지속되고 있다. 국가가 변할 수도 있지만 아직은 사라지지 않은 시대에, 그것들은 삶의 형태들에 뿌리박고 있다. 결국 국가들은 여전히 엄청난 무기고를 유지하고 있다. 기든스가 논평했듯이 무기류에 관한 한 제3세계가 따로 없다(Giddens, 1990). 그리고 이 무기류는 개인들도 아니고 회사들도 아닌 국가들의 소유물로 남는다.

　탈근대주의의 논제는 국민주의가 그 기능을 바꾸었다고 주장한다. 국민주의는 더 이상 국민국가를 생산하고 재생산하는 힘이 아니다. 그것은 국가를 파괴하는 힘 중 하나다. 따라서 하나의 역설이 존재한다. 그 '열렬한' 국민주의자들이 자신들만의 특정한 고국을 확립하기 위한 투쟁들에서 국민성이라는 이상에 몸을 더 많이 맡길수록, 그들은 국민성의 종말을 더 서두르게 된다. 이러한 입장 때문에 어떤 이론가들은 오늘날의 국민적 독립운동을 진정으로 국민주의적인 것으로 묘사하는 데 불안해하는 것처럼 보인다. 영국 싱크탱크 보고서에서 보았듯이, 그 말 자체는 피할 수 있다. 때때로 '국민주의'라는 용어가 사용된다. 그러나 저자들은 이것이 고유한 국민주의는 아니라고 암시한다. 홉스봄은 국민주의의 종말을 예언하면서 다음 세기의 세계는 "대체로 초국가적supranational이고 하위국가적infranational이 될 것이다. 그러나 심지어 하위국가성infranationality조차, 그것이 스스로 소小국민주의라는 옷을 입든 말든, 가동 중인 실체로서 낡은 국민국가의 쇠락을 반영할 것이다"라고 적는다(Hobsbawm, 1992: 191). 심지어 국민주의가 나타날 때조차 그것은 오직 '하위국가주의'라는 옷을 입는다. 그것은 실제로 국민주의적인 것은 아니다. 스튜어트 홀과 데이비드 헬드는 "국민국가는 모든 곳에서 잠식당하고 [⋯] 도전받는다"라고 주장한다. 전지구화가 위로부터 국가를 잠식할 뿐 아니라 "지역적이고 지방적인 '국민주의들'의 발생이 아래로부터 국가를 잠식하기 시작한다"(Held, 1989: 183). 그 저자들은 국민주의를 작은따옴표들 사이에 위치시켰다. 마치 그것의 현재 형태들이 진짜가 아닌 것을 표시라도 하듯 말이다.

탈근대성을 기록하는 사회학자들 중에서 가장 중요하고 학식 있는 사람 중 하나인 지그문트 바우만은 현대의 탈근대적 세계에서 생겨나고 있는 국가들은 근대성의 시기에 국민주의에 의해 생겨났던 국가들과는 너무도 달라서 국민이라는 용어는 사실 적용되어서는 안 된다고 주장한다. "국민국가를 탈출해서 부족으로 들어가라"라고 바우만은 선언한다(Bauman, 1993: 141). 그 새로운 소위 국가들은 "성장 가능성"을 결여하는데, 왜냐하면 현재 세계에서 국가적 성장 가능성은 일반적으로 약화되어왔기 때문이다. 그것들은 주권을 갖기에는 너무도 작고, 어쨌든 국가의 주권은 사라지고 있다(Bauman, 1992b, 1993). 그 수사는 프랑스와 미국은 국민성의 전성기에 확립되었기 때문에 '실제의' 국가들이었다는 (그리고 어쩌면 여전히 그렇다는) 사실을 넌지시 드러낸다. 그러나 슬로베니아와 벨라루스는 입구를 찾는 야심가들인데, 진정한 국민성으로 가는 입장권은 모두 매진되었다.

이런 식으로 국민주의를 묵살하는 것은 너무도 쉬운 일일 수 있다. 결국 국민적 독립운동들은 경계 지어진 고국 국가들을 추구한다. 그것들의 정치적 상상력은 국가적 이상의 한계 안에 갇히는데, 이는 계속해서 생명보다 더한 가치를 갖는다. 그리고 린츠의 증거가 암시하듯이 그 운동들은 스스로를 '부족적' 또는 '원시적' 충성심보다는 영토의 관점에서 정의하는 경향이 있다. 게다가 모든 사회적 경향이 국가의 파편화와 분할을 지적하는 것은 아니다. 독일의 두 부분은 통일되었다. 북아일랜드의 아일랜드 국민주의자들은 통일 아일랜드를 위해 투쟁하고 있다. 유리 메시코프의 러시아 국민주의 정당은 새롭게 분리 독립한 우크라이나로부터 분리 독립을 위한 운동을 벌이고 있는데, 러시아와 재결합하기 위해서다.[2] 아프리카 대부분의 나라들이 흐트러지고 있다는 증거는 거의 없다(Brown, 1989). 게다가 신생 국가들은 불가피

---

2) 소비에트연방 붕괴 후 우크라이나에 속하게 된 크림자치공화국은 친러시아 성향이 강해 우크라이나로부터의 독립을 원하는 여론이 높다가 결국 2014년에 독립을 선언하고 주민투표를 통해 러시아로 편입되었다. 국명도 크림공화국으로 바뀌었다.

하게도 가설상의 성장 가능성의 지점을 넘어 파편화되어야 한다고 명시하는 사회학 법칙이 있는 것도 아니다.

그 신생 국가들은 성장하기에 너무도 작다는 주장에 관해서라면, 국가들의 세계는 언제나 세계를 국제적으로 운영하고자 했던 초강대 국들의 그늘에서 살아가는 극소 국가micro-state들을 포함해왔음을 말해야 한다. 근대성이 정점에 달했던 시기에, 그 세계가 법적으로도 실제로도 자주 독립적이었던 국가들을 구성했다고 생각하는 것은 신화다. 많은 작은 국가들, 이를테면 네팔·안도라·과테말라 같은 국가들은 생존할 '가능성'의 합리적 논리에 저항했을 뿐만 아니라 보다 크고 힘센 국가들의 자유로운 자율성도 결코 소유하지 않았다. 심지어 이른바 국민국가의 전성기 동안에도 세르비아와 몬테네그로 같은 국가들은 자신들의 주권이 힘센 국가적 행위자들을 방해했기 때문에 사라질 수 있었다. 국가의 주권, 그리고 보다 힘센 국가와 관계없이 행할 수 있는 국민국가의 자유를 혼동하지 말라던 힌슬리의 경고는 확실히 옳았다. 후자는 역사적으로 "많은 국가들이 종종 열망했던 상황이지만, 결코 실제로 누려보지는 못했다"(Hinsley, 1986: 226).

바우만과 다른 이들이 신생 국가들은 고유한 국민국가가 아니라고 주장하는 한 가지 이유는, 그 국가들이 초국가적 기구들에 몰두하라는 압력에 직면하기 때문이다. 유럽연합은 종종 초국가적 기구의 모델인 것으로 보이는데, 이것이 국가성을 침식하고 있다. 그러나 유럽연합에서 국민성의 이상이 공동체라는 새로운 이미지로 대체되고 있다는 것은 결코 분명하지가 않다(Smith, 1990). 유럽연합 내에 그 기구의 본성에 대한 논쟁이 존재한다. 그 논쟁은 국민성을 고집하는 사람들과 급진적으로 상이한 공동체의 이미지를 추구하고자 하는 사람들 사이에서 행해진 것이 아니다. 어떤 이들은 유럽연합이 하나의 연방정부로 발전하기를 마음에 그리고 있다. 미합중국 모델 위에 세워지는 유럽합중국 말이다. 이미 공통적인 국가성의 상징들 몇 가지가 채택되고 있다. 유럽연합은 자신만의 깃발과 국가를 가지고 있다. 그것은 자랑할만한 '하나의 의회'를 가지고 있다. 연방주의를 주창하는 사람들은 공동체 형식을 상상하거나 구축하려고 시도하고 있다. 예컨대 자크 들로르는 유럽연합 집행위원회 의장 시절에 유럽인들은 '기독교 유럽 문명'이라는 꼬리표 뒤에서 하나로 뭉쳐야 한다고 제안했다(Hagendoorn, 1993b). 그 꼬리표는 무정형의 타자성, 곧 경계들 너머에서 덩어리로 존재하며 문명도 갖지 못한 비기독교도 비유럽인들의 존재를 암시한다.

그 연방적 계획은 주권을 가진 회원국들 간의 보다 느슨한 화합을 추구하는 사람들에게 저항을 받았다. 4장에서 언급되었던 것처럼, 영국 수상 존 메이저는 유니온잭 깃발을 내리고 그것을 별을 아로새긴 유럽합중국의 깃발로 대체하려는 모든 시도에 반대한다고 선언했다. 이러한 전망에서 유럽연합은 국가들 간의 영구동맹과 무역협정 같은 종류의 것이 되는데, 자신들의 역사적 독립을 빈틈없이 보존한다. 두 가지 전망, 곧 연방주의적 전망과 반反연방주의적 전망 모두 국민성 개념을 영구히 보존한다. 연방주의적 전망은 국민성을 보다 폭넓은 하나의 실체에 이양한다. 즉 국가들이 하나의 초국가super-state를 형성하려고 합치는 것처럼 말이다. 반연방주의적 이미지는 공동체의 회원권을 기존의 국민성과 국경의 관점에서 정의한다.

가장 중요한 것은 경계 관념이 두 전망 모두에서 계속 중요한 것으로 남는다는 사실이다. 유럽연합은 계속해서 분명히 경계를 가질 것이며, 자신의 주변이 기존 국경의 관점에서 정의되기를 바랄 것이다. 따라서 유럽은 하나의 총체성으로 상상될 것이다. 고국 자체거나 고국들의 고국으로서 말이다. 어느 쪽이든 경계 의식을 포함하는 국민성이라는 이데올로기적 전통을 넘어서지 않는다.

유럽연합 내에서 국경은 침식될 수도 있다. 노동력, 상품, 자본의 자유로운 이동이 공동체 내에서 고무되고 있듯이 말이다. 그러나 내부 경계들이 침식되어오면서, 외부 주변은 강화되어왔다. 이민(이라기보다는 이민 방지)은 유럽연합 정책에서 중요한 관심사였다. '유럽 요새'가 들로르의 상상에서 비기독교적이고 비유럽적이며 비문명화된 세계를 가까이 못 오게 하려고 세워지고 있다. 1991년 유럽공동체 회원국들의 이민 담당 부처들은 원칙적으로 "유럽공동체 내부의 국경들이 해체되는 것을 허용해도 좋을 만큼 충분히 높은 하나의 담을 유럽공동체 둘레에 세우려고 했던 외부경계협약External Frontiers Convention"이라는 문서를 승인했다는 사실이 드러났다(『가디언』, 1993년 5월 27일).

다른 무엇보다 국가state는 후기자본주의 시대에도 사라지지 않았음을 이민 문제가 보여준다. 자유로운 노동시장은 세상 어디에도 없다. 모든 국가는 자신들의 경계를 가로지르는 인간의 흐름을 규제하려고 하기 때문이다. 해리스가 주장하듯이 국가들은 이민과 시민권 정의에 대한 통제권을 유지한다(Harris, 1990). 이러한 국가의 가장 중요한 기능들은 침식의 징후가 거의 없음을 보여준다. 두 가지 점을 짧게 지적할 수 있다. 우선 국가들의 경계를 가로지르는 인구들의 이민 자체가 국가들의 침식을 의미한다고 주장할 이유가 거의 없다(비록 우익 정치인들이 종종 그같이 주장하지만). 역사적으로 보더라도 유럽의 국가 만들기라는 위대한 시대에 앞서, 유럽 내에서 그리고 유럽으로부터의 비할 데 없는 인구의 이동들이 선행했다(Bailyn, 1988). 둘째로 이민에 대한 관심은 오늘날 거의 언제나 국민주의적 말하기 방식들 내에서 표현된다. 화자들이 '우리' 나라, '우리' 고국에서 무슨 일이 일어나고 있는가를 궁금해하듯이.

이러한 말하기 방식은 우익 정치라는 극단적 주변들에 제한되지 않는다. 경계와 이주에 대한 일상적 담론이 존재한다. 실로 틀림없이 존재하고 있다. 각각의 국가는 노동력 시장과 시민권 규정을 제한하는 자신만의 법률 장치를 가지고 있다. 4장에서는 그러한 담론의 예들이 제공되었다. 독일의 어느 장관은 '우리' 사회와 '우리'의 공정함을 보호하기 위해 외국 이민자들을 배척하는 것을 정당화하고 있었다. 유럽 너머에서도 비슷한 수사가 들려올 수 있다(Van Dijk, 1991, 1993). 이는 단지 유럽만의 문제가 아니다. 세계 도처의 정부들은 이주 혹은 난민 문제와 직면해서 법안을 강화하고 있다. (위협받고 있는) 그들만의 국민적 본질의 가치를 인용하면서 말이다. 예컨대 바하마 정부는 선거공약에서 불법이민 문제를 언급했고, "바하마인이 되는 과정의 강화"를 약속했다(『가디언』, 1994년 1월 3일). 말레이시아의 수상 마하티르 빈 모하밧 박사는 말레이인들은 말레이시아에 대한 "최우선적 권리"를 가지고 있으며, 인도와 중국의 이민자들은 말레이 문화에 동화될 것을 요구받아야 한다고 주장한다(『인디펜던트』, 1993년 1월 5일에서 재인용). 심지어 이른바 역사적 이민의 땅이라는 미국 내에서조차 이민에 반대하는 수사는 들려온다. 1993년에 멕시코인, 중국인, 이라크인에 반대하는 양당 75명의 의원들로부터 그랬듯이 말이다. 국경, '우리', 외국인이라는 주제가 정서적으로 순수함과 더러움을 환기시키는 주제들과 때때로 뒤섞인다. 특히 파시스트 선동가들이 이러한 연결을 한다(Hainsworth, 1992; Orfali, 1990). 그러나 '순수한' 국민과 외국 출신의 오염된 자들의 주제는 주변부에 제한될 수 없다. 그것은 그 자신만의 보다 낯익고 심지어 일상적인 전망들을 가지고 있다. 예컨대 스웨덴에서 주류 정치인들은 마약을 금지하기 위해 국경을 강화하라는 주장을 정기적으로 들을 수 있는데, 이는 '우리'와 '우리'의 정체성에는 낯선 것으로 추정되는 것이고, 국가를 오염시키는 것이다(Gould, 1993; Tham, 1993). 전지구적으로 그러한 말하기 방식들로부터 모아지는 투표들이 있다.

탈근대주의의 논제를 생각해볼 때, 고려해야 할 추가적 요소가 하나 있다. 그 논제는 국민성이 풀려나고 있다고 단언한다. 작은 국가들은 더 이상 자신들만의 독립적 주권을 단언할 수 없다. 그러나 그 문제는 단지 슬로베니아나 몰도바의 '성장 가능성'에 머물지 않는다. 그 논제는 한 국가가 다른 국가들 위에서 국가들의 세계질서를 선도하겠다고 애쓰는 순간에 제기되고 있는 것이다. 만약 이 국가가 풀려남의 징후를 보인다고 한다면, 가령 하위 지역들로 해체된다거나 그 주권이 전아메리카합중국United States of All the Americas 속으로 용해된다면, 국민국가의 종언을 선언하는 보다 강한 경우가 될 것이다. 기이하게 위치한 하와이주에서의 카 라후이 하와이Ka Lahui Hawai'i 운동을 제외하면, 미국은 분리독립 운동에서 자유롭다. 심지어 한때 독립된 주였던 텍사스 같은 곳에서조차 이전의 독립을 되찾으려는 어떠한 대중영합적 운동도 없다. 문화적·정치적 영향력이 소위 지구촌 곳곳에 뻗치는 세계의 가장 강력한 국가가 이런 식으로 흐트러지지 않으면, 확실히 세계라는 무대에서 국민국가의 퇴출을 선언하기에는 너무도 이른 감이 있다. 미국의 전지구적 권력을 고려해볼 때, 우리는 실로 그러한 선언이 무엇을 망각하고 있는가를 궁금히 여길 수 있다.

나라 곳곳에서

미국은 탈근대적 문화 분석에서 중심적 장소를 점유하고 있다. 그 문제를 거칠게 말하면, 그 나라는 미래가 가장 분명히 관찰될 수 있는 장소에 있다고 여겨진다. 예컨대 장 보드리야르는 디즈니랜드가 세계의 가까운 미래를 나타내는 하이퍼리얼 시뮬레이션의 질서를 완벽히 보여주는 서구 전체의 축소판이라고 간주한다(Baudrillard, 1983, 1988). 일상적 국민주의가 미국을 미래의 장소인 미국으로서 재생산하고 있음에 틀림없다. 만약 그 미래가 미국적인 것이라면, 그리고 미국이 보다 덜 강한 국민국가들로 분열 번식하는 힘들을 피한다면, 국민주의를 노쇠한 이데올로기들의 퇴역 장소로 예약하는 것은 너무도 이른 것일 수 있다.

그 상황에서 국민주의적 요소들을 간과하는 것은 쉬운 것처럼 보인다. 3장에서 논의되었던 것처럼, 망각은 일상적 국민주의 작동의 일부다. 그 국가는 게양되지만, 그 게양 자체는 잊힌다. 마치 국가가 아무 생각 없이 상기되는 것처럼. 앞선 장은 어떻게 사소한 말들의 일상적 지시어가 일상적으로 잊힐법한 방식들로 고국을 재생산함으로써 고국을 지시할 수 있는가를 보여주었다. 이 부단한 지시어는 고국의 지속적인 현존을, 그리고 그것이 손쉽게 당연시될 수 있음을 보여준다. 하나의 사례가 이 지시어가 얼마나 중요하고, 만연해 있으며, 쉽게 잊힐만한가를 보여주기 위해서 주어질 수 있다. 탈근대주의 텍스트들 자체가 종종 고국 만들기 지시어를 사용한다. 심지어 필자들이 오늘날의 범세계적·전지구적 세계를 묘사하려고 할 때, 미국이라는 장소를 당연시할 수도 있다. 낯익지만 진부한 지시어를 사용하면서 말이다.

조슈아 메이로위츠의 『장소감의 상실』은 탈근대적 논제의 중심에 근접한 주제들을 분명히 밝힌다(Meyrowitz, 1986). 비록 메이로위츠 자신은 탈근대주의라는 용어를 사용하지는 않지만, 『장소감의 상실』은 "탈근대적 지형"(Morley, 1992: 279)과 탈근대적 현상을 묘사하는 작품으로 해석되어왔다(Michael, 1994). 대단히 창의적인 한 분석에서 메이로위츠는 물리적으로 경계 지어진 공간은 전자정보 시대에 덜 중요한 것이 되어간다고 주장한다. 텔레비전은 전통적 경계들, 그러니까 사회적·물리적 경계 모두를 침식했고, 그 결과 전에는 분명히 차이가 있던 많은 사회적 영역들이 이제는 서로 중첩된다. 이는 "아동기와 성인기 개념의 모호함, 남성성과 여성성 개념의 혼합, 정치적 영웅의 평범한 시민 수준으로의 하강"에서 보인다(Meyrowitz, 1986: 5). 전통적 충성의 깊이는 차이들을 고르게 하는 감수성으로 대체되고 있다. 간단히 말해서 메이로위츠에 따르면, '장소감'은 없다.

이 반복된 주제에도 불구하고, 『장소감의 상실』 도처에는 항상적이지만 대체로 인정받지 못한 장소 감각이 있다. 그 텍스트는, 그리고 그것이 묘사하는 것은 한 장소, 곧 미국 내에 위치하고 있다. '우리' 미국인들이라는 느낌이 있다. 서문에서 메이로위츠는 "우리 나라에는 전자 미디어가 거의 모든 물리적 배경들에 현존한다"라고 주장한다. 문맥이 어느 나라가 '우리 나라'인가를 분명하게 해준다. "거의 모든 미국 가정은 적어도 한 대의 전화기와 텔레비전 수상기를 가지고 있다"(Ibid.: viii). 그 책의 주요 텍스트는 그러한 국민적 1인칭 복수형의 예들로 가득 차있다. "**우리**의 최근 대통령들 모두가 '신뢰성' 문제로 홍역을 치렀다"(Ibid.: 268). 텔레비전은 **우리**로 하여금 지미 카터, 로널드 레이건, 월터 먼데일 같은 후보들을 임명하고, '위대한 지도자들'처럼 행동하는 것을 피하도록 부추겨왔다(Ibid.: 304, 강조는 인용자).

메이로위츠는 심지어 미국이라는 느낌은 이른바 장소를 파괴하는 전자 미디어에 의해 향상될 수 있다고 주장하기도 했다. 예컨대 그는 "텔레비전을 통해 미국인들은 상호 간에 이상한 종류의 교감을 얻을 수 있다"라고 적는다(Ibid.: 90). 따라서 그 논의는 그 자신만의 역설을 담고 있다. 메이로위츠는 장소에 대한 감각이 없다고 주장하면서도, 이 장소의 부재가 발생하는 장소를 명시한다. 이 장소는 하나의 국가, 즉 아메리카다. 그의 텍스트는 이 장소에 속해있다는 감각을 표시한다.

그러한 지시어의 또 다른 예는 게르겐의 『포화된 자아』가 제공한다. 탈중심화된 탈근대적 자아가 이끄는 삶에 대한 생생한 설명을 제시하면서, 게르겐은 사적으로 자신의 삶에 대해 말한다. 책의 서두가 분위기를 조성한다. "나는 워싱턴에서 열린 이틀간의 회의로부터 이제 막 스와스모어에 돌아왔는데, 그 회의는 나라 곳곳에서 50명의 학자들을 불러 모은 자리였다"(Gergen, 1991: 1). 돌아오자마자 "스페인에서 온 긴급 전보"가 있다. 게르겐의 비서는 "한 묶음의 전화 메시지들과 세무감사에 대한 미국 국세청 IRS, Internal(Inland) Revenue Service 고지서를 포함한 몇몇 우편물들"을 가지고 있다. 런던의 한 출판사로부터의 전화, 네덜란드로 떠나는 여름여행에 대한 메시지 등등이 있었다. 그 모습은 짤막하고 깊이 없는 전지구적 상호 연결들 중 하나다.

그러나 그 텍스트는 또한 독자들에게 작가가 미국에 있는 자신의 집에 있음을 말해준다. 바로 첫 문장이 고국 만들기 지시어의 정관사를 사용한다. '나라 곳곳에서'around the country라고 말이다. 그 나라란 필자, 학자 50명, 그리고 워싱턴의 그 국민국가다. 하나의 전체로서의 미국이 전체적 고국으로서 즉각 게양되었다. 그와 같이 명명된 것은 아니지만 말이다. 독자와 필자는 사람들이 나라들에서 살고, 그 국민국가에 세금을 내는 세계를 당연시하도록 기대된다. 게르겐은 미국 국세청의 머리글자들을 설명할 필요를(혹은 이 '국내'inland가 무엇을 지칭하는가를 설명할 필요를) 느끼지 않는다. 그러한 공유된 이해가 없다면, 그 텍스트는 곤혹스러울 수도 있다. 있는 그대로 그 텍스트는 그 숨겨진 메시지를 부드럽게 실어 나른다. '나라 곳곳에서'라는 문구가 책의 서두 속으로 미끄러져 들어오는 동안, 저자는 그와는 다른 일을 하고 있다. 그의 창의적 상상력은 이른바 국가들이 사라지는 세계를 묘사하고 있다.

이 모든 것이 그 묘사된 세계에 깊이감을 부여한다. 그것은 일상적 깊이인데, 왜냐하면 더 깊은 표면들은 감추어진 것도, 미지의 것도 아니기 때문이다. 세금을 내야 하는 미국 정부의 힘과 그 세금으로 기금을 충당하는 군대는 감추어진 비밀이 아니다. 그것들은 공공연히 알려져 있다. 그것들은 그 텍스트의 단어들이 환기시키는 삶의 형태들의 중심적 부분이다. 그러나 그 단어들은 국가 형태들을 깊이 생각하지dwell on 않는다. 단어들은 그 안에 거주한다dwell in. 별로 대수롭지 않게 말이다.

정체성과 정치학

게르겐과 메이로위츠로부터 나온 예들은 국가적 문맥이 얼마나 쉽게 당연시될 수 있는가를 보여준다. 보다 폭넓은 의견이 있고, 이는 이른바 국민성을 위협한다는 새로운 정치학과 관계가 있다. 심지어 하위국가적 정치 형태들이 국민국가를 잠식하는 것처럼 보일 때조차, 이 형태들은 실제로는 그 자신들을 지시적으로 고국 안에 위치시킴으로써 그 국가를 당연시하는 것일 수 있다. '정체성 정치'가 미래의 정치로서, 국민국가를 잠식하는 정치로서 주장된다는 점을 고려해볼 때, 이 가능성은 신중하게 고려될 필요가 있다. 미국의 경우는 장소 없음의 특별한 장소이기 때문에 특별한 주의를 요한다.

어떤 작가들은 미국에서의 정체성 정치, 이를테면 히스패닉 운동, 게이나 여성의 이해관계 같은 것은 다른 곳에서의 분리주의적인 국가 분할의 웅성거림과 등가적이라고 추정한다(예컨대 Friedman, 1988 참조). 그러나 마치 모든 것이 단지 '동일성 욕구들'의 동일한 심리적 기질을 수행하는 것처럼, 정체성들이 동일한 것으로 다루어져서는 안 된다(Bhavnani and Phoenix, 1994; Sampson, 1993). 정체성 정치는 정치고, 정치적 차원은 중요하다(Roosens, 1989). 국민주의에 관한 한, 고국의 영토를 지킨다는 명목하에 '정체성'을 동원하는 사회운동과 기존 정치 조직체 내의 '정체성'을 동원하는 사회운동 사이에 하나의 구별이 그어져야 한다.

미국에서의 정체성 정치는 분리된 고국들을 만들어내는 쪽을 향하지 않는다. 사실 정체성 정치는 처음 볼 때는 장소를 뛰어넘는 것처럼 보인다. 페미니스트, 게이, 히스패닉계 등등은 미국 내부에만 국한되지 않는다. 도시 내에는 소수민족적이고 인종적인 게토들이 확실히 존재한다. 그렇지만 자신만의 경계 지어진 영토를 가지고 국가적 독립을 요구하는 아프리카계-미국인 혹은 이탈리아계-미국인 주州는 어디에도 없다. 그와 반대로 정체성 정치는 국민주의 운동들의 그것과 달리, 지리적으로 흩어진 사람들을 동일시의 상상된 통일로 함께 모은다. 이해관계들의 장소 없는 공동체는 상상되어야 한다.

어떤 이들은 이 민족적 동일시가 일반적으로 '소비자 선택' 혹은 "자발적 동일시"(Levine, 1993)라는 탈근대적 요소를 포함한다고 주장해왔다. 솔로스는 동일한 복잡한 가계를 가진 두 미국인 형제의 사례를 제공하는데, 한 명은 자신을 프랑스계-미국인이라 부르기를 선택했고, 다른 한 명은 자신을 독일계-미국인으로 동일시한다(Sollors, 1986). 솔로스에 따르면 이러한 민족성은 강요의 문제가 아니다. 우리는 조상의 지층들로부터 기호에 맞는 정체성 상품을 선택할 수 있다. 그렇지만 순수한 흑인에 제한되기는 하지만 미국 내의 박탈당한 흑인들, 박탈당한 이웃들이 자신의 민족적 운명을 어떻게 선택해왔는가를 알기란 쉽지 않다. 솔로스는 선택된 정체성은 깊이가 없다고 주장하는

데, 왜냐하면 그것들은 삶의 전체 문화적 방식들이 부착된 채 오지 않기 때문이다. "미국인의 민족성은 […] 내용이 아니라 개인이 그것에 귀속되는 중요성의 문제이다"(Ibid.: 35. 또한 Fitzgerald, 1992 참조). 만약 같은 도시에 살고 있는 같은 가족 출신의 두 사람이 서로 다른 민족적 정체성과 기원의 장소를 주장할 수 있다면, 그러한 정체성의 장소 없는 특질은 분명히 강조된다.

관건은 정체성 정치와 민족적 동일시에 달라붙은 중요성이 국민국가를 약화시키는가의 여부다. 어떤 비평가들은 정체성 정치의 급진적 가능성에 대해 열정적이다. 앙리 지루는 정체성 정치가 "대항서사들을 구축하고, 새로운 비판적 공간과 사회적 실천을 창출하는 투쟁"이라고 주장한다(Giroux, 1993: 3). 반면에 보수주의자들은 그 새로운 서사들이 오래된 애국적 서사들을 망가뜨린다고 느낄 수 있다. 그러나 양쪽 모두 과장하고 있는 것일 수도 있는데, 왜냐하면 그 새로운 정치와 그 서사들은 일반적으로 국민국가를 당연시하기 때문이다. 종종 중요한 것은 국민성에 반하는 논의가 아니라 국가의 본질에 대한 논의와 누가 국가를 대표하는 이로 간주되어야 하는가에 대한 논의다. 이 점에는 괄목할만한 것이 전혀 없다. 한 국가의 창출은 "반복하는 활동"인데, 이는 "끊임없는 재해석, 재발견, 재구축이다"(Smith, 1986: 106). 이같은 재해석의 과정은 일반적으로 논쟁과 논의의 과정이다. 이전 장에서 언급된 바와 같이, 존 쇼터의 말을 인용하자면 국민주의는 '논쟁의 전통'이다.

정체성 정치가 국가를 정의하는 낡은 방식들에 도전한다는 것에는 의심의 여지가 없다. 규정하는 권력에서 배제되어왔던 사람들이 이제 그 공동체를 다시 상상할 권리를 주장하고 있다. 화가 노먼 록웰은 평생을 미국 사람들과 미국적 삶의 방식을 묘사해온 것으로 상찬받았다. 록웰이 묘사하는 미국에서 사람들은 '자연스럽게' 백인, 앵글로색슨의 얼굴들로 제시되고 있다. 흑인과 히스패닉계는 유대인만큼이나 눈에 띌 정도로 드물다. 기껏해야 그들은 특별한 주체들처럼 보인다. 「우리 모두가 안고 살아가는 문제」에서는 한 어린 흑인 소녀가 덩치 큰, 보호하는 백인 남성들에 의해 학교로 호위되고 있는데, 이들은 '미국 사법부 요원' 견장을 차고 있다. 이제 미국에 대한 묘사에서 그러한 편견들은 오랫동안 국가적 정의定義로부터 배제되어왔던 그러한 얼굴들에 의해서 이의제기를 당한다. 록웰의 것 같은 그림은 더 이상 순수하게 그려진 것일 수 없다. 더 많은 얼굴들이 그 안에 그려져야 한다. 그렇지만 그렇게 된다고 해도 그것은 여전히 지금 그려지고 있는 하나의 미국이다.

고소와 맞고소, 그리고 배경 수용은 『워싱턴포스트』에 처음 실린 짤막한 기사 하나를 통해 예증될 수 있다(이는 추후 『가디언』, 1994년 3월 10일에 다시 게재되었다). 그것은 미국에서 민족 정체성에 대한 현대적 논쟁의 범례다. 기자인 메리 조던은 미국 대학생들이 점차 민족적으로 분리된 거주지에 사는 경향이 있다고 보도하고 있었다. 아이비리그에 소속된 한 학교는 이제 막 아프리카계-미국인들을 위한 새로운 기숙사를 개원했다. 그 새로운 하람비 하우스는 히스패닉 하우스, 프랑스 하우스, 슬라브 하우스 등등이 생겨날 가능성을 간과했다. 보도에 따르면 교육자들은 점차 우려하게 되었다. "분리주의 운동이 전국적으로 뜨거운 쟁점이다." 보도는 펜실베이니아대학 총장의 말을 인용했다.

우리는 매우 매우 하이픈으로 연결된 세계로 이동하는 중입니다. 그것은 아시아계-미국인, 아프리카계-미국인이지요. 제가 성장해왔던 모든 상황과 너무도 대조적입니다. 모두가 그냥 미국인이 되려고 분투했을 때하고는 말이지요.

언외의 의미가 드러난다. '분리주의'가 사용되고 있지만, 이러한 분리주의자들은 독립적이고 국가적인 영토를 추구하지는 않는다. 그들은 새로운 고국을 전혀 상상하지 않는다. 그들은 전국적 기관들 내에 분리된 기숙사들을 원한다. 국가적 문맥이 주어져 있다. 논점은 논란의 여지가 있는 '전국적'이다. 이 분리주의를 우려하는 적수는 위협받는 헤게모니의 두려움을 말로 표현한다. 유서 깊은 엘리트 대학 안에 있는 자신의 입장에서, 총장은 '모두'를 대변한다. 총장에게는 전체 미국 정체성 그 자체, 즉 그냥 미국인이 되는 것이 위험한 하이픈들로 위협받고 있는 것이다.

그녀가 언급하지 않은 것은 하이픈으로 연결된 모든 정체성이 마치 휴대용 깃봉을 몸에 지니고 다니는 것처럼 확실히 그 국가를 게양한다는 사실이다. 아프리카계-미국인 혹은 히스패닉계-미국인이라고 주장하는 것은 결국 미국인이라고 주장하는 것이다. 물론 정체성 요구의 수사가 그 국가 안에서 행해졌을 때는 종종 깃발들은 흔들리지 않은 채, 예우를 받지 않은 채, 눈에 띄지 않은 채 남겨지기도 한다. 이야기할 아프리카계-아프리카인이 거의 없는 아이오와나 덴버에서,

'아프리카계-미국인'이 되는 것은 미국인으로 추정되는 타자들과의 차이를 나타낼 수도 있다. 케냐 나이로비나 나이지리아 라고스에서 그 것은 상이한 수사를 담는다(Eriksen, 1993; Fitzgerald, 1992). 그럼에도 불구하고 이 하이픈으로 연결된 세계는 그것이 거주하는 국토를 지속적으로 게양한다.

만약 정체성 정치가 '다문화 사회'의 전망 위에 기초하고 있다면, 이러한 정치는 하나의 '사회'가 존재하며, 이는 다문화적이고 록웰의 캔버스 위보다 훨씬 다양한 얼굴들로 대변되는 곳임을 당연시한다. 다문화적 이상이 하나의 국가라는 개념에 묶여있을 때, '정체성 정치'는 그 국가의 논쟁의 전통 안에 위치한다. 국가 안에서 정체성들은 서로 다투고 경쟁하지만, 국가 자체의 정체성은 그렇지 않다. 명백한 급진주의는 국경 안으로 제한될 수 있다. 예컨대 스네야 구뉴는 백인, 앵글로색슨, 남성 서사에 기반한 오스트레일리아 문화의 편협한 정의들을 비판한다. 그녀는 다문화적 서사들을 대변하는 대안적 "국민 문화의 서사"를 주창한다(Gunew, 1990: 100). 그 결과는 다시 상상된 오스트레일리아다. 그 문화는 여전히 '국민적'이고, 여전히 동일한 영토적 고국 안에 위치한다. 하나의 실체로서의 '오스트레일리아'가 여전히 재생산되고 있다.

다문화주의가 국가 전체를 대변한다고 주장하는 낡은 헤게모니들을 위협하고 정체성들 간의 평등을 약속할 수는 있겠지만, 그것은 여전히 일반적으로 국민성 관념 안에 제약된다. 그와 같이 그것은 '우리'와 '그들', '국가'와 '외래성'의 전통을 암시적으로 물려받는다. 국민성이 중요하고 정의할만한 가치로서 인정받는 국가들의 세계에 대한 수용은 말할 것도 없다. 폴 길로이가 단호하게 주장하듯이 "인종, 국가, 문화 간의 관계에 대한 민중volk적인 신우익 감각을 많은 면에서 복제하는 것처럼 보일 수 있는" 다문화적 정통의 측면들이 존재한다 (Gilroy, 1992a: 57). 정체성 정치가 고국의 한계를 피하면서도 국가를 넘어설 수 없다면, 낡은 이미지와 서사에 도전하는 급진주의는 국민주의 가정들 내에 아슬아슬하게 제한된다(또한 Gilroy, 1992b 참조).

추가적 주제가 더 있다. 하이픈으로 연결된 미국 내에서 국가적 요소는 게양되고 대개는 망각된다. 아이비리그에 속한 그 대학의 총장은 미국에 대해 말하면서 그 '세계'가 하이픈으로 연결되고 있다고 말한다. 그 말은 그 자체로는 거의 중요성을 갖지 못하는 하나의 표현 방식이었을 따름이다. 그러나 그 중요성의 결여는 그 어구의 일상성, 그리고 특수자를 보편자와 동일시하는 습관을 드러낸다. 이는 미국에서의 정체성 정치의 특정한 특징들과 부합된다. 그 국가는 전지구적 마을처럼 보이는데, 그 안에서 정체성은 공간의 차이를 넘어선다. 그리고 사회과학자들은 재빨리 이러한 기호들을 모든 곳을 위한 전조들로 읽는다. 그것은 마치 미국이 전체 세계를 담고 있는듯하다. 히스패닉계, 아프리카인, 프랑스인, 슬라브족 모두가 '여기에' 있다. 접미사는 그 특별한 국민성과 동일시하기 때문에 주의에서 슬며시 빠져나가므로, 그 접두사가 우위를 차지한다. 기숙사를 가진 대학 캠퍼스는 디즈니월드의 월드 쇼케이스[3]와 닮았다. 세계 전체가 미국의 일부 안에 담겨있다. 그

---

3) 디즈니월드 에프콧에 포함되어있는 구역으로, 세계 11개국의 독특한 음식과 건축문화를 체험할 수 있다.

새로운 세계질서는 그 고국 '여기서 편안히at home' 질서 잡힐 수 있다. 그 국가의 상이한 정체성들의 행렬 안에서 정체성들 중 보다 폭넓고 보다 미묘한 하나의 정체성이 제시되고 있다.

전지구화와 미국

전지구적인 것이 국가적인 것일 수 없고, 그 역도 마찬가지라는 것을 가정하기란 쉽다. 그것은 국민주의가 코즈모폴리턴적 보편주의의 직접적 반대라고 가정하는 것이 쉬운 것과 마찬가지다. 그러나 국민주의는 그 자신의 보편적 특징들을 담고 있다. 앞선 장에서 논의되었듯이, 미국의 정치적 국민주의는 종종 보편적 청중에게 말을 건네면서, 그 자신을 이성의 보편적 목소리로서 제시한다. 유사하게도 이른바 전통적 국민 문화들을 위협하는 '전지구적 문화'는 그 자체 국민적 장소의 모든 의미sense에서 연결이 끊어진 것이 아니다. 그것은 정보의 자유로운 흐름을 나타내지 않는다. 왜냐하면 그것은 자기폐쇄적 전자 네트워크의 시냅스들을 쉽게 가로질러 순환하기 때문이다. 스튜어트 홀은 예리하게도 전지구화는 추상적 힘이 아니며, 그것은 본질적으로 세계에 대한 미국적 구상이라고 제시하면서, 전지구적·초국가적 문화는 압도적으로 미국적인 것이라고 논평한다(Hall, 1991b: 28. 또한 Hall, 1991a; Schiller, 1993 참조).

미국 문화의 전지구적 전파는 분명히 방대한 주제다. 코카콜라와 맥도날드가 보편적 음식이 되었듯이, 리바이스 청바지와 야구모자는 보편적 복장이 되었다. 모든 것이 보편적 상징이 되었다. 할리우드 스타들은 일반적으로 제라르 드파르디외나 소피아 로렌이 언제나 **프랑스나 이탈리아**의 스타로 남는 방식처럼 '**미국의 스타들**'인 것은 아니다. 케빈 코스트너나 메릴 스트립은 국적을 떼고 간단히 '스타', '메가스타', 보편적 아이콘일 뿐이다. 전지구적 세계의 메가스타의 작은 본보기가 주어질 수 있다. 베리 매닐로우의 언론 대리인은 그 가수의 필리핀 투어에 대해 열정적으로 말한다.

> 라디오를 켤 때마다 매닐로우의 노래가 나왔다. [⋯] 그는 닷새 동안 매일 밤 4만 8000명 앞에서 공연을 했다. [⋯] 이 사람들, 그들은 너무도 억압을 받았고, 가난했기 때문에 배리를 **숭배했다**. 그의 모든 노래를 알고 있었다. 모든 노래의 모든 가사를 알고 있었다. (Heller, 1993에서 재인용, 강조는 원문)

필리핀인은 미국 가수를 숭배한다. 그들은 마음으로 영어 가사를 받아들인다. 순서를 바꾸면, 미국의 대중은 숭배할 필리핀 스타도 없고 기억할 필리핀 노래 가사도 없다.

자기충족적인 전자 회로로서의 전지구적 문화의 이미지, 예컨대 보드리야르의 글들에서 발견될 수 있는 이미지는 잘못된 장소에 놓인 것처럼 보인다. 그것은 지리를 떨쳐버리고, 헤게모니를 무시한다. 전지구적 문화는 마치 고지대에서 떨어져 계곡과 평야를 범람하는 쏟아지는 폭포와도 같다. 그 흐름은 나이아가라폭포의 불가역성을 갖는다. 보다 낮은 저지대에서 제방들은 오직 엄청난 노력으로만 건설될 수 있다. 그런 다음 그 폭포는 마치 모욕당한 분노처럼 성벽을 때리며 점차 맹렬하게 돌진한다. 성벽 너머의 몹시도 메마른 시장을 찾아서 말이다. 이슬람 세계의 일부는 서구의 사탄과 그 문화에 등을 돌린다. 리바이스 청바지는 반이슬람적인 것으로 낙인찍히고, 몸에 꼭 달라붙는 모양새 때문에 엎드린 기도를 할 수 없다고 말해진다(Ahmed, 1992). 할리우드와 맥도날드를 막는 성벽들은 이란에서는 쉽게 구축되지 않는다. 외부로부터의 정치적 압력은 끊임이 없다. 근대 세계에 등을 돌리면서 저항하는 자들은 근대 국민주의로부터 오는 재료들로 자신들의 성곽을 짓고 있음을 깨닫게 된다(Zubaida, 1993).

전지구적 문화의 산물들은 고지대의 표식들을 갖고 있는데, 고지대는 그 자체 단순한 물리적 지리가 아니다. 그것은 하나의 국민적 장소, 실제로는 그 국민의 장소이다. 할리우드 영화들과 미국에서 제작되어 전지구적으로 배급된 텔레비전 프로그램들이 미국을 게양하는 방식의 양과 질에 대한 세밀한 조사는 아직까지 없었다. 시청시간당 게양 횟수를 셈할 필요가 있을 뿐만 아니라, 가장 중요하게는 게양의 분류 체계도 필수적이다. 흔들린 깃발과 흔들리지 않은 깃발이 서로 구별될 필요가 있고, 분류 체계 또한 게양들이 주목받지 않을 수 있는 다양한 방식들을 드러낼 것이다. 예컨대 장면의 게양이 있는데, 이는 청자들로 하여금 종종 오프닝 자막이 올라가는 것이 끝나기도 전에 그 사건이 미국을 배경으로 한다는 것을 인지하도록 만든다. 그것의 보편화된 이야기를 전해주면서 말이다. 그리고 대부분의 영화들에서 이는 표시 없는 장소, 그러니까 평범하고 낯익은 장소의 게양이다. 이는 하늘을 찌를 듯 솟아오른 마천루 혹은 하얀 판자로 된 교외 주택이나 카우보이 협곡의 장소인데, 이것들 중 어느 것도 스스로를 자의식적으로 미국이라고 광고할 필요는 없다. 그러한 장면의 게양들은, 마치 '나라 곳곳에서'라는 문구처럼, 지시적으로 (전혀 미국을 본 적이 없는 사람들을 포함해서) 청중들로 하여금 즉각 우리가 '여기' 미국에 있다고 인식하게 만든다. 그러면 이 낯익은 미국은 무의식적으로 자신의 미국성을 게양할지도 모른다. 성조기는 공공건물에 내걸릴 수도 있고, 사법부 요원들 소매에 꿰매질 수도 있다. 그 사법부 요원은 '미국 요원'일 것이다. 리얼리즘의 이름으로 생산된 이러한 게양들은 그저 의식적으로 자각할 수 없는 곳에 존재할 것이다.

그 깃발을 살짝 바스락대게 만드는 게양이 있을 것인데, 이는 등장인물들이 자신들의 미국성에 주의를 끌 때다. 특수자와 보편자를 결합하는 게양이 있을 것인데, 중심인물들이 대면하는 유별나게 미국적인 딜레마가 마치 보편적 딜레마인 것처럼 제시된다. 그 분류 체계를 좀 더 따라가다 보면 미국성이 찬양될 때, 심지어 그것이 보편적 외양으로 제시되는 순간에 깃발 흔들기와 깃발에 경례하기가 있을 것이다. 엘시테인은 대중 영화 「벤자민 일등병」과 「사관과 신사」에 대한 짧막하지만 예리한 분석을 제공한다(Elshtain, 1987). 두 영화 모두가 남성적 전사戰士와 상냥한 여성적 전형이라는 일반적 주제들(이자 정형들)을 전개했다. 이 보편적 주제들이 현대 미군이라는 정확한 장소에 주어졌다. 생짜 초보 신병들이 입대를 위한 요구 시험에 직면했을 때 깃발들이 화면에서 펄럭였고 경례를 받았다. 청중이 성별에 따라 환호와 눈물로 답했던 행복한 결말은 그 신병들이 미국 군대에서 자신들의 장소를 성공적으로 차지하고는 그 깃발 아래로 지나가는 모습을 보여주었다. 세계 도처의 청중이 이러한 최고조의 행복감을 함께 나누었다.

밑줄을 쳐야 할 추가적 계양 형식이 있다. 이는 헤게모니의 계양인데, 거기서 특수자의 정체성은 보편적 정체성으로 제시된다. C. L. R 제임스가 지적했듯이 만약 스포츠가 문화적·정치적 중요성을 갖는다면, 미국 스포츠의 특별한 본성은 주목거리를 갖는다. 미국은 특별히 국제적 팀 경쟁의 기풍에서 고립되어있다. 미국의 주요한 팀 스포츠인 야구와 미식축구는 지역적이다. 그 '미국'은 다른 국가들과 경쟁하지 않는다. 약소국에 당혹스럽게 패배할 가능성이 제거되었다. 그렇지만 그 지역적인 것이 마치 전지구적인 것처럼 보인다. 야구에서 내셔널리그와 아메리칸리그의 승자들이 매년 '월드시리즈'를 위해 맞붙는다. 야구의 상징들은 할리우드 영화의 초상들과 함께 전지구적으로 전송된다. 그것은 세계 헤게모니를 추구하는 국가에 꼭 들어맞는 문화적 패턴이다.

신비롭게도 보편적인 것으로 보일 수 있는 주제들이 자신만의 특수한 보편주의 혹은 전지구주의를 갖는 하나의 국민주의에 의해 선임된다. 다시 하나의 짤막한 예화나 간단한 사례연구가 훨씬 더 커다란 분석 가치가 있는 하나의 요점을 보여줄 수 있다. 근대 문화 분석의 고전적 저작들 중 하나로 1952년에 출판된 롤랑 바르트의 「레슬링의 세계」가 있다. 그의 논문은 도덕적 팬터마임으로서의 프로레슬링에 대한 애정이 담긴 찬양이었다. 좋은 사람과 나쁜 놈이 과장되게 연극적 모습을 하고서 지저분한 파리의 무대들에서 맞붙는다. 그것은 노동자 계급의 예술 형식인데, 초기 연극의 흔적들을 담고 있다. 주제에서 벗어나지만, 바르트는 프랑스의 레슬링은 미국의 레슬링과 다르다고 논평했다. 프랑스에서 그 퍼포먼스는 순수한, 심지어 천진난만한 윤리의 하나였다. 미국 레슬링에는 정치가 난입하는데, "나쁜 레슬러는 언제나 '빨갱이'가 될 운명이다"(Barthes, 1983c: 28).

두 세대를 이어서 레슬링의 두 가지 동등한 문화적 전통들이 제시될 때, 그러한 비교는 가능하지가 않다. 그 더러운 무대는 매끄럽게 포장된 미국 레슬링의 수백만 달러짜리 사업과 경쟁할 수 없다. 스타들이 유선방송과 위성방송의 거대한 무대 위에서 경기를 한다. 그들의 명성은 국제적이다. 서구의 아이들(대개 남자아이들)은 스타들의 중국산 플라스틱 복제품을 구입해서는 적당한 음향효과가 나오고 미국의 국기가 설치된 장난감 링 위에서 가지고 논다. 가끔 프랑스나 영국의 레슬러가 미국의 회로 안으로 들어온다. 그것은 그들의 명성을 보여주는 신호다. 엄밀히 말하면 이것을 미국 레슬링이라고 부르는 것은 실수다. 그것은 스스로를 세계 레슬링이라고 선언한다. 세계레슬링연맹 WWF의 주관으로 치러지든 경쟁업체인 세계챔피언십레슬링WCW의 주관으로 치러지든 말이다. 그 타이틀과 운용은 전지구적이다. 그러나 상업적으로나 주제상으로나 그 중심은 미국에 남아있다.

'세계 레슬링'은 그 상업적 소유권과 경영에 걸맞게, 그 세계를 남성성을 드러내는 미국적 도덕극으로 묘사한다. 팬터마임의 요소가 지속된다. 몸뚱이들은 뒷골목에 있는 바르트가 보지 못했던 근육의 부분들까지 흔들린다. 브루스 링컨은 바르트를 현재에 맞게 업데이트하려고 겨냥한 논문에서, 대부분의 시합에서 "승리를 거두며 나타난 사람들은 가장 선한 사람들이 아니라 눈에 띄게 '미국적인' 개인들"이었다고 말한다(Lincoln, 1989: 156). 링컨은 미국의 애국자를 가장 "과장되게" 대표하는 인물로 서전트 슬로터의 형상을 선택했다(Ibid.: 157). 이후 시간은 계속 흘렀다. 진정한 탈근대적 양식에서 이 레슬링 세계의 혼성모방적 캐릭터들은 차원이 없을 뿐만 아니라 교환도 가능하다. 걸프전 동안 서전트 슬로터는 과장된 배신자가 되었다. 그는 이라크 국기를 들고 다녔다. 그의 매니저는 아랍어를 흉내 내면서, 이라크 군복과 사담 후세인의 검은 콧수염을 즐겼다. (편당 유료시청 채널로 미국 전역에 생중계된) 그해 레슬매니아 최종전에서 슬로터는 분별 있고 금발이 어울리는 영웅 헐크 호건과 맞섰다. 머리에 국기로 된 두건을 매고서, 적이 염두에 두었던 사악한 움직임이 무엇이건 간에 맞서기로 결심한 유쾌하지만 강인한 애국자 호건은 링으로 걸어 들어오면서 자신의 미국 국기를 흔들었다. 레슬링 링 위에서나 링 밖에서 선한 사람과 악한 사람이 그렇게 분명히 표현된 적이 이전에는 결코 없었다. 분장실의 카메라들에게 감사를! 우리는 화염방사기로 호건의 눈을 안 보이게 하는 겁쟁이 슬로터를 목격할 수 있었다. 그것은 마치 그의 개인적 스커드 미사일이 선한 미국인의 얼굴을 겨누는 것과도 같았다. 호건은 단지 미국의 영예를 수호하는 것이 아니라 세계 레슬링, 세계 자체의 영예를 수호하고 있었다. 걸프 지역에 대한 폭격과 전투가 있은지 몇 주 지나서 벌어진 이 경기는 전쟁에 필적하는 팬터마임이었다.

레슬링의 세계는 그 깃발 흔들기를 전시에만 국한하지 않는다. 미국의 전지구적 선의는 부단히 보호받을 예정이다. 1993년 12월 WWF 공식 잡지는 추수감사절 전야 이벤트를 광고하면서 두 장의 그림을 실었다. 첫 번째 그림은 "외국 팬들이 기다리는 추수감사절 전통"을 묘사했다. 얼굴이 못나고 으르렁대는 비非미국인 레슬러들이 성조기가 휘감긴 미국 칠면조 한 마리를 위협하고 있었다. 두 번째 그림은 모든 미국인들이 기다리는 추수감사절 전통이었다. 선한 얼굴의 웃음 띤 미국 레슬러들이 일본 국기로 장식된 칠면조를 열심히 먹고 있었다. 그 주제들은 다른 지역에서도 성공을 거둔다. WWF가 1993년 9월 영국 국립 실내경기장에 왔다. 잘 알려진 인물들이 경기장을 가득 메운 관중들에게 환호와 야유를 받았는데, 관중들은 늘 그렇듯 '제대로 된' 스포츠 이벤트에서 관례적인 것보다 훨씬 높은 비율의 여성들과 가족들을 포함했다. 메인 시합은 요코즈나(엄청나게 거대하고 생각에 잠긴 매우 일본적인)와 핵소 짐 더간(활기 있고 몸집이 더 작으며 목덜미가 붉은 미국인)을 겨루게 했다. 관중들은 적절하게 선과 악의 상징들을 읽었다. 요코즈나는 일본 국기를 두른 자신의 매니저와 함께 야유를 받으며 링에 올랐다. 더간은 자신의 미국 국기를 흔들고, 시골뜨기의 함성을 지르면서 행복한 '유우-에스-에이' 노래를 부르면서 청중을 지휘했다.

호건으로 말할 것 같으면, 레슬링에서의 대성공 이후 할리우드로 진출했다. 그의 영화들은 보다 높은 게양 비율을 향하는 경향이 있다. 「미스터 내니」에서 그 영웅은 자신의 근육질 남성성과 유모라는 직업을 뒤섞는다. 아이들을 돌보는 것이 그 영웅의 유일한 일거리는 아니다. 영화는 호건이 미사일 요격용 미사일에 필요한 중요한 마이크로칩을 되찾기 위해 싸우는 모습을 보여주는데, 그래서 '그들'은 결코 '우리'에게 다시는 전쟁을 선포하지 못할 것이다. 그들은 명시되지 않은 채 남는다. 그렇지만 적으로 등장한 인물들은 무거운 독일어 억양으로 말한다. '우리'는 분명하다. 그리고 우리는 언제나 그렇듯 결코 침략자들이 아니라 겁먹은 공격의 잠재적 희생자들이다.

레슬링의 세계는 바르트를 매혹시켰던 그 지저분한 순진함을 더 이상 갖지 못한다. 오늘날 최고 인기를 구가하는 프로레슬링의 그 과도함과 깊이 없는 비현실성은 그것을 탁월하게 탈근대적인 광경으로 만든다. 사정이 이와 같다면, 레슬링도 역시 탈근대주의 이미지의 자유로운 이동의 이데올로기적 한계들을 보여준다. 모든 조합이 가능한 것은 아니다. 미국 청중이 영웅적인 성조기를 쥔 사람에게 야유를 퍼붓는 것은 상상할 수 없다. 왜냐하면 여기서 미국성은 선함 자체의 의미론적 기호이기 때문이다. 장난감 링들은 세계 도처에서 미국 국기를 갖추고 있다. 다른 나라의 국기는 설치되지 않는다. 외국인 청중이 '유우-에스-에이'라고 하는 것처럼, 미국인 청중이 '재-팬' 노래를 부를 수 있겠는가? 어떻게 세계 레슬링 세계가 그 중심에 다른 어느 국가를 가질 수 있겠는가? 그리고 어떻게 이 세계들의 세계가 자신의 과잉 도덕의 묘사에서 국민성이 없을 수 있겠는가?

물론 프로레슬링은 단지 혼성모방일 따름이다. 그것은 '실제' 스포츠의 강렬함을 결여한다. 그것은 보여주기로서, 재미로서 이해된다. 그렇지만 그것이 바로 중요한 점이다. 깃발들과 충성의 흐름은 순수하지 않다. 만약 그 산물이 전지구화되면(국제적 청중, 중국에서 만들어진 파생상품들, 영토를 초월해서 전송된 이미지들), 그 메시지 또한 그렇다. 이는 미국 레슬링의 세계가 아니다. 그것은 전 세계 레슬링으로서 전시된 미국적 레슬링 세계다. 바르트가 깨닫게 된 것처럼, 레슬링의 세계는 오직 그 의미들이 패러디의 지점까지 증폭될 만큼 이미 친숙할 때에만 작동할 수 있다. 세계 레슬링 세계는 낯익은 주제들을 가지고 논다. 그것은 그 공격적인 과잉 남성성을 창조하지 않을 뿐만 아니라 그 국민주의도 창조하지 않는다. 그리고 그것이 낯익은 것을 증폭시키는 것처럼, 그것은 단지 이와 같은 세계들의 미국적 세계가 얼마나 일상적이고 얼마나 전지구적인가를 보여준다. 이런 식으로 그 팬터마임은 오늘날 너무도 친숙한 전지구화된 국민주의에 대한 보다 폭넓은 메시지 혹은 차라리 하나의 단서를 갖는다.

7장 _ 팍스 아메리카나를 위한 깃발로서의 철학

일상적 국민주의는 삼가고 절제된 목소리를 갖는다. 일상의 실천들과 매일의 담론들에서, 특별히 대중매체에서 국민성이라는 생각은 정기적으로 게양된다. 심지어 매일의 일기예보조차 게양을 할 수 있다. 그러한 게양을 통해 확립된 국가들은 국가들로서 재생산된다. 그 시민들은 유념하지 않고, 자신들의 국민정체성을 상기하게 된다. 이 일상적 게양은 그 땅을 고국으로 만드는 고향 만들기 준비 작업을 제공한다. 하나의 항상적 지시어가 '우리'를 국가에서 홈경기를 갖도록 유지시킨다. 따라서 그 경기장은 물 뿌려지고, 덮개로 보호된다. 재빨리 선언된, 간헐적으로 발생하는 열정적인 공격과 수비의 다툼들에 대한 항시적 준비를 위해서 말이다. 동시에 앞선 장에서 제시된 것처럼, 미국의 전지구적 국민주의가 세계 곳곳에 게양된다. 어쩌면 그것은 때때로 프로레슬링의 엄청나게 과장된 형식을 취할 수도 있을 것이다. 그렇지만 거기에는 또한 국가들의 세계에서 미국을 중앙 무대로 위치시키는 항상적인 절제된 지시어가 존재한다.

하나의 질문이 제기될 수 있다. 이러한 게양들이 '이데올로기'라고 불릴 수 있는 것을 구성하는가? 확실히 그것은 반박될 수도 있다. 그것들은 단지 사고습관들과 이치에 맞지 않는 담론의 상투어들에 불과하다. 대조적으로 이데올로기는 자신들의 지적인 차원을 갖는다. 그 것들은 반영물뿐만 아니라 이론들을 담고 있다. 이데올로기의 작용들을 발가벗기려고 했던 비판적 분석가들은 철학의 역할에 역사적으로 엄청난 관심을 기울였다. 근대의 비판적 의미에서 '이데올로기'라는 용어를 처음 사용한 『독일 이데올로기』에서 마르크스와 엥겔스는, 많이 인용된 문구를 통해 "지배계급의 사상이 모든 시대에서 지배적 사상"이라고 선언했다(Marx and Engels, 1970: 64). 마르크스와 엥겔스가 언급한 사상들은 신문 사설이나 스포츠 광고전단에서 발견될 수 있는 사상들이 아니었다. 그것들은 확실히 프로레슬러의 자세들이 아니었다. 마르크스와 엥겔스는 철학의 사상들을 마음에 두고 있었다. 그들은 헤겔 철학의 한계들이 사회적 조건들에 부합하는데, 그 사회적 조건들에서 헤겔 철학이 생겨났고, 순서를 바꾸어 그 철학이 그 사회적 조건들을 암묵적으로 정당화했다고 장황하게 주장했다. 그렇게 논하면서 마르크스와 엥겔스는 철학은 이데올로기적 임무를 수행한다고 지적했다. 그것은 사실 지배집단의 특정한 이해관계를 표현하고 감추는 추상적이고 보편적인 원칙들을 형성한다.

언뜻 보기에 철학의 위대한 전통들은 일상적 국민주의 안에 어떠한 장소도 갖지 않는 것처럼 보인다. 실제로 우리는 일상적 국민주의가 철학적 측면을 가질 수 있는 것이 가능한가라고 물을 수도 있다. 다른 것과 구별되는 일상적 국민주의의 표식은 이론적 의식을 부정하는 것처럼 보이는 일상성이다. 일상적 국민주의는 일기예보, 스포츠면들과 주유소 앞마당에 축 늘어져 걸려있는 깃발들에서 발견된다. 그러나 그것은 거기서 그치지 않는다. 국민주의는 '국가'와 '사회'에 대한 진부한 상투어로 '우리'에게 연설하는 정치인들의 말 속에서도 일상적으로 나타난다. 그들의 말은 지적인 울림을 갖는다. 만약 정치인들이 마치 국가 외부에는 상상할 수 있는 공동체 형식이 존재하지 않는 것처럼 말하면서 정기적으로 '국가'와 '사회'를 생략한다면, 이는 고전적 사회학 이론화에 필적했다. 앞서의 장들이 보여준 것처럼 이 점에 대한 고상한 사회이론은 정치와 언론의 일상적 언어와 동시에 발생했다. 그러한 동시성들 자체는 일상적 국민주의가 지속하는 지적 전통을 갖는다는 점을 보여주는 것이 아니다. 물어야 할 질문은 일상적 국민주의 시대에 들어맞는 철학들이 발전하고 있는가이다. 보다 정확히 말하자면, 하나의 국가가 정치적이고 문화적인 헤게모니를 주장하는 새로운 세계질서를 위한 국민주의 철학은 과연 존재하는가 여부다.

만약 그 시대가 그러한 철학을 생산하지 않으면, 이러한 부재는 의미심장한 것일 수도 있다. 이데올로기 분석가들은 종종 철학을 이론적으로 미래의 실천 방향을 가늠하는 풍향계로서 취급해왔다. 탈근대성 논제의 주창자들은 일상적 국민주의에 대한 어떠한 철학의 부재가 국민주의와 국민주의적 사고를 생산하는 조건들이 지나가버렸음을 의미한다고 주장할 수 있다. 이 경우 기상학적 징조들은 탈근대적 미래를 가리키는 것일 수 있는데, 거기서 국가와 국민국가는 거의 모두가 쇠락해왔다. 오늘날 남겨진 전부는 일상적 국민주의의 습관들과 반영물들이다. 일단 국민주의가 일상적인 것이 되면, 이는 역사가 이미 철학적으로 예시된 다른 방향들로 움직이고 있다는 징조다.

탈근대 이론가들은 낡은 옷을 걸친 철학의 죽음을 선언해왔다. 거대한 메타서사와 가능한 진리의 낡은 체계들은 더 이상 존재하지 않는다. 장난기 많은 다중서사들의 세계가 손짓하며 우리를 부른다. 어떤 비평가들은 이러한 놀이에서 이데올로기적 이해관계를 식별할 것을 주장한다. 그들은 반철학적 철학의 문장들과 서구의 특수한 조건들 사이를 탐문한다. 그것이 일반적이고 전지구적인 주제로서 표현되었기 때문이다. 그러한 비평가들은 탈근대주의의 논제는 산업화 이전 시대부터 근대를 거쳐 탈근대주의에 이르는 사회 발전의 패턴을 가정한다고 비난한다. 비평가들의 입장에서 볼 때 이러한 패턴은 부유한 서구 국가들에 의해 취해진 경로를 묘사한다(예컨대 Bhabha, 1992; Franco, 1988; Slater, 1994; Spivak, 1988의 비평들 참조). 그러한 비평가들은 탈근대주의와 그것의 가정된 다양성의 문화에 대한 찬양이 사실상 서구와 서구의 가정된 문화적 세련미에 대한 찬양이라고 지적한다. 세계의 부분들, 가령 빈곤한 남반구는 탈근대적 특징을 보여주지 못하는데, 이는 뒤처지는 것으로 간주된다. 따라서 탈근대 이론은 다양성에 대한 그것의 표면상의 찬양에도 불구하고, 비서구의 목소리들을 차선으로 낙인찍는 경향이 있다.

탈근대 이론화가 갖는 국민주의적 요소를 식별하기 위해서는 더 밀고 나갈 필요가 있다. 그 질문은 탈근대 철학의 반철학들 중 하나 혹은 다른 것이 매일의 일상적 국민주의를 반향하는 국민주의적 차원을 소유하는가의 여부다. 만약 어떠한 철학이 그렇게 식별된다면, 그것은 다음 네 가지 특징을 소유해야만 한다.

① 그 철학은 소위 새로운 전지구적 질서를 정당화하거나 환영해

야 한다. 그 질서가 탈근대적이라고 불리든 말든 간에 말이다. 그것은 '실제' 국가들의 지나간 시대를 되돌아보고, 국가들이 쇠락하는 현시대를 넌지시 비판하는 낭만적이고 보수적인 철학과 같아서는 안 된다.

② 그러한 철학은 국민성 개념을 포함해야 한다. 그것을 꼭 노골적으로 합리화할 필요는 없겠지만 말이다. 국민주의의 일상적 분위기와 보조를 맞추어, 국민성은 찬양되기보다는 당연시되어야 한다. 따라서 국민성의 가정들은 정치인들의 일상적 말과 매일의 신문 사설에 하는 것과 마찬가지로 그러한 철학에 매달려야 한다. 국민주의 원칙을 합리화하기보다 오히려 국민주의를 당연시함으로써 그러한 철학은 자신의 국민주의를 부인할 수 있다. 그러한 철학은 전지구화된 탈근대적 세계에 속한다고 주장할 수 있다. 이 세계에서 국가들의 현존을 조용히 인정하고, 세계의 이러한 측면에 도전하려는 제안을 하지 않으면서 말이다.

③ 국민성을 당연시하더라도, 그 철학은 모든 국가를 동등하게 취급하지 않아야 한다. 만약 그 철학이 현시대와 공명한다면, 한 국가의 목소리가 다른 나라들의 목소리보다 크게 들려야 한다. 새로운 질서에서 미국이 특별한 전지구적 위치를 주장하는 것과 마찬가지로, 미국은 철학적으로 특별한 공간을 할당받아야 한다. 그렇지만 양가성이 미국에게 특별한 장소를 부여하는 것에 동반해야 한다. 헤게모니 정치에서 특수하고 보편적인 것은 생략된다. 미국의 지도자들이 그 국가의 이익을 대변하면서도 보편적 이익을 주장하는 것처럼 말이다. 그 역도 마찬가지다. 그 반철학적 철학의 양가성은 보편주의와 특수주의 모두를 부인할 필요가 있는 하나의 이데올로기를 위한 이상적 제복을 제공할

수 있다.

④ 만약 그 철학이 현시대를 위한 철학이라면, 그것은 모호해서는
안 된다. 그람시는 "모든 철학은 매우 제한된 환경(모든 지식인들의 환
경)에 대한 상식이 되는 경향을 갖는다"라고 지적했다(Gramsci, 1971:
330n). 또한 그는 헤게모니를 쥔 철학들은 철학이라는 편협한 세계를
넘어 보다 광범위한 상식의 세계에 도달해야 하는 윤리를 표현한다고
지적했다. 명성에 대한 현대적 조건들에서 보자면 정치인은 유명인사
인데, 현재의 분위기를 표현하는 그 철학자는 한 줌의 전문적 동료들
이 읽는 난해한 저널에서 출판된 표현만을 발견할 수 있는 견해들을
표현해서는 안 된다. 최소한도로 그러한 철학자는 보다 폭넓은 지식인
청중을 가져야 하고, 때때로 대중매체를 통해 지식인들 너머에 도달해
야 한다.

리처드 로티의 철학이 이러한 기준을 충족시킨다고 제시될 것이
다. 그의 철학은 현시대에 맞게 조율되어있다. 그것은 무비판적으로
국민성 관념을 받아들인다. 미국은 로티의 텍스트적·철학적 우주에서
지시적 중심에 위치한다. 그리고 마지막이지만 매우 중요하게도, 로티
는 자신의 학계 동료들이 질투하게 만드는 명성을 누린다.

믿음 없는 시대의 현자

리처드 로티는 일반적으로 프랑스 **철학들**에 남겨진 유명세를 빠르게
얻고 있다. 그는 탈근대주의 옹호자들이 대륙의 아이콘들, 즉 푸코, 데
리다, 보드리야르와 나란히 인용할만한다고 느끼는 얼마 안 되는 영

어권 사상가들 중 한 명이다. 예컨대 그는 "탈근대 운동의 주요한 미국 철학자들 중 하나"로(Harvey, 1989: 52), 그리고 그의 저작은 "단연코 현재의 지적인 방향 전환의 가장 징후적인 표현"으로 묘사되어왔다(Bauman, 1992a: 82). 보다 냉소적으로 크리스토퍼 노리스는 "마치 일반적으로 인정된 여론의 육중하고 확고한 무게에 맞서기라도 하듯, 동일한 의견을 반복적으로 밝히는 것에 대한 […] 자신의 선호에도 불구하고, 로티는 의심할 바 없이 문화적 조류에 맞추어 헤엄지고 있다"라고 논평했다(Norris, 1993: 285). 로티의 명성은 편협한 철학계를 넘어 퍼져간다. 그가 1993년에 영국을 방문했을 때, 『가디언』은 그에 관한 특별 기사를 헌정했다. 그 기사의 필자는 로티가 "가장 완벽한 세기말 철학자임이 증명될 것인데, 신, 과학적 진보 혹은 위대한 진리에 대한 믿음을 상실한 시대에 살고 있는 우리 같은 사람들에게 말이다"라고 주장했다. 그 기사에는 "믿음 없는 시대의 현자"라는 제목이 붙었다(『가디언』, 1993년 2월 26일).

이 글과 다른 기고문들에서 로티는 학계의 한 명의 개인 이상으로 묘사되었다. 그는 자신과 '우리'의 시대를 대변하는 사람이 된다. 비평가들 또한 로티를 이런 식으로 다루었다. 그의 철학이 이데올로기적 경향들을 요약했다고 간주하면서 말이다. 로이 바스카는 『철학과 자유의 사상』에서 책의 상당 부분을 그 미국인 철학자를 비판하는 데 할애하면서 "왜 로티인가?" 하고 묻는다. 바스카는 로티의 철학은 그 반反리얼리즘과 아이러니에 대한 찬양으로 "한가한 엘리트들, 그리고 결코 고통으로 괴로워하거나 노동에 몰입한 적 없는 지적 여피들을 위한 이데올로기를 제공한다"라고 주장하면서 자신의 질문에 스스로 답한다(Bhaskar, 1992: 134). 테리 이글턴은 비슷한 맥락에서 로티의 이 상적 사회에서 "지식인들은 어울리게 기사 행세를 하며, 자신들의 신 념에 대해 느긋한 태도를 보이며, '아이러니스트'들이 될 것이다. […] 반면 대중들은 […] 계속해서 그 깃발에 경례하고 삶을 진지하게 받아 들일 것이다"라고 주장한다(Eagleton, 1991: 11). 쇼터는 좌파의 입장 에서 로티의 글을 볼 때 갖게 되는 "짜증과 무시"를 언급한다(Shotter, 1993a: 41). 페미니스트 비평가들, 가령 낸시 프레이저는 로티가 가부 장적 가정들을 인정하지 않는다고 비판했다(Fraser, 1989). 리처드 번 스타인은 로티가 냉전 이론가라고 제안했고(Bernstein, 1987), 조 버 로스는 로티가 너무도 "납작 엎드려 있어서 빨갱이를 볼 수 없다"라고 주장했다(Burrows, 1990: 337). 로티 자신은 좌파가 자신에 대해 즐겨 쓰는 단어인 '순응적인'은 우파가 자신에 대해 즐겨 쓰는 단어인 '무책 임한'과 마찬가지라고 쓴다(Rorty, 1993a: 43).

로티는 당대의 상당한 거물이기는 하지만, 몇몇 비평가들이 제안 했던 정도는 아니라고 제시될 것이다. 만약 로티가 냉전 이데올로기를 재구성한 판본을 제공하고 있다면, 그의 중요성은 떨어질 것이다. 소 비에트제국의 붕괴와 함께 미국 외무부는 더 이상 가차 없는 반마르 크스주의에 기초할 필요가 없다. 공산주의에 대한 두려움이 냉전 정치 인들, 가령 레이건이나 부시 같은 사람들에게 도덕적 확실성을 부여한 다. 이제 백악관에 보다 어린 얼굴을 갖게 된 새로운 시대는 보다 개방 된 정신의 수사를 제공하는데, 거기서 합리적 의심의 감각은 전지구적 팍스 아메리카나를 위한 심화된 가능성들과 합쳐진다.

로티의 철학은 이러한 분위기를 자신의 아이러니적 성상파괴와

낡고 거슬리는 확실성들에 대한 거부를 가지고 포획한다. 그러나 그것은 또한 이러한 소위 포스트마르크스주의적, 포스트이데올로기적, 탈근대적 시대에 잘 들어맞는 헤게모니적 주제들을 담고 있다. 그 비결은 특수하고 일상적이고 억제된 다양성의 국민주의에 있는데, 이는 그럼에도 여전히 뿌리 깊이 국민주의적이다. 이 점에서 로티에 대한 이글턴의 이미지는 오해의 소지가 있다. 깃발에 경례하도록 고무되는 것은 대중만이 아니다. 그들이 가진 아이러니와 교양에도 불구하고, 코즈모폴리턴 지식인들도 마찬가지다. 실제로 그 철학적 텍스트들 스스로가 일종의 깃발로 보일 수 있다. 교양 있는 비평가들이 로티의 철학을 당대의 이데올로기적 반영으로 바라보면서도, 그 국민주의적 차원을 간과할 수 있다는 사실 자체가 중요하다. 그것은 국민주의가 얼마나 교묘하게 친숙한 것이 될 수 있는가를 보여준다. 동시에 국민주의는 명백하지만 보이지 않는데, 왜냐하면 그 명백함 때문이다. 로티의 작업에서 이 모든 것을 볼 수 있음이 나중에 논의될 것이다. 그의 탈근대적이고 반철학적인 철학은 국민주의의 황혼녘을 꾀부리며 나는 미네르바의 부엉이 경로를 그다지 반영하지 않는다. 오히려 그것은 어느 순간을 선택하든 전지구 위를 가로질러 나는 엉클 샘 대머리 독수리의 경로다.

애국심에 대한 요청

어느 미국 신문에 난 기사 하나를 가지고 시작해보자. 1994년 2월 13일 『뉴욕타임스』는 안쪽 지면에 증가된 애국심을 요청하는 짧막한 기사 한 편을 실었다. 특별히 상서로운 기사는 아니었다. 그러나 상세히 보면 그 기사는 철학이 전문 학술지에만 제한되지 않는다는 것을 드러낸다. 철학은 지식인들이 성조기에 대한 애국적 찬사에서 자신들의 팔을 올릴 것을 요청하는 데 사용될 수도 있다.

그 기사를 여는 문장은 "정부의 소심함 혹은 부패에 대해 우리가 느낄 수 있는 분노에도 불구하고, 그리고 우리 중 가장 약하고 가난한 자들에게 무엇이 행해지고 있는가에 대한 우리의 실망에도 불구하고, 우리 대부분은 여전히 우리 나라와 동일시한다"라고 선언했다. 다음 문장은 동일시에서 자부심으로 이동했다. "우리는 스스로 창안해낸, 스스로 개혁하는, 내구성 있는 헌법적 민주주의 시민임에 자부심을 느낀다." 서두의 마지막 문장은 그 나라의 이름을 소개했는데, 우리 대부분은 그것과 동일시한다고 말할 수 있다. "우리는 미국이 영광스러운 국가적 전통들을 가졌다고 생각한다. 비록 변색되기는 했지만." 그 기사의 제목은 '애국적이지 않은 학계'였다. 대담한 부제가 동반되었는데, 그것은 '우리에겐 우리의 국민정체성이 필요하다'라고 선언했다. 지시적 혼동은 없었다. 우리는 미국인이고, 여기는 미국, 즉 우리의 고국이었다. 한 미국인 필자가 동료 미국인들로서의 독자들에게 말을 전하고 있었다.

제목이 나타냈듯이 그 기사의 요점은 '우리' 국가의 애국적이지 않은 요소들을 비난하는 것이었다. 그 특정한 대상은 "전문대학과 종합대학에서 좌익의 정치 견해들을 위한 성역이 된 학과들"에서 발견될 수 있는 좌파 지식인들이었다. 그 필자가 관심을 가졌던 것은 "이러한 좌파에게는 하나의 문제가 있는데, 그것은 애국적이지 않다는 것"

이다. 그 필자는 애국적 우익의 입장에서 좌파를 비판하는 사람들이 잘 닦아놓은 길을 따르고 있었다. 그렇지만 이 경우 그는 애국적 우익을 대변하겠다고 주장하는 것은 아니었다. 그가 우익들의 특징적인 양식으로 애국주의 패를 가지고 노는 것도 아니었다.

정부의 소심함과 가난한 자들에 대한 서두의 말로써, 그 필자는 자신을 자유주의 진영 안에 위치시켰다. 그는 "우리 사회에서 부당한 대우를 겪은 사람들"에 대한 좌파의 관심을 칭찬하면서, 좌파의 친구로서 말한다고 주장하고 있었다. 좌파들은 그러한 관심을 가지고 "우리 사회가 훨씬 더 공손하고, 인내심 있고, 문명화되도록" 돕는다. 그 1인칭 복수형은 국민적 '우리'로서 이해되는 것만이 아니다. '우리'는 또한 그 국민적 '우리'의 배려하는, 관대한 부분이기도 하다. '우리'는 약자와 가난한 자를 염려하는 사람들이다. 그리고 '우리'(그 필자의 '우리')는 애국적인 '우리' 미국인 모두를 대변한다고 주장한다. 이런 식으로 그 필자는 스스로를 수사적으로 애국적 우익과 거리를 두면서, 그리고 자신의 자유주의자 자격증을 보여주면서, 목표 대상인 애국적이지 않은 좌파에 대한 자신의 의견 개진을 위한 수사적 지지를 모은다.

그 텍스트는 국기를 공손함, 인내심, 개혁의 이름으로 자랑스럽고도 애국적으로 게양한다. 좌익들은 "한 국가는 자신을 자랑스러워하지 않으면 자신을 개혁할 수 없다"라는 것을 깨달아야 한다. 앞 장에서 논의되었던 정체성 정치 같은 것을 포함하는 다문화주의가 국가를 분할해서는 안 된다. 왜냐하면 "문화적 차이에 대한 존경과 미국인의 애국심 사이에 양립 불가능성은 없기 때문이다". 좌파는 그러한 애국심을 보여주지 않는데, 왜냐하면 그들은 국민정체성이라는 생각과 국가적 자부심이라는 감정 따위를 거부하기 때문이다.

그 논쟁의 수사는 위험하고 분별력 없는 지식인에 맞서 애국적 상식을 고취한다. 설득을 위해서라면 기록문서보다는 상투어들로 충분하다. 결론을 내리는 단락에서 필자는 단언한다. "애국적이지 않은 좌파는 결코 어떠한 것도 달성하지 못했다." 그 감정들이 마치 독자들이 자신들의 명백한 진리를 인식할 것처럼 제시되어있다. 증거는 불필요하다. 그리고 그렇게 필자는 최종적 단언으로 이동한다. "자기 나라에 대해 자부심을 갖는 것을 거부하는 좌파는 그 나라의 정치에 어떠한 영향력도 갖지 못할 것이고, 결국 경멸의 대상이 될 것이다." 수사는 교묘하게 바뀌었다. 그것은 더 이상 단순히 위기에 처한 우리 나라, 미국이 아니다. 그 결론은 어떠한 나라, 어떠한 좌파에도 적용되는 보편적 법칙으로서 진술된다. 모든 곳에서, 모든 국가에서 애국심이 요구된다. 이는 마치 그것이 상식의 법이라도 되는 듯 전개된다.

그 필자는 전에도 여러 번 말해진 의견을 말하고 있는데, 때로는 격렬한 정치적 예리함으로, 때로는 짜증스러운 우려와 유사한 어조로 그렇게 한다. 그 수사는 친숙할 만큼 일상적인 많은 특징들을 담고 있다. 예컨대 국가들의 자연스러움이 가정된다. '사회', '국가', '나라'는 동의어처럼 사용된다. "우리 사회"가 어떤 이들에게는 부당한 대우를 할 수도 있지만, 좌파는 이것에 대항해 투쟁을 벌임으로써 "우리 나라"를 개혁하는 데 도움을 주고 있다. '우리'는 민주주의 시민인 것에 자부심을 가져야 하고 미국의 전통들을 내면화해야 한다. 그러한 진술들에서 국민국가는 민주주의를 위한 토대를 제공하는 것으로 가정된다. '애국심'과 '국민주의' 간의 암시된 구별 또한 존재한다. 애국심은 사람들이 욕망하는 선善이다. 이러한 선을 묘사할 때, 국민주의라는 단어는 회피된다. 그렇지만 그 필자는 애국적 자부심이 불쾌한 극단들까지 취해질 수 있음을 인정한다. 그때 '국민주의'라는 단어가 처음이자 유일하게 텍스트에 출현한다. "그러한 자부심은 때때로 거만하고 호전적인 국민주의라는 형태를 취하기도 한다." 3장에서 본 것처럼 국민주의와 애국심 간의 이러한 구별은 많은 사회과학적 글쓰기의 특징인데, 여기서는 마치 상식적으로 분명한 것처럼 나타난다. 게다가 국민주의라는 단어는 애국심이 피하는 그러한 비난조의 형용사들('거만한', '호전적인')을 끌어 모으는 것이 '자연스러워' 보인다. 그 필자는 '애국심'과 '국민주의' 간의 구별을 정당화하지 않지만, 그것을 거의 즉석에서 사용하며, 따라서 그것이 마치 상식인 것처럼 취급한다.

지금까지 그 기사에서 특별히 철학적인 것은 없다. 그렇지만 추가적 특징들이 있다. 그 필자는 '우리'가 동일시해야 하는 미국의 전통들을 제시하면서, 마틴 루터 킹 같은 예상할 수 있는 인물을 명시한다. 그는 또한 그보다 덜 확실한 영웅들도 언급한다. 존 듀이와 랠프 윌도 에머슨 같은 철학자들 말이다. 따라서 그 텍스트는 지식인들이 미국의 철학 전통에 자부심을 느끼도록 권유한다.

그 필자가 리처드 로티였음을 고려해볼 때, 그것의 철학적 주제는 좀처럼 놀랍지 않다. 여기 『뉴욕타임스』의 지면에서 '우리' 시대의 예언하는 현자인 그 철학자는 자신의 국기를 흔들고 있었다. 그리고 그는 애국심의 이름으로 미국 철학의 깃발도 흔들고 있었다. 로티의 논의 속에 철학이 개입하는 것을 고려해볼 때, 애국에의 요청이 직업적 관심사와 무관한 개인적 강박증이 아닌지 의심스럽다. 그것은 철학자인 또 다른 로티가 『형이상학저널』이나 『아리스토텔레스 학회 의사록』 같은 잡지들에서 상이한 일련의 문제들과 씨름하는 반면, 개별 시민인 로티가 신문에 글을 쓰도록 압박하는 무언가가 아니다. 의심은 그 두 사람이 과연 동일한 사람인가 하는 점이다. 그의 초연한 탈근대적 아이러니의 철학과 미국식의 더 큰 애국심 요청 사이에 조화가 있을 수도 있다. 만약 어떤 관찰자들이 전자를 현시대를 위한 철학으로 본다면, 그리고 그 중요한 주제들이 국민주의를 둘러싸고 있다면, 이는 그 자체로 미국적 국민주의의 의식되지 않는 힘에 대한 하나의 논평이다.

복잡한 국민주의

만약 로티가 팍스 아메리카나를 위한 국민주의자로 간주될 수 있다면, 이는 관례적으로 '극단적'이라고 인정되는 국민주의가 아니다. 로티는 결코 국가의 영웅적 과거를 재구축하는 낭만적 보수주의자가 아니다. 게다가 상상력을 아무리 펼쳐본들, 로티가 '순수한' 인종을 미화하는 '민족청소주의자'도 아니다. 그의 견해들은 자신의 『뉴욕타임스』 기사가 넌지시 '애국심'과 차별화했던 그러한 국민주의에 속하지 않는다. 그의 견해는 자신의 국민주의를 부정하지만, 국민국가와 '우리' 국가에 대한 충성을 촉구하는 일상적 국민주의와 비슷한 것이다. 그것은 '우리'의 국가가 관대하고 국민주의적이지 않다고 상상하는 그러한 국민주의다. '다른 국민주의들'은 고집 센 민족청소주의자들이다. 앞선 장들이 논의했듯이, 이러한 주제들은 현대 서구 민주정치에서 흔해빠진 것들이다. '우리'의 국민주의를 부정하는 것은 국민주의적인데, 왜 냐하면 그것은 올바로 '우리'의 고국에 거주하면서, '우리'를 민주적이 고 관대하고 합리적인 국가로 상식적으로 상상하는 것의 일부이기 때문이다.

팍스 아메리카나라는 특정한 국민주의가 복잡한 수사일 수 있는 또 다른 이유가 있다. 그 국가는 세계의 다른 국가들을 선도하기를 열 망하기 때문에, 단지 그 자신만을 대변하는 것처럼 보일 수 없다. 그 국 가는 모든 세계를 대변해야만 한다. 만약 깃발들이 국제적으로 휘날릴 수 있다면, 그것들은 '우리 모두'를 위해 휘날려야 한다. 헤게모니에 대 한 복잡한 수사가 예상될 수 있다. 하나의 국가라는 대의, 그것은 그 자 신이 국민주의적이 아니라고 상상하며 세계의 목소리가 되려고 하는 데, 편협한 국민주의를 넘어서는 것처럼 보여야 한다. 『뉴욕타임스』 기 사에서 그랬던 것처럼 특수자와 보편자가 결합될 것이며, 우리의 특수 한 애국심에서 애국심에 대한 보편적 열망으로 매끄럽게 거의 무의식 적으로 방향을 전환할 것이다.

로티의 철학 텍스트들은 새로운 전지구적 질서에서 팍스 아메리 카나의 국민주의를 위한 깃발로서 간주될 수 있다. 뒤따라 나올 논의 의 요약으로서 두 가지 측면이 언급될 수 있다. 그리고 세 번째 요점이 주요한 의제로 가는 서곡으로서 지적될 수 있다.

① **국가들의 세계의 수용**: 로티는 계몽주의 철학의 보편주의적 경 향들을 강하게 비난해왔다. 특히 자신의 저서 『우연성, 아이러니, 연대 성』에서 말이다(Rorty, 1989). 그는 도덕성과 정치는 '공통의 인간성'에 대한 생각들에 기초해서는 안 되고, 특정한 공동체나 사회에서 출발해

야 한다고 주장한다. 현 시기에 이는 국민성과 보조를 맞추어야 한다는 것을 의미한다. 로티의 작업에서 공통의 인간성에 대한 계몽주의적 꿈을 버린다는 것은 국가들로 분할된 현재의 세계에 대한 수용을 암시한다.

② **미국적 방식의 홍보** : 전지구적 미국의 헤게모니는 로티의 텍스트들에서 수사적으로 구축된다. 그가 미국의 실용주의적이고 비非이데올로기적인 목소리가 '우리 모두'의 목소리가 되어야 한다고 제안할 때 말이다. 이 국민주의의 중심에는 이데올로기적 딜레마들이 존재한다(Billig et al., 1988). 그것은 지나치게 국민주의적인 것으로 보일 수 없다. 그러나 그것은 지나치게 보편주의적인 것으로 보일 수는 없다. 왜냐하면 그것은 '우리'와 '우리'의 삶의 방식을 보호해야 하기 때문이다. 결과적으로 로티의 개방적인 자유주의 철학에서 국가의 문제에 대한 수사적 모호함, 심지어 회피가 존재한다.

③ **지적인 창조성** : 그러한 논의들을 추구하는 것이 철학자로서 로티의 창조성을 부정하는 것이 아니다. 뿐만 아니라 그의 철학이 많은 흥미로운 특징들을 담고 있음을 부정하는 것도 아니다. 인간적 관심사에 대한 감각, 글의 명료함, 진지한 정치적 현안에 접근하려는 의지, 이 모두가 찬사를 받아 마땅하다. 실제로 로티의 작업이 중요성을 갖는 것은 정확히 그의 사유의 깊이와 독창성 때문이고, 그의 글이 자기 잇속만 차리는 전문용어라는 텍스트적 바리케이드 뒤로 숨지 않기 때문이다. 그의 글은 폭넓은 울림으로 심금을 울린다. 그렇지 않았다면, 로티는 당대의 현자로 알려지지 않았을 것이다.

우리가 존재하는 곳에서 시작하기

고전적 국민주의 이론들은 모든 인간 존재의 자아일 수 있는 데카르트의 '나'로부터 시작하지 않는다. 대신에 그것들은 1인칭 복수의 철학들이다. 그것들은 집단에서 시작하고, 집단들의 역사를 연구하며, 하나의 특정한 집단(국민 혹은 문화)이 나머지로부터 두드러지도록 만들어진다. '우리'의 집단 말이다. 로티도 역시 1인칭 복수의 철학을 만들어낸다. 『우연성, 아이러니, 연대성』에서 그는 "우리는 우리가 존재하는 곳에서 시작해야 한다"라고 주장한다(Rorty, 1989: 198, 강조는 원문).

로티 자신의 수사가 이러한 기본적 메시지를 실어 나른다. 그의 텍스트들에는 1인칭 복수형이 부단히 나타난다. 로티의 '우리' 개념은 그의 반反리얼리즘과 직접 연관이 있는데, 그것은 『철학과 자연의 거울』에서 가장 포괄적으로 연구되었다(Rorty, 1979). 로티는 절대적 지식은 없다고 주장한다. 진리는 저기서 발견되기를 기다리고 있는 것이 아니다. '우리'의 우연적인 언어 사용을 통해 '우리'는 진술을 구성하는데, '우리'는 그것이 사실이라고 주장한다. 언제나 '우리'가 존재해야 한다. 왜냐하면 지식은 우연히 어떠한 공동체와 연관되기 때문이다. 로티가 제안하듯이 "하나의 주어진 사회, **우리** 사회가 이런저런 연구 영역에서 사용하는 낯익은 정당화 절차에 대한 묘사들을 제외하고는, 진리나 합리성에 대해서 말할 것이 없다"(Rorty, 1987a: 42, 강조는 원문).

도덕성 또한 사회적으로 구축된다. 로티는 절대적 기준, 가령 보편적으로 모든 인간성에 적절한 것으로 선언될 수 있는 '자유, 평등, 박애' 같은 것은 없다고 주장한다. 그는 "우리가 역사와 제도 밖에 있는 무언가를 원하지 **않으려고** 노력해야 한다"라고 조언한다(Rorty, 1989: 189, 강조는 원문). 도덕적 판단은 특정한 공동체들의 관습에 관하여 타당하다. "'비도덕적 행위'의 핵심 의미는 '**우리**가 하지 않는 그런 것'이다"(Ibid.: 59, 강조는 원문). 다시 로티의 수사에 주목할 수 있다. 1인칭 복수형이 사용될 뿐만 아니라, 그것이 강조되고 있다.

공동의 정체성이라는 느낌 혹은 '우리'가 '우리'라는 느낌은 도덕성과 이성의 선결조건이다. 로티가 적고 있듯이 "이성적인 혹은 광적인 것으로 간주되는 것은 우리가 자신을 정당화하는 것이 필요하다고 생각하는 집단에 따라, '우리'라는 단어의 지시대상을 결정하는 공유된 믿음의 본체body에 따라 상대적이다"(Rorty, 1990: 281). 이런 식으로 그 공동체가 특정한 도덕적, 정치적 혹은 과학적 판단에 앞선다. 공동체 연대는 그 자체로 하나의 목적이다. 그것은 다른 도덕 원칙들의 관점에서 정당화될 수 없는데, 왜냐하면 그것은 어떤 형태의 보편적 도덕성을 '우리' 공동체 외부에 존재하는 것으로 상정할 것이기 때문이다. 따라서 '우리' 사회는 자신의 적법성이 필요하지 않다. 왜냐하면 '우리' 사회가 적법성의 원천이기 때문이다. 로티는 자신과 같은 자유주의 사상가들은 "우리 사회에 대한 충성심은 충분한 도덕이고, 그러한 충성심은 더 이상 비역사적 후원을 필요로 하지 않음을 우리 사회에 납득시키려고 시도해야 한다"라고 제시했다(Rorty, 1991: 199).

'우리'가 모든 인간성을 포함한다는 것을 부인하는 1인칭 복수의 철학은 암암리에 3인칭 복수의 철학이기도 하다. 만약 '우리'가 있다면, '우리'가 우리 자신과 구별할 '그들' 또한 존재해야 한다. 로티에 따르면 모든 집단은 "다른 집단들과의 대비를 통해 자아상을 구축하기 위해 사용하는" 차별적 특징들을 갖는다(Ibid.: 200). 교회, 사회운동과 더불어 국가가 가장 훌륭한 예라고 그는 덧붙인다. 그러한 '대비 효과'를 통해 권위가 주장된다. 따라서 "사람들은 내부적으로 빛이 나서가 아니라, 그들이 그러한 '대비 효과'에서 공유하기 때문에 위엄을 갖는다"(Ibid.: 200). 이런 식으로 로티는 상이한 사회들의 세계를 묘사하는데, 각 사회는 구성원들에게 충성을 요구하며, 자신만의 도덕을 단언하고, 스스로를 다른 사회들과 구별한다. 만약 '우리'가 '우리'가 있는 곳에서 시작해야 한다면, 이 차별적 집단들의 세계가 '우리'의 세계다.

이것을 분명히 말할 때, 로티 자신의 수사가 변한다. 『뉴욕타임스』 기사에서처럼 로티는 특수한 것에서 일반적인 것으로 움직인다. '우리'의 특수한 사회 혹은 국가에 사는 '우리'에 대해 말하는 것에서, 그는 일반적 집단들로 움직인다. 사실상 그는 집단에 대한 보편적 사회심리학을 말하고 있는데, 이는 4장에서 논의된 사회정체성 이론과 다소간 유사하다. 로티는 일반적으로 충성심, 자아상, 집단정체성에 대한 자신의 의견을 말할 때, 심리학적 가정들을 들먹인다. 따라서 타자들과 구별되는 '우리 자신'에 대한 '우리'의 특수한 느낌이 보편적인 무언가의 사례로서 묘사되고 있다. 심지어 '우리'가 보편적 진술의 유효성을 부인하고 있을 때조차 말이다.

자민족중심주의를 변호하기

19세기의 국민주의자들은 상이한 집단들로 구성되는 하나의 세계에 대한 로티의 묘사를 인정할 것이다. 그들은 공통의 인간성에 호소함으로써 차이들을 제거하려는 계몽주의적 이상들을 참지 못하는 로티에게 공감할 것이다. 실제로 고전적 국민주의자들은 '공통의 인간성' 관념이 엄청난 허구라는 것을 로티만큼이나 깨닫게 될 것이다. 그들은 '우리'가 '우리' 사회에 충성해야 하고, 다른 의무들은 공동체 연대 창출에 부차적이라는 암시에 고개를 끄덕일 것이다. 그리고 실제로 그들은 로티가 자신의 논문 「자민족중심주의에 대하여: 클리퍼드 기어츠에게 답함」에서 한 것처럼, 자신의 전망이 '자민족중심적'이라고 묘사한 것에 대해 그를 칭찬할 것이다. 이 논문은 『객관성, 상대주의, 진리』에 다시 실렸다(Rorty, 1991).

그럼에도 구식 국민주의자들은 로티가 자신이 말하는 '우리'를 방어하는 방식에 당황할 것이다. 그는 제한된, 다소간 방어적인 형태의 자민족중심주의를 옹호하는 것처럼 보인다. "자민족중심주의에 대한 나의 느낌에서, 자민족중심적이라는 것은 단순히 우리 자신의 견해들로 작업하는 것이다"(Rorty, 1987a: 43). 로티는 '우리'가 문화적 상대주의의 유혹에 저항해야 한다고 강조한다. '우리'는 타자들의 도덕적 관점들이 "구제할 수 없을 만큼 미쳐있거나 어리석거나 저급하거나 나쁘다"라고 비난하는 것에 부끄러움을 느껴서는 안 된다(Rorty, 1991: 203). '우리'가 헌법에 기초한 민주주의의 적들을 "미쳤다"라고 간주하는 경향은 올바른 것이다. 그들은 미쳐있는데, 왜냐하면 제정신의 한계란 **우리**가 진지하게 취할 수 있는 것에 의해 세워지기 때문이다(Rorty, 1990: 288, 강조는 원문). 만약 "우리가 도덕적으로 분개할 능력, 경멸을 느낄 능력을 잃기 시작하면, 자기에 대한 우리의 감각은 용해되고 만다"(Rorty, 1991: 203). '우리'는 더 이상 '우리 자신'을 '우리'라고 생각하는 데 확신하지 못할 것이다. 도덕과 합리성에 대한 '우리'의 감각은 바스러질 것이다.

로티는 자민족중심주의를 옹호하는 자유주의 사상가는 특수한 문제에 직면한다고 언급한다. 자유주의는 자민족중심적 편견에 반대하기로 되어있다. '타자들'을 미쳤다거나 나쁘다고 부를 때, '우리'가 '타자들'에게 개탄하는 바로 그 자민족중심주의를 '우리'가 드러내고 있지는 않은가? 하나의 역설이 있다. "우리는 자민족중심적이 되느니 차라리 죽겠다. 그러나 자민족중심주의는 정확히 우리가 특정한 믿음을 공유하느니 차라리 죽겠다는 확신이다"(Ibid.: 203).

그 역설에 대한 로티의 답은 '우리'는 '우리 자신'으로부터 시작해야 한다는 것이다. '우리'의 자민족중심주의는 다른데, 원칙적으로 '우리'는 그것을 자민족중심주의라고 인정할 수 있기 때문이다. 타자들은 자신들의 믿음에 대해 절대적 진리성을 확신하는 반면, '우리'는 '우리 믿음'의 문화적 우연성을 인정한다. 로티가 자신의(혹은 우리의) 신념을 묘사하기 위해 '자민족중심주의'라는 용어를 도입할 때, 그는 신중하게 그 의미를 사용한다. ('우리'가 반대하는) 보다 극단적인 자민족중심주의가 시사된다. 예컨대 그는 "우리가 자민족중심적이 되어야 한다고 말하는 것은 의심스럽게 들리지만, 이는 우리가 자민족중심주의를 다른 공동체들의 대표자들과 말하는 것을 멍청하게 거부하는 것과 동일시할 때에만 발생한다"라고 주장한다(Rorty, 1987a: 43). '우리'의 문화는 관용을 고무하고, "우리의 문화가 악마시하는 적들 중에는 이러한 능력을 감소시키려고 하는 사람들, 사악한 자민족중심주의자들이 있다"(Rorty, 1991: 204).

'우리'의 자민족중심주의에 대한 로티의 수용은 수사적으로 세 가지 것들을 성취한다. 첫째, 그는 자민족중심주의가 불가피하다고 주장한다. '우리'(모든 사람, 모든 인간)는 '우리'라는 특수한 집단, 곧 '우리'만의 견해들에서 출발해야 한다. '우리'는 모두 자민족중심적이라고 선언할 때, 로티는 그가 계몽주의 철학자들이 만들었다고 비난하는 공통적 인간 본성과 같은 주장을 하는 것이다. 그러한 철학자들은 완전할 수 있는 인간 본성을 가정했던 반면, 로티는 '우리'의 완전할 수 없음을 하나의 '사실'로 가정한다. 보편적인 완전할 수 있음에 대한 그들의 신념이 로티에게는 하나의 문제이지만, 보편적인 완벽할 수 없음에 대한 자신의 신념은 문제가 아니다. 둘째로 로티는 관용에 대한 '우리'(서구)의 요구를 강화하는데, 왜냐하면 '우리'의 자민족중심주의는 너그러운 것이기 때문이다. '우리'는 '우리'의 한계를 인정한다. '우리'는 고집 센 국민주의를 신뢰하지 않는 사람들이다 등등. 셋째, 이를 진술할 때 로티는 '우리'를 호의적으로 '타자들'과 대비시키고 있다.

이런 식으로, 공인된 (동시에 교묘하게 부인된) 자민족중심주의는 '우리'로 하여금 '우리 자신'을 칭찬하고 '타자들'을 비난하도록 만든다. '우리' 모두가 자민족중심적이 되어야 한다고 가정하면, '우리'는 자민족중심주의자들 중에서 최고다. 『우연성, 아이러니, 연대성』의 마지막 쪽에서 로티는 '우리'가 '우리' 공동체와의 연대를 보여줄 필요를 선언한다. 만약 이것이 자민족중심주의라면, "이 자민족중심주의의 저주를 깨는 것은" '우리'가 "자민족중심주의를 신뢰하지 않도록 양육되어 온 인민"이라는 것이다(Rorty, 1989: 198). '우리'의 합리적 자민족중심주의와 '저들'의 완고한 자민족중심주의 간의 구별이 '애국심'과

'국민주의' 간의 차이 혹은 '필요한 자부심'과 '과잉 자부심' 간의 차이로서 제시된다. '우리'의 자부심은 물론 애국적이고 필수적인 것이다. 그와 같이 '우리'는 '우리'의 자부심을 자랑스러워할 수 있다. '우리'는 '우리'의 "자유주의적 사회의 탁월한 영광"을 뽐낼 수도 있고, "부르주아 자유주의자가 되는 것에서, 위대한 전통의 일부가 되는 것에서, 저열하지 않은 문화의 시민이 되는 것에서 자부심을 느낄" 수도 있다(Rorty, 1991: 206, 203). '우리'는 '우리 자신'에 대해 자랑스러워할 수 있다. 왜냐하면 '우리'는 '우리 자신'을 자랑스러워하는 사람들이 아니기 때문이다.

그 우아한 교양에도 불구하고 로티의 논의는 관용적인 '우리'가 관용적이지 않은 무리들에 의해 시달림을 당한다고 상상하는 상식적 국민주의 목소리들과 유사하다. 물론 어느 누구도 완벽하지가 않다. 그러나 '우리'는 '우리'가 나머지 사람들만큼 나쁘지는 않다는 것에 자랑스러워할 수 있다. 결국 '우리'는 '우리'의 한계를 알고 있다. 우리의 경계 밖에서 무리를 이룬 미쳐있고 나쁜 사람들하고는 다르게 말이다. 그렇다. 그 모든 약삭빠른 좌파들이 말하는 것에도 불구하고 이제는 '우리'가 '우리 자신'을 변호할 때다. 그리고 우리가 그 주제에 머무는 동안, 좌파들이 깃발에 대한 약간의 공손한 존경을 보여줄 때다.

'우리', 그리고 헤게모니의 문법

로티가 '우리'에 대해 길게 논의할지라도, '우리'가 정확히 누구인지는 분명하지가 않다. 언어는 우연적이고 보편적 주장은 공허하다는 자신의 견해와 발맞추어, 로티는 1인칭 복수형이 일반적 방식으로 사용되어서는 안 된다고 주장한다. 대신에 철학자들은 "가능한 한 구체적이고 역사적으로 특정한 느낌으로서의 '우리'를 부여해야 한다"(Rorty, 1989: 196). 로티 스스로가 자신의 글들에서 전체적으로 다양한 '우리'들을 전시한다. 몇 개의 사례가 주어질 수 있다. 실제로는 로티 글의 어떠한 페이지도 더 많은 '우리에 대한 묘사들'을 드러내주겠지만 말이다. 그는 특수화된 자유주의 깃발들의 전체 모음집을 가지고 있다. "우리 자유주의자들"(Rorty, 1990: 289), "우리 서구의 자유주의자들" (1987a: 51), "우리 20세기의 자유주의자들"(1989: 196), "우리 부르주아 자유주의자들"(1991: 206), "우리 탈근대적 부르주아 자유주의자들"(1991: 208), "우리 점잖고 자유주의적인 인문주의 유형들"(1993a: 44) 등등. 한 무더기의 다른 '우리'도 있다. "우리 실용주의자들", "우리 애매한 자들fuzzies"(1987a: 41), "우리 새로운 애매한 자들"(1987a: 48), "우리 계몽주의의 상속자들"(1990: 287), "우리 포스트쿤Kuhn주의자들", "우리 반反본질주의자들"(1991: 96, 106) "우리 철학자들", "우리 철학교수들"(1993a: 45, 49), "우리 듀이주의자들", "우리 20세기 서구 사회민주주의자들", "우리 앵글로색슨족들"(1991: 212, 214, 221), 그리고 또 "우리 미국인들"(1991: 76).

　한 비평가가 지적했듯이 로티의 글들에서 '우리'는 이용 가능한 어떠한 공간에도 들어맞도록 수축하거나 팽창한다(Comay, 1986: 69. 또한 Bernstein, 1987: 547f.; Bhaskar, 1992: 93ff. 참조). 때때로 '우리'는 철학학파이고, 때로는 정치문화 전체이다. 때로 '우리'는 시간과 공간으로 경계 지어져 있다. '우리'는 때로 서구인이고, 때로 탈근대적이고,

때로 그저 앵글로색슨족이다. 다른 경우들에서 '우리'는 전 인류를 가로질러 제한받지 않고 돌아다닐 자유로 남겨진다. "세계는 말하지 않는다. 오직 우리만이 말한다"(Rorty, 1989: 6). 모든 인간 존재들, 단지 듀이주의자들, 부르주아와 앵글로색슨족들만이 아니라 '우리' 모두가 말한다. 여기서 '우리'는 '우리 모두'를 대변하고 있다.

사람들은 로티의 텍스트들에서 무슨 일이 일어나고 있는지 질문할 수 있다. 이러한 1인칭 복수의 수사는 무엇을 성취하는가? 우선 다양한 '우리'들은 '우리'가 오늘날 소유하는 다양한 탈근대적 자아들을 제시하는 것으로 해석될 수 있다(예컨대 Heller, 1991). 그렇지만 지적될 수 있는 추가적 요점이 있다. '우리'는 헤게모니 문법의 중요한 특징인데, 왜냐하면 그것은 당파적 이익을 마치 그것이 보편적 이익인 것처럼 제시하는 손쉬운 수사적 장치를 제공할 수 있기 때문이다. '우리' 당파적 이익은 '우리'가 대변한다고 주장하는 '우리 모두'를 들먹인다. 헤게모니 담론은 그러한 '우리'의 생략을 특징으로 한다. 앞선 장들에서 보았던 것처럼, 헤게모니 문법은 정체성들의 정체성을 제시하기 위해 사용될 수 있다. 정치적 연사들은 1인칭 복수형을 밥 먹듯이 생략한다. 우리 연사와 청중, 우리 당, 우리 정부, 우리 국가, 우리 올바로 생각하는 사람들, 우리 서구 세계, 우리 보편적 청중, 이 모두가 함께 슬며시 떨어진다. 연사들이 교묘하게 조화로운 세계를 묘사할 때, 하나의 '우리' 그리고 또 다른 '우리' 간의 경계가 일상적으로 그리고 수사적으로 얽힌다. 그 안에서 모든 '우리'가 한 목소리로 말한다. 그 화자 자신의 목소리로 말이다. 이런 식으로 '우리'는 의미론적으로 통합하고 지시하는 하나의 대명사에 의해 통합되고 지시된다(예컨대

Mühlhäusler and Harré, 1990 참조).

　　유사한 일이 로티의 텍스트들에서 일어난다. '우리'는 결코 가만히 있지 않는다. 그것은 계속해서 새로운 형용사의 복장들을 불쑥 꺼낸다. 심지어 단일한 문장조차 특수하고 보편적인 '우리'들을 번갈아 사용한다. '우리' 실용주의자들, 애매한 사람들 혹은 듀이주의자들은 '우리' 모든 인간들이 어떻게 언어를 사용하는지를 이해했다. '우리'의 반리얼리즘적 메시지는 단지 '우리'만을 지칭하는 것이 아니라 '우리 모두'를 지칭한다. 로티는 "**우리**가 지금 살아가는 방식, **우리**가 지금 하고 있는 것, **우리**가 지금 말하는 방식을 제외하고, 세계사의 **우리**만의 사소한 순간을 넘어서는 어떠한 것에 대해" 철학자들이 호소할 현실은 없다고 주장한다(Rorty, 1991: 158, 강조는 원문). 그는 세계사의 이 사소한 순간에 오직 '우리'(아마도 서구인, 미국인, 자유주의자)만 이런 식으로 제한되어있다고 말하는 게 아니다. 그는 '우리'의 현대 사회가 현실과 접촉하는 '우리' 존재의 가능성을 파괴해왔다고 비판하는 것이 아니다(실제로 로티는 특별히 아도르노 같은 이론가들이 그러한 주장을 한다고 비판한다. Rorty, 1990). 그러한 문장들에서 로티의 '우리'는 역사적으로 우연적인 것이 아니다. 그것은 보편적 '우리'다. 모든 '우리'들은 역사에서 우리만의 사소한 순간이 무엇이든, 그러한 사소한 순간들로 제한된다. 이런 식으로 로티의 '우리'는 지역적 '우리'에서 상상된 '보편적 우리'로 팽창한다. 그리고 그렇게 할 때, 그는 수사적으로 보편적 청중에게 말을 건넨다. 그 자신을 '우리'가 말하는 것을 이해할 수 있는 모든 합리적 사람들의 공동체에 위치시키면서 말이다(Perelman and Olbrechts-Tyteca, 1971).

'우리'의 이러한 변화가 그 텍스트를 따르기 어려운 것으로 만들지는 않는다. 정치적 발화들에서 일상적 대명사의 모호성이 청중을 당황하게 남겨두는 것보다는 말이다. 헤게모니의 문법은 수사적으로 낯익은 것이다. 그것의 사용을 통해 로티는 필자인 로티 이상이라고 주장할 수 있다. '우리 실용주의자들' 혹은 '우리 듀이주의자들'은 현대철학에서 사소한 운동 이상이다. '우리'는 '우리' 자유주의자들, 민주주의자들, 서구의 시민들, 그리고 인간성을 대변한다.

억압된 국민성의 귀환

로티의 철학적 '우리'들에는 대체로 부재하지만, 그의 『뉴욕타임스』 기사에서는 엄청나게 중요성을 갖는 하나의 정체성이 있다. 바로 국민 정체성이다. 비록 간혹 게양되기는 하지만, '우리 미국인들'이 그의 주요한 철학적 깃발들 중 하나는 아니다. 자신의 철학적 텍스트들에서 로티는 '우리 국가'보다는 '우리 사회'에 대해 쓰는 경향이 있다. 앞서 『객관성, 상대주의, 진리』에서 인용된 구절에서 로티는 ('국가'라기보다는) '우리 사회'에 대한 충성은 그 자체로 하나의 목적이라고 단언한다. 로티는 마치 '사회' 개념이 아무런 문제도 없는 것처럼 글을 쓴다. 그는 하나의 '사회'가 무엇인지를 명시하지 않은 채 '우리 사회'에 대한 충성을 옹호한다. 가장 중요하게도 그는 독특한 사회들과 '대비-효과들'의 세계에서 이 사회('우리 사회')가 그 자신과 다른 '사회들'을 구별하는 방식을 말하지 않는다.

로티가 구체적이고 역사적인 문맥에 '우리'를 위치시켜야 할 필요를 주장하긴 하지만, 그는 국민국가가 현대 세계에서 '사회'라고 이해되는 것의 우연적 형식이라는 사실을 간과하는 경향이 있다. 텍스트적으로 '국가'를 생략하고 '사회'를 밀기 때문에 국민성은 비판받지 않고 남을 수 있다. 그것은 당연시된 토대인 반면, 그 텍스트(그것의 필자, 독자, 그리고 '우리'라는 구축된 공동체와 더불어)는 사회들의 현실을 가정하기 때문에 비非국민주의적인 것으로 보인다. 로티 자신의 문법은 국민성이 '사회들' 뒤에 선다는 것을 나타낸다. 간간히 이는 직접 표현되는데, 특히 로티가 미국에 대해 글을 쓸 때 그렇다. 예컨대 그는 "나는 우리 나라가 […] 이제껏 발명된 최상의 사회의 한 보기라고 생각한다"라고 논평한다(Rorty, 1993a: 33). 따라서 '최상의 사회'는 '우리 나라'로서의 그 시민들이 생각하는 국민국가다. 그리고 그것이 '우리'가 애국적 충성을 보여야 하는 것이다. 같은 정서 그리고 사회와 국가 사이의 생략이 『뉴욕타임스』 기사에 나타났다. 때때로 국민성에 대한 가정은 보다 간접적으로 표현되기도 한다. 예컨대 로티는 "우리 탈근대적 부르주아 자유주의자들"은 "풍요로운 북대서양 민주주의들의 제도들과 실천들을 보호하려고" 시도해야 한다고 주장한다(Rorty, 1991: 198). '민주주의들' 같은 복수형의 사용은 의미심장하다. 이러한 다양성은 다양한 민주적 형태들을 지칭하지 않고, 민주적 제도들이 위치한 다양한 독립적 사회들을 지칭한다. 그 텍스트가 명시하지 않는 것은, 뿐만 아니라 국민성이라는 논제 속으로 들어가지 않고는 명시할 수도 없는 것은 왜 '사회들'의 복수성이 존재해야 하는지, 그리고 따라서 왜 그들 자신과 다른 '우리'들을 대조할 '우리'들의 복수성이 존재해야 하는지의 이유다.

다시, (로티가 종종 사용하는) '민주주의 제도들'이라는 문구는 중요한 것을 빠뜨린다. 근대 시기에 민주적 제도들은 국민국가 안에서 발전했고, 따라서 국민성은 민주주의 제도들 중 하나로 간주될 수 있다(Harris, 1990). 만약 그렇다면 로티의 논의는 진술되지 않은 주제를 하나 갖는다. 민주주의와 그 제도들을 보호하기 위해 사람들('우리')은 자신이 위치한 '사회들'을 보호해야 한다는 것 말이다. 달리 진술된 것이 없다면, 이는 국민성('우리'의 국민성)의 제도들을 보호한다는 의미다. 한 국가를 보호하는 것은 한 국민정체성을 보호하는 것인데, 이는 로티가 인정한 바대로, 그 공동체와 다른 공동체를 구별하는 것이다. 국가들의 문맥에서 이는 국민주의 신화들을 보존하는 것을 의미하는데, 국가들은 이러한 신화들에 의거해서 스스로를 독특한 '상상된 공동체들'로서, 범위가 정해진 영토를 가지고 신비롭게 가정된 유대를 갖는 '우리 나라'로서 묘사한다. 이런 식으로 로티의 주장은 그 자체 안에 국가들의 세계, 그리고 따라서 국민주의들의 세계에 대한 암시적 변론을 담는다.

'사회'라는 단어를 사용하고 대충 얼버무리는 것은 이 논의의 불편한 함축들을 텍스트의 구석 쪽으로 밀어놓는다. 이러한 것들은 '사회'를 '국가'로 대체하는 단순한 텍스트 장치에 의해 드러날 수 있다. 그 치환은 가능한 한 역사적으로 특정한 것이어야 한다는 로티 자신의 권고에 의해 정당화될 수 있다. 왜냐하면 '국가'는 보편적 용어인 '사회'보다는 역사적으로 경계 지어져있기 때문이다. 이미 인용된 문장을 사용해서, 그러한 텍스트적 치환의 한 사례가 주어질 수 있다.

따라서 나는 어떻게 그러한 자유주의 사상가들이 우리 국가에 대한 충성심은 충분한 도덕임을 우리 국민에게 납득시킬 수 있는가를 제시하고자 한다.

만약 이것이 불편한 울림을 갖는다면, 그 울림 자체는 로티 자신의 작업에 포함되어있다. 보편적 꿈들에 대한 그의 포기는, 자민족중심주의와 우연적으로 존재하는 '우리'의 제도들에 대한 변호와 합쳐져, 국민주의를 비판할 어떠한 여지도 제공하지 않는다. 대신에 그의 관점들은 이러한 국가들의 세계에 적합하도록 조정된다.

팍스 아메리카나의 철학

로티가 쓴 많은 문장들은 '우리'가 단일한 국가라기보다는 하나의 전체로서 '풍요로운 북대서양 민주주의들'에 속한다고 주장한다. 그 헤게모니의 문법은 '우리 실용주의자들'은 단지 '우리 사회'만 편들지 않고, '사회들'의 동맹을 위해 말한다고 주장한다. 이러한 헤게모니의 환기에는 많은 주제들이 있다. 세 가지 측면이 짤막하게 언급될 수 있다. ⓐ 미국 내에서의 통일, ⓑ 서구 동맹의 수사적 구축, ⓒ '우리' 블록과 나머지 세계 간의 관계.

미국 사회

로티가 '우리 나라'를 최상의 사회로 만드는 것을 묘사할 때, 그는 한 명의 자유주의 사상가로서 글을 쓴다. 이 점에서 그의 보다 학술적인 글들은『뉴욕타임스』기사와 같은 의견이다. 그는 "내가 관심을 기울이는 유일한 미국을 규정하는 것은 '진보주의자들'이라고" 본다(Rorty, 1993a: 46). 그는 보수 우파가 이러한 미국을 위협한다고 주장한다. 로티의 정치적 수사는 부시보다는 클린턴 쪽에 훨씬 가깝다. 실제로 로티는 한 신문 인터뷰에서 그가 대통령 선거에서 클린턴을 지지했으며, "레이건과 부시는 그 나라에 하나의 재앙이었다"라고 밝혔다(『가디언』, 1993년 2월 26일).

이러한 '진보주의'에는 강한 반마르크스주의적 요소도 있다. 좌파적이고 애국적이지 않은 학계에 대한『뉴욕타임스』에서의 공세는 지적인 배경을 갖고 있다. 대체로 로티는 자신을 실용적이고 반이론적인 "반이데올로기적 자유주의" 안에 위치시킨다. 그의 견해에서 실용주의는 "미국인의 지적인 삶에서 가장 가치 있는 전통"이다(Rorty, 1991: 64). 이러한 전통의 반마르크스주의적 요소는 철학자 시드니 후크에게 바친 로티의 찬사에서 분명하다. 로티에 따르면, 미국의 좌파 지식인들 전체가 "마르크스주의자들에게 위협받지" 않도록 막은 것은 반마르크스주의 대의를 위한 후크의 뒤늦은 헌신이었다(Ibid.: 49). 로티는 "기계적 자유주의"에 대한 후크의 공격, 특히 "미국 지배층에서 우연히 생기는 어떠한 나쁜 것"도 비난하는 것에 대한 공격을 찬양한다(Ibid.: 76). 로티는 또한 후크가 대표하게 되었던 매카시즘과는 거리를 둔다. 로티는 보다 부드러운 수사를 구사하며, 후크의 원칙들까지는 아니어도 그의 전략들은 분명히 비판한다.

로티는 자신의 자유주의적 입장을 요약하면서, 분할보다는 조합의 수사를 사용한다. 그는 공동체를 분할하기보다 공동체적 연대의 느낌들을 발전시키기를 바란다. 그는 '우리' 사회로부터 주변 집단들이 배제되는 것을 개탄하며, 결합의 정치를 주창한다. 국민정체성의 수사가 자유주의 공동체를 발전시키는 데 쓸모가 있다. 『우연성, 아이러니, 연대』에서 그는 "미국의 자유주의자들"이 도시에 거주하는 젊은 흑인들에게 어떻게 말을 걸어야 하는지를 묻는다(그 텍스트는 젊은 흑인들은 미국인들이고, 자유주의자들은 백인이라고 가정한다). "이 사람들"을 "동료 인간들"이라고 부르는 것보다 효과적인 것은 "우리 동료 **미국인들**"이라고 부르는 것일 텐데, 이는 한 명의 **미국인**이 희망 없이 살아야 한다는 것은 말도 안 되는 것임을 주장하는 것이다(Rorty, 1989: 191, 강조는 원문).

같은 단락에 기이한 수사적 반전이 있다. 로티는 나치 점령 기간 동안 덴마크인들과 이탈리아인들이 유대인을 구하도록 이끌었던 사고방식에 대해서 숙고한다. 공통의 인간성에 대한 호소는 특정한 유대인을 "한 명의 동료 밀라노인, 혹은 한 명의 동료 유틀란트반도인, 혹은 동일한 조합이나 직업군에 속한 한 명의 동료, 혹은 한 명의 동료 보체[1] 선수, 혹은 아이를 가진 한 명의 동료 부모"라고 생각하는 것보다는 덜 유용했을 것이다(Ibid.: 190~191). 신기하게도 로티는 덴마크인들과 이탈리아인들이 그 특정한 유대인을 동료 덴마크인 혹은 동료 이탈리아인이라고 여겼어야 한다고 주장하지는 않는다. 로티가 동료 미

---

1) 이탈리아에서 확립된 구기 스포츠. 목적구를 향해 공을 던지거나 굴려 상대방 공보다 목적구에 더 가까이 위치시키는 것을 목표로 한다.

국인들에게 사용하라고 권하는 국민적 동일시는 그가 덴마크인들과 이탈리아인들에게 주는 그 기만적 충고에서 그것이 부재하기 때문에 두드러진다. 아마도 '타자들', 즉 덴마크 혹은 이탈리아의 국민주의는 우리의 국민주의만큼 편하지는 않을 것이다. 그것은 '우리'의 국민주의가 하지 않는 방식으로 메아리를 일으킨다. 그리고 물론 그것은 '우리'를 배제한다. 게다가 동료 밀라노인 혹은 동료 유틀란트반도인으로 간주될 수 있었던 유대인 문제들이 생겨났는데, 왜냐하면 그들은 국민주의 이데올로기에 의해 외부인으로 규정되고 있었기 때문이다.

자신의 동료 자유주의자들에게 젊은 (미국인) 흑인들을 '동료 미국인들'이라고 부르도록 권할 때, 로티는 희망의 땅이라는 이미지로서 미국의 신화라는 국민주의적 수사에 의존한다. 이러한 수사는 자유주의적이고 보수적인 미국 정치에서 너무도 낯익은 것인데, 미국의 이미지를 특별한 국가, 특별한 '우리' 공동체로서 재생산한다. 이러한 수사를 권고함으로써, 로티는 '우리'의 사용과 '우리'의 통합의 성취를 위한 국민주의 신화를 보존하고 있는 것이다. 결과적으로 국민주의는 우리의 자유주의에 동의한다. 클린턴의 민주당 정치가 하는 것과 마찬가지로. 실제로 로티는 자신의 논문 「야생 난과 트로츠키」에서 "우리 듀이주의자들은 미국에 대해 정서적으로 애국적"이라고 공개적으로 선언한다(Rorty, 1993a: 47). 따라서 만약 로티가 '우리'는 '우리'가 있는 곳에서 시작해야 한다고 권고한다면, '우리'는 '우리'의 고국에서 출발해야 한다. 그리고 이 고국은 사회들 중 최상의 것으로, 애국적 자부심을 가지고 소중히 다루어야 한다.

서구 동맹

로티는 철학을 하고 정치를 하는 특별한 방식이 '우리'의 방식, 곧 서구 민주주의들의 방식이어야 한다고 권고한다. '우리'는 거대한 이론화를 포기해야 하고, '우리'의 장소와 시대에 맞는 이데올로기적이지 않은 실용주의를 채택해야 한다. 결국 "우리의 사회는 신학이나 철학이 정치적 문제를 해결하기 위한 일반적 규칙을 제공하리라는 생각을 조용히 포기해왔다"(Rorty, 1991: 206~207). 그러나 어느 것이 '우리'의 사회인가? 모든 서구 사회들이 철학을 포기해왔는가? 아니면 우리 실용주의자들이 철학에서 선도하고 있는 것처럼, 나머지 사회에 길잡이를 서는, 전위에 있는 하나의 사회가 그러했는가?

로티가 존 듀이를 찬양할 때, 그는 자신의 실용주의를 지적인 곳과 국민적인 곳 양쪽에 위치시킨다. 『철학 그리고 자연의 거울』에서 로티는 듀이가 20세기의 가장 중요한 철학자 세 사람 중 하나라고 주장했는데(Rorty, 1979), 다른 두 사람은 비트겐슈타인과 하이데거다. 최근에 듀이는 두 유럽인 경쟁자들보다 앞으로 당겨진 것처럼 보인다(Rorty, 1991: 16). 듀이는 이제 더 단순히 '나의 영웅'이라고 묘사된다(Rorty, 1993b: 3). 요점은 로티가 한 명의 미국인을 자신의 철학적 영웅으로 선택한다는 것이 아니라, 그가 듀이를 특별히 미국적 특징들을 대변한다고 찬양한다는 것이다. 「야생 난과 트로츠키」에서 로티는 자신을 미국에 대한 듀이의 전망과 직접 연결한다. "나는 거의 휘트먼과 듀이가 했던 것처럼, 미국을 광대한 정치적 풍경의 전망을 여는 것으로서 바라본다"(Rorty, 1993a: 32). 여기서 다시 보다 전문적인 주제들이 『뉴욕타임스』 기사에서 표현된 생각들을 반복한다.

　로티의 주요한 권고들 중 하나는 철학을 철학 스스로가 요구했던 고상한 위치로부터 끌어내리는 것이다. 그는 '우리'가 철학을 민주주의의 두 번째 장소를 차지하도록 해야 한다고 주장하는데, 왜냐하면 어떠한 것도 자유주의 제도들의 보존보다 중요하지는 않기 때문이다(예컨대 Rorty, 1987b: 567f.). 자신의 논문 「철학에 대한 민주주의의 우선권」에서, 로티는 독자들에게 자신의 논문 제목의 배경이 되는 지적·문화적 역사를 상기시킨다. 듀이는 "철학에 비해 민주주의에 우선권을 부여하는 미국의 관습을 높이 샀다". 또한 로티는 에머슨이 듀이의 실용주의를 "특징적으로 미국적"이라고 생각했음을 지적했다(Rorty, 1990: 294). 로티에 따르면 듀이는 미국식 생활방식의 "낙관주의와 유연성을 부풀려서" 전체 철학 체계 속으로 불어넣었다고 비난받았다. "그는 그렇게 했지만, 그의 응답은 **어떠한**any 철학 체계도 **어떤**some 공동체의 삶의 방식의 이상들을 표현하려고 시도하리라는 것이었다"라고 로티는 언급한다. 이런 식으로 듀이는 "다른 공동체들에 비해" 자신의 공동체가 갖는 "특별한 장점들"에 대해 상세히 설명할 수 있었다(Rorty, 1987a: 49~50, 강조는 원문).

　여기서 듀이에 대한 로티의 옹호는 『뉴욕타임스』 기사와 달리 우회적 수사를 포함하는데, 이는 다국적 청중에게 전달하는 철학 저서들 같은 텍스트에 적합하다. 로티 자신이 미국적 행동양식에 대한 찬양을 직접 언급하지는 않지만, 듀이에 대한 그의 승인(그리고 다른 사람들이 듀이의 미국주의에 대해 말했던 것을 분명한 승인으로 인용하는 것)이 로티로 하여금 그러한 찬양을 반복하게 만든다. 다른 사람들(에머슨, 명명되지 않은 비평가들, 듀이 자신)에 따르면 듀이의 실용주의는 전형적으로 미국적이다. 그리고 로티에 따르면 우리 듀이주의자들은 그러한 실용주의를 찬양한다. 만약 로티가 그 암시된 연관들을 길게 늘어놓았더라면, 그는 자신의 실용주의 철학이 전형적으로 미국적이라고, 그리고 (미국식) 실용주의를 칭찬함으로써 다른 공동체들(국가들)에 비해 자신의 공동체(국가)가 갖는 특별한 장점들을 찬양하는 것이라고 주장하는 것이 되었을 텐데, 그 생각은 너무도 국민주의적이어서 직접 발화될 수는 없다. 적어도 '우리 철학자들' 혹은 '우리 탈근대인들'에게 국경을 가로질러 말하는 철학적 텍스트에서는 말이다. 그것이 다른 서구 민주정치들이 우리 자유주의자들을 대변하려는 헤게모니적 열망을 약화시킬 것이다. 그럼에도 그 생각은 그 철학적 테스트 안에서 흩뿌려진 채 남는다. 다시 조립되기를 기다리면서 말이다.

전 세계를 대변하기

헤게모니의 목소리는 '우리'라는 보다 폭넓은 청중을 찾아야 한다. 로티는 '우리'가 부단히 '우리 자신'을 확대해야 한다고 주장한다. 사실 그는 '타자들'을 병합하려는 이러한 충동이 자신의 관대한 자민족중심주의와 완고한 다양성들을 구별한다고 주장한다. '우리의 것'은 배제하기보다는 포함하는 자민족중심주의다. 그는 "'우리'가 '우리'라는 감각을 최대한도로 확장시키려고 계속 시도해야 한다"라고 재촉한다. '우리'는 "'우리'가 여전히 본능적으로 '우리'라기보다는 '그들'로서 바라보는" 주변화된 사람들과 우리 간의 유사성을 주목하려고 시도해야 한다(Rorty, 1991: 196). 특히 이제껏 보아왔듯이, 미국 국내 정치와 관련해 선한 의도와 인간적 관용은 부인할 수 없는데, 거기서 '우리'라는 느낌을 확장하는 것은 국민성nationality에 대한 느낌을 강조하는 것을 포함한다. 그럼에도 로티는 특별히 자신의 메시지를 전반적인 세계에 적용한다(예컨대 Ibid.: 212f. 참조). 그 범주화의 운동은 중요하다. '우리'는 '그들'을 '그들'에서 '우리'로 변화시킨다. '그들'은 병합되고 다시 범주화되어야 하는 사람들이다. 반면에 '우리'는 그 동일한 자기정체성 안에 그대로 남는다. 사실 '우리'는 '우리 자신'을 변경할 필요가 없는데, 서구의 사회적·정치적 사유는 그것이 필요로 하는 최후의 개념적 혁명을 가졌을 수도 있기 때문이다(Ibid.: 63).

'우리'는 전지구를 가로질러 '우리 자신', 즉 우리의 메시지와 우리의 정치 방식을 펼치고자 하는 야심을 가지고 있다. '우리'의 시대가 도래했는데, 왜냐하면 '우리 실용주의자들'은 인간성의 역사를 […] 서구 민주주의에 전형적인 특정한 덕목들의 점진적 확산으로 보아야 하기 때문이다(Ibid.: 216). '우리'는 모든 타자들을 '우리'의 행위 방식들 속으로 통합시키기를 바란다. "듀이주의적 실용주의자들은 우리가 우리 자신을 점차 모든 인종을 아우를 역사적 진보 행렬의 부분으로 보라고 촉구한다"(Ibid.: 219). 만약 로티가 "민주주의 사회들에 스며드는 위대한 사회적 희망, 그러니까 협동적인 전지구적 유토피아라는 희망"에 대해 썼다면, 이 유토피아는 우리가 그 대의를 진전시키도록 할 필요가 있을 것이다. 그리고 이는 '우리'가 계속 '우리'로 남을 것을 요구한다. '우리'의 특별한 국가와 그 유산에 자부심을 느끼면서 말이다.

그러한 글들에서 새로운 팍스 아메리카나에 적합한 어조를 식별하는 것은 가능하다. 그 철학은 냉전의 수사학과 거리를 둔다. 그것은 심지어 낡은 의미에서의 철학임을 부인하면서까지 확실성을 버린다. 그것은 이른바 이데올로기적이지 않은 시대를 위한 이데올로기적이지 않은 메시지를 갖는다고 주장한다. 그 미국적 방식, 곧 이데올로기적이지 않은 실용주의가 모든 이에게 추천된다. 많은 경우들에서 로티는 프랑스 철학을 비난해왔는데, 그것이 너무도 이론적이고, 보편적 계몽주의에 지나칠 정도로 고착되어있다는 이유로 그랬다. 그렇지만 그의 말처럼 그 논제는 철학보다 훨씬 넓은데, 왜냐하면 그는 "전후 미국적 용기의 실패와 국가들을 선도하려는 미국의 희망의 상실"이라는 하나의 "거대한 현상"에 응답하고 있기 때문이다(Rorty, 1991: 77).

비록 로티가 노골적으로 자신의 국가를 위한 역할을 되찾으려는 것은 아니지만, 그의 수사는 반환 요구를 암시하고 있다. '우리'는 '우리 자신'과 '우리'의 방식을 세계를 가로질러 펼치기를 희망한다. 왜냐하면 '우리'가 역사적 진보의 힘이기 때문이다. 만약 '우리'가 성공한다면, '우리'는 국가들을 이끌 것이다. 이런 식으로 로티는 "미국이 계속해서 증가하는 관용과 평등의 본보기를 보일 것"이라는 자신의 바람을 쓴다(Rorty, 1993a: 45). 그는 이 본보기를 누구에게 보여야 할지, '그들' 곧 '우리'의 본보기를 추종하는 사람들이 누구인지를 명시하지 않는다. 그러나 세계의 나머지라고 가정해볼 수 있다.

깃발로서의 텍스트

철학적 개요에 팍스 아메리카나의 국민주의가 있다. 정치인의 낯익은 상투어들이나 신문 사설이 더 커다란 애국심을 요청할 때, 필요하다면 시대의 그 현자로부터 지적인 정당화를 제공받을 수 있다. 여타의 국민주의 형태들과는 달리, 이 철학적 국민주의는 편협한 사나움으로 말하지 않는다. 대신에 그것은 국가들을 이끄는 그 도덕적 힘을 자신만의 선포된 타당성에서 끌어온다. 그 전지구적 야심들은 관용('우리'의 관용)의 목소리로 제시될 수 있다. 심지어 의심조차도 말이다('우리'의 의심, '우리'의 겸손함). 그동안 계속해서 '우리'는 '우리 자신'이라는 느낌을, 그리고 '우리'의 실용주의적이고 이데올로기적이지 않은 정치에 반대하며 위험한 극단을 고집하는 그 미쳐있고 나쁜 '타자들'이라는 느낌을 유지할 수 있다. 새로운 적들, 즉 종교적 근본주의자들 특히 이슬람 근본주의자들 그리고 '우리' 고국 안에 존재하는 잘못 이끌린 극단주의자들이 이데올로기적 행렬에서 구소련의 악마들을 얼마나 쉽게 대체할 수 있는지를 눈여겨보아야 한다.

문화 분석가들이 깃발 같은 대상들을 마치 텍스트인 것처럼 다루는 것은 관례가 되었다. 그 과정은 역전될 수 있고 따라서 텍스트가 하나의 깃발처럼 나타날 수도 있다. 로티의 텍스트들은 '우리'들이라는 북소리를 가지고, '우리' 자신의 독자들을 자신의 문학적 행진에 동참시키려고 한다. 로티의 깃발(혹은 모든 '우리'를 위한 그의 깃발 모음)은 다른 깃발들, 가령 종교적 근본주의자들이나 민족청소주의자들의 깃발보다 엄청나게 더 나을 수 있다. 그렇지만 만약 그 텍스트가 하나의 깃발이라면, 우리는 그 패턴들을 읽어야 한다. 인쇄된 행들 사이에 하얀 줄무늬들이 있다. 은유적 곁눈질로 보면, 로티의 글들에는 경고의 붉은 줄무늬가 그어져있다. 푸른 배경에 하얀 별들이 그의 여백에서 빛을 반짝인다. 그와 더불어 그것들은 '우리'에게 '우리'가 '우리'의 꿈을 뒤에 남겨두도록 매력적으로 손짓한다.

8장 _ 맺는 말

이 책은 되풀이해서 촉구해왔다. '국민성의 항상적 게양들을 직접 보라'라고 말이다. 종종 간과되지만 이러한 게양들은 감추어지지 않는다. 프로이트 이론에 따르면 그것들은 의식에서 억압되어 단지 완곡한 표면상 흔적들을 남기는, 무의식적 마음에서 나오는 메시지들과는 다르다. 잘 알려져 있듯이 프로이트는 사람들이 무의식적 신호들을 읽게 만들려면 콤플렉스 훈련이 필요하다고 제안했다. 국민성의 게양은 전혀 다르다. 그것들이 관심을 끌지 못하는 것은 부분적으로 그것들이 상당히 친숙하기 때문이다. 수치스러운 욕망들이 국민성의 게양을 의식적 자각에서 몰아내지 않았다. 그러한 게양들을 알아채는 데에는 어떠한 정규교육 과정도 요구되지 않는다. 대신에 배경 쪽을 보거나 사소한 말들에 유의하는 의식적 노력이 필요할 수는 있다.

앞선 장들은 다양한 종류의 게양에 관심을 기울였다. 리처드 로티의 철학은 처음 보기에는 세련된, 국제적 아이러니의 목소리처럼 보일 수 있지만, 텍스트적 게양으로 묘사되었다. 자세히 살펴보면, 우리는 그의 철학 지면들이 미국을 옹호하며 잔잔히 흔들리고 있음을 볼 수 있다. 그다음으로 롤랑 바르트의 유명한 논문이 나왔고, 두 세대가 지난 후 프로레슬링의 세계가 있다. 오늘날 레슬링 연극은 개인 취향에 의존하는 과잉 남성성의 기괴한 가장행렬이나 단지 악의 없는 장난처럼 보일 수도 있다. 그렇지만 그 이상의 것이 있다. 국기들은 전시의 일부다. 특히 미국의 성조기는 전지구적 응원 소리에 맞추어 흔들리거나 단지 레슬링을 둘러싼 환경의 필수적 부분으로서 전시될 수 있다.

게양은 철학 경기들이나 레슬링의 삼단논법에 제한되지 않는다. 그것은 그처럼 제한된 특별한 영역들을 넘어서 전개된다. 대중매체는 그 깃발을 오늘날의 가정 안으로 데려온다. 일간신문들과 수다쟁이 정치인들이 부단히 국가들의 세계를 게양한다. 그들은 사소한 말들의 지시어를 일상적으로 사용한다. '여기', '우리' 그리고 '그the는 간과하기 너무도 쉽다. 그것들은 관심을 잡아끄는 단어들이 아니다. 그러나 그것들은 게양이라는 업무에서 중요한 역할을 수행한다. 일상적으로 그것들은 '우리'를 국민적 1인칭 복수로 호칭한다. 그리고 그것들은 '우리'를 국가들의 세계 안에 있는 우리 고국에 위치시킨다. 국민성은 그렇게도 많은 일상적 발화들을 이해하기 위해 가정되어야 하는 맥락이다. 심지어 너무도 낯익고 구체적인 개념인 '날씨'마저 이런 식으로 일상적으로 국가화된다. 점증적으로 그러한 게양들이 매일 별생각 없이 국민성을 상기시키는 것들을 오늘날의 확립된 국민국가들에 제공한다. 그렇다면 국민정체성이 좀처럼 잊히지 않는 것은 놀라운 일이 아니다.

일단 우리가 게양을 찾아보기 시작하면, 그것들은 도처에 존재하는 것으로 보인다. 텔레비전 뉴스 진행자가 외국의 한 나라를 언급할 때, 하나의 상징적 깃발이 화면에 휙 나타난다. 어드벤처 영화에서 남자 주인공과 여자 주인공을 태운 차를 멈추게 하는 할리우드 교통경찰의 어깨에는 국가의 표장이 박음질되어있다. 신문은 '우리' 독자들을 마치 '우리'가 동일한 국가의 모든 국민인 것처럼 부른다. 그것은 '우리'에게 '국내' 소식에 대해 말한다. 앞선 장들은 마치 한 줌의 과일을 무르익은 과수원의 가장자리로부터 잽싸게 움켜쥔 것처럼, 거의 마구잡이로 모은 게양의 예들을 제공했다. 해야 할 무척 체계적이고 경험적인 작업이 있다. 상이한 장르들과 그것들의 관례적인 수사 전략들의 목록을 작성하기 위해 게양의 범주가 구축될 수 있을 것이다. 그리고 상이한 영역들과 상이한 나라들에서 게양의 정도가 계산될 수도 있을 것이다. 무엇보다 확립된 국가들에 사는 시민들의 삶을 작성할 필요가 있다. 평균적 개인이 보통의 하루의 과정에서 만날 수 있는 게양의 수와 본성을 보고하기 위해서 말이다. 간단히 말해서, 분류와 계산이라는 중요한 업무는 거의 시작되지도 않았다.

누군가는 이 모든 도표 작성을 하는 취지가 무엇인가 하고 물을 수 있겠다. 관심을 끌기 위해 노력하지도 않고, 종종 훨씬 더 흥미로운 것들 쪽으로 관심을 돌리는 수단을 제공하는 기호들을 주목하려고 왜 애쓰는가? 일상적 도표들에 집중하느니 뉴스 진행자가 말하는 것을 들어서는 안 되는가? 남녀 주인공의 훌륭한 외모를 쳐다볼 수 있는데, 왜 경찰의 어깨에 시간을 낭비해야 하는가? 그것 말고도 주목할 것도 반대할 것도 너무 많은데, 왜 깃발들에 집중함으로써 레슬링 시합을 망쳐야 하는가?

짤막한 답변은 국민성의 게양들에 주목함으로써 우리는 우리 자신들에 대한 무언가에 주목하게 된다는 것이다. 우리는 사회적 삶의 일상에 각인된 우리 정체성의 깊이와 메커니즘에 주목하는 것이다. 이러한 수사적 에피소드들은 우리가 '우리'라는 것을 부단히 우리에게 상기시키고, 그렇게 함으로써 우리가 상기당하고 있음을 잊게 해준다. 그리고 자세히 보면, 우리는 '우리 자신'에 대한 상기물들만 보는 게 아니다. 우리는 '그들'과 외래성에 대한 상기물들도 본다. 무엇이 그리도 낯익어서 그것은 좀처럼 잠깐의 눈길도 받지 않으며, 그런 다음 이상한 것처럼 보이기 시작하는가? '우리'(그리고 '그들')만 계양되는 것이 아니라 고국도 그렇다. 고국들의 세계로서의 그 세계 또한 전달된다. 일상적 신비주의는 너무도 일상적이어서 모든 신비주의가 오래전에 사라진 것처럼 보이는데, 이는 '우리'를 고국, 즉 단순한 장소 이상이며 단순한 지구물리학적 지역 이상인 특별한 장소에 매어놓는다. 이 모든 것을 통해 고국은 편하고, 의심할 수 없으며, 상황이 발생하면 희생할 만한 가치가 있도록 보이게끔 만들어진다. 그리고 특히 남성들은 희생의 가능성이라는 자신들의 특별한, 쾌락으로 꽉 찬 상기물들을 제공받는다.

신중하게 봐야 할 추가적 이유가 있다. 우리는 단지 우리만의 정체성 혹은 심지어 타자들의 정체성만을 주목하는 것이 아니다. 그러한 모든 정체성은 어떤 자유로운 심리적 공간을 떠다니는 것이 아니다. 정체성은 사회적 삶의 형태다. 국민정체성은 강력한 사회구조 안에 뿌리박는데, 이는 불평등의 헤게모니적 관계들을 재생산한다. 게다가 국민국가는 그러한 국가들의 세계에 뿌리박고 있다. 앤서니 기든스의 말을 인용하자면, 국민국가는 '권력을 담는 용기'로 남는다. 그것의 궁극적 형태에서 그 권력은 전례 없는 양量들로 뭉쳐진, 직접적인 물리적 권력이다. 국가들은 전 세계를 파괴하기에 충분한 무기류를 집합적으로 소유한다. 심지어 경제적 압박의 시대에도 국가들은 계속해서 엄청난 자원을 군비 확충에 쏟아붓는다. 예컨대 최근 영국에서 관례상 '방어'defense라고 불리는 것에 들이는 공공경비는 교육에 들이는 것의 두 배다(『가디언』, 1994년 11월 30일). 이러한 비율에는 주목할만한 것이 거의 없다. 이는 지구 전역 국가들에서 꼬리를 물고 재생산된다. 이러한 맥락에서 방어는 곧 국방national defence을 의미하며, 방어 무기는 국가적으로 통제되고 국가적으로 소유된다.

이는 국민성의 일상적 상징들을 관찰할 때 기억해둘 필요가 있다. 그것은 또한 세계가 주권국가 체제에서 어떤 전지구적이고 탈근대적인 마을로 옮겨가기 때문에 국민국가가 시들고 있다는 주장을 고려할 때에도, 혹은 세계가 남성 가부장적 국가들에서 제한되지 않은 여성적 미래로 옮겨간다고 상상될 때에도 기억해두어야 한다. 변화의 징후, 낡은 경계들이 개방되고 있다는 징후가 확실히 존재한다. 정보는 아무런 방해도 받지 않고 국가의 경계를 가로질러 전자적으로 전달된다. 정체성의 새로운 정치는 얼핏 보기에 낡은 국민주의적 헤게모니들에 도전하는 것처럼 보인다. 새로운 얼굴과 새로운 다양성이 국민정체성의 그림들에서 발견될 수 있다. 심지어 미국 대통령들조차 새로운 세계질서에 대해 말하고 있다. 그러나 새로운 세계질서는 국민성이 결코 사라지지 않았다는 단서를 제공한다. 그 새로운 세계질서 자체는 국가적 질서로 게양되는데, 거기선 한 나라가 동등한 나라들 가운데 첫 번째일 것이고, 그 문화는 보편적 문화로 경험될 것이다.

이제껏 논의된 것처럼 국민주의는 결코 솔직하게 단순한 목소리로 말하지 않았다. 그것은 언제나 헤게모니의 문법을 사용했다. 정체성들의 정체성을 주장하면서 말이다. 오늘날 '세계 공동체' 혹은 '새로운 전지구적 질서'에 대한 요청들이 가장 힘센 국가의 입장에서 만들어지고 있다. 그것들이 만들어지는 것과 마찬가지로 이해관계들의 정체성이 그렇게 단언된다. 우리의 이해관계들은 전 세계의 이해관계들이다. 군사력이 국기를 달고 이러한 이해관계들을 후원하기 위해 배치된다. 이는 전지구적 과정이 탈근대적 세계에서 국가적 과정을 낡은 것으로 만든다는 확신에 찬 단언에 대한 경고로서 말해진다. 어쩌면 국민성을 약화시키는 데 도움을 주는 정보기술이 오늘날 군사적 목적을 위해 개발되고 있다. 무기를 훨씬 더 복잡한 것으로 만들면서 말이다. 국민성의 죽음을 선언하는 사람들은 국가들의 모든 군비들을 가지고 무엇이 행해질 것인가를 특정하지 않는다. 이론적 예측은 그것이 없어지기를 바랄 수 없다. 로켓, 미사일, 탱크가 갑자기 빗속에 녹슨 채 바깥에 쌓여있지는 않을 것이다.

국가들의 구조는 확실히 변화할 것이다. 오늘날 국가들은 19세기 말에 존재했던 것과 같지 않다. 그리고 확실히 국민성의 시대는 결국 지나갈 것이다. 역사는 국가들을 창조했고, 얼마 안 있어 그것들을 파괴할 것이다. 공동체의 새로운 형태들이 생겨날 것인데, 왜냐하면 과거는 결코 똑같이 반복되지 않기 때문이다. 어쩌면 로티의 철학이 우리에게 잊으라고 말하는 보편적 형태들이 미래에 자신들의 시간을 갖게 될지도 모른다. 어쩌면 국가들은 이미 전성기를 지났고, 그것들의 쇠락은 이미 진행 중일지도 모른다. 그러나 이는 국민성이 이미 실패한 것이고, 그것의 게양이 혼성모방이나 향수로 기각되었음을 의미하지는 않는다.

오늘날 미래는 점차로 불투명한 것으로 보인다. 20세기의 마지막 부분은 극심한 국제적 변화들을 지켜봐왔는데, 이는 가장 전문적 예언자들조차 깨닫지 못하는 것을 포착했다. 공산주의의 붕괴, 아파르트헤이트의 종식, 아랍 국가의 이스라엘 승인 등은 그것들이 발생하기 10년 전만 해도 상상도 할 수 없었던 사건들이다. 만약 권력의 이동이 진공상태를 만들어낸다면 이는 국민성이라는 대의를 위해 기꺼이 무기를 생산하는 사람들로 채워질 것처럼 보인다. 그리고 미국은 바로 신성로마제국이나 아스테카왕국 같은 정체政體들을 따라 역사의 무덤 속으로 들어갈 조짐을 거의 보이지 않으면서, 자신의 전지구적 야심들을 게양한다. 이러한 것들은 전지구적 문화 속에 반영된다. 이는 심지어 철학이라는 특산품까지 소유한다.

확실히 국민성의 이상은 오늘날에도 계속 정치적 상상력에 대한 자신의 지배를 행사한다. 그것은 계속해서 개인의 삶보다 가치 있는 대의로서 재생산된다. 그리고 그것은 정치적 민주주의의 실천을 틀 짓는다. 탈근대 이론가들이 예측하듯이 국민성의 구조들이 파편화되기 시작할지라도, 엄청난 군비들이 계속 사용되지는 않을 것이고, 그것들이 방어하는 실체들이 대체될 것이라고 믿는 것은 너무도 낙관적이다. 어쩌면 그 순간 국민주의는 가장 위험한 것이 될 수도 있다. 그때 일상적 게양의 예금에 의해 적립되어온 입금액이 청구될 것이다.

불확실성 가운데 한 가지는 확신을 가지고 단언될 수 있다. 오늘날 셀 수 없이 많은 국민성의 징후들이 게양되고 있다. 내일은 전 세계적으로 보다 많은 게양들이 있을 것이다. 셀 수 없이 많은 국기들이 격식을 갖추지 않고서 깃대에서 올려지고 내려질 것이다. 적어도 우리는 이것을 많이 알고 있다. 그러나 그 결과가 마침내 어디로 이끌어질지, 그리고 희생에 대한 추가적 요구가 무엇을 만들어낼지는 불확실하다. 미래가 불확실한 것으로 남는다 해도, 우리는 국민주의의 과거사를 알고 있다. 그리고 그것은 지켜보며 의심하는 습관을 고무하기에 충분할 것이다.

참고문헌

Abrams, D. and Hogg, M. A. (eds.) (1991). *Social Identity Theory*. New York: Springer Verlag.

Achard, P. (1993). "Discourse and social praxis in the construction of nation and state." *Discourse and Society*, 4, pp.75~98.

Adorno, T. W., Frenkel-Brunswik, E., Levinson, D. J. and Sanford, R. N. (1950). *The Authoritarian Personality*. New York: Harper and Row.

Agnew, J. (1989). "Nationalism: autonomous force or practical politics? Place and nationalism in Scotland." In C. H. Williams and E. Kofman (eds.). *Community Conflict, Partition and Nationalism*. London: Routledge.

Ahmed, A. S. (1992). *Postmodernism and Islam*. London: Routledge.

Akioye, A. (1994). "The rhetorical construction of radical Africanism at the United Nations." *Discourse and Society*, 5, pp.7~32.

Altemeyer, B. (1981). *Right-Wing Authoritarianism*. Winnipeg: University of Manitoba Press.

_____ (1988). *Enemies of Freedom*. San Francisco: Jossey Bass.

Anderson, B. (1983). *Imagined Communities*. London: Verso.

Anderson, P. (1992). "Science, politics, enchantment." In I. A. Hall and I. C. Jarvie (eds.). *Transition to Modernity*. Cambridge: Cambridge University Press.

Anonymous (1916). *British Historical and Political Orations*. London: J. M. Dent.

Arendt, H. (1963). *Eichmann in Jerusalem: A Report on the Banality of Evil*. New York: Viking Press.

Aristotle (1909). *Rhetoric*. Cambridge: Cambridge University Press.

Ashmore, M., Edwards, D. and Potter, J. (1994). "The bottom line: the rhetoric of reality demonstrations." *Configurations*, 2, pp.1~14.

Atkinson, J. M. (1984). *Our Masters' Voices*. London: Methuen.

Augoustinos, M. (1993). "'Celebration of a Nation': representations of Australian national identity." *Papers on Social Representations*, 2, pp.33~39.

Aulich, J. (1992). "Wildlife in the South Atlantic: graphic satire, patriotism and the Fourth Estate." In J. Aulich (ed.). *Framing the Falklands War*. Buckingham: Open University Press.

Bachelard, G. (1969). *The Poetics of Space*. Boston: Beacon Press.

Bagehot, W. (1873). *Physics and Politics*. London: Henry S. King.

Bailyn, B. (1988). *The Peopling of North America: An Introduction*. New York: Vintage Books.

Bairstow, T. (1985). *Fourth-Rate Estate*. London: Comedia.

Bakhtin, M. M. (1981). *The Dialogic Imagination*. Austin: University of Texas.

_____ (1986). *Speech Genres and Other Late Essays*. Austin: University of Texas.

Baldwin, S. (1937). *On England*. Harmondsworth: Penguin.

Balibar, E. (1991). "'Is there a neo-racism'?" In E. Balibar and I. Wallerstein, *Race, Nation, Class*. London: Verso.

Banton, M. (1994). "Modelling ethnic and national relations." *Ethnic and Racial Studies*, 17, pp.1~20.

Bar-Tal, D. (1989). "Delegitimization: the extreme case of stereotyping and prejudice." In D. Bar-Tal, C. Graumann, A. W. Kruglanski and W. Stroebe (eds.). *Stereotyping and Prejudice*. New York: Springer Verlag.

_____ (1990). *Group Beliefs*. New York: Springer Verlag.

_____ (1993). "Patriotism as fundamental beliefs of group members." *Politics and the Individual*, 3, pp.45~62.

Barker, M. (1981). *The New Racism*. London: Junction Books.

Barnett, A. (1982). *Iron Britannia*. London: Allison and Busby.

Barthes, R. (1975). *The Pleasure of the Text*. New York: Farrar, Straus and Giroux.

_____ (1977). *Roland Barthes*. Basingstoke: Macmillan.

_____ (1983a). "Inaugural lecture, College de France." In S. Sontag (ed.). *Barthes: Selected Writings*. London: Fontana.

_____ (1983b). "Myth today." In S. Sontag (ed.). *Barthes: Selected Writings*. London: Fontana.

_____ (1983c). "The world of wrestling." In S. Sontag (ed.). *Barthes: Selected Writings*. London: Fontana.

Baudrillard, J. (1983). *Simulations*. New York: Semiotext(e).

_____ (1988). *America*. Harmondsworth: Penguin.

Bauman, Z. (1992a). *Intimations of Postmodernity*, London: Routledge.

_____ (1992b). "Soil, blood and identity." *Sociological Review*, 40, pp.675~701.

_____ (1993). *Postmodern Ethics*. London: Routledge.

Beattie, G. (1988). *All Talk*. London: Weidenfeld & Nicolson.

_____ (1993). *We Are the People*. London: Mandarin.

Beck, U. (1992). *Risk Society*. London: Sage.

Bellah, R. N., Madsen, R., Sullivan, W. M., Swidler, A. and Tipton, S. M. (1986). *Habits of the Heart*. New York: Harper and Row.

Benjamin, W. (1970). *Illuminations*. London: Fontana.

Bentham, J. (1789/1982). *An Introduction to the Principles of Morals and Legislation* (eds. I. H. Burns and H. L. A. Hart). London: Methuen.

Berkowitz, L. (1993). *Aggression: its Causes, Consequences and Control*. New York: McGraw Hill.

Berlin, I. (1991). *The Crooked Timber of Humanity*. New York: Alfred A. Knopf.

Bernstein, R. (1987). "One step forward, two steps backward: Richard Rorty on liberal democracy and philosophy." *Political Theory*, 1987, 15, pp.538~563.

Bhabha, H. (1990). "Introduction: narrating the nation." In H. Bhabha (ed.). *Nation and Narration*. London: Routledge.

_____ (1992). "Postcolonial authority and postmodern guilt." In L. Grossberg, C. Nelson and P. Treichler (eds.). *Cultural Studies*. London: Routledge.

Bhaskar, R. (1992). *Philosophy and the Idea of Freedom*. Oxford: Basil

Blackwell.

Bhavnani, K. -K. and Phoenix, A. (1994). "Shifting identities shifting racisms: an introduction." *Feminism and Psychology*, 4, pp.5~18.

Billig, M. (1978). *Fascists: a Social Psychological View of the National Front*. London: Harcourt Brace Jovanovich.

_____ (1985). "Prejudice, categorization and particularization: from a perceptual to a rhetorical approach." *European Journal of Social Psychology*, 15, pp.79~103.

_____ (1987a). *Arguing and Thinking*. Cambridge: Cambridge University Press.

_____ (1987b). "Anti-semitic themes and the British far left: some social-psychological observations on indirect aspects of the conspiracy tradition." In C. F. Graumann and S. Moscovici (eds.). *Changing Conceptions of Conspiracy*. New York: Springer Verlag.

_____ (1989a). "The extreme right: continuities in the anti-semitic conspiracy tradition." In R. Eatwell and N. O'Sullivan (eds.). *The Nature of the Right*. London: Pinter.

_____ (1989b). "The argumentative nature of holding strong views: a case study." *European Journal of Social Psychology*, 19, pp.203~222.

_____ (1990a). "Collective memory, ideology and the British Royal Family." In D. Middleton and D. Edwards (eds.). *Collective Remembering*. London: Sage.

_____ (1990b). "Rhetoric of social psychology." In I. Parker and J. Shotter (eds.). *Deconstructing Social Psychology*. London: Routledge.

_____ (1991). *Ideology and Opinions*. London: Sage.

_____ (1992). *Talking of the Royal Family*. London: Routledge.

Billig, M. and Edwards, D. (1994). "La construction sociale de la memoire." *La Recherche*, 25, pp.742~745.

Billig, M. and Golding, P. (1992). "The hidden factor: race, the news media and the 1992 election." *Representation*, 31, pp.36~38.

Billig, M., Condor, S., Edwards, D., Gane, M., Middleton, D. and Radley, A. R. (1988). *Ideological Dilemmas: A Social Psychology of Everyday Thinking*. London: Sage.

Birch, A. H. (1989). *Nationalism and National Integration*. London: Unwin Hyman.

Bloch, M. (1973). *The Royal Touch*. London: Routledge and Kegan Paul.

Bocock, R. (1974). *Ritual in Industrial Society*. London: George Allen & Unwin.

Boose, L. E. (1993). "Techno-muscularity and the 'boy eternal': from quagmire to the Gulf." In M. Cooke and A. Woollacott (eds.). *Gendering War Talk*. Princeton, NJ: Princeton University Press.

Boswell, J. (1906). *The Life of Samuel Johnson*. London: J. M. Dent.

Bourdieu, P. (1990). *The Logic of Practice*. Cambridge: Polity Press.

Bowen, G. L. (1989). "Presidential action and public opinion about U.S. Nicaraguan policy: limits to the 'Rally "Round the Flag" Syndrome'." *P.S.*, 200, pp.793~800.

Bowers, J. and Iwi, K. (1993). "The discursive construction of society." *Discourse and Society*, 4, pp.357~393.

Brass, P. R. (1991). *Ethnicity and Nationalism*. New Delhi: Sage.

Braudel, F. (1988). *The Identity of France: vol.1. History and Environment*. London: Collins.

Breuilly, J. (1985). "Reflections on nationalism." *Philosophy of the Social Sciences*, 15, pp.65~75.

_____ (1992). *Nationalism and the State*. Manchester: Manchester University Press.

Brewer, M. (1979). "Ingroup bias in the minimal intergroup situation: a cognitive-motivational analysis." *Psychological Bulletin*, 86, pp.307~324.

Brody, R. A. (1991). *Assessing the President*. Stanford, CA: Stanford University Press.

Brown, D. (1989). "Ethnic revival: perspectives on state and society." *Third World Quarterly*, 11, pp.1~18.

Brown, P. and Levinson, S. C. (1987). *Politeness: Some Universals in Language Use*. Cambridge: Cambridge University Press.

Brown, R. (1988). *Group Processes*. Oxford: Basil Blackwell.

Brown, R. H. (1977). *A Poetic for Sociology*. Cambridge: Cambridge University Press.

_____ (1994). "Reconstructing social theory after the postmodern critique." In H. W. Simons and M. Billig (eds.). *After Postmodernism*. London: Sage.

Brunt, R. (1992). "Engaging with the popular: audiences for mass culture and what to say about them." In L. Grossberg, C. Nelson and R. Treichler (eds.). *Cultural Studies*. London: Routledge.

Burke, K. (1969). *A Rhetoric of Motives*. Berkeley, CA: University of California Press.

Burrows, J. (1990). "Conversational politics: Rorty's pragmatist apology for liberalism." In A. Malachowski (ed.). *Reading Rorty*. Oxford: Basil Blackwell.

Cannadine, D. (1983). "The context, performance and meaning of ritual: the British monarchy and 'the invention of tradition'." In E. Hobsbawm and T. Ranger (eds.). *The Invention of Tradition*. Cambridge: Cambridge University Press.

Capitan, C. (1988). "Status of women' in French revolutionary/liberal ideology." In G. Seidel (ed.). *The Nature of the Right*. Amsterdam: John Benjamins.

Castles, S. and Kosack, G. (1985). *Immigrant Class Structure in Western Europe*. Oxford: Oxford University Press.

Chaney, D. (1993). *Fictions of Collective Life*. London: Routledge.

Chomsky, N. (1994). "An island lies bleeding." *Guardian* (2), 5 July, pp.6~9.

Clark, P. (1983). *The English Alehouse: a Social History, 1200-1830*. London: Longman.

Clifford, J. (1992). "Travelling cultures." In L. Grossberg, C. Nelson and P. Treichler (eds.). *Cultural Studies*. London: Routledge.

Coakley, J. (ed.) (1992). *The Social Origins of Nationalist Movements*. London: Sage.

Cohen, R. (1992). "Migration and the new international division of labour." In M. Cross (ed.). *Ethnic Minorities and Industrial Change in Europe and North America*. Cambridge: Cambridge University Press.

Cohn, N. (1967). *Warrant for Genocide*. London: Chatto Heinemann.

Coles, R. (1986). *The Political Life of Children*. Boston, MA: Atlantic Monthly

Press.

Colley, L. (1992). *Britons*. New Haven, CT: Yale University Press.

Comay, R. (1986). "Interrupting the conversation: notes on Rorty." *Telos*, 67, pp.119~130.

Comrie, B. (1990). *The Major Languages of Western Europe*. London: Routledge.

Condor, S. (1989). "'Biting into the future': social change and the social identity of women." In S. Skevington and D. Baker (eds.). *The Social Identity of Women*. London: Sage.

_____ (1996). "Unimagined community? some social psychological issues concerning English national identity." In G. Breakwell and E. Lyons (eds.). *Changing European Identities*. Oxford: Pergamon.

Connor, W. (1978). "A nation is a nation, is a state, is an ethnic group, is a..." *Ethnic and Racial Studies*, 1, pp.377~400.

_____ (1993). "Beyond reason: the nature of the ethno-national bond." *Ethnic and Racial Studies*, 16, pp.373~389.

Conover, P. J. and Sapiro, V. (1993). "Gender, feminist consciousness and war." *American Journal of Political Science*, 37, pp.1079~1099.

Csikszentmihalyi, M. and Rochberg-Halton, E. (1981). *The Meaning of Things*. Cambridge: Cambridge University Press.

Cumberbatch, G. and Howitt, D. (1989). *A Measure of Uncertainty*. London: John Libbey.

Cunningham, H. (1986). "The language of patriotism, 1750-1914." In J. Donald and S. Hall (eds.). *Politics and Ideology*. Milton Keynes: Open University Press.

Der Derian, J. (1989). "The boundaries of knowledge and power in international relations." In J. Der Derian and M. J. Shapiro (eds.). *International/Intertextual Relations*. Lexington, MA: Lexington Books.

_____ (1993). "SIN: international theory, Balkanization and the new world order." In M. Ringrose and A. J. Lerner (eds.). *Reimagining the Nation*. Buckingham: Open University Press.

Deutsch, K. (1966). *Nationalism and Social Communication*. Cambridge, MA: MIT Press.

Devine, P. G. (1989). "Stereotypes and prejudice: their automatic and controlled components." *Journal of Personality and Social Psychology*, 56, pp.5~18.

Dillon, G. M. (1989). *The Falklands, Politics and War*. New York: St Martin's Press.

Dittmar, H. (1992). *The Social Psychology of Material Possessions*. Hemel Hempstead: Harvester/Wheatsheaf.

Doob, L. (1964). *Patriotism and Nationalism*. New Haven, CT: Yale University Press.

Dumont, L. (1992). "Left versus right in French political ideology: a comparative approach." In J. A. Hall and I. C. Jarvie (eds.). *Transition to Modernity*. Cambridge: Cambridge University Press.

Eagleton, T. (1991). *Ideology: an Introduction*. London: Verso.

Eco, U. (1987). *Travels in Hyperreality*. London: Picador.

Edelman, M. (1977). *Political Language: Words that Succeed and Policies that Fail*. New York: Academic Press.

Edwards, D. (1991). "Categories are for talking." *Theory and Psychology*, 1, pp.515~542.

Edwards, D. and Potter, J. (1992). *Discursive Psychology*, London: Sage.

_____ (1993). "Language and causation: a discursive action model of description and attribution." *Psychological Review*, 100, pp.23~41.

Edwards, J. (1985). *Language, Society and Identity*. Oxford: Basil Blackwell.

_____ (1991). "Gaelic in Nova Scotia." In C. H. Williams (ed.). *Linguistic Minorities, Society and Territory*. Clevedon: Multilingual Matters.

Eiser, J. R. (1986). *Social Psychology*. Cambridge: Cambridge University Press.

Elias, N. (1978). *The History of Manners*. Oxford: Basil Blackwell.

Elias, N. and Dunning, E. (1986). *Quest for Excitement*. Oxford: Basil Blackwell.

Elklit, J. and Tonsgaard, O. (1992). "The absence of nationalist movements: the case of the Nordic area." In J. Coakley (ed.). *The Social Origins of Nationalist Movements*. London: Sage.

Eller, J. D. and Coughlan, R. M. (1993). "The poverty ofprimordialism: the demystification of ethnic attachments." *Ethnic and Racial Studies*, 16, pp.181~202.

Elshtain, J. B. (1987). *Women and War.* Brighton: Harverster Press.

_____ (1993). "Sovereignty, identity, sacrifice." In M. Ringrose and A. J. Lerner (eds.). *Reimagining the Nation.* Buckingham: Open University Press.

Entessar, N. (1989). "The Kurdish mosaic of discord." *Third World Quarterly,* 11, pp.83~100.

Eriksen, T. R. (1993). *Ethnicity and Nationalism.* London: Pluto Press.

Essed, P. (1994). "Contradictory positions, ambivalent perceptions: a case study of a black woman entrepreneur." *Feminism and Psychology,* 4, pp.99~118.

Fairclough, N. (1992). *Discourse and Social Change.* Cambridge: Polity Press.

Farr, R. (1993). "Theory and method in the study of social representations." In G. M. Breakwell and D. V. Canter (eds.). *Empirical Approaches to Social Representations.* Oxford: Clarendon Press.

Featherstone, M. (1990). "Perspectives on consumer culture." *Sociology,* 24, pp.5~22.

_____ (1991). *Consumer Culture and Postmodernism.* London: Sage.

Finn, G. (1990). "In the grip? A psychological and historical exploration of the social significance of freemasonry in Scotland." In T. Gallagher and G. Walker (eds.). *Sermons and Battle Hymns: Protestant Popular Culture in Modern Scotland.* Edinburgh: Edinburgh University Press.

_____ (1993). "Constraints on conspiracy ideologies." Paper given at Social Section of British Psychological Society Conference, Oxford, September 1993.

Fiori, G. (1990). *Antonio Gramsci: Life of a Revolutionary.* London: Verso.

Firth, R. (1973). *Symbols: Public and Private.* London: George Allen & Unwin.

Fishman, J. A. (1972). *Language and Nationalism.* Rowley, MA: Newbury House.

Fitzgerald, T. K. (1992). "Media, ethnicity and identity." In P. Scannell, P. Schlesinger and C. Sparks (eds.). *Culture and Power.* London: Sage.

Fleischman, S. (1991). "Discourse as space/discourse as time: reflections on the metalanguage of spoken and written discourse." *Journal of Pragmatics*, 16, pp.291~306.

Forbes, H. D. (1986). *Nationalism, Ethnocentrism and Personality*. Chicago: Chicago University Press.

Foucault, M. (1972). *The Archaeology of Knowledge*. London: Tavistock.

_____ (1986). "Panopticism." In P. Rabinow (ed.). *The Foucault Reader*. Harmondsworth: Penguin.

Fowler, R. (1991). *Language in the News*. London: Routledge.

Franco, J. (1988). "Beyond ethnocentrism: gender, power and the Third World intelligentsia." In C. Nelson and L. Grossberg (eds.). *Marxism and the Interpretation of Culture*. London: Macmillan.

Fraser, N. (1989). *Unruly Practices*. Cambridge: Polity Press.

Freeman, M. (1992). *Nationalism: For and Against*. Colchester: Department of Government, University of Essex.

Friedman, J. (1988). "Cultural logics of the global system: a sketch." *Theory, Culture and Society*, 5, pp.447~460.

Fromm, E. (1942). *Fear of Freedom*. London: Routledge & Kegan Paul.

Fukuyama, F. (1992). *The End of History and the Last Man*. Harmondsworth: Penguin.

Gallie, W. B. (1962). "Essentially contested concepts." In M. Black (ed.). *The Importance of Language*. Englewood Cliffs, NJ: Prentice Hall.

Gellner, E. (1983). *Nations and Nationalism*. Oxford: Basil Blackwell.

_____ (1987). *Culture, Identity and Politics*. Cambridge: Cambridge University Press.

_____ (1993). "Nationalism." In W. Outhwaite and T. Bottomore (eds.). *Blackwell Dictionary of Twentieth-Century Thought*. Oxford: Basil Blackwell.

Gergen, K. J. (1982). *Towards Transformation in Social Knowledge*. New York: Springer Verlag.

_____ (1985). "The social constructionist movement in modern psychology." *American Psychologist*, 40, pp.266~275.

_____ (1989). "Social psychology and the wrong revolution." *European Journal of Social Psychology*, 19, pp.463~484.

_____ (1991). *The Saturated Self*. New York: Basic Books.

Ghiglione, R. (1993). "Paroles de meetings." In A. Trognon and J. Larrue (eds.). *Pragmatique du Discours Politique*. Paris: Armand Colin.

Giddens, A. (1985). *The Nation-State and Violence*. Cambridge: Polity Press.

_____ (1987). *Social Theory and Modern Sociology*. Cambridge: Polity Press.

_____ (1990). *The Consequences of Modernity*. Cambridge: Polity Press.

Gilbert, G. M. (1951). "Stereotype persistence and change among college students." *Journal of Abnormal and Social Psychology*, 46, pp.245~254.

Giles, H., Mulac, A., Bradac, J. J. and Johnson, P. (1987). "Speech accommodation." In M. McGlaughlin (ed.). *Speech Communication Yearbook*, vol.10. Newbury Park, CA: Sage.

Gillett, G. and Harré, R. (1994). *The Discursive Mind*. London: Sage.

Gilroy, P. (1992a). "The end of antiracism." In J. Donald and A. Rattansi (eds.). *'Race', Culture and Difference*. London: Sage.

_____ (1992b). "Cultural studies and ethnic absolutism." In L. Grossberg, C. Nelson and R. Treichler (eds.). *Cultural Studies*. London: Routledge.

Giroux, H. A. (1993). "Living dangerously: identity politics and the new cultural racism." *Cultural Studies*, 7, pp.1~28.

Goffman, E. (1981). *Forms of Talk*. Oxford: Basil Blackwell.

Golby, J. M. and Purdue, A. W. (1984). *The Civilisation of the Crowd: Popular Culture in England, 1750-1900*. London: Batsford.

Gould, A. (1993). "Pollution rituals in Sweden: the pursuit of a drug-free society." Paper presented to Conference of Social Policy Association, Liverpool, July 1993.

Gramsci, A. (1971). *Prison Notebooks*. London: Lawrence & Wishart.

Graumann, C. F. and Moscovici, S. (eds.) (1987). *Changing Conceptions of Conspiracy*. New York: Springer Verlag.

Greenfeld, L. (1992). *Nationalism: Five Roads to Modernity*. Cambridge, MA: Harvard University Press.

Griffin, C. (1989). "'I'm not a women's libber but ...': Feminism, consciousness and identity." In S. Skevington and D. Baker (eds.). *The Social Identity of Women*. London: Sage.

Grimes, B. F. (1988). *Ethnologue: Languages of the World*. Dallas: Sumner Institute of Linguistics.

Gruber, H. (1993). "Evaluation devices in newspaper reports." *Journal of Pragmatics*, 19, pp.469~486.

Gudykunst, W. B. and Ting-Toomey, S. (1990). "Ethnic identity, language and communication breakdowns." In H. Giles and W. P. Robinson (eds.). *Handbook of Language and Social Psychology*. Chichester: John Wiley.

Gunew, S. (1990). "Denaturalizing cultural nationalisms: multicultural readings of Australia." In H. K. Bhabha (ed.). *Nation and Narration*. London: Routledge.

Hackett, R. A. and Zhao, Y. (1994). "Challenging a master narrative: peace protest and opinion/editorial discourse in the US press during the Gulf War." *Discourse and Society*, 5, pp.509~541.

Hagendoorn, L. (1993a). "Ethnic categorization and outgroup exclusion: cultural values and social stereotypes in the construction of ethnic hierarchies." *Ethnic and Racial Studies*, 16, pp.26~49.

_____ (1993b). "National and cultural fragmentation after the Cold War." Paper presented at UNESCO Conference on 'Cultural Identity and Development in Europe', June 1993, Middelburgh, Netherlands.

Hagendoorn, L. and Hraba, J. (1987). "Social distance toward Holland's minorities: discrimination amongst ethnic outgroups." *Ethnic and Racial Studies*, 10, pp.317~333.

Hagendoom, L. and Kleinpenning, G. (1991). "The contribution of domain-specific stereotypes to ethnic social distance." *British Journal of Social Psychology*, 30, pp.63~78.

Hainsworth, P. (1992). "The extreme right in post-war France: the emergence and success of the Front national." In P. Hainsworth (ed.). *The Extreme Right in Europe and the USA*. London: Pinter.

Hall, C. (1992). "Missionary stories: gender and ethnicity in England in the 1830s and 1840s." In L. Grossberg, C. Nelson and P. Treichler (eds.). *Cultural Studies*. London: Routledge.

Hall, S. (1975). "Introduction." In A. C. H. Smith, *Paper Voices*. London: Chatto & Windus.

_____ (1988a). "The toad in the garden: Thatcherism among the theorists." In C. Nelson and L. Grossberg (eds.). *Marxism and the Interpretation of Culture*. London: Macmillan.

_____ (1988b). "Authoritarian populism." In B. Jessop, K. Bonnett, S. Bromley and T. Ling (eds.). *Thatcherism*. Cambridge: Polity Press.

_____ (1991a). "Old and new identities, old and new ethnicities." In A. D. King (ed.). *Culture, Globalization and the World-System*. Basingstoke: Macmillan.

_____ (1991b). "The local and the global: globalization and ethnicity." In A. D. King (ed.). *Culture, Globalization and the World-System*. Basingstoke: Macmillan.

Hall, S. and Held, D. (1989). "Citizens and citizenship." In S. Hall and M. Jacques (eds.). *New Times*. London: Lawrence & Wishart.

Hallin, D. C. (1994). *We Keep America on Top of the World*. London: Routledge.

Haralambos, M. and Holborn, M. (1991). *Sociology: Themes and Perspectives*, 3rd ed. London: Collins.

Harding, J., Kutner, B., Proshansky, H. and Chein, I. (1954). "Prejudice and ethnic relations." In G. Lindzey (ed.). *Handbook of Social Psychology*. Cambridge, MA: Addison Wesley.

Harkabi, Y. (1980). *The Palestinian Covenant and its Meaning*. London: Vallentine Mitchell.

Harré, R. (1991). "The discursive production of selves." *Theory and Psychology*, 1, pp.51~64.

Harris, N. (1990). *National Liberation*. London: I. B. Taurus.

Harris, R. (1985). *Gotcha! The Media, the Government and the Falklands Crisis*. London: Faber.

Hartley, J. (1992). *Teleology: Studies in Television*. London: Routledge.

Harvey, D. (1989). *The Condition of Postmodernity*. Oxford: Basil Blackwell.

Haugen, E. (1966a). "Dialect, language, nation." *American Anthropologist*, 68, pp.922~935.

_____ (1966b). *Language Conflict and Language Planning*. Cambridge, MA: Harvard University Press.

Hawkins, J. A. (1990). "German." In B. Comrie (ed.). *The Major Languages of Western Europe*. London: Routledge.

Hazani, M. (1993). "Netzah Yisrael, symbolic immortality and the Israeli-Palestinian conflict." In K. Larsen (ed.). *Conflict and Social Psychology*. London: Sage.

Held, D. (1989). "The decline of the nation state." In S. Hall and M. Jacques (eds.). *New Times*. London: Lawrence & Wishart.

_____ (1992). "The development of the modern state." In S. Hall and B. Gieben, *Formations of Modernity*. Cambridge: Polity Press.

Heller, A. (1991). "The ironies beyond philosophy: on Richard Rorty's *Contingency, Irony and Solidarity*." *Thesis Eleven*, 28, pp.105~112.

Heller, Z. (1993). "Hurt Feelin's." *Independent on Sunday, Review*, 11 April, pp.2~5.

Helms, C. M. (1981). *The Cohesion of Saudi Arabia*. London: Croom Helm.

Heritage, J. (1984). *Garfinkel and Ethnomethodology*. Cambridge: Polity Press.

Heritage, J. and Greatbach, D. (1986). "Generating applause: a study of rhetoric and response in party political conferences." *American Sociological Review*, 92, pp.110~157.

Hertz, F. (1944). *Nationality in History and Politics*. London: Routledge & Kegan Paul.

Hewison, R. (1986). *The Heritage Industry*. London: Methuen.

Hey, V. (1986). *Patriarchy and Pub Culture*. London: Tavistock.

Hill, D. (1966). *Fashionable Contrasts: Caricatures by James Gillray*. London: Phaidon Press.

Hinsley, F. H. (1986). *Sovereignty*. Cambridge: Cambridge University Press.

Hitler, A. (1972). *Mein Kampf*. London: Hutchinson.

_____ (1988). *Hitler's Table-Talk* (ed. H. Trevor-Roper). Oxford: Oxford University Press.

Hobsbawm, E. J. (1992). *Nations and Nationalism since 1780*. Cambridge: Cambridge University Press.

Hobsbawm, E. J. and Ranger, T. (eds.) (1983). *The Invention of Tradition*. Cambridge: Cambridge University Press.

Hogg, M. A. and Abrams, D. (1988). *Social Identifications*. London: Routledge.

Holland, P. (1983). "The page three girls speak to women, too." *Screen*, 24, pp.84~102.

Holquist, M. (1990). *Dialogism: Bakhtin and his World*. London: Routledge.

Hroch, M. (1985). *Social Preconditions of National Revival in Europe*. Cambridge: Cambridge University Press.

Husbands, C. T. (1992). "Belgium: Flemish legions on the march." In P. Hainsworth (ed.). *The Extreme Right in Europe and the USA*. London: Pinter.

Hutnik, N. (1991). *Ethnic Minority Identity: a Social Psychological Perspective*. Oxford: Oxford University Press.

Ignatieff, M. (1993). *Blood and Belonging: Journeys into the New Nationalism*. London: Chatto & Windus.

Ihonvbere, J. O. (1994). "The 'irrelevant' state, ethnicity and the quest for nationhood in Africa." *Ethnic and Racial Studies*, 17, pp.42~60.

Inglehart, R. (1991). "Trust between nations: primordial ties, societal learning and economic development." In K. Reif and R. Inglehart (eds.). *Eurobarometer*. Basingstoke: Macmillan.

James, C. L. R. (1964). *Beyond a Boundary*. London: The Sportsmans Book Club.

_____ (1989). *Cricket*. London: Allison and Busby.

Jameson, F. (1991). *Postmodernism, or the Cultural Logic of Late Capitalism*. London: Sage.

Jamieson, K. H. (1988). *Eloquence in an Electronic Age*. Oxford: Oxford University Press.

Janowitz, M. (1983). *The Reconstruction of Patriotism*. Chicago: University of Chicago Press.

Jennings, H. and Madge, C. (1987). *May 12 1937: Mass Observation Day Survey*, London: Faber.

Jessop, B., Bonnett, K., Bromley, S. and Ling, T. (1988). *Thatcherism*. Cambridge: Polity Press.

Johnson, D. (1993). "The making of the French nation." In M. Teich and R.

Porter (eds.). The National Question in Europe in Historical Context. Cambridge: Cambridge University Press.

Johnson, D. M. (1994). "Who is we?: constructing communities in US-Mexico border discourse." *Discourse and Society*, 5, pp.207~232.

Johnson, G. R. (1987). "In the name of the fatherland: an analysis of kin term usage in patriotic speech and literature." *International Political Science Review*, 8, pp.165~174.

Jones, A. (1994). "Gender and ethnic conflict in ex-Yugoslavia." *Ethnic and Racial Studies*, 17, pp.115~134.

Jowell, R., Brook, L., Prior, G. and Taylor, B. (1992). *British Social Attitudes: the 9th Report*. Aldershot: Dartmouth.

Jowell, R., Witherspoon, S. and Brook, L. (1987). *British Social Attitudes: the 1978 Report*. Aldershot: Gower.

Karlins, M., Coffman, T. L. and Walters, G. (1969). "On the fading of social stereotypes: studies in three generations of college students." *Journal of Personality and Social Psychology*, 13, pp.1~16.

Katz, D. and Braly, K. (1935). "Racial prejudice and racial stereotypes." *Journal of Abnormal and Social Psychology*, 30, pp.175~193.

Katz, J. (1980). *From Prejudice to Destruction: Anti-semitism, 1700-1933*. Cambridge, MA: Harvard University Press.

Kedourie, E. (1966). *Nationalism*. London: Hutchinson.

Kennedy, P. (1988). *The Rise and Fall of the Great Powers*. London: Unwin Hyman.

Kiernan, V. (1993). "The British Isles: Celt and Saxon." In M. Teich and R. Porter (eds.). *The National Question in Europe in Historical Context*. Cambridge: Cambridge University Press.

Kitromilides, P. M. (1979). "The dialectic of intolerance: ideological dimensions of ethnic conflict." *Journal of the Hellenic Diaspora*, 6, pp.5~30.

Kornblum, W. (1988). *Sociology in a Changing World*. New York: Holt, Rinehart & Winston.

Kosterman, R. and Feshbach, S. (1989). "Toward a measure of patriotic and nationalistic attitudes." *Political Psychology*, 10, pp.257~274.

Kristeva, J. (1991). *Strangers to Ourselves*. Hemel Hempstead: Harvester/

Wheatsheaf.

_____ (1993). *Nations without Nationalism*. New York: Columbia University Press.

Krosnick, J. A. and Brannon, L. A. (1993). "The impact of the Gulf War on the ingredients of Presidential evaluations: multidimensional effects of political involvement." *American Political Science Review*, 87, pp.963~975.

Ladurie, E. Le R. (1978). *Montaillou: Cathars and Catholics in a French Village, 1294-1324*. London: Scalar Press.

Langer, E. J. (1989). *Mindfulness*. Reading, MA: Addison Wesley.

Lash, S. (1990). *The Sociology of Postmodernism*, London: Routledge.

Lather, P. (1992). "Postmodernism and the human sciences." In S. Kvale (ed.). *Psychology and Postmodernism*. London: Sage.

Lather, P. (1994). "Staying dumb? feminist research and pedagogy with/in the postmodern." In H. W. Simons and M. Billig (eds.). *After Postmodernism*, London: Sage.

Lauerbach, G. E. (1989). "'We don't want war ... but' speech act schemata and interschemata inference transfer." *Journal of Pragmatics*, 13, pp.25~51.

Layton-Henry, Z. (1984). *The Politics of Race in Britain*. London: George Allen & Unwin.

Levine, H. B. (1993). "Making sense of Jewish ethnicity: identification patterns of New Zealanders of mixed parentage." *Ethnic and Racial Studies*, 6, pp.323~344.

LeVine, R. A. and Campbell, D. T. (1970). *Ethnocentrism: Theories of Conflict, Ethnic Attitudes and Group Behavior*. New York: John Wiley.

Lincoln, B. (1989). *Discourse and the Construction of Society*. New York: Oxford University Press.

Linell, P. (1990). "The power of dialogue dynamics." In I. Markova and K. Foppa (eds.). *The Dynamics of Dialogue*. New York: Harvester/Wheatsheaf.

Linz, J. J. (1985). "From primordialism to nationalism." In E. A. Tiryakin and R. Rogowski (eds.). *New Nationalisms of the Developed West*. Boston, MA: Allen & Unwin.

Lipset, S. M. and Raab, E. (1970). *The Politics of Unreason*. London: Heinemann.

Lister, R. (1994). "Dilemmas in engendering citizenship." Paper presented at Crossing Borders Conference, Stockholm, May 1994.

Lyotard, J. -F. (1984). *The Postmodern Condition*. Manchester: Manchester University Press.

Macionis, J. J. (1989). *Sociology*. Englewood Cliffs, NJ: Prentice Hall.

Magnusson, W. (1990). "The reification of political community". In R. B. J. Walker and S. H. Mendlovitz (eds.). *Contending Sovereignties*. Boulder, CO: Lynne Reinner.

Maitland, K. and Wilson, J. (1987). "Pronominal selection and ideological conflict." *Journal of Pragmatics*, 11, pp.495~512.

Mann, M. (1986). *The Sources of Social Power*, vol.1. Cambridge: Cambridge University Press.

_____ (1988). "European development: approaching a historical explanation." In J. Baechler et al. (eds.). *Europe and the Rise of Capitalism*. Oxford: Basil Blackwell.

_____ (1992). "The emergence of modern European nationalism." In J. A. Hall and I. C. Jarvie (eds.). *Transition to Modernity*. Cambridge: Cambridge University Press.

Marvin, C. (1991). "Theorizing the flagbody: symbolic dimensions of the flag." *Critical Studies in Mass Communication*, 8, pp.119~138.

Marx, K. and Engels, F. (1968). The *Communist Manifesto. In Selected Works of Marx and Engels*. London: Lawrence & Wishart.

_____ (1970). *The German Ideology*. London: Lawrence & Wishart.

Mass Observation (1987). *The Pub and the People* (first published 1943). London: Cresset Library.

Maynard, S. K. (1994). "Images of involvement and integrity: rhetorical style of a Japanese politician." *Discourse and Society*, 5, pp.233~261.

McCauley, C., Stitt, C. L. and Segal, M. (1980). "Stereotyping: from prejudice to prediction." *Psychological Bulletin*, 87, pp.195~208.

McCloskey, D. (1985). *The Rhetoric of Economics*. Brighton: Harvester/ Wheatsheaf.

McCrone, D. (1992). *Understanding Scotland: the Sociology of a Stateless Nation.* London: Routledge.

McDonald, M. (1993). "The construction of difference: an anthropological approach to stereotypes." In S. Macdonald (ed.). *Inside European Identities.* Providence, RI: Berg.

McKinlay, A., Potter, J. and Wetherell, M. (1993). "Discourse analysis and social representations." In G. M. Breakwell and D. V. Canter (eds.). *Empirical Approaches to Social Representations.* Oxford: Clarendon Press.

McLellan, D. (1986). *Ideology.* Milton Keynes: Open University.

Melucci, A. (1989). *Nomads of the Present.* London: Hutchinson Radius.

Mercer, K. (1992). "'1968': periodizing postmodern politics and identity." In L. Grossberg, C. Nelson and P. Treichler (eds.). *Cultural Studies.* London: Routledge.

Meyrowitz, J. (1986). *No Sense of Place.* Oxford: Oxford University Press.

Michael, M. (1991). "Some postmodern reflections on social psychology." *Theory and Psychology,* 1, pp.203~221.

_____ (1992). "Postmodern subjects: towards a transgressive social psychology." In S. Kvale (ed.). *Psychology and Postmodernism.* London: Sage.

_____ (1994). "Discourse and uncertainty: postmodern variations." *Theory and Psychology,* 4, pp.383~404.

Miliband, R. (1987). "Class analysis." In J. H. Turner and A. Giddens (eds.). *Social Theory Today.* Cambridge: Polity Press.

Miller, D. (1986). *Material Culture and Mass Consumption.* Oxford: Basil Blackwell.

Monimambo, S. (1971). "In MPLA liberated areas." In J. Gerassi (ed.). *Towards Revolution.* London: Weidenfeld & Nicolson.

Monopolies and Mergers Commission (1993). *The Supply of National Newspapers.* London: HMSO.

Morley, D. (1992). *Television, Audiences and Cultural Studies.* London: Routledge.

Moscovici, S. (1983). "The phenomenon of social representations." In R. Farr and S. Moscovici (eds.). *Social Representations.* Cambridge: Cambridge

University Press.

_____ (1987). "Answers and questions." *Journal for the Theory of Social Behaviour*, 17, pp.513~529.

Mühlhäusler, P. and Harré, R. (1990). *Pronouns and People*. Oxford: Basil Blackwell.

Murdock, G. (1993). "Communications and the constitution of modernity." *Media, Culture and Society*, 15, pp.521~539.

Murphy, J. J. (1974). *Rhetoric in the Middle Ages*. Berkeley, CA: University of California Press.

Nairn, T. (1977). *The Break-Up of Britain*. London: New Left Books.

_____ (1988). *The Enchanted Glass*. London: Radius.

Nelson, J. S., Megill, A. and McCloskey, D. N. (eds.) (1987). *The Rhetoric of the Human Sciences*. Madison: University of Wisconsin.

Nofsinger, R. E. (1991). *Everyday Conversation*. Newbury Park, CA: Sage.

Norris, C. (1993). *The Truth About Postmodernism*. Oxford: Oxford University Press.

O'Donnell, H. (1994). "Mapping the mythical: a geopolitics of national sporting stereotypes." *Discourse and Society*, 5, pp.345~380.

Orfali, B. (1990). *L'Adhesion au Front National*. Paris: Editions Kirne.

Orwell, G. (1962). *Inside the Whale and Other Essays*. Harmondsworth: Penguin.

Ó Tuathail, G. and Agnew, J. (1992). "Geopolitics and discourse: practical geopolitical reasoning in American foreign policy." *Political Geography*, 11, pp.190~204.

Pedic, F. (1989). "Effect on social self-esteem of nationalist appeals in corporate image advertisements." *Australian Journal of Psychology*, 41, pp.37~47.

_____ (1990). "Persuasiveness of nationalistic advertisements." *Journal of Applied Social Psychology*, 20, pp.724~738.

Perelman, C. (1979). *The New Rhetoric and the Humanities*. Dordrecht: D. Reidel.

Perelman, C. and Olbrechts-Tyteca, L. (1971). *The New Rhetoric*. Indiana: University of Notre Dame Press.

Perrin, W. G. (1922). *British Flags: their Early History and their Development at Sea*. Cambridge: Cambridge University Press.

Petrosino, D. (1992). "National and regional movements in Italy: the case of Sardinia." In J. Coakley (ed.). *The Social Origins of Nationalist Movements*. London: Sage.

Pettigrew, T. F. (1979). "The ultimate attribution error: extending Allport's cognitive analysis of prejudice." *Personality and Social Psychology Bulletin*, 5, pp.461~475.

Pilger, J. (1994). *Distant Voices*. London: Vintage.

Plotnicov, L. and Silverman, M. (1978). "Jewish ethnic signalling: social bonding in contemporary American society." *Ethnology*, 17, pp.407~423.

Poliakov, L. (1974). *The Aryan Myth*. London: Chatto Heinemann.

Postman, N. (1987). *Amusing Ourselves to Death*. London: Methuen.

Potter, J. and Wetherell, M. (1987). *Discourse and Social Psychology*. London: Sage.

Potter, J., Edwards, D. and Wetherell, M. (1993). "A model of discourse in action." *American Behavioral Scientist*, 36, pp.383~401.

Quattrone, G. A. (1986). "On the perception of a group's variability." In S. Worchel and W. G. Austin (eds.). *Psychology of Intergroup Relations*. Chicago: Nelson Hall.

Rae, J. and Drury, J. (1993). "Reification and evidence in rhetoric on economic recession: some methods used in the UK press, final quarter 1990." *Discourse and Society*, 4, pp.357~394.

Rathzel, H. (1994). "Harmonious 'Heimat' and disturbing 'Auslander'." *Feminism and Psychology*, 4, pp.81~98.

Reader, W. J. (1988). *At Duty's Call: a Study in Obsolete Patriotism*. Manchester: Manchester University Press.

Reich, W. (1990). "Understanding terrorist behavior: the limits and opportunities of psychological inquiry." In W. Reich (ed.). *Origins of Terrorism*. Cambridge: Cambridge University Press.

Reicher, S. (1993). "Stating the nation: an argumentative approach to the definition and salience of national identities." Paper delivered at Conference of European Association of Experimental Social Psychology,

Lisbon, September, 1993.

Renan, E. (1990). "What is a nation?" In H. K. Bhabha (ed.). *Nation and Narration*. London: Routledge.

Retzinger, S. M. (1991). *Violent Emotions*. Newbury Park, CA: Sage.

Ricoeur, P. (1986). *Lectures on Ideology and Utopia*. New York: Columbia University Press.

Riddell, P. (1993). *Honest Opportunism*. London: Hamish Hamilton.

Roberts, J. M. (1974). *The Mythology of the Secret Societies*. St Albans: Paladin.

_____ (1985). *The Triumph of the West*. London: British Broadcasting Corporation.

Robertson, R. (1990). "After nostalgia? Wilful nostalgia and the phases of globalization." In B. S. Turner (ed.). *Theories of Modernity and Postmodernity*. London: Sage.

_____ (1991). "Social theory, cultural relativity and the problem of globality." In A. D. King (ed.). *Culture, Globalization and the World-System*. Basingstoke: Macmillan.

_____ (1992). *Globalization: Social Theory and Global Culture*. London: Sage.

Rogowski, R. (1985). "Causes and varieties of nationalism: a rationalist account." In E. A. Tiryakian and R. Rogowski (eds.). *New Nationalisms of the Developed West*. Boston, MA: Allen & Unwin.

Roosens, E. E. (1989). *Creating Ethnicity*. London: Sage.

Rorty, R. (1979). *Philosophy and the Mirror of Nature*. Princeton, NJ: Princeton University Press.

_____ (1987a). "Science as solidarity." In J. S. Nelson, A. Megill and D. N. McCloskey (eds.). *The Rhetoric of the Human Sciences*. Madison: University of Wisconsin.

_____ (1987b). "Thugs and theorists: a reply to Bernstein." *Political Theory*, 15, pp.564~580.

_____ (1989). *Contingency, Irony and Solidarity*. Cambridge: Cambridge University Press.

_____ (1990). "The priority of democracy to philosophy." In A. Malachowski (ed.). *Reading Rorty*. Oxford: Basil Blackwell.

_____ (1991). *Objectivity, Relativism, and Truth*. Cambridge: Cambridge University Press.

_____ (1993a). "Wild orchids and Trotsky." In M. Edmundson (ed.). *Wild Orchids and Trotsky*, New York: Penguin Books.

_____ (1993b). "In a flattened world." *London Review of Books*, 8 April, p.3.

_____ (1994). "The unpatriotic academy." *New York Times*, 13 February, p.E15.

Rosch, E. (1978). "Principles of categorization." In E. Rosch and B. Lloyd (eds.). *Cognition and Categorization*. Hillsdale, NJ: Erlbaum.

Rosenberg, S. D. (1993). "The threshold of thrill: life stories in the skies over South-East Asia." In M. Cooke and A. Woollacott (eds.). *Gendering War Talk*. Princeton, NJ: Princeton University Press.

Rotberg, R. I. (1966). "African nationalism: concept or confusion." *Journal of Modern African Studies*, 4, pp.33~46.

Rothbart, M. and Hallmark, W. (1988). "Ingroup-outgroup differences in the perceived efficacy of coercion and conciliation in resolving social conflict." *Journal of Personality and Social Psychology*, 55, pp.248~257.

Ruhlen, A. (1987). *A Guide to the World's Languages, vol.I: Classification*. Stanford, CA: Stanford University Press.

Ruzza, C. E. (1993). "Collective identity formation and community integration in the Lega Lombarda." Paper delivered at Changing European Identities Conference, Farnham, Surrey, April 1993.

Said, E. W. (1983). *The World, the Text and the Critic*. London: Verso.

Sampson, E. E. (1993). *Celebrating the Other*. Hemel Hempstead: Harvester/Wheatsheaf.

Sanders, D., Ward, H., Marsh, D. and Fletcher, T. (1987). "Government popularity and the Falklands War." *British Journal of Political Science*, 17, pp.281~313.

Scheff, T. J. (1990). *Microsociology: Discourse, Emotion and Social Structure*. Chicago: Chicago University.

_____ (1995). *Bloody Revenge: Nationalism, War and Emotion*. Boulder, CO: Westview Press.

Schiller, H. (1993). "Not yet the postimperialist era." In C. Roach (ed.).

Communication and Culture in War and Peace. Newbury Park, CA: Sage.

Schlesinger, P. (1991). *Media, State and Nation.* London: Sage.

Schmidt, W. (1993). "The nation in German history." In M. Teich and R. Porter (eds.). *The National Question in Europe in Historical Context.* Cambridge: Cambridge University Press.

Schwartz, B. (1986). "Conservatism, nationalism and imperialism." In J. Donald and S. Hall (eds.). *Politics and Ideology.* Milton Keynes: Open University Press.

_____ (1987). *George Washington: the Making of an American Symbol.* New York: Free Press.

Schwartzmantel, J. (1992). "Nation versus class: nationalism and socialism in theory and practice." In J. Coakley (ed.). *The Social Origins of Nationalist Movements.* London: Sage.

Seton-Watson, H. (1977). *Nations and States.* Boulder, CO: Westview Press.

Shapiro, M. J. (1990). "Representing world politics: the sport/war intertext." In J. Der Derian and M. J. Shapiro (eds.). *International/Intertextual Relations.* Lexington, MA: Lexington Books.

Sheffer, G. (1988). *Modern Diasporas in International Politics.* Aldershot: Croom Helm.

Sherrard, C. (1993). "Gender and aesthetic response: sports reporting." Paper presented at conference of British Psychological Society, London, December 1993.

Sherry, J. F. (1991). "Postmodern alternative: the interpretive turn in consumer research." In T. Robertson and H. Kassarjian (eds.). *Handbook of Consumer Research.* Englewood Cliffs, NJ: Prentice Hall.

Shils, E. (1985). "Sociology." In A. Kuper and J. Kuper (eds.). *The Social Science Encyclopedia.* London: Routledge.

Shotter, J. (1993a). *The Cultural Politics of Everyday Life.* Milton Keynes: Open University Press.

_____ (1993b). *Conversational Realities: Studies in Social Construc-tionism.* London: Sage.

_____ (1995). "In conversation: joint action, shared intentionality and ethics." *Theory and Psychology*, 5, pp.49~74.

Shotter, J. and Gergen, K. (eds.) (1989). *Texts of Identity*. London: Sage.

Sifry, M. L. and Cerf, C. (eds.) (1991). *The Gulf War Reader: History, Documents, Opinions*. New York: Times Books.

Sigelman, L. and Conover, P. J. (1981). "Dynamics of presidential support during international conflict situations." *Political Behavior*, 3, pp.303~318.

Silverstein, B. and Flamenbaum, C. (1989). "Biases in the perception and cognition of the actions of enemies." *Journal of Social Issues*, 45, pp.51~72.

Slater, D. (1994). "Exploring other zones of the post-modern: problems of ethnocentrism and differences across the North-South divide." In A. Rattansi and S. Westwood (eds.). *Modernity, Identity and Racism*. Cambridge: Polity Press.

Smith, A. D. (1981). *The Ethnic Revival*. Cambridge: Cambridge University Press.

_____ (1986). *The Ethnic Origins of Nations*. Oxford: Basil Blackwell.

_____ (1990). "Towards a global culture?" *Theory, Culture and Society*, 7, pp.171~191.

_____ (1994). "The problem of national identity: ancient, mediaeval and modern." *Ethnic and Racial Studies*, 17, pp.374~399.

Smith, M. (1982). "Modernization, globalization and the nation-state." In A. G. McGrew (ed.). *Global Politics*. Cambridge: Polity Press.

Snyder, L. L. (1976). *Varieties of Nationalism: a Comparative Study*. Hinsdale, IL: Dryden Press.

Sollors, W. (1986). *Beyond Ethnicity*. Oxford: Oxford University Press.

Sparks, C. (1992). "The popular press and political democracy." In P. Scannell, P. Schlesinger and C. Sparks (eds.). *Culture and Power*. London: Sage.

Sparks, C. and Campbell, M. (1987). "The inscribed reader of the British quality press." *European Journal of Communication*, 2, pp.455~472.

Spivak, G. C. (1988). "Can the subaltern speak?" In C. Nelson and L. Grossberg (eds.). *Marxism and the Interpretation of Culture*. London: Macmillan.

Stangor, C. and Ford, T. E. (1992). "Accuracy and expectancy-confirming processing orientations and the development of stereotypes and prejudice." *European Review of Social Psychology*, 3, pp.57~90.

Stringer, P. (1990). "Prefacing social psychology: a textbook example." In I. Parker and J. Shotter (eds.). *Deconstructing Social Psychology*. London: Routledge.

Sumner, W. G. (1906). *Folkways*. Boston, MA: Ginn.

Surel, J. (1989). "John Bull." In R. Samuel (ed.). *Patriotism, vol.III: National Fictions*. London: Routledge.

Taguieff, P. -A. (1988). *La Force du Prejuge*. Paris: La Decouverte.

Tajfel, H. (1969). "The formation of national attitudes: a social psychological perspective." In M. Sherif (ed.). *Interdisciplinary Relationships in the Social Sciences*. Chicago: Aldine.

_____ (1970). "Aspects of ethnic and national loyalty." *Social Science Information*, 9, pp.119~144.

_____ (1974). "Social identity and intergroup behaviour." *Social Science Information*, 13, pp.65~93.

_____ (1981). *Human Groups and Social Categories*. Cambridge: Cambridge University Press.

_____ (ed.) (1982). *Social Identity and Intergroup Relations*. Cambridge: Cambridge University Press.

Taylor, D. M. and Moghaddam, F. M. (1994). *Theories of Intergroup Relations*. Westport, CT: Praeger.

Taylor, J. (1992). "Touched with glory: heroes and humans in the news." In J. Aulich (ed.). *Framing the Falklands War*. Buckingham: Open University Press.

Taylor, P. M. (1992). *War and the Media: Propaganda and Persuasion in the Gulf War*. Manchester: Manchester University Press.

Taylor, S. J. (1991). *Shock! Horror! The Tabloids in Action*. London: Corgi Books.

Tehranian, M. (1993). "Ethnic discourse and the new world dysorder: a communitarian perspective." In C. Roach (ed.). *Communication and Culture in War and Peace*. Newbury Park, CA: Sage.

Tham, H. (1993). "Drug control as a national project." Paper presented at Fourth International Conference of Drug Related Harm, Rotterdam, March 1993.

Thompson, J. B. (1984). *Studies in the Theory of Ideology*. Cambridge: Polity Press.

Touraine, A. (1985). "Sociological intervention and the internal dynamics of the Occitanist Movement." In E. A. Tiryakian and R. Rogowski (eds.). *New Nationalisms of the Developed West*. Boston, MA: Allen & Unwin.

Trevor-Roper, H. (1983). "The invention of tradition: the Highland tradition of Scotland." In E. Hobsbawm and T. Ranger (eds.). *The Invention of Tradition*. Cambridge: Cambridge University Press.

Tseelon, E. (1991). "The method is the message: on the meaning of methods as ideologies." *Theory and Psychology*, 1, pp.299~316.

Tulviste, P. and Wertsch, J. V. (1994). "Official and unofficial histories: the case of Estonia." *Journal of Narrative and Life History*, 4(4), pp.311~329.

Turner, B. S. (1987). "A note on nostalgia." *Theory, Culture and Society*, 4, pp.147~156.

_____ (1990). "The two faces of sociology: global or national." *Theory, Culture and Society*, 7, pp.343~358.

Turner, J. C. (1984). "Social identification and psychological group formation." In H. Tajfel (ed.). *The Social Dimension*. Cambridge: Cambridge University Press.

Turner, J. C., Hogg, M. A., Oakes, P. J., Reicher, S. D. and Wetherell, M. (1987). *Rediscovering the Social Group*. Oxford: Basil Blackwell.

Turner, J. H. and Giddens, A. (eds.) (1987). *Social Theory Today*. Cambridge: Polity Press.

Van Dijk, T. A. (1988a). *News Analysis*. Hillsdale, NJ: Lawrence Erlbaum.

_____ (1988b). *News as Discourse*. Hillsdale, NJ: Lawrence Erlbaum.

_____ (1991). *Racism and the Press*. London: Routledge.

_____ (1992). "Discourse and the denial of racism." *Discourse and Society*, 3, pp.87~118.

_____ (1993). *Elite Discourse and Racism*. Newbury Park, CA: Sage.

Vincent, N. (1987). "Italian." In B. Comrie (ed.). *The World's Major*

Languages. London: Routledge.

Voloshinov, V. N. (1973). *Marxism and the Philosophy of Language*. New York: Seminar Press.

Vos, L. (1993). "Shifting nationalism: Belgians, Flemings and Walloons." In M. Teich and R. Porter (eds.). *The National Question in Europe in Historical Context*. Cambridge: Cambridge University Press.

Voutat, B. (1992). "Interpreting national conflict in Switzerland: the Jura question." In J. Coakley (ed.). *The Social Origins of Nationalist Movements*. London: Sage.

Walker, R. B. J. (1990). "Sovereignty, identity, community: reflections on the horizons of contemporary political practice." In R. B. J. Walker and S. H. Mendlovitz (eds.). *Contending Sovereignties*. Boulder, CO: Lynne Reinner.

Wallerstein, I. (1987). "World-systems analysis." In J. H. Turner and A. Giddens (eds.). *Social Theory Today*. Cambridge: Polity Press.

_____ (1991). "The construction of peoplehood: racism, nationalism, ethnicity." In E. Balibar and I. Wallerstein. *Race, Nation, Class*. London: Verso.

Waterman, S. (1989). "Partition and modern nationalism." In C. H. Williams and E. Kofman (eds.). *Community Conflict*. Partition and Nationalism. London: Routledge.

Wertsch, J. V. (1994). "Struggling with the past: some dynamics of historical representation." In M. Carretero and J. Voss (eds.). *Cognitive and Instructional Processes in History and the Social Sciences*. Hillsdale, NJ: Lawrence Erlbaum.

Wertsch, J. V. and O'Connor, K. (1994). "Multivoicedness in historical representation: American college students' accounts of the origins of the US." *Journal of Narrative and Life History*, 4(4), pp.295~309.

Wetherell, M. and Potter, J. (1992). *Mapping the Language of Racism*. Hemel Hempstead: Harvester/Wheatsheaf.

White, P. (1991). "Geographic aspects of minority language situations in Italy." In C. H. Williams (ed.). *Linguistic Minorities, Society and Territory*. Clevedon: Multilingual Matters.

Wilkins, D. P. (1992). "Interjections as deictics." *Journal of Pragmatics*, 18, pp.119~158.

Williams, F. (1987). "Racism and the discipline of social policy: a critique of welfare theory." *Critical Social Policy*, 20, pp.4~29.

Williams, G. (1991). *The Welsh in Patagonia*. Cardiff: University of Wales Press.

Williams, J. A. (1984). "Gender and intergroup behaviour: towards an integration." *British Journal of Social Psychology*, 23, pp.311~316.

Wilson, J. (1990). *Politically Speaking*. Oxford: Basil Blackwell.

Windisch, U. (1985). *Le raisonnement et le parler quotidiens*. Lausanne: L'Age d'Homme.

_____ (1990). *Le prêt-à-penser*. Lausanne: L'Age d'Homme.

Woodiwiss, A. (1993). *Postmodernity USA*. London: Sage.

Woollacott, A. (1993). "Sisters and brothers in arms: family, class and gendering in World War I Britain." In M. Cooke and A. Woollacott (eds.). *Gendering War Talk*. Princeton, NJ: Princeton University Press.

Yatani, C. and Bramel, D. (1989). "Trends and patterns in Americans' attitude toward the Soviet Union." *Journal of Social Issues*, 45, pp.13~32.

Young, H. (1993). *One of Us: a Biography of Margaret Thatcher*. London: Pan Books.

Yuval-Davies, N. (1993). "Gender and nation." *Ethnic and Racial Studies*, 16, pp.621~632.

_____ (1994). "Women, ethnicity and empowerment." *Feminism and Psychology*, 4, pp.179~197.

Zavalloni, M. (1993a). "Ascribed identities and the social identity space: an ego/ecological analysis." Paper delivered at Changing European Identities Conference, Farnham, Surrey, April 1993.

_____ (1993b). "Identity and hyperidentities: the representational foundation of self and culture." *Papers on Social Representations*, 2, pp.218~235.

Zelizer, B. (1989). "Saying as collective practice: quoting and differential address in the news." *Text*, 9, pp.369~388.

_____ (1990). "Where is the author in American TV news? On the construction and presentation of proximity, authorship and journalistic authority." *Semiotica*, 80, pp.37~48.

Ziegler, P. (1977). *Crown arid People*. London: Collins.

Zubaida, S. (1993). *Islam, the People and the State*. London: LB. Tauris.